Tilman Röhrig
Und morgen eine neue Welt

Zu diesem Buch

Paris im 19. Jahrhundert. Emigranten aus allen Ländern Europas sammeln sich hier. Spione des preußischen Königs verfolgen die deutschen Revolutionäre auf Schritt und Tritt. Friedrich Engels hat in der Fabrik seines Vaters in Manchester das elende Leben der Arbeiter kennengelernt. Dort begegnet er auch Mary Burns, einer irischer Orangenverkäuferin aus dem Armenmilieu. Sie wird seine erste große Liebe.
Engels sucht in der Emigrantenszene in Paris, London und Brüssel ein neues Leben: Heine, Chopin, Bakunin, Herwegh, Lassalle ... und vor allem Karl Marx. Die beiden Männer sind sich erst auf den zweiten Blick sympathisch. Doch dann beginnt eine Freundschaft, die die Welt verändern wird.
Tilman Röhrig zeigt nicht nur das politische, sondern auch das private, nicht minder aufregende Leben von Friedrich Engels. Er erzählt von Revolution, Kampf um Pressefreiheit, dem schwierigen Beginn der Arbeiterbewegung, aber auch von finanzieller Not, Angst vor Verhaftung und politischen Misserfolgen. Hält die Ehe von Marx und die Liebe von Engels zu seiner Geliebten Mary diesen Belastungen stand?

*Tilman Röhrig*, geboren 1945, lebt in der Nähe von Köln. Der ausgebildete Schauspieler ist seit über vier Jahrzehnten als freier Schriftsteller tätig. Seine historischen Romane waren allesamt Bestseller und wurden vielfach übersetzt. Tilman Röhrig wurde mehrfach mit renommierten nationalen und internationalen Preisen ausgezeichnet, unter anderem mit dem Großen Rheinischen Kulturpreis oder dem spanischen Literaturpreis. Seinen Roman »Und morgen eine neue Welt« widmet Röhrig Friedrich Engels, mit dem er weitläufig verwandt ist, und der Zeit der ersten europäischen Revolution 1848.

Tilman Röhrig

# UND MORGEN EINE NEUE WELT

Der große Friedrich-Engels-Roman

**PIPER**

*Mehr über unsere Autorinnen, Autoren und Bücher:*
*www.piper.de*

Wenn Ihnen dieser Roman gefallen hat, schreiben Sie uns unter Nennung des Titels »Und morgen eine neue Welt« an *empfehlungen@piper.de*, und wir empfehlen Ihnen gerne vergleichbare Bücher.

Von Tilman Röhrig liegen im Piper Verlag vor:
Die Schatten von Sherwood
Funke der Freiheit
Thoms Bericht
Erik der Rote oder Die Suche nach dem Glück
Übergebt sie den Flammen!
Die Ballade vom Fetzer
Riemenschneider
Caravaggios Geheimnis
Der Sonnenfürst
Die Könige von Köln
Die Flügel der Freiheit
Und morgen eine neue Welt

Ungekürzte Taschenbuchausgabe
ISBN 978-3-492-31817-4
Dezember 2021
© Piper Verlag GmbH, München 2019,
erschienen im Verlagsprogramm Pendo
Die Veröffentlichung dieses Werkes erfolgt auf Vermittlung der
Autoren- und Verlagsagentur Peter Molden, Köln
Umschlaggestaltung: u1 berlin / Patrizia Di Stefano
Umschlagabbildung: xavierarnau / Getty Images und Lee Avison / Arcangel
Satz: Satz für Satz, Wangen im Allgäu
Gesetzt aus der Dante
Druck und Bindung: CPI books GmbH, Leck
Printed in the EU

# 1

Brüssel, Rue de l'Alliance 5
Ende April 1845

Die Haustüre war nur angelehnt? Helene zögerte, betätigte den Klopfer erneut. Mit leisem Scharren schwang die Tür weiter nach innen. Sie blickte über die Schulter zu den beiden Herren auf der andern Straßenseite, wollte nachfragen. Gleich wandten die sich ab, verbargen ihre Gesichter in den hochgestellten Mantelkragen und schlenderten die schmale Rue de l'Alliance hinunter. Seltsam, dachte Helene, als ich mich vorhin nach dem Haus der Familie Marx erkundigte, sahen sie mich nicht an, sondern deuteten nur mit dem Daumen hier auf die Nummer 5.

Und diese Nummer hatte sie auch auf dem Zettel stehen, dazu stimmte die Straße, also musste sie an der richtigen Adresse sein. Aber nichts rührt sich im Haus. Vielleicht sind die Herrschaften kurz weggegangen?

Ich könnte auch drinnen warten. Helene fasste die Henkel ihrer Reisetasche fester, trat ein und lehnte die Haustüre hinter sich nur an. Säuerlich schaler Geruch stand im halbdunklen Flur. Ihr Fuß stieß an etwas Weiches. Sie beugte sich vor. Ein Mantel? Ohne Zögern setzte Helene die Tasche ab, hob das Kleidungsstück vom Boden, schlug es aus und hängte es zu den übrigen Jacken an die Garderobe. Weiter vorn entdeckte sie einen Zylinder, daneben eine Stoffpuppe, beides nahm sie auf, säuberte den Hut flüchtig mit dem Ärmel und stülpte ihn über den Haken. Die Puppe behielt sie in der

Hand, zupfte an den verknoteten Haaren aus Wollfäden. Was ist hier geschehen?

Langsam ging Helene weiter. Nahe der Treppe ins erste Stockwerk stand rechts eine Tür halb offen. Vorsichtig spähte sie in den Raum. Kalter Tabakqualm verschlimmerte den Gestank. War das die Wohnstube? Stühle und Sessel kreuz und quer, auf dem großen ovalen Tisch lagen Brot- und Käsereste zwischen Gläsern und umgelegten Flaschen. In den übervollen Aschenbechern steckten Zigarrenstümpfe. Kerzen waren niedergebrannt, die Wachsstraßen zerlaufen und eingetrocknet. Ein Gelage, Helene rümpfte die Nase, deshalb stinkt es hier so.

In der hinteren Ecke entdeckte sie den Laufstall, sah den lockigen Kopf, das Mädchen kaute an einem weißlichen Holzstück. Da ist Klein Jenny. Aber wieso allein? Sie trat ins Zimmer und ging in Richtung der vergitterten Spielecke. »Na, meine Süße. Hab keine Angst vor mir!«

Unvermittelt wurde ihre Hand gepackt. »Halt!« Aus dem Sessel neben Helene wuchs ein Kopf, wirres dunkelblondes Haar, die hellen Augen stierten sie glasig an. »Angst kenn ich nicht.« Die schwere Zunge hatte Mühe, die Worte zu formen. »Aber du ... du Schöne. Wie kommst du hierher? Du weißt, unsere Baronesse will das nicht.« Der rötliche Randbart vom linken Ohr entlang des Kinns bis hin zum rechten Ohr verstärkte das Grinsen. »Meine Schöne.«

Helene spürte seine Finger unter ihrem Rock, zielstrebig strich die Hand den Schenkel hinauf, ehe sie es fasste, wurde ihr Po mit kräftigem Zugreifen betastet. »Was für ein Hintern.«

»Herr!« Helene gab ihm eine schallende Ohrfeige. »Unterstehen Sie sich!«

Darüber lachte er, griff noch fester zu. »Was für stramme Backen!«

»Wagen Sie es nicht ...« Nun hieb sie ihm rechts und links ins Gesicht. »Was erlauben Sie sich.« Die Stimme wurde lauter. »Unverschämt, ich werde Frau Jenny ...«

»Still.« Er zog die Hand zurück, raffte sich halb aus dem Sessel.

»Nur still. Wecke die Baronesse nicht auf.« Er nestelte vom offenen Hemdkragen die Knopfleiste hinunter bis zur Weste und klaubte ein Geldstück aus der Tasche. »Hier. Besser, du verschwindest. Warte nebenan ...« Die Münze entglitt den Fingern, und er sank zurück. Erneut überkam ihn der Rausch. »Du weißt, ich wohne im Nachbarhaus. Da ... da wartest du.« Er schlief. Mit zitternden Lippen richtete Helene ihr Kleid. Dieser versoffene Schnösel. Behandelt mich wie eine Hure. So etwas ist mir ...

Lautes Kreischen. Das Mädchen im Laufställchen brüllte. Es hatte seine Beißwurzel verloren. Beide Ärmchen streckte es zwischen den Holzstäben hinaus, zu kurz, die Köstlichkeit lag zu weit weg.

»Ich helfe dir.« Helene hob das schreiende Kind auf, schaukelte es, zeigte die Puppe, das Unglück aber war zu groß. Erst die klebrige Kauwurzel konnte das Mädchen beruhigen. Helene spürte, wie ihr Ärmel feucht wurde, und roch an der Windel. »Jesses, du bist ja noch gar nicht versorgt. Das wird höchste Zeit. Erst aber suchen wir nach deinen Eltern.« Mit der Kleinen auf dem Arm verließ sie, ohne den Kerl im Sessel noch eines Blickes zu würdigen, das Wohnzimmer. »Wir werden oben nachschauen.«

Aus dem Toilettenverschlag auf dem ersten Treppenabsatz roch es bedenklich. Helene schüttelte den Kopf. Da muss mit Soda geputzt werden.

»Wer ist denn da?«, rief eine Stimme von oben.

»Ich bin es. Helene ... Helene Demuth.«

Das Atemholen war deutlich zu hören. »Lenchen?« Oben erschien eine Frau, dunkle Augen in einem schmalen Gesicht, die offenen Haare wellten sich über den Kragen des Nachthemdes, reichten bis zum Busen. »Aber Lene! Heute schon? Ich dachte, erst morgen ...«

»Aber Frau Jenny? Die Baronin, Ihre Mutter, hat Ihnen doch geschrieben.«

»Ist gleich. Dann habe ich den Tag verwechselt.« Jenny Marx kam barfuß die Stufen hinunter, ihr Lächeln leuchtete. »Ich freue mich.

Und sei herzlich willkommen. Ach, Liebchen, wie schön. Und Klein Jenny hast du auch schon entdeckt.«

»Unten in der Stube. Da saß das Kind allein.«

»Weil Püppchen quengelte, habe ich es heute früh rasch runtergebracht. Sonst hätte sie mir meinen Mohr noch geweckt. Ich habe mich noch mal hingelegt und muss wohl wieder eingenickt sein.« Frau Marx gähnte. »Ich bin zwar gestern vor allen anderen ins Bett, aber es war für mich doch schon sehr spät. Ich weiß gar nicht, wann die Männer gegangen sind.«

»Einer von denen liegt noch unten im Sessel.« Die Falte auf Helenes Stirn verschärfte sich. »Und die anderen haben vergessen, die Haustür zu schließen.« Sie stopfte die Puppe in ihre Manteltasche, behutsam strich sie dem Kind über die Locken. »Und Klein Jenny. Niemand hat sich um dich gekümmert.«

Frau Marx hob den Finger. »Sei nicht so streng mit mir. Weißt du eigentlich, dass ich wieder schwanger bin?«

Großer Gott, dachte Helene, das eine Kind übersteigt doch schon die Kräfte, sagte aber: »Welch ein Glück. Da hat mich Frau Baronin gerade zur rechten Zeit geschickt.«

»Ein größeres Geschenk hätte mir Mutter im Augenblick nicht machen können.«

Nachdem Doktor Karl Marx über Nacht Paris wegen angeblicher politischer Hetze gegen das mit Frankreich befreundete Preußen verlassen musste und die junge Familie versuchte, in Brüssel Fuß zu fassen, hatte Baronin Caroline von Westphalen dem jungen Paar ihre Dienstmagd Helene Demuth zur Unterstützung für den Haushalt überlassen. Mit ihren vierundzwanzig Jahren war Helene sechs Jahre jünger als Baronesse Jenny. Ihre Tatkraft, ihre Umsicht sollten dazu beitragen, in dem, wie die alte Dame sich ausdrückte, unsoliden Lebenswandel der Familie Marx etwas mehr Ordnung und Beständigkeit zu schaffen.

Helene tastete sich vor. »So fertig eingerichtet scheint mir das Wohnzimmer noch nicht?« Ein verständnisvolles Lächeln. »Aber Sie sind ja auch gerade erst eingezogen.«

Da ballte Frau Marx die Faust und drohte in Richtung Südwesten. »Diese Franzosen. Halsabschneider!« Nach der überstürzten Ausweisung ihres Mannes Anfang Februar 1845 war sie noch in Paris geblieben, hatte versucht, die Möbel und einen Teil der Wäsche zu verkaufen, um das Geld für die Reise nach Brüssel zu beschaffen. Außerdem sollte noch genug für eine neue Einrichtung übrig bleiben. »Nicht einmal für die Postkutsche hat es ganz gereicht. Bei Freunden musste ich mir den fehlenden Betrag erbetteln.« Sie deutete nach unten. »Was da im Wohnzimmer steht, haben uns die anderen deutschen Flüchtlinge aus unserer Straße geliehen.«

Wenn alle so sind wie der Kerl da vorhin, dann sind wir ja von feinen Leuten umgeben. Helene bezwang den Zorn. »Also schnarcht der Gast da unten in seinem eigenen Sessel?«

Jenny lachte hell auf. »Du meinst Fritz? Er und mein Mohr trinken am schnellsten, vertragen am wenigsten und wissen nie, wann sie genug haben.« Sie ging schon die Treppe hinab. »Komm, ich stell dich vor!«

»Nein danke. Nicht nötig.« Helene eilte ihr nach. »Erst das Kind. So wartet doch. Wo kann ich es wickeln?« Die Hausherrin war nicht aufzuhalten, schon halb im Wohnzimmer deutete sie kurz auf die Tür am Ende des Flurs. »Da vorn ist die Küche. Da findest du alles.«

Helene hatte eine Decke über den Tisch gebreitet. Vergnügt strampelte Klein Jenny mit den nackten Beinchen, als ihr der Po abgewischt wurde. Die Baronesse brachte den Gast in die Küche. »Dies hier, lieber Fritz, ist die tüchtigste Helferin im Haushalt meiner Mutter. Ach, was sage ich, es gibt, nein, es gab keine bessere in ganz Trier. Denn ab sofort wird sie der gute Geist in unsrem Hause sein.«

Langsam drehte sich Helene mit der durchnässten und verschmierten Windel zwischen den Fingern um. Betont respektvoll fuhr Frau Jenny mit der Vorstellung fort: »Und dies hier ist unser Freund und Nachbar Friedrich Engels.«

In dem bartumrandeten verkaterten Gesicht arbeitete es, die

Erinnerung weitete die graublauen Augen. »Sehr ... ich bin sehr erfreut.« Engels streckte die Hand zum Gruß.

Nur einen Schritt kam Helene näher, ehe er begriff, drückte sie ihm die schmutzige Windel in die Hand. »Gott zum Gruß.« Gleich tat sie erschrocken. »Oh, verzeihen Sie! Das Kind ... ich war in Gedanken. Bitte stecken Sie die Schweinerei da zu den anderen in den Windeleimer.«

Ohne ein empörtes Wort, ohne die Miene zu verziehen, gehorchte Engels. Nachdem er sich die Finger gewaschen hatte, verneigte er sich sogar leicht. »Ich bin sicher, die Familie Marx ist bei dir in besten Händen.«

Ihr Blick sagte ihm, dass die Partie ausgeglichen war und keine Beschwerde nach sich ziehen würde. »Ich wünsche dir einen guten Start hier bei uns in Brüssel.«

Frau Jenny führte den Gast hinaus, und Helene lächelte, während sie dem Kind die frischen Windeln anlegte.

# 2

Brüssel, Ministerium des Inneren, Rue de la Loi 4
Mai 1845

Ein Platzregen ging über Brüssel nieder. Vor der Nebenpforte des Ministeriums des Inneren drängte sich die Schlange der Wartenden enger ans Mauerwerk. Der Dachvorsprung hoch oben bot nur wenig Schutz, dennoch verließ keiner seinen Platz. Seit dem frühen Morgen harrten die Menschen aus, und quälend langsam schob sich die Schlange, beaufsichtigt von zwei bewaffneten Posten, ins weiße Gebäude hinein. Jeder Reisende musste sich hier im Büro für Passangelegenheiten sein Dokument ausstellen lassen, und bereits um drei Uhr nachmittags schloss sich die Pforte.

Etwas weiter oben standen auf der anderen Straßenseite die beiden Männer im Halbdunkel der offenen Säulenvorhalle des Parktheaters. Von hier aus überprüften sie durch ihre handlichen Stecher Gesicht nach Gesicht. »Einer auffällig?«, fragte der Kleinere.

»Unbekannt.« Der Hagere sog den Speichel durch die Zahnlücke. »Keiner von unsren Verdächtigen dabei.«

So unvermittelt, wie er begonnen hatte, brach der Regen ab. Das Pflaster glänzte in der Sonne. Beide Herren verließen ihre Deckung, den Zylinder tief in der Stirn, den Mantelkragen hochgestellt, querten sie in langen Schritten die Straße. Ohne auf den empörten Protest zu achten, gingen sie an der Schlange vorbei direkt zum Eingang. Sofort fassten die Wächter die Gewehre mit beiden Händen.

Ein kurzes Geflüster entspann sich, erst nachdem die Herren eine metallene Marke vorgewiesen hatten, durften sie passieren.

Im Passbüro wollte der Beamte auffahren, auch ihn beschwichtigte die verstohlen vorgezeigte Plakette mit dem preußischen Adler. »Zweiter Stock«, raunte er hinter vorgehaltener Hand. »Linker Flur, letztes Zimmer.«

Vor der gesuchten Tür nahmen beide Männer den Zylinder ab, beide räusperten sich, noch ein gegenseitiges Nicken, und der Hagere pochte viermal kurz hintereinander.

Er wartete zwei Atemzüge, dann wiederholte er das Klopfzeichen. Stille. Endlich wurde von drinnen aufgeschlossen.

»Du zuerst. Und vergiss nicht zu fragen!« Der Kleinere öffnete dem Kollegen, ließ ihn eintreten und drückte die Tür hinter sich zu.

Ein ausladender Schreibtisch beherrschte den Raum, auf der mit grünem Leder bespannten Platte lagen sorgfältig gereihte Papierstapel, daneben stand das Tintenfass, die weiße Schreibfeder war an der Seite zurechtgestutzt. Und aufgerichtet hinter dem Ordnungstisch saß der Vorgesetzte, die Haare mittig gescheitelt, geölt und eng an die Schädelseiten gekämmt.

Der Hagere nahm Haltung an. »Offizier Han…«

»Untersteh dich, Kerl! Keine privaten Namen. Du und dein Kollege, ihr seid hier als geheime Agenten für unser geliebtes Preußen eingesetzt. Ich habe euch Decknamen zugeteilt.« Die Faust schlug auf die Platte. »Also: Schulz und Müller melden sich heute und jetzt zum Rapport! Verstanden?« Ein bedeutungsvoller Blick nach rechts. Dort saß ein Herr, das Gesicht zum Fenster gewandt, er hatte den Zylinder nicht abgenommen, die linke Hand ruhte auf dem Silberknauf seines Stocks.

»Wir haben hohen Besuch aus Berlin.« Der Vorgesetzte schmeckte das Wort vor, ehe er es aussprach: »Diplomatie. Ihr verdankt wir es, dass wir hier im neutralen Belgien ein Büro unterhalten dürfen und die hiesige Polizeibehörde mit uns zusammenarbeitet.«

»Zur Sache!« Der Stock stieß einmal hart auf den Boden. »Meine

Zeit ist knapp. Ich verlange Informationen über die kommunistischen Rädelsführer.«

Gleich gab der Vorgesetzte die Rüge nach unten weiter. »Was zögert ihr?«

»Mit wem sollen wir anfangen?« Der hagere Schulz ließ den Zylinderrand Stück für Stück durch die Finger wandern. »Da oben in der Rue de l'Alliance braut sich was zusammen ...«

»Mit Marx. Beginnt mit diesem Umstürzler Karl Marx. Aus Paris konnte er verjagt werden. Hier in Brüssel darf er sich nur aufhalten, solange er jede politische Aktivität unterlässt. Und hält er sich daran?«

»Nein, da sind wir ganz sicher. Drei, vier Spelunken haben wir unter Beobachtung. Da verkehren die deutschen Exilanten, und zwar regelmäßig, ebenso unsere Zielpersonen. Im Hinterzimmer trifft sich Marx mit deutschen Handwerkern. Vielleicht sind wir da einer Geheimgesellschaft auf der Spur.«

»Sehr gut. Dranbleiben, dranbleiben!«

Der untersetzte Müller trat einen Schritt vor. »Wie mein Kollege schon erwähnte. In der Rue de l'Alliance hat sich ein Schlangennest gebildet. Der Marx allein wäre noch zu bändigen, aber jetzt ist der aus Köln verjagte Moses Hess dazugezogen, und es kommt schlimmer: Im April hat sich dieser Friedrich Engels aus Barmen dort eingenistet. Haus an Haus wohnen ...«

Das harte Aufstoßen des Stocks unterbrach. Ohne das Gesicht zu wenden, verlangte der Besucher aus Berlin: »Engels? Was weiß man über ihn?«

Der Vorgesetzte griff nach einem Papierstapel, nahm ein Blatt und tippte mit dem Finger darauf. »Laut Polizeiakte ist sein Vater ein ehrbarer, zuverlässiger Geschäftsmann aus dem Tal der Wupper. In Barmen und in Engelskirchen hat er große Garnfabriken. Einer seiner Söhne, dieser Friedrich, ist ein verfluchter Kommunist, der sich als Literat herumtreibt. Geboren 1820, also heute im fünfundzwanzigsten Jahr. Statur: groß, schlank und kräftig. Er ist uns bereits in Paris aufgefallen. An der Seite des Karl Marx. Im Übrigen sind beide fast gleichen Alters. Wobei Marx zwei Jahre mehr zählt.«

Agent Müller nickte. »Und jetzt wohnen sie Tür an Tür. Besonders auffällig bei Engels ist zu vermerken: Bei ihm gehen die Weiber ein und aus … Wohlgemerkt, er ist unverheiratet.«

»Freie Liebe?« Der Vorgesetzte fuhr mit der Fingerkuppe die Spur seines Scheitels nach. »Das möchte ich näher erläutert haben. Grundsätzlich gibt es gegen Frauenspersonen nichts einzuwenden, dennoch könnten sie zur Gefahr werden.« Er gab ein kurzes Lachgemecker von sich. »Was man so hört, halten diese Kommunisten nicht viel von der Ehe.«

Das Pochen des Stocks ermahnte ihn, sein Grinsen erstarb. »Informationen?«

Agent Schulz senkte die Stimme. »Uns fiel auf, dass nicht nur Friedrich Engels …« Das Schnalzen durch die Zahnlücke ergänzte den Satz deutlicher als Worte. »Nein, vor gut drei Wochen ist auch bei Karl Marx eine zweite Frau eingezogen.«

»Beschreibung?«

»Nicht sehr groß. Keine Schönheit, eher bieder mit Haarknoten, auch nicht schlank. Unscheinbar eben.«

»Gefährlich. Haltet diese Person im Auge. Gerade von den Unscheinbaren geht Gefahr aus. Und nun wieder an die Arbeit. Hinaus mit euch!«

Die Agenten dienerten, gingen zur Tür. Da stieß Müller dem Kollegen in die Seite. »Du wolltest fragen«, zischte er.

Schulz zögerte, ein zweiter Stoß half nach. Er wandte sich um. »Verzeiht. Es ist nötig. Wir sind viel gelaufen, das Pflaster hier in Brüssel ist nicht gut, außerdem müssen wir bergauf und bergab. Dann der Regen und die Pfützen.«

»Klarheit!« Der Vorgesetzte straffte den Rücken. »Agent Schulz, worum geht es?«

»Um das Sohlengeld.«

Sein Kollege pflichtete ihm bei: »Wir benötigen dringend neue Stiefel.«

»Schon wieder? Ich verlange den Beweis.«

Sie schürzten die Hosenbeine, der eine zeigte den abgenutzten linken, der andere den rechten Stiefel. Halb erhob sich der Vorgesetzte aus dem Stuhl, zwängte das Monokel ans Auge und beäugte die großen Löcher in den Sohlen. »Fatal. In der Tat.« Er ließ sich nieder, nahm zwei Formulare, beschriftete sie mit geübter Hand und schob die Blätter den Agenten hin. »Keine neuen Stiefel. Die gibt es laut Vorschrift nur einmal im Jahr.« Er entnahm der Lade unter dem Schreibtisch zwei Münzen. »Sucht einen günstigen Schuster! Das Geld sollte für neue Sohlen ausreichen.«

»Aber ...«

»Keine Diskussion. Unterschreibt, und dann zurück an die Arbeit!«

Gehorsam und mit gesenkten Köpfen verließen die Agenten den Raum.

Die Tür fiel ins Schloss.

»Um Vergebung, Herr Geheimrat.« Die Hände glätteten die geölten Haare an den Schädelseiten nach. »Es sind eben nur einfache Beamte. Gerne hätte ich besseres Personal.«

Der Besucher aus Berlin erhob sich, leicht tippte er die Stockspitze auf den Sims des Fensters. »Gar nicht so übel, mein Freund.« Er wandte sich um. Ein bleiches Gesicht, scharfe kleine Augen hinter den Brillengläsern. »Unsere Zielpersonen werden längst diese beiden Männer und deren Kollegen entdeckt haben. Und dies ist gut so. Die Verdächtigen sollen wissen, dass wir ihnen auf Schritt und Tritt folgen.« Er trat näher zum Tisch. »Mit diesen Spitzeln binden wir ihre Aufmerksamkeit, lenken sie ab. Und inzwischen platzieren wir eine zweite Riege.« Von oberster Stelle im preußischen Innenministerium war geplant, etliche Informanten direkt in die Gruppe der Exilanten einzuschleusen. Sie sollten stichhaltige Beweise für die geheimen umstürzlerischen Pläne sammeln und stets mit Berlin und Wien in Kontakt stehen. »Das braucht Zeit. Aber ...« Der Stock pfiff einmal scharf durch die Luft. »Ob nun Gefängnis oder Galgen. Bald schon werden wir diesen Kommunisten den Garaus gemacht haben.«

# 3

Brüssel, Gasthaus Bohème
Mai 1845

»Papperlapapp!« Mit der Hand wischte Karl Marx durch die Luft und hätte beinah den Weinkrug vom Tisch gefegt. »Scharlatanerie!« Nun stieß er den Finger in Richtung Heinzen. »Wer so denkt, sollte das Stroh in seinem Schädel selbst anzünden!«

»Unterstehe dich, so unflätig über mich ...«

»Der Mensch macht die Religion. Die Religion macht nicht den Menschen. Merke es dir, hämmere es dir in deinen kleinen Kopf!« Karl lachte, der schwarze struppige Bart wippte dazu, er tauschte mit Friedrich Engels neben sich einen Blick. Weil dessen Miene ernst blieb, lachte er umso lauter bis in einen Husten hinein, Tabakqualm und Hitze im Hinterzimmer des Gasthauses Bohème verstärkten den Anfall. Marx keuchte und spuckte ins Taschentuch. Ruhig schob ihm Friedrich den Weinbecher hin. Erst große Schlucke beruhigten ihn wieder. Er überging Heinzen und sprach zu Moses Hess und den drei anderen am Tisch. »Freunde, Religion ist nicht mehr als das Gemüt einer herzlosen Welt, der Geist geistloser Zustände.«

Heinzen erhob sich halb, wollte widersprechen, ehe er ansetzen konnte, donnerte ihm Marx entgegen: »Religion ist Opium des Volkes!«

»Was hat das mit mir zu tun?«, gelang es Heinzen zu fragen. Der große, stark gebaute Mann bebte vor Zorn. »Ich bin ebenso Demokrat, ebenso Revolutionär wie du oder dein neuer Genosse, dieser saubere Friedrich.« Marx bohrte sich mit dem Finger im Ohr, als wäre es verstopft und er hätte deshalb nicht recht verstanden. »Hörte ich da Revolutionär? Oder gar Kommunist?« Spott glitzerte in den kleinen Augen. »Dazu braucht es nicht Dummheit und Muskeln, dazu benötigt es vor allem Verstand.«

Heinzen ließ sich auf den Stuhl zurückfallen, er blickte in die Runde, suchte Unterstützung. Die Freunde, auch Moses Hess, tranken hastig, niemand wollte sich einmischen. Da wagte es Heinzen allein. »Meine Kritik an der preußischen Bürokratie …«

»Ein Fliegenschiss. Mehr nicht.« Marx nahm die kleine Glocke und bimmelte, übertönte dabei den unterdrückten Fluch des Geschmähten, er bimmelte, bis die Kellnerin erschien. »Bring uns noch zwei Krüge. Und Zigarren!«

Als die Becher wieder gefüllt waren, blickte er übermilde zu Heinzen hinüber. »Nimm es nicht so schwer. Lass uns trinken und den Abend genießen.«

Eine Weile hielt der Frieden. Das Thema betraf jetzt die geheimen Versammlungen der aus Preußen geflohenen Handwerker. Friedrich Engels erkundigte sich genau nach dem Treffpunkt und schlug vor, an einer dieser Versammlungen teilzunehmen. Derweil spannte Heinzen die Lippen, das Lächeln gelang ihm nicht. Unentwegt schob er den Becher in der Faust auf dem Tisch hin und her. »Weißt du«, unterbrach er das Gespräch über den Geheimbund und beugte sich in Richtung Marx. »Weißt du, wie ich als Freund zu dir stehe? Damals in Köln, als wir noch gemeinsam in der Zeitungsredaktion saßen, da habe ich eine Zeit lang zu dir aufgeschaut. Bis ich dich richtig kennengelernt habe. Und heute? Ich gebe dir zwar immer noch die Hand. Mit der anderen aber würde ich dir am liebsten hinter die Ohren schlagen.«

»Was?« Karl Marx sprang auf. Auch Heinzen erhob sich wieder, er überragte den Spötter um einen Kopf, einen großen Kopf. Einen Augenblick lang starrten sich die beiden nur an. Marx streckte den Finger. »Mich ohrfeigen? Dann steche ich dir ein Messer in den Wanst.«

Nun verzog Heinzen das Gesicht. »Wenn du kleiner Mann so läppisch bist, dann eben keine Ohrfeige, sondern nur ein kräftiger Tritt.« Damit kam er um den Tisch herum, gleich wich Marx einen Schritt zurück. Da lachte Heinzen, schnippte mit den Fingern. »Keine Angst, ich geh nur mein Wasser wegschütten.«

Moses Hess schob den Stuhl zurück. »Ich komme gleich mit.« Der schmächtige Mann beeilte sich, durch die Tür zu schlüpfen, ehe sie zuschlug.

»Was für ein vergnüglicher Abend.« Marx rieb sich die Hände. »Dieser kleine Disput hebt die Stimmung, dazu Tabak und genug vom Roten.«

Er nahm eine von den Zigarren, leckte sie vorn, ehe er das andere Ende zwischen die Zähne steckte und ankaute. Eilfertig hielt ihm einer der Tischgenossen den brennenden Fidibus hin. Auch Friedrich rauchte.

Während Marx mit den übrigen drei Exilanten überlegte, ob ein Fuchs die Gans tötet und frisst oder ob er ihr den Hals durchbeißt, sich am Blut satt trinkt und das Fleisch liegen lässt, starrte Friedrich zur Tür. Die zwei? Wo bleiben sie? Freund Moses wird sich doch nicht mit dem groben Kerl verbünden? Unser kleiner Rabbi hat zwar gute Kontakte zu den Verlegern, aber leider ein weiches Rückgrat. Langsam erhob sich Friedrich, der Freund beachtete ihn beim Hinausgehen nicht, wie ein Schulmeister wollte er von den Exilanten wissen, wer in der menschlichen Gesellschaft mit dem Fuchs zu vergleichen sei.

Der Flur war nur schwach von zwei Öllampen beleuchtet. Aus der Küche roch es nach Gebratenem und Suppe, je näher Friedrich aber der geöffneten Hintertür kam, umso ärger mischte sich scharfer Gestank von Fäulnis und Kot in die Essensgerüche. Gleich neben dem Ausgang zum Hof hing eine Lampe. Ihr Schein fiel auf die beiden Bretterbuden, die Verschläge waren halb geöffnet. Daneben standen die beiden Männer an der blechernen Pissrinne. Ihre Notdurft schien längst verrichtet. Der lange Heinzen sprach auf Hess ein, dabei unterstrich er seine Worte mit großen Armbewegungen.

»Wie ich schon sagte, wir, der Marx und ich hatten an dem Abend schon mehrere Flaschen Wein getrunken.«

»Das war noch in Köln?«, vergewisserte sich Hess. »Und da soll er dich berührt ...?«

»Ja, Köln. Sag ich doch. Herrgott, hör doch zu!« Heinzen packte den schmächtigen Mann am Gehrock und rückte ihn direkt vor sich. »Was ich dir jetzt über diesen Wichtigtuer erzähle, ist die reine Wahrheit.«

Friedrich Engels ging nicht weiter. Also habe ich recht. Dieser dumme Rüpel sucht einen Verbündeten. Er trat in den Schatten der Hintertür und lehnte sich an die Wand.

»Marx verträgt nicht viel, wie du weißt. Also habe ich ihn nach Hause gebracht. Es dauerte, bis er mit dem langen Schlüssel die Haustür geöffnet bekam. Und dann flüsterte er mir zu: Komm mit rein. Ich muss dir etwas Wichtiges mitteilen. Sobald ich im Haus war, verschloss er die Tür, und ehe ich es mitbekam, hatte er den Schlüssel versteckt. Du bist jetzt mein Gefangener, kicherte er. Komm mit nach oben!« Heinzen stemmte die Fäuste in die Hüften. »Ich wollte nur wissen, was dieser komische Kauz vorhatte, und bin mit ihm die Stiege hinauf.« Dort habe er sich aufs Kanapee gesetzt und abgewartet. Nach einer Weile sei Marx hinter ihn getreten und habe immer wieder gekichert und halb gesungen: »Du bist jetzt in meiner Gewalt. Gehörst mir. Du bist jetzt in meiner Gewalt.«

Moses Hess schüttelte den Kopf. »Was sollte solch ein Verhalten?«

»Warte, es kommt noch schlimmer.« Heinzen beugte sich zu dem jüdischen Gelehrten hinunter. »Ins Hemd ist er mir gefahren. Erst die Brust, als er tiefer wollte, hab ich mich gedreht und die Hand rausgezogen. Aber er hat nur gekichert.« Marx habe ihm gedroht, wenn er sich weiter wehren würde, so könne er ihm die Position bei der Zeitung nicht mehr garantieren. »Und schon fasste er mich erneut an. Da hab ich ihn gewarnt, ihm gesagt, dass ich so was widerwärtig finde, und wenn er nicht damit aufhört, dass ich ihm das mit Gewalt klarmachen würde. Und über meinen Posten hätte er sowieso nicht zu entscheiden.«

Im Schatten der Hintertür griff sich Engels ans bärtige Kinn. Was für ein Schwätzer, dachte er. Eine infame Verleumdung.

»Halt, hab ich ihn gewarnt.« Die Stimme an der Pissrinne wurde lauter. »Er wollte mir den Teufel vormachen, wie er mich an sich reißt, mir die Kleider zerfetzt. Nun ja.« Heinzen richtete sich wieder auf. »Mir blieb nichts anderes übrig. Ein Schlag, und er taumelte rückwärts, lag in der Zimmerecke.«

»Allmächtiger!« Moses hob beide Hände. »So ein kluger, studierter Mann.«

»Gerade die ...« Heinzen schnippte mit den Fingern. »Sauber sind da nur wenige.«

»Hat er sich entschuldigt?«

Ein kurzer Lacher. »Der große Karl Marx entschuldigt sich nie. Im Gegenteil.« Heinzen habe nach dem Schlüssel gefragt, sein Wächter aber hätte aus dem Faust gesungen:

»Drinnen gefangen ist einer!
Bleibet draußen, folg ihm keiner!
Wie im Eisen der Fuchs,
Zagt ein alter Höllenluchs ...«

Kurz entschlossen sei Heinzen die Stiege hinunter. Mit gewaltigem Ruck habe er die Haustür aus dem Schloss gerissen und von der Straße zu Marx hinaufgerufen, er solle sein Haus besser verschließen, damit keine Diebe eindrängen. »Er aber lag nur im Fenster, sagte kein Wort, stierte mir nur mit seinen kleinen Augen nach wie ein begossener Kobold.«

Moses Hess fiel nicht ins Gelächter von Heinzen mit ein. »Ich kann es kaum glauben. Aber wenn du es selbst erlebt hast ...«

»Marx war betrunken.« Der große Mann führte Moses an der Schulter zur Hintertür.

Rasch trat Engels noch tiefer ins Dunkel der Hauswand. Die beiden bemerkten ihn nicht, als sie vorbeigingen. Aus dem Flur vernahm Friedrich noch: »Und glaub es mir, gerade in solch einem Zustand zeigt sich die nackte Wahrheit.«

Dieser gemeine, dumme Rüpel. Friedrich ging zur Rinne, vor Zorn hatte er Mühe, die Hose aufzuknöpfen. Neid und Missgunst, sonst nichts. Dieser Flegel! Alles frei erfunden. Sicher verlief der Abend völlig harmlos. Ich werde dafür sorgen, dass diese Geschichte nicht in Umlauf gerät. Von jetzt an werde ich Heinzen und auch Moses genau beobachten. Und sollte einer von ihnen versuchen, daraus Kapital zu schlagen, so wird er mich von meiner schlimmsten Seite kennenlernen.

Friedrich kehrte ins Gasthaus zurück. Als er die Tür zur Hinterstube öffnete, stand Marx vor Heinzen, ein Stuhl lag umgestürzt neben ihnen. »Du bist kein Atheist. So begreife doch …«

»Hör auf, mich zu beleidigen. Wir alle hier sind reine Atheisten, kämpfen für eine neue Politik. Die Fessel des Christentums und der Kirche haben wir längst abgeworfen. Frei sind wir …«

»Papperlapapp!« Die Zigarre in der Linken stieß Marx ihm den Mittelfinger der Rechten gegen die Brust. »Idee! An Ideen für einen Umsturz glaubt ihr jetzt. Das ist eure neue heilige Religion. Und damit seid ihr keine Atheisten.«

Mit einer heftigen Bewegung wischte Heinzen den Finger beiseite. »Wir kämpfen für das unterdrückte Volk, es soll endlich aufstehen.«

»Warum? Was habt ihr den Armen denn anzubieten? Ihr versprecht Besserung, ohne zu wissen, wie sie durchgeführt werden soll, ihr weckt Hoffnungen, von denen keiner weiß, wie sie erfüllt werden können. Das ist Betrug!«

»Halt's Maul, Kerl! Nenn mich nicht Betrüger.«

Als Friedrich sah, wie Heinzen die Fäuste ballte, öffnete und wieder ballte, ging er zum Tisch und griff nach einem leeren Becher, schlug ihn probeweise mit dem Boden voran in die Handfläche. Die Gesichter der Genossen waren angespannt. Moses Hess flüsterte Engels zu: »Friede. Versuche doch, die beiden auseinanderzubringen.«

»Dann lernt keiner was«, lächelte Friedrich dünn. »Ich sorge nur dafür, dass sie sich nicht totschlagen.«

Marx nahm einen Zug aus der Zigarre und blies Heinzen den Qualm ins Gesicht. »So benebelt bist du, genauso wie deine Freunde. Jetzt das Volk in blutige Aufstände zu hetzen ist gewissenlos. Weil erst ans Grundübel herangegangen werden muss.«

»Und nur der schlaue Dr. Marx in seiner Studierstube weiß, wie es gemacht wird«, höhnte Heinzen.

»So ist es, mein Freund. Das Privateigentum muss abgeschafft werden. Es ist das Grundübel.«

»Wer hier das Übel für unsere Bewegung ist, zeig ich dir. Du schwarz behaarter Affe, selbst aus den Löchern deines Drecksknorren wuchert dir das Fell.«

»Fällt dir das Denken so schwer? Kaum hast du keine Argumente mehr, musst du mich beleidigen. Versuche dein bisschen Hirn zu sammeln.«

»Mir reicht's!« Heinzen stieß dem Gegner vor die Brust, der wankte, stolperte über den Stuhl und schlug rücklings zu Boden. Gleich kniete Friedrich bei dem Freund. »Geht es?«

Marx nickte, unter Ächzen raffte er sich halb hoch und lehnte den Rücken an die Wand. »Meine Zigarre?« Er entdeckte sie an einem Tischbein. »Gib sie mir!« Engels steckte ihm das zerkaute Ende zwischen die Zähne, ließ ihn einige Züge paffen, ehe er ihm ganz aufhalf.

Heinzen stand an der Tür, den Zylinder in der Hand. »So weit musste es nicht kommen.«

»Ist das eine Entschuldigung?«, wollte Marx mit spitzer Stimme wissen.

»Herrgott, nein.« Heinzen schlug die Tür hinter sich zu. Die Stimmung war verdorben, rasch brachen auch die übrigen Genossen auf. Moses Hess bot noch seine Hilfe an, dafür dankte ihm Friedrich, und der kleine Mann verließ mit eingezogenem Kopf die Hinterstube des Bohème.

»Erklimmen wir den Berg!« Die Stimme gehorchte Marx nicht

mehr ganz. »Hinauf zu unsrem Schloss.« Er legte den Arm um die Schulter des Freundes. »Aber erst müssen wir noch die leidige Zeche begleichen. Könntest du …? Ich habe ein Weib und ein Kind zu versorgen. Nein, bald sind es schon zwei. Du weißt, meine Jenny …« Er beschrieb eine Wölbung vor dem Bauch. »Unterstütze also bitte den geplagten Familienvorstand!«

Und Friedrich bezahlte.

Brüssel schlief schon. Wankend querten die Angetrunkenen den Opernplatz. Die Gassen hinauf zur Kathedrale Saints-Michel-et-Gudule raubte ihnen den Atem. Unterhalb des Hauptportals zog Marx den Freund auf eine Bank. »Warte, sonst erlebe ich den Gipfel nicht, und die Welt wäre um ein Genie ärmer.« Beide lachten in sich hinein. Marx hob den Finger. »Was sage ich? Ein Genie? Um das einzig große Genie.« Er lehnte den Kopf an Friedrichs Schulter. »Im Ernst: Wir müssen das Grundübel noch besser erforschen. Das Privateigentum ist ein Raubtier. Es geht umher und frisst sich an den Armen satt. Wir wissen noch viel zu wenig über dieses Ungeheuer, seine grausame Jagdtechnik. Also, wie genau funktioniert das Privateigentum?« Er boxte Engels leicht in die Seite. »Wenn du es weißt, heraus damit!«

Friedrich fasste nach der Faust und hielt sie fest. »Ich bin unsicher. Aber ich weiß aus meiner Zeit in Manchester, dass man sich in England schon lange mit der Ökonomie beschäftigt. Die Bibliotheken da sind bestens ausgestattet, da finden wir alles, was neu erschienen ist.« Während seiner zweijährigen Lehrzeit bei Ermen & Engels, einer englischen Filiale der Spinnereifabriken seines Vaters, hatte er das Elend der Arbeiterklasse hautnah kennengelernt, selbst darüber ein Buch geschrieben und gerade fertiggestellt. Marx kicherte vor sich hin. »Mein Kapitalist mit dem Herz für Arme.«

»Und du? Der Mann einer Adeligen, der Kommunist sein will.«

»Da sei der Teufel vor.« Marx streckte beide Hände in den nächtlichen Himmel. »Kommunismus? Ich denke nur darüber nach.« Er setzte sich auf, wischte mit dem Ärmel über die Stirn, kämmte mit den Fingern durch den zottigen Bart, die Trunkenheit wich aus der

Stimme. »Sagtest du Manchester? Wir sollten hinfahren und uns durch die Bücher fressen. Erst wenn wir exakt wissen, was die anderen über die Nationalökonomie geschrieben haben, können wir mit unserer Arbeit loslegen.«

Gleich stieg Friedrich ein: »Und ich kenne jede Bibliothek. Besonders Chetham's Library wird dir gefallen ...«

»Ach, was träumen wir.« Marx blies den Atem aus, sank wieder in sich zurück. »Der schnöde Mammon. Woher das Reisegeld nehmen? Es langt ja nicht einmal für ordentliche Möbelstücke.« Er wies mit dem Finger über die Schulter zur Kathedrale hinauf. »Vom heiligen Michael haben wir als Atheisten keine Hilfe zu erwarten.«

»Nicht so voreilig!« Friedrich strich sich den Schnauzbart. »Sorge dich nicht ums Geld. Mir wird da schon etwas einfallen.«

# 4

Brüssel, Rue de l'Alliance 5
Anfang Juni 1845

Jenny Marx ließ Stoff und Nadel in den Schoß sinken. Mit ihrem Kleidärmel wischte sie sich über die Stirn. »Mir wird so eng«, sagte sie halblaut zu Helene am Küchentisch hinüber.

»Regt sich das Kind?« Helene warf den Lappen auf das Tafelbesteck und wischte sich die Hände an der Schürze ab. »Müssen Sie sich hinlegen?«

»Nein, das Kind ist ruhig.« Die Hausherrin erhob sich, rückte den Stuhl näher ans Fenster und schob es auf. Tief atmete sie einige Male die frische Luft ein. »Es geht schon etwas besser.« Mit gequältem Lächeln nahm sie wieder Platz. »Wenn dieser beißende Geruch hier nicht auch noch so süßlich wär. Davon wird mir leicht übel.«

»Tut mir leid. Aber ich muss ordentlich Spiritus dazumischen. Mit was anderem bekomme ich das Silber nicht mehr sauber.« Helene rührte im Brei aus Schlämmkreide und Ethanol, tunkte den Tuchballen hinein und rieb weiter am Griff einer doppelzinkigen Vorlegegabel. Neben ihr lag ein Haufen schwarz angelaufener Besteckstücke, und hinter der Spülschüssel reihten sich die wie neu silber blinkenden Gabeln, Messer und Löffel. »Möchte nur wissen, wann das Zeug zum letzten Mal geputzt wurde.«

Jenny überhörte den Vorwurf, spitzte die Lippen. »Das ist leicht nachzurechnen. Jetzt haben wir Juni. Vor fast genau zwei Jahren habe ich geheiratet. Mutter hat mir das Silber zur Hochzeit geschenkt. Vielleicht zum Trost, weil ich an dem Tag von heut auf morgen vom adeligen in den bürgerlichen Stand gewechselt bin.« Jenny lachte und wedelte mit dem fast fertig genähten weißen Kinderkleidchen. »Nein, nur Spaß. Die Heirat mit meinem Mohr habe ich nie bereut. Aber das Besteck hat schon viel mitgemacht, Paris, Köln und jetzt Brüssel, kein Wunder, dass es schwarz ist.«

Helene seufzte und dachte: Dann war ich es wohl, die es zuletzt in Trier im Auftrag der Frau Baronin für die Hochzeit poliert hat. »Vielleicht sollten wir öfter ans Putzen denken«, schlug sie vor. »Dann macht das verdammte Zeug nicht so viel Arbeit.«

»Nicht fluchen! Immerhin sind es wertvolle Erbstücke.«

Helene drohte mit dem hölzernen Wattestab. »Auf jedem Teil kann ich die Kronen auskratzen. Und von diesen elenden verschnörkelten Buchstaben da drunter ganz zu schweigen. Auch noch zwei. Einer hätte genügt.«

»Bitte rede nicht so abfällig über meine Vorfahren. Immerhin entstammen sie dem schottischen Hochadel. Es sind die Earls und Dukes von Campbell und Argyll.«

»Ich weiß. Ihre Frau Mutter, die Baronin, hat mir schöne Schauergeschichten von diesen Herren erzählt.« Nur mühsam ließ sich der schwarze Belag aus den Zacken der Krone pulen. »Einmal ging es um dieses furchtbare Massaker an der Sippe der MacDonalds.«

»Sei still!«

Doch Helene wollte zanken. »Tja, schlimm, schlimm. Frauen, Kinder und fast vierzig Männer haben die Campbells an einem Tag hinterrücks erschlagen.«

»Du Klatschweib.« Jenny drohte halb im Ernst mit der Nadel. »Der Vorfall ist nie ganz bewiesen worden und im Übrigen schon über hundertfünfzig Jahre her. Es gibt viel mehr Gutes als Schlechtes über die alten Campbells und Argylls zu berichten. Als meine Großmutter Jeanie dann das Silberbesteck mit in die Ehe brachte …«

Die Türglocke schlug an. Beide Frauen hoben den Kopf. Jenny runzelte die Stirn. »Jetzt, am frühen Vormittag?«

»Erwarten wir jemanden?«

»Nein. Alle, die wir kennen, schlafen um diese Zeit noch.«

Heftiger läutete es im Flur. Langsam band sich Helene die Schürze ab. Bei wem haben wir Schulden? Bäcker und Metzger können es nicht sein, die habe ich letzte Woche bezahlt. Egal, wer es ist. Noch ein Lächeln für die Hausherrin, und entschlossenen Schritts ging sie hinaus.

Kaum hatte sie die Haustür geöffnet, wurde diese weiter aufgestoßen, gebreitete Arme, in jeder Hand eine Flasche und in der Mitte ein strahlendes Lachen im bärtigen Gesicht. »Lene! Die Sonne ist aufgegangen! Rufe das Volk zusammen!« Friedrich Engels stürmte an ihr vorbei, blieb gleich wieder stehen. »Wo sind sie?«

Helene fasste sich. »Frau Baronesse sitzt in der Küche. Der Herr ist noch oben. Klein Jenny schläft in der Stube.« Sie hob den Finger. »Also bitte nicht so laut.«

Leicht schlug Friedrich die Flaschen aneinander. »Im Gegenteil, du strenger Hausgeist. Klingen soll es in allen Ohren. Wir haben Grund zu feiern.« Er ging zur Treppe und rief hinauf: »Karl! Ich bin's, Karl!«

Auf das unwillige Gebrummel setzte er im Befehlston hinzu: »Runter mit dir! Es gibt Neuigkeiten. Also Beeilung!« Damit betrat er die Küche. Helene drängte hinter ihm her. »Verzeiht, Herrin. Aber ich glaube, nun ist Herr Fritz ganz vom Wahnsinn erwischt worden.«

Friedrich ging bis zum Fenster, vollführte einen tiefen Bückling, dabei schwang er die Flaschen nach hinten. »Baronesse, der Morgen wird erst richtig schön bei Eurem Anblick.«

»Danke, mein Bester.« Bei ihrer höfischen Antwort bemühte sich Jenny um adelige Hochnäsigkeit. »Ich glaube, unser gutes Lenchen hat recht. Wir sollten nach dem Arzt schicken.« Nun musste sie doch lachen. Erst nach einer Weile sprach sie im gewohnt bürgerlichen Ton weiter: »Guten Morgen, Fritz. Was bringst du uns?«

Friedrich stellte beide Flaschen neben das Silberbesteck auf den Küchentisch. »Champagner. Der schmeckt zu jeder Tageszeit.«

»Was höre ich da?« Karl Marx kam herein, barfuß, nur bekleidet mit einem knielangen grauen Nachthemd, die schwarzen Brusthaare zeigten sich im offenen Halsausschnitt. Er begrüßte den Freund mit einem leichten Schlag auf die Schulter. »Champagner? Das prickelnde Wasser des Proletariats.«

»Wo sind die Gläser?« Friedrich nahm sich eines der geputzten Messer. Im ersten Moment wollte Helene es ihm verbieten, unterließ es und stellte vier Tonbecher auf den Tisch. »Die Kristallkelche der Herrschaft sind wohl noch eingepackt«, spottete sie.

»Also dann.« Friedrich durchschnitt die Kordeln am Flaschenhals, nur ein leichter Daumendruck, und mit einem Knall schoss der Korken zur Decke. Rasch fing er die übersprudelnde Köstlichkeit in einem der Becher auf, bis der Druck nachließ und er die übrigen drei vollschenken und verteilen konnte. »Trinken wir auf mein Väterchen.«

Nach dem ersten Schluck erkundigte sich Karl besorgt: »Väterchen? Ist über Nacht aus dem schwarzen Teufelsbock der Familie ein weißes Lamm geworden?«

»Im Gegenteil.« Friedrich trank genüsslich, dem Freund dauerte es zu lange. »Nun spann uns nicht auf die Folter. Was, bei allen Propheten, versetzt dich so in Stimmung?«

»Ich habe diesem pietistischen Geizkragen zweihundert Extrataler aus dem Leib gesaugt.« Sein Klagebrief hatte Vater Engels überzeugt. Nur in den Bibliotheken Manchesters gebe es die nötige Literatur für das künftige Werk des Sohnes über die englische Sozialgeschichte. Friedrich strahlte den Freund an. »Der Alte hat es geglaubt. Damit steht uns nichts mehr im Wege. Das Geld ist da. Wir fahren nach Manchester.«

»Was bitte?« Jenny stellte mit Nachdruck ihren Becher auf den Fenstersims. »Manchester? Eine Reise?« Sie starrte zu ihrem Mann hinüber. »Wer hat sie geplant?«

Langsam setzte nun auch Friedrich das Tongefäß ab. »Karl? Hast du …?«

»Noch nicht. Ich wollte … ich dachte, es wäre besser zu warten. Nicht vorher schon Unruhe stiften.«

»Ich bin schwanger, erleide bald schmerzvolle Qualen, und du willst derweil ins Amüsement reisen?« Jenny erhob sich, warf das Nähzeug auf den Stuhlsitz, ohne Friedrich zu beachten, blieb sie vor ihrem Mann stehen. »Darf ich dich einen Moment allein sprechen? Bitte!« Sie ging voraus, und Marx folgte ihr, dabei kratzte er sich heftig durch die schwarze Lockenmähne.

Friedrich starrte den beiden nach. »Da habe ich was angerichtet.«

Mit einem Seufzer schob Helene ihren Becher hinter die Spülschüssel und stocherte weiter im Schwarz des Monogramms der Campbells und Argylls. Er kam zu ihr, tippte den Finger neben dem Besteckhaufen auf die Tischplatte. »Das konnte ich nicht ahnen, glaub mir. Ich war überzeugt, Karl hätte längst mit ihr darüber gesprochen.«

Helene dachte, so viel ihr Männer hier auch redet, wollt die Welt verbessern, richtig Mut scheint ihr nicht zu haben. Wenigstens nicht Herr Karl, wenn es um unsere Baronesse geht.

»Nun sag doch was«, verlangte Friedrich. »An dem Streit bin ich unschuldig.«

Sie sah ihn an, unvermittelt schmunzelte sie. »Wenn ich es mir so richtig überlege, muss es gar nicht zu einem Streit kommen.«

»Da draußen braut er sich gerade zusammen«, unterbrach Friedrich düster.

»Nun warten Sie mit dem Gejammer«, fuhr Helene auf. »Ich habe euch Männer oft davon reden hören, dass alles gerecht verteilt werden soll.«

»So einfach kann man es nicht ...«

»Es ist ganz einfach.« In drei Sätzen unterbreitete Helene ihm einen Plan, zum Abschluss warf sie die geputzte Vorlegegabel ins Spülwasser. »Und gut so.«

»Du bist ...« Friedrich staunte, setzte nach einer Weile hinzu: »Diese Idee hätte von mir sein können.« Er wollte nachschenken, da wurde die Tür aufgestoßen, und Jenny stürmte in die Küche. »Nein, ich bin nicht damit einverstanden.« Hinter ihr rang Karl die Hände. »Es ist doch nur für ein paar Wochen.«

»Wartet!« Der scharfe Befehlston ließ beide zusammenfahren. Friedrich griff den Freund am Arm und bat Jenny: »Bitte, hab nur einen kleinen Moment Geduld. Ich denke, es gibt eine Lösung.«

»Frieden gibt es nur, wenn es keine Englandreise gibt.«

»Oder wir schaffen Gerechtigkeit.« Bei dem Wort horchten beide auf. Friedrich griff in die Innentasche seines Gehrocks und zückte einige Geldscheine. »Auf dem Weg zu einer gerechten Gesellschaft müssen wir mit gutem Beispiel vorangehen.« Er sprach wie ein Zauberkünstler zu seinem Publikum. Wenn Karl und er nach England fahren wollten, so sollte Frau Jenny auch verreisen dürfen. Und zwar nach Trier zur Mutter, in Begleitung von Helene und Klein Jenny. Der Künstler fächerte die Geldscheine vor dem Gesicht auf und schlug sie wieder zum Bündel in die Hand. »Die Baronin freut sich, wir freuen uns. Und gut so.«

Jennys Gesicht hellte sich auf, ein langer Blick für den Ehemann, dann nahm sie ruhig ihr Nähzeug vom Stuhl und setzte sich. »Wann soll die Fahrt nach England beginnen?«

Noch ungläubig sagte Karl: »Im Juli.«

»Also, Lenchen«, Jenny nickte ihrer Haushälterin zu, »wir packen und reisen im Juli nach Trier.« Nun hob sie den Blick zu Friedrich. »Danke für den Friedensplan. Du sprachst außerdem von der gerechten Verteilung des Kapitals?«

Er vollführte wieder einen Bückling und übergab ihr einige Scheine. »Es ist mir eine Freude, als Bourgeois dem Adel helfen zu dürfen.«

Jetzt strahlte auch der Hausherr. »Champagner! Auf die schönste Frau. Auf Väterchen Geizkragen, auf meinen treuen Freund.«

Sie stießen miteinander an. Ehe Friedrich den Becher zum Mund führte, setzte er hinzu: »Vor allem auf unser Lenchen.« Sie sah ihn an, nickte unmerklich und nahm einen großen Schluck.

# 5

Zugfahrt Birmingham nach Manchester
Juli 1845

Langsam bewegte sich der Galgenarm vom mächtigen Wasserturm weg. »Ich muss dabei sein.« Karl Marx beschleunigte den Schritt, zog den Freund am Mantelärmel mit sich entlang des Bahnsteigs von Birmingham. Trotz ihrer Eile wurden sie überholt von drei Jungen, die mit Gejohle an den Waggons vorbeirannten, nach vorn zur Spitze des Zuges. »Bisher ist es mir nie gelungen.«

Friedrich sah ihn von der Seite an. »Wir führen uns auf wie diese Knaben.«

»So? Meinst du?« Nun steigerte Marx das Tempo, begann zu laufen. Mühelos blieb Friedrich an seiner Seite. »Das nenne ich praxisnahe Wissbegierde«, lachte er. »Wenigstens könnten wir auf die Nachfrage verwunderter Mitreisender unser Verhalten so erklären.«

»Was schert mich das Volk?«

»Nur gut, dass dich keiner hört.« Friedrich blickte über die Schulter zu den weiter hinten wartenden Passagieren und wäre beinah gestolpert. Aus der Gruppe hatten sich zwei Männer gelöst, die Zylinder in der Hand, die Mäntel über dem Arm liefen sie hinter ihm und Marx her. Friedrich beeilte sich, den Freund wieder einzuholen. »Ratten! Sie haben ihr Loch verlassen. Zu zweit verfolgen sie uns.«

Marx stieß einen Lacher aus. »Dieselben vom Schiff?«

»Der Größe nach könnten sie es sein.«

»Solange diese Spitzellumpen uns nur begaffen, sind sie mir scheißegal.« Marx blieb neben der Lokomotive stehen. »Das dort oben interessiert mich.«

Der waagerechte Arm des Wasserkrans kam über dem Kessel zum Stillstand, keine Korrektur der Position war nötig, auf ein Handzeichen des Lokführers hin stürzte der Schwall aus dem gebogenen Ausfluss und ergoss sich unter mächtigem Rauschen in den Kessel der Maschine. Die Jungen standen mit offenen Mündern da. Auch den beiden Herren neben ihnen war das Staunen deutlich anzumerken. Nach wenigen Minuten war das Befüllen des Kessels abgeschlossen. Auf dem Weg zurück zu ihrem Abteil nickte Marx vor sich hin. »Nichts ist starr, alles befindet sich in Bewegung, entwickelt sich. Hier ganz besonders deutlich zu erkennen.«

Friedrich öffnete den Schlag. »Durch Erhitzen wird Wasser zu Dampf, der Dampf wird zur Kraft, und die Kraft treibt unsere Lokomotive und so fort.« Er stieg ein und ließ sich auf die gepolsterte Bank fallen. »Diese Erkenntnis ist längst nicht mehr neu.«

Marx nahm ihm gegenüber Platz. »Mich würde interessieren, wie groß das Fassungsvermögen des Kessels ist, wie viel Wasser die Lokomotive auf der Strecke zwischen London und Birmingham und weiter bis nach Manchester verbraucht.«

Großer Gott, dachte Friedrich, bewahre uns vor Abwegen, und sagte: »Haben wir uns nicht wichtigere Themen vorgenommen?« Er sprang erneut hoch und lehnte sich halb aus dem offenen Schlag. Nach wenigen Augenblicken kehrte er auf seinen Platz zurück. »Die Spitzel sind ins dritte Abteil hinter uns gestiegen. Würde jedes einzelne Gehäuse noch als Kutsche von Pferden gezogen, hätten wir jetzt eine aufregende Wettfahrt bis Manchester vor uns. Aber so werden uns die Kerle zwar auf den Fersen bleiben, uns aber nie einholen.«

»Die Eisenbahn hat den Fortschritt ...«

Ein verschlossener Weidenkorb wurde vom Bahnsteig ins Abteil gehoben. Gleich erschien daneben ein schmales Gesicht, hübsch behütet von einer grünen Schute, die Bänder waren unter dem Kinn mit einer großen Schleife gebunden. »Excuse me, gentlemen. Könnten Sie mir behilflich sein?«

Friedrich war schon zur Stelle, setzte den Korb auf die Bank und reichte der Lady die Hand. Sie lehnte ab und half stattdessen einem schmächtigen, wohl achtjährigen Mädchen in den Fond. Bleiche Wangen ließen die dunklen Augen größer erscheinen. Beim Anblick des Kindes erlosch Friedrichs Eifer, und die Dame stieg ohne seine Hilfe ins Abteil.

»Guten Tag. Ich bin Patsy Roseleaf.« Sie zupfte am Häubchen der Kleinen. »Ich bin das Kindermädchen meiner süßen Caroline.«

Die Freunde lüfteten ihre Hüte und nickten. Friedrich erwiderte den Gruß in perfektem Englisch, während Marx sich zu einem deutlich klaren »Guten Tag, Fräulein« entschied, doch gleich ein »Bonjour« nachsetzte. Dies ließ sie die Stirn krausen. »German? French? Or English?«

Friedrich löste das Rätsel, und Miss Roseleaf rückte den Korb neben ihn auf die Bank, setzte das Mädchen dazu. Sorgsam schloss sie die Kabinentür und ließ sich in deutlichem Abstand von Marx mit einem kleinen Seufzer auf dessen Seite nieder.

Ein starker Ruck erschütterte die Kabine. Angst ließ das Mädchen aufwimmern, gleich legte es beschützend die Hände über den Weidenkorb. Vor dem Fenster glitten die Gebäude vorbei. Rucke folgten schneller aufeinander, milderten sich ab. »Keine Angst, mein Kleines.« Miss Roseleaf beugte sich vor und strich dem Kind übers Knie. »Der Zug fährt an. Und schon rollen wir.«

»Aber mein Kätzchen …«

»Sorge dich nicht! Alles ist gut.«

Dunkle Dampfwolken waberten gegen die Fenster, vernebelten die Sicht nach draußen, gleichmäßiger wurde das Lärmen der Räder.

Karl nickte zufrieden. »Keine Kutsche kann uns solchen Komfort bieten.« Er nahm zwei Zigarren aus der Holzschachtel und bot Friedrich eine von ihnen an. Mit dem Entzünden des Streichholzes erfüllte scharfer Geruch nach Schwefel den kleinen Raum. Das Mädchen hüstelte.

Beide Männer pafften mehrmals rasch hintereinander, bis die Zigarren aufglühten. Friedrich blies den Rauch zur Decke. »Zu unseren Themen.«

»Kritik der Politik und Nationalökonomie.« Karl schmeckte jedem Wort nach. »Ein guter, braver Titel. Er allein hat mir eintausendfünfhundert Franc Vorschuss eingebracht.« Im Frühjahr, noch in Paris, hatte Karl Marx einen Vertrag über das geplante zweibändige Werk abgeschlossen. Dafür war der Verleger Leske extra aus Darmstadt an die Seine gereist. Karl rundete die Lippen und stieß rasch nacheinander mit Gefauch einer Lokomotive gräuliche Rauchkringel aus. »Nun gilt es, die leeren Seiten noch mit Inhalt zu füllen.«

Das Mädchen hustete. Miss Roseleaf strich ihm über die Stirn und wagte einen vorwurfsvollen Blick auf die Zigarren.

»Sei unbesorgt, mein Freund.« Friedrich stippte die Asche von der Glutspitze. »Für deine Idee, in das Werk die Schriften der führenden englischen Sozialisten und Kommunisten als Übersetzung mit aufzunehmen, wirst du in Manchester die besten Grundlagen vorfinden. Ich kenne jede Bibliothek.«

»Kann es kaum glauben, dass wir dort ohne Empfehlung oder Gebühr Zutritt haben sollen.«

»Deshalb meiden wir die teure Nationalbibliothek in London.« Beide Herren machten tiefe Züge, und ihr Qualmausstoß war gewaltig.

Neben Engels rang Caroline mit einem Hustenanfall, der nicht enden wollte, auch ihre Nurse atmete kürzer und tupfte sich mit einem Tüchlein erste Tränen aus den Augenwinkeln. Ihre Not blieb unbemerkt.

»In der Chetham's Library finden wir alle Werke. Du für deine Arbeit und ich für meine *Geschichte der englischen Gesellschaft*. Oben im Lesesaal werden wir uns einnisten.« Beim Abstreifen der Zigarre fiel die Glut mit in den Aschenbecher, gleich riss Friedrich ein zweites Zündholz an, und noch mehr Rauch verbreitete sich in der engen Kabine. »Außerdem werde ich dir Orte in der Stadt zeigen, die der gewöhnliche Besucher nie zu sehen bekommt.« Er schwieg, lächelte vor sich hin. Erst nach einer Weile setzte er hinzu: »Und wenn die Götter mir wohlwollen, so werde ich dich sogar mit einer Überraschung in Staunen versetzen.«

Weil das Mädchen sich nun halb über den Weidenkorb legte, der kleine Rücken vom Husten geschüttelt wurde, erhob sich Miss Roseleaf und zog das Türfenster nach unten. »Komm hierher, Liebling. Nun komm!« Sie hielt ihren Schützling sicher, während Caroline das Gesicht hinausstreckte, atmete. Nur eine kurze Weile, dann zog sie den Kopf zurück. »Und jetzt auch mein Kätzchen.«

»Um Gottes willen. Nein!« Die Nanny musste sich setzen. Nase, Wangen und Mund des Kindes waren vom Ruß gezeichnet, das vorher weiße Häubchen nun schwarz gekräuselt. Miss Roseleaf ballte beide Fäuste, so wandte sie sich den plaudernden Herren zu. »Gentlemen. Ich bitte Sie ...« Sie hob etwas die Stimme. »Bitte!«

Die Herren unterbrachen das Gespräch, sahen sie verwundert an.

»Hören Sie auf zu rauchen. Sonst sterben wir. Das Kind, die Katze und auch ich selbst.«

Marx richtete sich auf. »Aber natürlich. Warum haben Sie sich nicht schon früher gemeldet?« Er nahm gleich ein kurzes Messer aus der Tasche und schnitt die Glut in den Aschenbecher, den Zigarrenstumpf legte er in die kleine Kiste zurück. Friedrich lächelte gewinnend. »Leben und leben lassen. So wollen wir doch das Reisen genießen.«

# 6

Manchester, Chetham's Library
Juli 1845

Hinauf in den ersten Stock verlangsamte Friedrich Stufe für Stufe den Schritt. Jedes Mal beim Betreten einer Bibliothek verspürte er dieses Gefühl der Reinigung, nirgendwo aber empfand er es so stark wie hier in der Chetham's Library von Manchester. Die Stadt, der Trubel, sie fielen von ihm ab wie Hut und Mantel, die unten an der Garderobe abgegeben werden mussten, Blick und Geist wurden frei. Am Beginn des langen Flurs sog er tief den Atem ein. »Riechst du sie?«, erkundigte er sich über die Schulter.

Marx rieb sich die Nase. »Wen meinst du?«

»Bücher.« Friedrich fächelte im Vorbeigehen dem Freund von den mit Folianten bis zur Decke vollgestellten Regalen etwas Luft zu. »Dieser Geruch reizt mich auf ganz eigene Weise.«

»Ach? Was da alles in dir steckt? Wir sitzen seit drei Tagen in dieser Bibliothek nebeneinander. Und du genießt …«

»Schon gut, du Spötter.« Friedrich winkte ab. »Der Geruch verursacht bei mir keinesfalls solche Wirkung, wie es dem Parfüm einer Midinette gelingt.«

Übertrieben schnüffelte Karl. »Ich rieche Lederrücken, Staub, Buchläuse und Wachs, mit dem die Eichenmöbel gepflegt werden. Sehr anregend.« Er deutete auf das Regal mit angeketteten Bänden. »Es scheint, als hätte man sich auf uns vorbereitet.«

»Karl, wir stehlen keine Bücher.«

»Manche wären es schon wert«, murmelte Marx.

Vor dem Eingang zum Lesesaal hob Friedrich den Blick zur Büste des Homer über der Tür, bewies kurz seine Ehrfurcht mit militärischer Haltung. Während Marx dem marmornen Dichter locker zuwedelte und ihm ein »Kollege« als Gruß hinaufrief.

Beim Eintritt der beiden blickten einige Leser am großen runden Tisch von ihrer Lektüre auf. Die Mienen verdüsterten sich, das Kopfnicken war nicht mehr als gequälte Höflichkeit. Die Freunde gingen zu ihren Plätzen nahe des Kamins. Ihre Bücher von gestern lagen sorgfältig ausgerichtet da, auf jedem Deckel befand sich ein mit großen Lettern beschriebenes Blatt: Silence please! Das Ausrufezeichen war mit rotem Stift noch verstärkt worden.

Marx öffnete seine Ledertasche, räumte geräuschvoll Tintenfass, Feder und Schreibheft auf den Tisch und ließ sich mit sattem Stöhnen auf dem lederbezogenen Stuhl nieder. Erschreckt hob ihm gegenüber der Herr den Kopf, die Brillengläser auf dem schmalen Nasenhöcker vergrößerten das Hellblau der Augen. Marx lächelte. »Guten Morgen«, raunte er ihm zu, »da sind wir wieder.«

Das Gesicht des Gegenübers verlor an Farbe, rasch blickte der zu den benachbarten Lesern rechts und links, erntete hochgezogene Brauen und zuckende Mundwinkel als Unterstützung seiner Empörung und beugte sich erneut über sein Buch.

Auch Friedrich hatte inzwischen die Schreibutensilien zurechtgelegt. Er blätterte im Werk von Frederick Morton Eden bis zur Stelle, an der er gestern das Studium abgebrochen hatte. Kurz überflog er die letzten Exzerpte in seinem Heft.

*The State of the Poor* war eine peinlich gründliche Beschreibung von Hunger, Ausbeutung und Elend der Armen während der vergangenen Jahrhunderte in England. Seite für Seite hatte Friedrich gelesen und Wichtiges herausgeschrieben. Er stockte an der Stelle über die Ernährung der Armen: »Die Arbeiter des 15. Jahrhunderts aßen in schlechten Zeiten Brot aus Bohnen, Erbsen und Hafer« Weiter blätterte er in seinem Heft. »Arbeitszwang … Wer zwischen 12 und 60 Jahren, Weiber unverheiratet zwischen 12 und 40 Jahren, keinen Unterhalt habe, soll von den Friedensrichtern gezwungen werden, im Ackerbau Arbeit zu suchen.« Weiter: »Bettler ohne Lizenz und über 14 sollten heftig ausgepeitscht und am linken Ohrlappen gebrannt werden. Wenn sie keine Arbeit annahmen und über 18 waren, sollten sie wie Schwerverbrecher hingerichtet werden.« Friedrich glättete mit dem Finger den Schnurrbart zur Oberlippe. Auspeitschen und mit glühenden Eisen brennen? Und welcher Dienstherr nimmt solch einen armen Kerl, der schon das Brandzeichen am Ohr trägt?

Neben ihm grummelte der Freund vor sich hin, während er las und gleichzeitig, ohne hinzuschauen, ganze Passagen des Textes in sein Heft notierte. Friedrich beugte sich leicht hinüber. Keine wirklichen Buchstaben, dachte er, eher ein Geschmier, aus dem nur ein Schriftexperte Worte zu entziffern vermochte.

»Kommst du gut weiter?«, flüsterte er Marx zu.

»Dieser Petty versteht was von Zahlen, Statistik und Logik. Gar nicht schlecht, was er über die wirtschaftliche Zukunft von London denkt.« Marx zückte seine Taschenuhr, legte sie auf den Tisch und tippte mit dem Finger darauf. »An diesem Beispiel zeigt Petty den Fortschritt. Keine kleine Werkstatt mehr. Nicht einer allein soll das ganze Produkt herstellen. Eine große, gut organisierte Manufaktur muss her. Mehr und sogar bessere Uhren gibt es, wenn ein Mann die Zahnräder, ein anderer die Feder, der nächste das Zifferblatt und der andere das Gehäuse herstellt und so weiter. Ein kluger Kopf, dieser Petty. Ich werde ihn überprüfen.« Marx steckte die Uhr zurück und klaubte dafür das Zigarrenetui aus der Tasche. Die Rauchwolke waberte über den Tisch, und sein Gegenüber versuchte sich mit Wedeln vor dem Qualm zu schützen. Auch seine Nachbarn ließen die Bücher vor den Gesichtern wippen.

Stille. Nur das Gebrummel von Marx war zu hören, hin und wieder unterbrochen vom Geschmatze an der Zigarre.

Friedrich gelangte in seiner Lektüre zu einer Abhandlung über die Vermehrung der Armut. Erst Zahlen und radikale Vorschläge, wie die Bedürftigen und vor allem deren Kinder zur Arbeit gezwungen werden könnten. Dann aber … Er putzte seine Brillengläser und las den Absatz erneut. Kein Zweifel. Mit dem Ellbogen stupste er Marx in die Seite. »Hier«, er neigte sich zum Ohr des Freundes. »Dieser Kerl glaubt, dass die Verdrängung der Reitpferde durch die Reisekutschen der Hauptgrund für die Zunahme der Armut ist.«

Karl Marx benötigte einen Moment, er nahm den Zigarrenstummel aus dem Mund. »Was? Weil die Kutschen die Pferde vertrieben haben? Von solch einer Theorie hab ich noch nie was gehört.« Er zog sich das Buch heran und las selbst die Stelle. Schallend lachte er auf. Das Entsetzen der Umsitzenden nahm er nicht wahr. Erst Friedrich konnte ihn durch heftiges Zerren am Ärmel wieder zur Ruhe bringen.

Immer noch vergnügt wisperte Karl: »Nicht schlecht, nicht schlecht.« Und während er weiter flüsterte, notierte er zum Beweis die Zahlen auf einem Zettel mit. »Also früher hatte jeder Reisende, der mit einem Pferd unterwegs war, mindestens einen Bediensteten, wenn nicht gar zwei in seiner Begleitung, beide auch zu Pferde.« Eine Kutsche aber benötigte nur vier Gäule und könnte sechs Passagiere befördern. Also leisteten vierzig Pferde die Arbeit, die früher von fünfhundert getan werden musste. »Was sage ich? Die Zahl ist noch viel höher, weil ja jeder Bedienstete ebenfalls einen Sattel unter dem Hintern haben musste.« Karl patschte mit der Hand auf die Seite. »Und rechne ich weiter, dann hat die Abnahme an Reitpferden noch Auswirkung auf die ehemals benötigten Stallburschen, Sattler bis hin zu den Bauern, die ihr Heu nicht mehr verkaufen können. Diese Theorie sollten wir weiter überprüfen.«

»Warum?« Friedrich griff nach seinem Buch. Aus dem Augenwinkel nahm er wahr, wie der Herr gegenüber den Platz verließ und hinauseilte, es kümmerte ihn nicht. »Ich halte diesen Schreiber für überspannt und seine These an den Haaren herbeigezogen. Warum sich länger mit ihm aufhalten?«

Der Oberlehrer tippte ihn mit dem Finger an den Oberarm. »Du liest etwas und urteilst gleich, ohne weiter zu prüfen, zu vergleichen und dann erst zu einem gültigen Schluss zu kommen. Das ist nicht wissenschaftlich.«

Eine Ermahnung? Friedrich spürte Ärger aufsteigen. »Dafür verzettele ich mich nicht, gelange recht bald zu einem Resultat.«

»Ach, was bedeutet schon Bauchgefühl im Vergleich zu schlüssigen Beweisen.«

»Du willst mir unterstellen …?« Zu laut, erschreckt schloss Friedrich den Mund, nickte entschuldigend in die Leserrunde.

Mit Wieselschritten kehrte der Herr zurück, die Brille wippte auf dem Nasenhöcker, das Blau der Augen leuchtete heller noch, dazu schnappte der Atem. Betont setzte er sich wieder auf seinen Platz, blätterte feierlich im Buch zur nächsten Seite.

Ohne ein Geräusch erschien die Aufseherin unter dem Türbogen. Den Blick gesenkt umhuschte sie nahe der Wandgemälde hinter den Lesenden das Tischrund. In Höhe des Kamins trat sie zwischen die Deutschen und legte ein Blatt vor Friedrich hin: »Please follow me.« Sie lächelte zwar, ihr Zeigefinger aber blieb unter der Bitte, bis er sich erhob.

Ebenso lautlos, wie sie gekommen war, ging die Aufseherin vor ihm her, erst draußen auf dem Flur, weit genug entfernt von den Lesern und der Büste des Homer, hüstelte die Lady. »Sorry, Sir. Aber es kamen Beschwerden über Ihren Freund. Nicht nur heute, auch gestern und vorgestern. Gewiss ist er es aus Germany nicht gewohnt, aber hier in England muss in einem Lesesaal unbedingt Ruhe bewahrt werden. Auch das viele Rauchen wird als Störung empfunden.« Der Vorwurf in ihrem Blick verstärkte sich. »Sie, Sir, waren früher sehr häufig unser Gast. Sie hätten Ihren Freund über unsere Gepflogenheiten informieren können. So aber muss ich Sie auf Drängen der übrigen Leserschaft nun beide bitten, unsere Bibliothek zu verlassen. Sicher können Sie andernorts Ihre Studien weiterführen.«

Friedrich schloss die Augen. Ich hab's befürchtet. Nun zeige, was du kannst. Dieser staubige Engel darf uns nicht aus dem Bücherparadies hinauswerfen. Er wich einen Schritt zurück. Weit öffnete er die Lider, Schmerz und Schreck zeigten sich in seinem Blick. »Mylady, bitte.« Er deutete mit dem Arm in den Lesesaal. Dieser Mann dort sei ein Genie, einer der größten Denker auf dem Festland. Ein neuer Stern am Himmel der Philosophen. »Solche Männer leben anders, weil sie beständig in geistigen Sphären schweben. Und so vergessen sie hin und wieder das Banale, Selbstverständliche.« Er neigte den Kopf und versicherte, dass er künftig selbst den Freund an die Stillepflicht gemahnen wolle.

Als er aufschaute, sah er seinen Misserfolg. Die Miene des Zerberus hatte sich nicht erhellt. Nun denn. Er seufzte, klaubte aus der Rocktasche zwei Shilling, die streckte er dem Engel hin. Ein Sternenglitzern zeigte sich. Sanft legte sie ihre Hand auf den Schatz, Friedrich verspürte ein leichtes Kratzen der Fingernägel in der Handmulde, und die Münzen waren verschwunden.

»Well, Sir. Es gibt eine Lösung des Problems. Please.« Die Aufseherin ging erneut voran und zurück in den Lesesaal. Unter dem Eingang zwinkerte Friedrich zum marmornen Homer hinauf. Sie führte den Deutschen zum Erker hinter dem großen Leserund. Ein heller Platz, das Tageslicht schimmerte gelb, am oberen Rand sogar blau und rot durch die vielen bleigefassten Scheiben der drei Fenster.

Die Lady räumte einige Stapel dort gelagerter Bücher beiseite und wischte mit einem Staubtuch flüchtig über die Sitzbänke. »Ich denke, so wird es gehen. Es ist bequem genug für Sie und Ihren Freund. Und die anderen Herren werden in ihren Studien nicht gestört.«

Friedrich schenkte ihr sein Lächeln. »Tausend Dank!«

Wenig später hatte er den Freund umgesiedelt. Marx besah den lichten Erker. »Sehr schön. Wie hast du das geschafft?«

»Ganz einfach. Ich habe nur mit dem Finger geschnippt.«

Karl rückte sich das Werk von Petty zurecht. »Hab ich schon lange geahnt. Du hast wirklich einen Schlag bei den Weibern. Sehr schön.«

# 7

Manchester, Klein-Irland
Juli 1845

In der Nacht hatte es ausgiebig geregnet, sogar ein kurzer heftiger Sommersturm war über Manchester hinweggefegt. Gleich nach der Kathedrale blickte Friedrich zum Himmel. Vereinzelte Wolkenbänke. Träge zogen sie dahin. Keine Gefahr mehr, dachte er, das Unwetter kommt nicht zurück. Vor ihm erstreckte sich die Deansgate schnurgerade den Hügel hinab bis direkt in den Süden der Stadt. Wenn der Wind den trägen Qualm der Schornsteine teilte, glänzten weit unten lang gezogene Pfützen in der Morgensonne. Er ließ den geschlossenen Stockschirm ums Handgelenk wirbeln. Hätte ich mit der christlichen Enge meines Alten nicht gründlich gebrochen, müsste ich dem Bibelgleichnis vom verlockenden Weg in die Verdammnis recht geben. So einladend breit die Hauptstraße hier oben auch sein mag, sie führt vom Himmel unweigerlich direkt in den Höllenmorast. »Ja, hinab«, flüsterte er, »ganz gleich, was mich erwartet.« Er summte die ersten Takte vom Lied der Mutigen, begann von vorn, verfiel in den schnellen Sprechgesang:

»Was glänzt dort vom Walde im Sonnenschein,
Hör's näher und näher brausen.«
Ungewollt passte er seinen Schritt dem Tempo an.
»Es zieht sich herunter in düstern Reihn,
Und gellende Hörner schallen darein,

Erfüllen die Seele mit Grausen.
Und wenn Ihr die schwarzen Gesellen fragt ...«

Die Warenlager und Fabrikgebäude rechts und links wurden von Geschäften und Bierhäusern abgelöst. Friedrich hob die Stimme:

»Das ist Lützows wilde, verwegene Jagd.«

Das Straßenpflaster wies mehr und mehr Lücken auf, die Läden wurden kleiner, die ausgestellten Waren schlichter. Friedrich blieb vor einem Tuchgeschäft stehen. Genau hier teilt sich die Welt. Keine Wolle oder Leinen wie noch vor wenigen Schritten. Wer hier kauft, dem wird nur gebleichter oder grellbunt bedruckter Kattun angeboten. Er spannte die Lippen. Mehr wird der einfache Arbeiter auch nicht bezahlen können.

Friedrich bückte sich und zurrte die Lederschnüre seiner Stiefelschäfte fester. Er blickte zurück, hinauf zur Anhöhe.

Gleich nach dem Morgenbrei hatte er Marx eröffnet: »Du wirst heute ohne mich recherchieren müssen. Ich will endlich nach der Überraschung sehen.« Keine nähere Erklärung, keine Antwort auf Fragen. Er hatte den Freund noch zur Chetham's Library nahe der Kathedrale begleitet und ihn den Büchern überlassen.

Friedrich verengte die Augen, rasch zog er sich einen Schritt tiefer in den Eingang des Tuchgeschäfts zurück und beugte den Kopf vor. Im Strom der Passanten fielen ihm zwei Männer auf, Zylinder, lange weite Mäntel, es gab keinen Zweifel. »Spitzel«, flüsterte er. Sie mussten ihm und Marx schon nahe ihrer Unterkunft in der Ducie Street aufgelauert haben. Um den Freund brauchten sie sich heute nicht zu kümmern, der hockte fest in der Bibliothek. Mich wollen sie ausspionieren. »Na dann, versucht es«, knurrte Friedrich.

Sie näherten sich bis auf dreißig Schritt, blieben stehen und betrachteten betont interessiert die Auslage eines Geschäfts.

»Und los geht es.« Während er zügig weiterging, pfiff er das Lied wieder vor sich hin. Ein Blick über die Schulter. Die Verfolger blieben ihm auf den Fersen. Das Pflaster hörte ganz auf, lehmiges Wasser füllte die Straßenfurchen, die Ränder waren matschig weich. Trotz der festen Stiefel rutschte Friedrich hin und wieder. Als rechter Hand die schmalen Gassen hinein ins Irische Viertel auftauchten, zischte er den Atem durch die Zähne.

Bald zwei Jahre sind es her, seit ich das letzte Mal hier war, und nichts hat sich gebessert, im Gegenteil. Vergorener Gestank stieg ihm in die Nase. Dort zwischen den niedrigen Katen, Buden und halb verfallenen Wohnställen kochte die Julisonne mit dem Regen der vergangenen Nacht den Kot, Urin und Abfall zu einem pestartigen Brei.

Friedrich wählte die schmierigste Gasse, vergewisserte sich, dass seine Verfolger ihn auch abbiegen sahen, und betrat Klein-Irland, stapfte ins Elend hinein. Die Stiefel versanken bis über die Knöchel im Morast. Halb nackte barfüßige Kinder flohen vor dem Fremden, drückten sich erschreckt an die Hauswände. Friedrich lächelte ihnen zu, beschwichtigte mit der Hand. Jäh wurde der beißende Geruch unerträglich. Er blieb stehen. Ein Bretterverschlag, die Tür stand halb aus den Angeln gerissen offen, und aus dem Innern quollen Schwärme von schillernden Fliegen, umsurrten den Abtritt, stürzten sich wieder hinein. Der einzige Lokus für diesen Bezirk, erinnerte sich Friedrich, ein Abort für eine Straße, für mehr als hundertzwanzig Menschen.

Gespannt blickte er in die Gasse zurück. Nicht lange, und seine Verfolger bogen eilig von der Hauptstraße ab, liefen weiter, nach wenigen Schritten versanken ihre Schuhe im Modder. Die Flüche waren bis zum Scheißhaus zu hören. In grimmigem Spott winkte ihnen Friedrich mit dem Schirm, lud sie zu sich ein. Ohne darauf zu reagieren, brachen sie die Verfolgung ab, stakten wie Störche aus dem gärenden Brei zurück auf die Deansgate.

Friedrich drang tiefer ins Viertel ein, versuchte sich zu erinnern, sich in dem Gewirr von Winkelgassen zurechtzufinden. In sicherem Abstand folgte ihm eine Handvoll Kinder, Frauen hängten nasse Hemden und Röcke auf die von Haus zu Haus gespannten Wäscheleinen, er spürte ihre heimlichen Blicke, auch bemerkte er, wie sich hin und wieder eins der mit Ölpapier bespannten Fenster bewegte, und beeilte sich weiterzukommen.

Endlich. Diese drei aneinandergebauten niedrigen Häuser hatte er gesucht. Fehlende Dachziegel waren durch Bretter ersetzt, das Mauerwerk hatte man teilweise mit Holzstücken und Stroh abgedichtet, kein Zweifel, auch wenn die grüne Farbe inzwischen fast ganz von der mittleren Tür abgeblättert war, hier wohnten ihre Eltern.

Mit dem Schirmgriff pochte Friedrich, von drinnen vernahm er eine laute Männerstimme, dann Grunzen, dazwischen schimpfte eine Frau. Er klopfte erneut, kräftiger. Unvermittelt wurde die Tür aufgerissen. Grunzen! Ein Unwesen fuhr auf ihn zu, im letzten Moment konnte er zur Seite springen, und das Schwein stürmte an ihm vorbei, gefolgt von einem Knaben, der mit dem Stock das Tier antrieb.

Nach Schwein und Kind erschien der Hausherr, die grauen Hosen geflickt, viel zu weit und vom Gürtel zusammengeschnürt. Aus dem offenen Hemd quollen die Brusthaare, im unrasierten Gesicht lauerten kleine dunkle Augen. »Sir?« Er hustete in die Hand und wischte sie an der Hose ab. Geruch nach Bier schlug Friedrich entgegen.

»Hello, Mister Burns«, grüßte er, bemühte ein Lächeln, da keine Reaktion folgte, stellte er sich vor. Auch sein Name schien keine Erinnerung wachzurufen.

Jetzt tauchte Frau Burns hinter ihrem Mann auf, breithüftig, das Kleid über den schweren Brüsten war mit Essensresten besudelt. Sie erkannte den Besucher sofort und zischelte ihrem Gatten zu: »Be careful, Michael.« Das sei der reiche Lord, der Fabrikbesitzer. »Vor zwei Jahren hat er deine Töchter von dir weggelockt, und dann ist er verschwunden.« Sie war die zweite Frau des Michael Burns und drohte Friedrich mit dem Finger. »Keinen Penny geben die undankbaren Weibsstücke mehr ihrem armen, kranken Vater ab. Weder Mary noch Lizzy.«

Im ersten Moment wollte Friedrich die Fakten richtigstellen, ließ es aber, damals schon war die Stiefmutter unbelehrbar gewesen, und bat: »Nur eine Auskunft. Wo finde ich Mary? Hat sie Arbeit?«
Keine Antwort.
»Oder wohnt sie mit ihrer Schwester etwa noch in der Daniel Street?« Er winkte selbst ab. »Was ich mir nicht vorstellen kann.«
Herr Burns wölbte den Brustkorb. »Ein Ire verrät keinen Iren.« Zur Bekräftigung hob er das Kinn, drehte sich um, stieß seine Frau ins Haus und warf die Tür hinter sich zu.
»Verflucht.« Friedrich schlug sich die Faust gegen die Stirn. Dieses versoffene Pack. Am liebsten würde ich dem Kerl eins überbrennen und der Alten gleich eins dazu. Hüte dich, warnte er sich selbst, wer hier als Fremder Streit beginnt, verlässt Klein-Irland nicht mehr. Schon beim ersten Schrei des Michael Burns kommen seine Kumpane aus allen Löchern. Und du verschwindest auf ewig.
Aber ich muss Mary finden. Er wollte es erneut mit höflichem Fragen versuchen und trat wieder auf die Tür zu, hob den Schirmknauf.
»Hey, Mister?«
Friedrich wandte sich um. Vor ihm reckte sich der Sohn der Familie, stützte sich auf den Schweinestock. Die Ohren standen ab, breite Hosenträger zerknautschten das viel zu große Hemd. Die nackten Füße und Beine waren dreckverklebt.
Friedrich strich sich den Lippenbart. »Bist du nicht Tom? Der Halbbruder von Mary und Lizzy?« Er legte die Hand als Maß an die Hüfte. »Damals warst du so klein.«
Beinah mitleidig blickte ihn der Junge an. »Ich bin schon lange neun Jahre alt.«
Friedrich ging darauf ein. »Das ist in der Tat beachtlich.«
»Mister, wenn du wissen willst, wo meine Schwestern sind. Ich weiß es.«
»Guter Junge.« Rasch beugte sich Friedrich zu ihm. »Sag es mir!«
»Das kostet, Mister.« Tom streckte ihm die geöffnete Hand hin. »Zwei Pence.«

»Aber ja.« Friedrich reichte ihm die Kupfermünzen. Sie verschwanden in der Hosentasche, gleich streckte der Junge wieder die Hand aus. »Zwei für jede. Und ich hab zwei Stück, also bekomme ich noch zwei Pence.«

»Halsabschneider«, knurrte Friedrich und bezahlte. »Aber jetzt, raus damit! Wo wohnen deine Schwestern?«

»Das weiß ich nicht genau.«

»Kerl ...« Im aufwallenden Zorn packte ihn Friedrich am Hemd.

»Nicht, Mister, bitte ... Sonst rufe ich.«

Erschreckt ließ Friedrich ihn los, schaute sich nach den Nachbarhäusern um. Nichts rührte sich. Noch nicht. Er dämpfte die Stimme. »Tom, treib es nicht zu weit.«

Da legte ihm der Junge die Hand auf den Arm. »Keine Angst, Mister. Ich bin ein ehrlicher Geschäftsmann. Du hast bezahlt, und ich liefere.« Er streckte den Arm in Richtung des Irwell. »Um diese Zeit verkauft Mary ihre Orangen am Hafen.« Er beschrieb den Kanal, an dem die Frachtschiffe der Spinnereien beladen wurden, und nannte das Bierlokal. »Da im Golden Anchor besuche ich sie manchmal. Und Lizzy ist manchmal auch da.«

»Alles gut.« Friedrich strich ihm kurz durchs Haar. »Wenn es nicht stimmt, komm ich wieder.« Er wandte sich zum Gehen.

»Ein Geschäftsmann, Mister«, rief ihm Tom nach, »der betrügt seine Kundschaft nicht.«

Ohne sich umzudrehen, hob Friedrich den Schirm. »Das sagen sie alle, mein Kleiner.« Und setzte leise hinzu: »Diese Lüge ist die Grundlage des Geschäfts.«

# 8

Manchester, Hafenkanal
Juli 1845

Friedrich atmete erleichtert auf, als er die Enge von Klein-Irland hinter sich gelassen hatte, die Wege wurden nicht besser, dafür öffnete sich der Blick. Riesige Lagerhallen und Fabrikgebäude reihten sich aneinander, und aus unzähligen Schornsteinen quoll Rauch. Da kaum Wind ging, drückte ihn die Sonne, und gelbliche Schwaden hingen träge über den Dächern.

Was das Bierhaus betraf, so hatte ihm der kleine Tom den richtigen Weg gewiesen. Der Golden Anchor befand sich direkt am Kai, ehe der Hauptkanal in den Irwell überging. Beide Türflügel standen weit offen, aus dem Schankraum drangen Gelächter, laute Stimmen, und über allem schwang das Spiel eines Pianos.

Kurz vor dem Eingang schabte Friedrich, ohne darüber nachzudenken, an einer Steinkante, so gut es ging, den Dreck von den Stiefelsohlen, rückte Weste und Rock gerade und fuhr sich mit den Fingern durchs Haar. Als er sich dabei ertappte, musste er schmunzeln. »Wie ein Student vor seinem ersten Rendezvous.«

Er trat ein, blieb nach wenigen Schritten stehen. Matrosen, Arbeiter und grell bemalte Frauen hockten an den Tischen, tranken und rauchten, spielten Karten oder schwankten nahe dem Klavier zur Musik Arm in Arm um sich selbst. Friedrich ließ den Blick schweifen, suchte bei den Tischen, musterte die Tanzenden. Er sah zum Ausschank auf der rechten Seite. Dunkles Haar, nein, kastanienrot, es quoll in Locken unter dem gelben Tuch hervor, war im bloßen Nacken mit einem Band gebändigt. Friedrich sah ihren Rücken, die helle Bluse, und von der Taille fiel in Falten der dunkelblaue Rock. Sie ist es, spürte er, sie musste es sein. Rechts und links von ihr standen bauchige Männer mit Mützen, wie sie nur Kapitäne trugen, beide rauchten aus langstieligen, leicht gebogenen Tonpfeifen, sie hoben die Krüge, stießen mit ihr an, lachten, und während sie tranken, wippten die Bäuche.

Friedrich bahnte sich einen Weg durch die Gäste, beim Näherkommen vernahm er auch ihr Lachen, nicht hoch und laut. Kein Zweifel, es ist ihre Stimme, es ist ihr Lachen, dunkel, warm wie das Haar. Nur noch wenige Schritte vom Ausschank entfernt spürte er jäh einen scharfen Schmerz im Rücken. »Stopp, Bastard!« Neben ihm tauchte ein Mann auf, riss den Schirm an sich. Gleichzeitig wechselte der Schmerz vom Rücken an seine Halsseite, die Messerklinge drang in die Haut. »Rühr dich, und du bist tot!«

Es sind zwei, dachte Friedrich, jede Gegenwehr ist zwecklos. »Schon gut. Nichts überhasten. Was wollt ihr?«

Der Mann, den er sehen konnte, packte wahllos einen halb gefüllten Krug vom Nachbartisch und hieb ihn mit lautem Knall auf den Tisch, Ton splitterte, Bier spritzte. »Freiheit für Irland!« Sofort riss der Lärm ab, noch wenige Akkorde, und das Klavier schwieg.

Der Mann sprang auf einen Stuhl und reckte den Schirm. »Keine Aufregung, Leute. Das hier geht nur uns Iren an. Bleibt, wo ihr seid. Niemand hat etwas zu befürchten …« Die Schirmspitze zielte auf Friedrich. »Außer diesem Lord.« Mit einem Sprung stand er vor ihm. »Was willst du hier?«

Der Unsichtbare neben ihm verstärkte den Druck der Klinge. »Antworte!«

Jetzt blickten die Kapitäne herüber, langsam drehte sich zwischen ihnen auch die Schöne um. Mary. Diese Lippen …

»Rede, Kerl!«

Friedrich spürte Blut an seinem Hals hinunterlaufen. »Nach ihr habe ich gesucht.« Er deutete mit der Hand auf sie. Sein Blick fand ihren Blick, dieses Grün der Augen, es passte zum Rot ihrer Lippen, zur Farbe der Kleidung. »Nach Miss Mary Burns habe ich gesucht.«

Unvermittelt wandte sie sich ab und kehrte ihm den Rücken zu.

»Die Lady scheint nicht sehr erfreut.« Leise pfiff der Schirmdieb durch die Zähne, er schien das Sagen zu haben. »Alles passt zusammen. Du spionierst in unsrem Bezirk. Du arbeitest für die Geheimpolizei.«

»Niemals!«, empörte sich Friedrich. »Im Gegenteil, ich bin auf eurer Seite …«

»Halt's Maul! Seit du unser Viertel betreten hast, wirst du beobachtet.« Scharf pfiff der Anführer in Richtung Eingang.

Ein dritter Mann erschien, neben ihm stolperte Tom, sein Gesicht war verquollen, die Ohren glühten. Der Ire hatte die Faust ins Hemd des Jungen gekrallt, so zog er ihn mit sich in den Golden Anchor. Auf ein Zeichen des Sprechers blieb er dicht bei den Flügeltüren stehen.

»Die Beweise gegen dich sind eindeutig.«

Was wird hier …? Nein, kein Spiel. Irische Patrioten scherzen nicht. Friedrich atmete heftig. Ein Prozess? Einfach so? Und der Kerl führt sich auf wie mein Richter. »Was wird mir vorgeworfen?«

»Polizeispitzel!« Das Wort allein verursachte Raunen unter den Gästen. Aus den Augenwinkeln bemerkte Friedrich, wie an einigen Tischen die Fäuste geballt wurden. Großer Gott, die Schlinge zieht sich zu. »Ich … verstehe nicht.«

Da lachte der Anführer trocken und schüttelte den Kopf. »Das behauptet jeder, den wir erwischen.« Die Umsitzenden nickten beifällig. »Also beginnen wir …«

Mit erhobener Stimme zählte er die Fakten auf. Der Angeklagte sei von der Deansgate aus in Klein-Irland eingedrungen. Zwei weitere Geheime wären ihm nachgekommen. Mit Handzeichen habe er sich mit ihnen verständigt. Hiernach hätten die beiden sich zurückgezogen.

»Das ist falsch.«

»Schweig! Die Schnüffler stehen noch immer an der Gassenecke und warten auf dich. Also halt's Maul!«

Daraufhin wäre er zielstrebig bis zum Haus des Michael Burns gegangen, unter dem Vorwand, die Töchter zu suchen, wollte er dort eindringen, das ehrenwerte Ehepaar Burns habe es verhindert und ihm keine Auskunft gegeben.

»Bitte, ich kann es richtigstellen.«

»Die Anklage ist noch nicht beendet.« Zweimal kreiste der Schirm ums Handgelenk, ehe der Richter auf den dritten Mann und Tom zeigte. »Mit vier Pence hast du den Jungen bestochen. Und sicher nicht nur, damit er dir den Weg zum Golden Anchor beschreibt.«

»Lass mich!« Tom versuchte sich aus dem Griff seines Aufpassers zu befreien, als es nicht gelang, schrie er: »Der Mister hat nur nach dem Weg gefragt.« Eine Ohrfeige brachte ihn zum Schweigen.

Der Anführer trat vor den Beschuldigten hin. »Hinter wem von uns bist du mit deinen Kumpanen her?«

»Alles ist ein Irrtum. Ich bin weder ein Polizeispitzel, noch will ich einem von euch etwas Schlechtes.« Wieder deutete Friedrich in Richtung des Ausschanks. »Nach Mary habe ich gesucht. Ich bin ein Freund von ihr.« Als der Anführer spöttisch auflachte, setzte er hinzu: »Frag sie doch. Sie wird es bestätigen.«

Der Ire ging einige Schritte in ihre Richtung. »Mary Burns?«

Sie wandte sich um. »Was ist, John? Willst du ein paar Orangen kaufen?«

Die Kapitäne amüsierten sich über ihre selbstsichere Art, sehr zum Ärger des Anführers. »Ich will eine Antwort«, fuhr der sie an. »Für den Lord hier geht es um den Hals. Also ist er ein Freund oder ein Feind?«

Mary blickte Friedrich an, lange, nachdenklich. Nach einer Weile seufzte sie leicht, sagte dann: »Freund. Lasst ihn, er ist ein Freund.« Aufatmen an allen Tischen, erlöst von der Spannung griffen einige Gäste nach ihren Gläsern und tranken in gierigen Zügen.

»Damned!« Der Anführer drohte Mary mit der Faust. »Warum sagst du das nicht gleich?«

»Ich habe meine Gründe.«

»Verfluchte Hexe.«

»John McKeanly!« Nun raffte Mary den Korb mit Orangen vom Boden auf, ließ die Kapitäne einfach stehen und trat dicht vor den Freiheitskämpfer hin. Ihre Augen funkelten. »Du irischer Holzkopf. In jedem Fremden siehst du einen Feind.« Sie streckte ihm die Faust hin. »Und solltest du mich je wieder beleidigen, dann bleibt die Kammertür meiner Schwester Lizzy für dich verschlossen. Für immer. Hast du mich verstanden?« Sie wartete die Antwort nicht ab und nickte Friedrich zu. »Gehen wir.«

Nahe dem Ausgang flehte Tom die Schwester an: »Bitte, Mary. Ich will mein Geld wiederhaben. Vier Pence, die hab ich ehrlich von dem Mister abgehandelt.«

Ehe sie nachhelfen musste, griff der Ire in die Rocktasche und gab dem Jungen seinen Verdienst zurück.

Draußen am Kai ging Mary wortlos einen Schritt vor Friedrich her. Vergeblich versuchte er sie anzusprechen, ließ es dann.

Endlich, dort, wo der Kanal in den Irwell überging, der Weg ein Dreieck bildete, blieb sie hoch über dem Wasser stehen und drehte sich um. »Ich wollte dich vergessen. Und es wäre mir bald gelungen.« Die Sommersprossen auf ihren Wangen zuckten. »Wieso musstest du zurückkommen?«

Friedrich sah den feuchten Schimmer in ihren Augenwinkeln. War es Zorn? Oder das Gegenteil? Er blieb vorsichtig. »Ich wollte meine Bücher holen. Hast du sie noch?«

»Nächste Woche wollte ich sie beim Buchhändler verkaufen. Dann wärst du ein Jahr und sechs Monate weg. Und länger hüte ich von keinem Kerl die Bücher.«

»Also bin ich noch zur rechten Zeit gekommen.«

Sie drehte sich rasch um, starrte ins Wasser. Nach einer Weile fragte sie: »Warum? Du hast mir beim Abschied versprochen, dass du bald zurückkommst. Du wolltest nach Hause, weil du in Deutschland das Manuskript fertig schreiben musstest. Seitdem habe ich nichts mehr von dir gehört. Ich habe sogar bei einem Mädchen aus dem Kontor eurer Fabrik nach dir gefragt. Nichts.« Sie trat mit dem Schuh einen Kieselstein beiseite. »Nicht eine Nachricht, kein Brief ...« Mary lachte bitter auf. »Ich weiß, ich kann nicht lesen. Aber ich hätte mir einen Brief von dir ganz sicher von jemandem vorlesen lassen. Und wenn ich den Priester gefragt hätte.«

Friedrich trat dicht hinter sie, berührte ihre Schulter. »Aber jetzt bin ich wieder ...«

»Nein, nicht.« Sie entwand sich seiner Hand, fasste den Korb fester und ging den Weg zurück, wieder einen Schritt vor ihm her.

»Wo wohnst du jetzt?«

»Immer noch in der Daniel Street. Mit Lizzy.«

»Darf ich dich besuchen? Ich meine, die Bücher abholen?«

»Versuchen kannst du es.«

Vor dem Golden Anchor blieb sie stehen. Ohne Lächeln sagte sie: »Ich treffe mich hier gleich mit Lizzy.« Er hingegen sollte sich heute besser nicht wieder im Bierhaus sehen lassen. Außerdem warnte sie ihn, sich nochmals allein ins irische Viertel zu wagen. »Und jetzt lass mich allein!«

Friedrich nickte, suchte vergeblich nach einem Versprechen in ihrem Gesicht und wandte sich zum Gehen. Nach wenigen Schritten rief sie: »Frederick.«

Er drehte sich nach ihr um.

»Hier, fang!« Sie warf ihm eine Orange zu. »Das Fleisch ist süß und gut gegen den Durst.«

# 9

Manchester, Fabrik Ermen & Engels
Juli 1845

Karl Marx stand breitbeinig da, die Stirn nass, der Schweiß rann ihm über die Wangen und sickerte in den Bart. Ohne den Blick von den riesigen Maschinen, den Kindern und Frauen zu lassen, zückte er das Sacktuch und trocknete sich den Nacken. In der viel zu warmen Luft vereinte sich der Geruch nach ranzigem Maschinenöl mit dem Nebel aus faserigem Staub. Er hustete, keuchte und kam nur mühsam wieder zu Atem. Neben ihm versuchte Friedrich gegen das Stampfen, Rattern und Fauchen den Arbeitsprozess zu erläutern. »Hier im Drosselsaal …« Marx steckte einen Finger ins Ohr, winkte ab. »Keine Details.«

Heute am Samstag hatten sie gegen Mittag die Bibliothek verlassen, weil Friedrich den Freund in die Victoria Mills führen wollte, in die Baumwollfabrik Ermen & Engels. Hier hatte er selbst vor anderthalb Jahren als Sohn des Mitinhabers seine Ausbildung zum Kaufmann beendet. Den Abscheu in Karls Gesicht ließ er nicht gelten und deutete zu den Frauen und Mädchen an der Spindelmaschine hinüber. »Siehst du, wie krumm und bucklig sie alle sind? Selbst die jungen Dinger. Das ewige Bücken ist schuld. Außerdem humpeln die meisten. Das kommt vom häufigen Anhalten der Spindel mit dem Knie.«

Marx zog Engels energisch in Richtung Ausgang. »Genug! Zurück in die Bibliothek.«

»Noch ein kurzer Gang zur Nassspinnerei. Sonst bekommst du keinen richtigen Eindruck.«

»Folterer«, empörte sich Marx. »Das hier ist reine Zeitverschwendung.«

Friedrich verstellte ihm den Weg und wies zur Tür in den nächsten Maschinensaal. »Vertraue mir«, er lächelte mit bitterem Spott, »dort ist die Luft etwas besser.«

Später wollten sie James Leach treffen. Mit ihm hatte sich Friedrich während seiner Lehrzeit angefreundet. Inzwischen war Leach zu einem der führenden Männer der Chartistenpartei aufgestiegen und wehrte sich heftig in Wort und Schrift gegen die Zustände in den Fabriken. Ehe sie ihn trafen, sollte Marx mit eigenen Augen sehen, sollte sich vom Übel überzeugen. Im Saal der Nassspinner atmete der Freund auf. »Es ist zwar immer noch viel zu warm und feucht, aber dieser erstickende Nebel vorhin war unerträglich.«

»Das sagst du nach wenigen Minuten. Wer Tag für Tag dort zwölf Stunden lang den Staub einatmet, der spuckt Blut, hat ständigen Husten und kann nicht schlafen. Außerdem ...«

»Es reicht. Bitte!«, unterbrach Marx gequält und zeigte auf die niedrigen Spinnmaschinen. »Hier geht es den Arbeitern etwas besser. Aber«, er trocknete sich wieder die Stirn, »wo sind die Männer? Die Frauen?«

»Schau genauer hin«, forderte Friedrich. Um gutes Leinengarn zu fertigen, musste die Spindel ständig feucht gehalten werden. In langen Reihen standen Kinder und halb erwachsene Mädchen davor, und sobald ein Faden riss, drehten sie ihn wieder zusammen. Ohne Unterlass wurden sie vom Wasser besprizt. Ihre dünnen Kittel klebten vorne am Körper, zeigten die ausgemergelten Leiber, als wären sie nackt. Er deutete auf den Boden. »Wie du feststellen musst, stehen die Mädchen und Kinder außerdem noch den ganzen Tag im Wasser. Sie sind erkältet, leiden an Blasenentzündungen.«

»Schluss damit!« Karl wandte sich ab. Mit Blick zur Tür befahl er: »Sofort!«, und wartete nicht.

Friedrich hatte Mühe, ihm zu folgen, erst zurück auf der Straße verlangsamte der Freund den Schritt. »Unerträglich. Ich will so etwas nicht sehen. Davon lese ich lieber. Das genügt mir.«

»Erst durchs Miterleben, durchs Unmittelbare wächst doch die Erfahrung.«

»Papperlapapp. Wenn es um unsere Arbeit geht, sollten wir uns vor Gefühl und Stimmung hüten. Beides vernebelt zu leicht den Verstand und die nüchterne Urteilskraft.« Karl lachte unvermittelt auf und stupste Friedrich in die Seite. »Sollte dieser Besuch in der Fabrik etwa deine Überraschung sein, von der du seit mehr als zwei Wochen sprichst, ohne das Geheimnis zu lüften?«

»Großer Gott, nein.« Heftig wehrte Friedrich mit der Hand ab. »Ich präsentiere das Elend der Arbeiter nicht als Attraktion für vollgefressene Bourgeois. Noch sollte die Führung vorhin der Belustigung dienen.« Seine Stimme schwankte. Jäh betroffen schlug er sich mit der Faust gegen die Brust. »Ich schäme mich.«

»Sei nicht so empfindlich.« Marx hielt ihn am Rockärmel fest. »Deinem Alten gehört die Fabrik. Du bist für die Zustände nicht verantwortlich.« Er wechselte in einen Plauderton. »Im Übrigen war die Bemerkung von mir als Scherz gedacht. Selbst wenn deine Überraschung nie eintrifft, so gelingt es dir immer wieder, die Spannung neu zu schüren.«

Sosehr sich Friedrich auch bemühte, nach dem seit Tagen vergeblichen Warten auf Mary fehlte ihm die Leichtigkeit, den Spott des Freundes aufzufangen. »Warte nur.« Und es klang wie ein düsterer Schwur: »Noch heute wirst du die Überraschung erleben.«

Je näher sie der Byron Street kamen, umso mehr Menschen strömten mit ihnen in dieselbe Richtung. Das Ziel war die Hall of Science. Dort hielt James Leach heute eine Rede, ihn wollten die beiden kurz begrüßen.

Ein Bettler streckte ihnen die linke Hand hin, gleichzeitig wedelte er mit dem rot vernarbten Stumpf seines rechten Arms. Wohlwollend lächelte Karl dem Krüppel zu, ein kurzes Fingerzeichen für Friedrich. »Wir sollten ihn unterstützen.« Und der Freund spendete eine Münze.

Beim Weitergehen mokierte sich Marx: »Diese vielen verstümmelten Menschen auf der Straße sind sehr gewöhnungsbedürftig.«

»Sie gehören zum Alltag der Industriestadt. Die Arbeit zwischen den Maschinen ist hochgefährlich. Nur ein Moment der Unaufmerksamkeit, und du verlierst einen Finger, den Arm. Und wer ins Räderwerk gerät, dem werden die Beine zerquetscht, oder die Riemen ergreifen den ganzen Körper und schleudern ihn gegen die Decke und gleich wieder auf den Boden.«

»Furchtbar.« Marx nickte. »Der Preis des Fortschritts. Mag sein, dass es deshalb so wenig männliche Arbeiter in den Fabriken von Manchester gibt.«

»Das ist nicht allein der Grund.« Friedrich wartete, bis sie an einer langsamen Gruppe junger blasser Frauen vorbeigegangen waren. »Für das Zusammenfügen gerissener Fäden bedarf es gelenkiger Finger. Männerhände sind dafür weniger geeignet.« Er zuckte ergeben die Schultern. »Außerdem ist der Lohn für Frauen und Kinder um die Hälfte geringer.«

»Interessant, interessant.« Marx griff eine Strähne aus dem Bartgewirr und ließ sie durch Daumen und zwei Finger gleiten. »Je mehr also von Maschinen die Kraftanstrengung erleichtert wird, desto weniger bedarf es der Muskeln eines Mannes. Er wird arbeitslos, und statt ihm plagen sich die Frauen und Kinder.«

»Der Alltag wird auf den Kopf gestellt.« Friedrich verlangsamte den Schritt. »Die Frau ernährt mit den Kindern die Familie, während der Mann zu Hause putzt, die Säuglinge füttert und versorgt, und er kocht, wenn es etwas zu kochen gibt.«

»Und er wird zum Säufer«, ergänzte Marx. »Ich habe verstanden.«

Vor dem Eingang der großen, lang gestreckten Hall of Science drängten sich Menschentrauben. Hier war ein beliebter Treffpunkt der Arbeiter. Hier gab es Unterhaltung und für den, der mochte, auch Bildung für wenig Geld. Blasmusik schallte aus dem Innern nach draußen und zauberte Lächeln und Vorfreude auf die Gesichter.

Friedrich zog den Freund an den Menschen vorbei. Wie mit James Leach verabredet klopfte er an einer schmalen Seitentür. Der

Wächter war informiert und führte die Gäste zur Garderobe des Politikers.

Bei ihrem Eintreten sah Leach von seinem Manuskript auf. Er stutzte einen Augenblick, dann erinnerte er sich. »Frederick, mein alter Freund. Welch eine Freude!« Der große breitschultrige Mann begrüßte ihn mit kraftvollem Händedruck, sodass Friedrich ein schmerzhaftes Zucken nicht unterdrücken konnte. »Und du …?« Er sah Marx forschend an.

Gleich übernahm Friedrich die Vorstellung. Weniger begeistert reichte Leach dem Freund die Hand. »So, ein Philosoph? Ein Mann des Geistes. Tja, sehr extravagant in der heutigen Zeit.« Er wedelte mit den eng beschriebenen Seiten. »Ich hingegen muss den Unternehmern und Oberen der Stadt einheizen. Ihnen die Wahrheit schonungslos um die vollgefressenen Wangen schlagen.«

Ehe Marx sich fasste, irgendetwas entgegnen konnte, geleitete Leach die Freunde schon wieder zur Tür. »Hört euch meinen Vortrag an. Er enthüllt die Diktatur der Fabrikanten.« Beide erhielten einen freundschaftlichen Schlag auf den Rücken. »Eins noch: Falls ihr bei eurer Heimreise auf den Kontinent in London noch Zeit und Interesse habt, so stattet doch der Great Windmill Street in Soho einen Besuch ab.« Er wartete und blickte beiden scharf ins Gesicht.

Friedrich hatte verstanden. »Du meinst die deutschen Freunde? Den Bund … Ich meine, den Bildungsverein für deutsche Arbeiter?«

»Wir Chartisten sind in gutem Kontakt mit der Windmill Street. Bestellt den Freunden einen herzlichen Gruß!«

In der Vorhalle herrschte noch Trubel. Die Besucher belagerten die Buden. Bücher, Tee und Brote oder Obst, vor allem Orangen, waren günstig zu erwerben, am meisten zu tun aber hatten die Wirte an den Branntwein- und Bierständen.

Marx betastete mit dem Zeigefinger seine Zungenspitze. »Trocken. Sehr trocken.« Besorgt blickte er den Freund an. »Wir sollten uns vor dem Ausdorren retten. Wenn es die Reisekasse noch erlaubt.«

Friedrich hatte verstanden und besorgte zwei Krüge randvoll mit Bier. Nach den ersten Schlucken stöhnte der Freund erlöst auf.

»Welch ein Genuss. So lässt sich all das Elend, welches wir heute gesehen haben, leichter verkraften.«

Die beschwingte Musik in der Haupthalle brach ab. Nach kurzer Pause folgte ein langer Tusch aller Instrumente. Die Gäste an den Buden horchten auf, mit Krügen oder Broten in der Hand drängten sie durch die Flügeltüren zu den Stuhlreihen. Das Orchester begann mit einem getragenen Vorspiel. Vorn am Pult gab der Dirigent das Zeichen hinauf zur Galerie, und der Sängerchor setzte ein:

»And did those feet in ancient time
Walk upon England's mountains green …«

Nach diesen zwei Zeilen schon war niemand im Saal mehr allein. Die Menschen sangen mit, erhoben sich, sie pressten die Hände an ihre Herzen, und von Strophe zu Strophe wurden die Stimmen inniger.

»I will not cease from mental fight …«

Auch Friedrich sang mit. Leicht belustigt beobachtete ihn Marx. Nachdem die Hymne beendet war, erkundigte er sich: »Nur aus Sentimentalität? Oder hat das Lied auch einen Sinn?«

Also hat er es nicht ganz verstanden, schmunzelte Friedrich und sagte: »Der letzte Vers lautet:

Ich werde mit dem Kampf des Geistes nicht aufhören
Noch soll das Schwert in meiner Hand ruhen
Eh wir Jerusalem neu erbaut haben
In Englands grünem und so schönem Land.«

Marx stutzte, tippte dann dem Freund leicht gegen die Brust. »Nicht übel. Ist noch ein weiter Weg bis zum Neuen Jerusalem, dies sage ich dir als Sohn des früheren Rabbiners von Trier. Und die Entscheidung, wann das Schwert mehr Nutzen bringt als Verhandeln, ist noch lange nicht gefallen.«

# 10

Manchester, Hall of Science
Juli 1845

Klatschen und Rufen brandete auf. James Leach bestieg die Plattform vor dem Orchester. Er lüftete seinen Hut, grüßte in die Menge unter ihm und hinauf zu den Galerien. Die Begeisterung der Leute ließ ihn strahlen. Mit Schwung entledigte er sich seines Überrocks und nahm hinter dem Rednertisch Platz. »Freunde!« Er wiederholte den Gruß, bis Ruhe eingekehrt war. »Reden wir über die Sklaverei! Im Fabriksystem hält die Bourgeoisie das Proletariat gefesselt. Keine Freiheit. Der Arbeiter ist der Sklave des Fabrikherrn!«

Applaus brandete auf. Geschickt wartete der Redner ab. »Sehen wir genauer hin. Frühmorgens kommen der Arbeiter Edward und mit ihm die vielen Kollegen zur Fabrik. Sie alle sind auf die Minute pünktlich. Das Tor ist aber verschlossen.« Stille. Er dehnte die Pause und fuhr dann mit unheilvoller Stimme fort: »Durchs Fenster sehen Edward und die anderen, wie vom Strafmeister persönlich die Uhr eine Viertelstunde vorgestellt wird. Und hiernach geht der Schuft von Saal zu Saal und notiert die große Anzahl der Fehlenden. Und jeder von den Ausgeschlossenen weiß, dass er nun ein Viertel seines Tageslohns verloren hat.«

»Obwohl!« Leach hob den Arm, sein Finger drohte zur Decke. »Obwohl Edward und seine Kollegen die fünfzehn Minuten am Ende des Zwölfstundentages noch nacharbeiten müssen!«

Pfiffe und Trampeln bewiesen, dass diese Methode hundertfach von den Zuhörern schon durchlitten war.

Friedrich neigte sich zu Marx. »In meinem Buch habe ich Leach zitiert. Durch seine Schrift konnte ich die infamen Tücken der Ausbeutung scharf und deutlich anprangern.«

Oben legte der Chartist seinen Hut sorgfältig vor sich hin. Unvermittelt hieb er ihn mit der Hand platt auf den Tisch. »Nieder mit der Allmacht des Brotherrn! Ihr wisst es selbst, meine Freunde. Wenn dem Herrn euer Weib oder eure Tochter gefällt, so braucht er nur mit dem Finger zu schnippen, und schon müssen sie ihm zu Gefallen sein ...«

Marx zupfte den Freund am Ärmel. »Da dies alles in deinem Buch aufgeführt ist, so kann ich es später in großer Ruhe erneut nachlesen. Wir müssen deshalb hier nicht noch mehr Zeit verbringen.«

Friedrich zückte seine Taschenuhr. »Vielleicht gegen acht Uhr am Abend«, hatte sie gesagt. Das Vielleicht hatte sie wiederholt und die Tür verschlossen. Jetzt war es erst sieben Uhr. Er musste Karl noch eine Stunde in der Hall of Science festhalten. Und Gott gebe, dass sie dieses Mal tatsächlich die Verabredung einhielt. »Ein schöner Sommerabend, zu schade, ihn jetzt schon zu beenden. Ich könnte dich in der Vorhalle noch zum Bier einladen.«

»Ein guter Gedanke.« Marx erhob sich bereits. »Und ich habe gesehen, am Buchstand werden auch Zigarren angeboten.«

Etliche Besucher waren nicht wegen der Rede gekommen und erst gar nicht in den Versammlungsraum gegangen. Sie genossen ihren Feierabend mit Kollegen hier draußen in der Vorhalle. Zwischen den Buden tollten Kinder herum, während ihre Mütter an den Früchte- und Brotständen miteinander schwatzten und gepressten Saft tranken.

Marx kaute seine Zigarre an, beide Freunde nutzten dasselbe Zündholz und bliesen blaue Rauchringe in die Luft. Das Bier schmeckte. »Um noch einmal auf London zurückzukommen.« Karl setzte seinen Krug auf dem brusthohen, runden Stehtisch ab. »Soweit ich mich erinnere, haben doch deutsche Asylanten vor einigen Jahren, es war wohl 1840, in der Windmill Street den Bund gegründet. Leider keine studierten Köpfe. Nur einfache Handwerker.«

»Dennoch sind es tüchtige Männer, begeistert für die Sache. Vor allem Schapper, ein Riese von einem Mann ...« Friedrich zögerte, sah zum Eingang hinüber und sprach weiter, ohne wirklich noch bei der Sache zu sein. »Außerdem der Schuhmacher ... Heinrich ... Heinrich Bauer.«

Sie war gekommen. Eine rote Bluse, ein wehender dunkelgrüner Rock.

»Was ist mit dir?« Karl stupste ihm den Zeigefinger gegen die Brust. Friedrich besann sich. »Ich sagte Bauer, richtig. Und dann noch der Uhrmacher Moll, Joseph Moll.« Er schüttelte den Kopf, keine Erscheinung. Mary. »Lassen wir für heute den Bund Bund sein. Trink mit mir.« Er prostete dem Freund zu. »Auf die Überraschung!«

»Oje. Jetzt auch noch als Trinkspruch.« Marx ergab sich drein. »Mir soll's recht sein, solange das Bier kühl und frisch ist.«

»Du wirst staunen. Warte hier!« Friedrich schritt, so langsam es der Anstand verlangte, quer durch die Halle zu einem der Obststände hinüber. Mary nahm gerade von dem Händler einen mit Orangen gut gefüllten Korb entgegen.

»Darf ich helfen?«

Sie wandte den Kopf, lächelte, dabei zeigte sich die Zungenspitze zwischen den Lippen. In aller Ruhe reichte sie dem Händler den Korb zurück. »Heute nicht. Ich bin beschäftigt. Wir sehen uns morgen.« Wie selbstverständlich hakte sie sich bei Friedrich ein und führte ihn mit sanftem Druck vom Stand weg. Erst nach einigen Schritten sagte sie: »Frederick. Wie schön. Du bist also gekommen.«

»Wie jedes Mal. Nur du hast keine unserer Verabredungen eingehalten.«

Sie lachte leise. »Für meinen Kummer in den vergangenen, viel zu langen Monaten solltest du ein klein wenig büßen.« Sie blieb stehen, sah ihn an. »Aber jetzt will ich dir glauben.«

Sosehr es ihn drängte, er umarmte sie nicht. »Ich möchte ... ich möchte alles mit dir …« Die Freude, die Aufregung ließen ihn stottern, zu schnell für die Worte waren die Gedanken. »Erst … und überhaupt will ich, muss ich dir. Ich möchte dich mit meinem Freund Doktor Marx bekannt machen. Und … und nachher bringen wir dich nach Hause.«

»Beide?« Mary krauste spöttisch die Stirn. »Nein. Ganz gleich, wer dein Freund auch sein mag. Du darfst mich begleiten. Allein.«

»So?« Ihr direktes Versprechen brachte ihn leicht aus der Fassung. Er räusperte sich, wies dann zum Stehtisch hinüber.

Marx nahm die Zigarre aus dem Mund.

»Darf ich vorstellen …?« Friedrich blieb einen Schritt zurück. »Dies ist Miss Mary Burns. Wir sind seit meinem letzten Aufenthalt hier in Manchester eng befreundet.«

Marx ergriff ihre Hand und neigte sich vollendet wie ein Gentleman darüber. Als er den Kopf hob, nahm er einen tiefen Blick in ihren Blusenausschnitt. »Ich bin entzückt.«

»Hello.« Etwas streng entzog sie ihm ihre Hand. »Doktor Marx.«

»Karl, ohne Doktor. Für Sie einfach nur Karl.« In leichtem Schwung beschrieb er mit der Zigarre ihre Gestalt und sah den Freund an. »In der Tat. Eine veritable Überraschung.« Rasch neigte er sich näher zu ihm. »Versteht die Schönheit unsere Sprache?«

Der leicht abwertende Unterton ärgerte Friedrich. »Während meiner Zeit hier hat sie einiges von mir gelernt. Ich denke, Mary kann ebenso viel Deutsch wie du Englisch.«

Marx lächelte über die Spitze hinweg. »Eine waschechte Britin, wie schön.«

»Ihre Familie stammt aus Irland.« Friedrich sagte es, als müsse er sie verteidigen. »Mary selbst aber ist hier geboren.«

Der Freund wandte sich nun direkt an sie. »Die Iren haben es nicht einfach in England. Ein hartes Los. Verstärkt durch die jetzt grassierende Hungersnot in weiten Teilen Irlands wächst die Zahl der Flüchtlinge von Woche zu Woche.« Er drehte die Zigarre zwischen den Fingern. »Mein Freund hat mich heute durch die Fabrik seines Vaters geführt. Welche Fron. Verzeihen Sie, Ihr Erscheinungsbild spricht nicht dafür, darf ich dennoch fragen: Arbeiten Sie auch in einer dieser Baumwollspinnereien?«

Mary hob leicht den Kopf und tippte sich mit dem Zeigefinger gegen das Kinn. »Sie fragen wie ein Registrator von der Stadt.« Spott glitzerte im Grün der Augen auf. »Oder, Karl, sind Sie etwa von der Steuer?«

»Steuer?« Empört hob er beide Hände, dabei fiel Asche von der Zigarre und bestäubte seinen Rock. »Weit gefehlt, schönes Fräulein.« Mit Klopfen versuchte er sich zu säubern. »Es ist reine Wissbegierde, mehr nicht.«

Ehe sie antwortete, zwinkerte sie Friedrich kurz zu. »Als Kinder mussten meine Schwester und ich an den Spindelmaschinen arbeiten. Die Not verlangte es. Kaum waren wir junge Frauen, haben wir damit aufgehört. Es gab andere Möglichkeiten.«

Marx vergaß den Mund zu schließen, rang mit sich, ob er die nächste Frage stellen sollte. Friedrich ahnte, was der Freund dachte, wollte eingreifen, doch zu spät.

»Die Auswahl an Arbeitsmöglichkeiten für junge Frauen ist meines Wissens hier in Manchester sehr gering.«

»Nicht, wenn man tüchtig ist. Und das sind wir. Lizzy und ich sind gesuchte weibliche Kräfte, wenn es in vornehmen Häusern an Personal mangelt. Bei Festlichkeiten und anderen Vergnügungen.« Leicht zupfte Mary am Kragen ihrer Bluse. »Außerdem verkaufe ich meine Orangen. Zum Beispiel hier oder anderswo.«

Ihre Leichtigkeit entwaffnete. Heftig paffte Marx einige Mal an der Zigarre. »Wie fortschrittlich«, bekannte er. »Frauen auf dem Weg zur selbstbestimmten Existenz.«

Mary verlor das Interesse an dem Gespräch, sie berührte Friedrichs Arm. »Ich bin etwas müde. Würdest du …?«

Nichts lieber als das. Friedrich nickte ihr zu. »Einen kleinen Moment Geduld.« Er zog den Freund einige Schritte beiseite. »Du musst heute allein zurück in unsere Pension. Mary möchte, dass ich sie begleite.«

Marx stieß ihm den Zeigefinger gegen die Brust. »Die Überraschung ist dir wahrhaftig gelungen. Eine rundum prachtvolle Frau. Ich sagte ja, du hast Schlag bei den Weibern.«

»Und es ärgert dich nicht, den Abend allein zu verbringen?«

»Im Gegenteil. Ich fühle mich irgendwie angesteckt. Ich werde mich über unseren Rotweinvorrat hermachen und meiner Jenny einen sehnsuchtsvollen Brief schreiben.«

In vollendeter Höflichkeit verabschiedete sich Karl von Mary, hoffte, sie bald wiederzusehen, und wünschte noch einen schönen Abend. Dann schritt er davon, grüßte am Hallenausgang noch einmal mit Luftwedeln des Hutes.

»Ist er ein guter Freund?«

»Wir kennen uns noch nicht so lange. Aber er könnte ein bester Freund werden.«

Mary hakte sich bei Friedrich ein. »Gut, dann versuche ich, ihn auch zu mögen.«

Spät am Abend waren die Kerzen auf dem halbhohen Wäscheschrank fast heruntergebrannt. Friedrich lag nackt und verschwitzt auf dem Bett, dehnte sich und strich ihr sanft übers Haar, berührte Nase und Kinn. Sie küsste nacheinander seine Fingerkuppen, ließ die Hand nicht los und führte sie zu ihren Brüsten. »Fühlst du, wie erregt sie noch sind?«

Er lachte leise. »Immer noch? Und ich dachte, wir hätten uns die Erschöpfung redlich verdient.«

Sie stieß seine Hand beiseite. »Schämen sollst du dich. Vorhin hörte ich dich meinen Namen flüstern, hörte dich aufstöhnen. Das klang nicht nach Arbeit.«

Er stützte sich mit dem Ellbogen auf und beugte sich über ihr Gesicht. »Es war mehr als nur Lust.« Er küsste sie, seine Lippen glitten über die Halsbeuge hinunter, kosteten von den Brustwarzen. »Glück. Eine einzige Nacht genügt nicht, um den Himmel ganz mit dir zu erleben.« Er legte sich zurück, sah durchs offene Fenster zu den ersten Sternen. Nach einer Weile seufzte er aus tiefstem Herzen: »Ach, komm doch mit auf den Kontinent, komm mit nach Brüssel!«

Sie setzte sich auf, umschloss die Knie mit den Armen. So blieb sie, lange. Von draußen drangen die Nachtgeräusche ins Zimmer. Irgendwann flüsterte sie: »Einverstanden.«

Friedrich war schon im Halbschlaf, verstand nicht. »Was sagtest du?«

»Ja, Liebster. Ich will dich nicht wieder verlieren. Ich fahre mit dir.«

# 11

Dover
August 1845

Mit der Brise vom Wasser her ließ Mary den kleinen Sonnenschirm über ihrem Kopf drehen. Ein Karussell aus grünem Dach und gelben Fransen, dachte sie und lächelte einer entgegenkommenden Familie zu. Den leicht ungnädigen Blick der Ehefrau ignorierte sie, dafür zwinkerte sie dem Töchterchen zu, das gleich seinen Schirm auch kreiseln ließ, bis die Mutter es ermahnte.

Ein wolkenloser Augusthimmel spannte sich über Dover und den Ärmelkanal, Möwen segelten im Blau. Auf der Seepromenade spazierten Müßiggänger, eilten Reisende den Gepäckträgern voran in Richtung der Anlegestellen, und Bedienstete aus den umliegenden Zoll- und Warenhäusern hockten auf den Bänken und genossen ihre Mittagspause.

Zwei Herren mit Zylindern näherten sich langsam, ihre Mäntel trugen sie über dem Arm. Mary schätzte den Abstand zu ihnen, er war noch groß genug. Sie schwang das rechte Bein nach vorn, schwang es hoch, aus den Falten des neuen Seidenrocks erschien die schwarze Lederspitze und gleich auch der rote Schaft. Ich bin wirklich nicht eitel, aber diese Schnürstiefeletten, die könnte ich nackt im Bett anlassen. Sie lachte über sich selbst.

In der vergangenen Woche war sie mit Doktor Marx und dem Liebsten in London angekommen, und Frederick hatte, trotz ihrer Proteste, darauf bestanden, dass sie sich in einem Modehaus neu einkleiden sollte. »Mit einer eleganten Dame möchte ich nach Brüssel reisen.«

»Ich bin Mary. Genügt das nicht?«

»Mir jederzeit.« Er hatte auf den Freund gedeutet. »Aber seine Gattin ist eine Baronesse. Und da müssen wir mithalten.«

Unter dem Seidenrock noch ein weißer Rock, die eng sitzende Samtjacke und für den Kopf eine Strohschute mit Seidenband, auf all das hätte sie bequem verzichten können, an diese schwarz-roten Schnürstiefeletten aber hatte sie sich verloren. Mary schwang auch das linke Bein und freute sich an ihrem Fußschmuck.

Die beiden Herren waren heran, verzögerten den Schritt und lüfteten im Vorübergehen ihre Hüte. Verwundert krauste Mary die Stirn. Woher kennen die mich? Ich kann mich an ihre Gesichter nicht erinnern. Oder war es in London? Wenn Frederick und Karl von der Versammlung der Arbeiter kamen, da hab ich einigen die Hand gegeben. Wirklich interessiert haben sie mich nicht, weil mir Mary, die Frau von Julian Harney, die verrücktesten Sachen von ihrem Mann erzählt hat. Weil der mit jedem Streit sucht, hat sie ihm eine rote Freiheitsmütze gestrickt, und die trägt er jetzt bei jeder Versammlung. Ich habe ihn gesehen und durfte nicht lachen. Ach, Mary Harney und ich, wir haben uns sofort gut verstanden.

Hingeguckt habe ich beim Handgeben schon, und diese beiden Herren vorhin waren keinesfalls dabei. Sie rieb sich das Kinn. Aber woher? Auf dem Passamt? Da waren doch zwei, die an der Wand standen und sich nicht in die Schlange einreihten, die einfach nur rumstanden. Mit einem Mal war sie sich sicher: Am Montag, dem 11., als ich den Reisepass rüber zum Kontinent bekommen habe, da sind mir die beiden aufgefallen. Die gehören zum Amt.

Eine Möwe schwebte dicht über ihr, wurde aufdringlich. Erst der Schlenker mit dem Schirm verjagte sie. Mary wollte sicher sein und drehte sich nach ihr um. Jäh wich sie einen Schritt zurück. Dicht vor ihr standen die beiden Herren und zogen die Zylinder.

»Verzeihen Sie«, sagte der eine.

»Wir wollen nicht aufdringlich sein«, ergänzte der andere.

»Das sind Sie aber«, blaffte Mary. Sie hatte sich gefasst. Ein rascher Blick hinüber zum Zollamt, wo blieben Frederick und Karl? Die beiden wollten dort die Billetts für die Überfahrt besorgen. Nichts war von ihnen zu sehen. Also keine Hilfe. Auch gut. Mary musterte die Herren: Blässliche Gesichter, die Westen waren an den Rändern zerschlissen, die Schuhe schmutzig und abgetreten. »Erst kommen Sie mir entgegen, gleich darauf rennen Sie hinter mir her. Warum?«

»Keine Verfolgung. Bei unserer Ehre.«

Dem Kleineren gelang ein Lächeln. »Wir sind beeindruckt von der Schönheit. Deshalb machten wir kehrt.«

Lügner seid ihr beide, dachte Mary, das sehe ich euren Augen an. Und echte Freier seid ihr schon mal gar nicht. »Genug geguckt.« Sie wollte weitergehen. Der Größere vertrat ihr den Weg. Gleich schloss Mary den Schirm und richtete die Spitze auf ihn. »Was soll das?«

»Nur eine kleine Frage, Miss Burns? Wann werden Sie aufs Schiff gehen?«

Der andere fächerte sich mit dem Zylinder Kühlung zu. »Nur eine kleine Antwort, bitte, Miss Burns. Welche Fähre werden Sie nehmen?«

Mary musste schlucken. »Woher wissen Sie meinen Namen?«

»Oh, nicht allein den Namen.« Die Stimme wurde schärfer. »Wir wissen auch, dass die Reise nach Belgien geht. Und das Hotel Bellevue in Brüssel als Ziel im Pass vermerkt ist. Sie müssen feststellen, dass uns behördliche Quellen zur Verfügung stehen.«

»Um ernsthafte Schwierigkeiten zu vermeiden«, der Größere gab sich wieder freundschaftlich, »sollten Sie auf unsere Fragen antworten.«

O heilige Maria, es sind Geheime von der Polizei. Aber warum Deutsche? Um Zeit zu gewinnen, stippte Mary mit der Schirmspitze immer wieder auf den Boden. Die Neugierde gilt nicht mir, sondern Frederick und Karl. Wieder blickte sie in Richtung Zollhaus. Gerade verließen die Freunde das Gebäude.

Schnell, Mary musste die Geheimen loswerden. Sie sah den Größeren an. »Also gut. Es ist die Fähre nach Calais. Das Schiff geht morgen Vormittag.«

»Danke, Miss Burns.«

»Einen schönen Tag noch, Miss Burns.« Die Herren setzten die Hüte auf und spazierten davon.

Noch ehe Friedrich ganz heran war, winkte er, als wäre ein Unglück geschehen. Er hatte Karl im Eilschritt hinter sich gelassen. »Diese Halunken«, keuchte er und fasste Mary an beiden Schultern. »Was wollten sie? Sag es!«

»Alle verlangen heute Antwort von mir. Wie unverschämt.« Die Sommersprossen kräuselten sich auf der Nase. »Schließlich bin ich eine Dame und keine Orangenverkäuferin.«

»Bitte, keine Scherze jetzt.« Er strich fest über ihre Arme. »Was hast du mit ihnen besprochen?«

»Besprochen? Das war kein Gespräch.« Ruckartig spannte sie den Schirm auf. Wieso muss ich mich verteidigen? Mary blitzte Friedrich an. »Sie haben mich angehalten, kannten meinen Namen, wussten von meinem Pass und wollten wissen, wann die Überfahrt ist.«

»Und?«

»Nichts und. Ich habe es ihnen gesagt.«

Marx war heran, und Friedrich ließ die Hände sinken. »Unser schöner Plan, ihnen zu entwischen, klappt nicht. All die Hetze war umsonst. Mary hat ihnen verraten, wann wir übersetzen.«

Der Freund trocknete sich Stirn und Hals. »Nicht zu ändern. Ratten sind eben nicht so leicht loszuwerden.« Er zückte die Taschenuhr. »Noch eine Stunde bis zum Ablegen. Wir sollten uns beeilen. Sonst nimmt die Fähre unser Gepäck samt den Ratten mit nach Ostende, und wir bleiben verlassen am Kai zurück.«

Sie nahmen Mary in die Mitte, keiner sprach, die Stimmung war angespannt. Nach einer Weile begann sie zu summen, die Melodie eines irischen Trinkliedes, dabei ließ sie den Schirm im Rhythmus über ihrem Strohhut hin- und herdrehen. Friedrich blickte sie verärgert von der Seite an, da unterbrach sie das Summen. »Ach, übrigens, meine Auskunft an die Herren war: Die Fähre geht morgen, und das Ziel ist Calais.« Sie wartete das Aufhellen der Mienen, die Erleichterung nicht ab und verlangte Erklärungen. Wer waren diese Männer? Warum? Und wieso Deutsche?

Bis zur Anlegestelle versuchte Friedrich ihr die Lage der deutschen Asylanten zu erläutern und schloss: »Egal, wohin wir flüchten, die Preußen lassen uns nicht aus den Augen. Hier in England werden vor allem die Freunde in der Windmill Street bespitzelt. Damit meine ich den Kampfbullen Karl Schapper, den Uhrmacher Moll, den Schuster Bauer und die anderen Handwerker.«

»Aber wovor fürchten sich die Preußen? Was könnten die wenigen Leute denn anrichten?«

Marx ahmte ein Wellenrauschen nach. »Wenn die Arbeiter es richtig anstellen, werden aus den wenigen bald mehr und mehr.« Er hob die Arme, schnaufte lauter. »Und die Flut kommt, wird zur Sturmflut, und die Bourgeoisie wird weggespült.« Er lachte leise vor sich hin. »Leider, meine Schöne, leider ist dies nicht so einfach, wie es klingt.«

Das wiederholte Dröhnen des Signalhorns forderte die letzten Passagiere an Bord. Mary und die Freunde eilten mit den Nachzüglern über den weit hinaus gebauten, hölzernen Landungssteg. Immer wieder blickte sich Friedrich um. Keine Spione waren in Sicht. »Du hast sie überlistet. Danke!« Er nahm ihren Arm, sie schürzte leicht den Rock und setzte elegant erst die rechte, danach die linke schwarz-rote Schnürstiefelette auf die Planken.

Trotz des sonnenhellen Wetters stiegen die meisten Passagiere gleich hinunter in den Salon. Dort gab es kostengünstiges Essen, und auch die Getränke waren billiger als an Land. Weil Mary an Deck bleiben und den Wind spüren wollte, ließen sich die Freunde in ihrer Nähe, jedoch gegen die heftige Brise geschützt auf einer Bank nieder. »Kommen wir auf London zu sprechen ...«

»Dieser Bund der Gerechten ...«

»Dann auch noch der Arbeiterbildungsverein ...« Gemeinsam analysierten sie ihre Begegnungen in der Windmill Street. Die Organisationen der aus Deutschland geflohenen politischen Asylanten hatten sie tief beeindruckt. Auch die rasch anwachsende Bewegung der Chartisten war für sie von höchstem Interesse.

Stampfen setzte unten im Bauch der Fähre ein, gewaltige Qualmwolken fauchten aus dem Schornstein, und machtvoll begannen beide Schaufelräder sich zu drehen, wurden schneller.

Die Landungsbrücke blieb zurück. Ich werde dem festen Boden weggenommen, dachte Mary, sie genoss den leichten Schauder, nichts mehr kann ich dagegen tun. Im weiten Bogen verließ das Schiff den Hafen, und bald schon nahm es draußen im offenen Wasser Kurs in Richtung Kontinent. Kleiner wurden die Häuser und Lagerhallen von Dover. Nun entfaltete sich die weiße Pracht der Kreidefelsen. Mary staunte, hielt die Strohschute mit beiden Händen auf dem Kopf und ließ das Seidenband flattern. Über die Schulter rief sie den Männern zu. »Seht ihr? Ist das nicht einfach wunderbar! He! Hört ihr mich?«

Die beiden blickten nur kurz herüber, winkten mit der Hand und diskutierten weiter.

»Holzböcke.« Mary stichelte mit zwei gestreckten Fingern nach ihnen. »Große Reden schwingen können sie, aber fürs wirklich Schöne haben sie keinen Sinn.«

Sie reckte dem Wind ihr Gesicht entgegen, fasste die Reling fester und wiegte sich im Auf und Ab des Schiffes. Was wird mit mir? In Manchester kenne ich mich aus. Aber Brüssel? Ob dort in der Straße die meisten Männer so sind wie Karl? Vordenker nennt er sie. Heilige Maria, mit ihm allein komme ich inzwischen zurecht, aber noch zwei oder drei von seinem Schlag, die wären zu viel. Und Frederick? Er ist großzügig, auch etwas verrückt, zornig mag ich ihn nicht, aber er gefällt mir, und ich will ihm vertrauen. Sie seufzte, mehr bleibt mir jetzt auch nicht mehr übrig.

Gelächter tönte von der Bank herüber. Friedrich und Karl vollführten einen Handschlag, als besiegelten sie einen Pakt, blieben so und erhoben sich. Mary schlenderte zu ihnen hinüber. »Wenn sich Iren bei uns so festhalten, dann wollen sie ein Geschäft gründen oder ziehen in den Kampf.«

»Das Letztere, werte Schöne.« Marx ließ den Freund los, wies mit dem Finger gen Himmel. »Ein Kampf. Aber nicht mit Fäusten oder Waffen, sondern mit Geist und Verstand.«

»Aha.« Der Zweifel in ihrem Gesicht war nicht zu übersehen. »Und gegen wen soll es gehen?«

»Nicht gegen«, Friedrich legte ihr den Arm um die Taille, drehte sie in Trippelschritten langsam im Kreis, »sondern für wen, heißt die Frage. Wir werden künftig unsere ganze Kraft den Handwerkern und Arbeitern widmen. Wir werden uns an die Spitze der Bewegungen stellen und die Richtung vorgeben.«

»Ich will euren Übermut nicht bremsen.« Sie ließ sich von ihm weiterführen. »Aber so viel habe ich in Manchester gelernt: Um an die Spitze zu kommen, muss man vorher gewählt werden.«

»Keine Sorge. Das wird einfach sein, ganz einfach.« Friedrich geleitete sie im Tanzschritt zur Treppe. »Kommt!« Mit der freien Hand winkte er Karl. »Der Reisebeutel ist noch nicht leer. Ich lade euch ein.«

Champagner und Austern. Der Kellner hatte die Flasche entkorkt und die Schüssel mit den geöffneten Köstlichkeiten serviert. Das Einschenken übernahm Friedrich selbst. »Auf unsere Zukunft!«

Mary schmeckte und fühlte dem Prickeln nach. So gut … Oft habe ich so was noch nicht getrunken. Aber wenn das die Zukunft ist, mir kann sie recht sein, aber … Der nächste Gedanke ließ sie stocken, mit bitterem Spott sah sie den Freunden ins Gesicht. »Nur gut, dass uns keiner von den armen Leuten zuschaut, wie wir Champagner trinken.«

»Müssen sie auch nicht, Liebste.« Friedrich schenkte nach. »Wir trennen Privatleben und Arbeit.«

»Aber warum glaubt ihr, dass die Handwerker und Arbeiter euch brauchen?«

Marx setzte das Glas ab. »Weil es Unstudierte sind, meist ehrliche Herzen, aber hohl im Kopf. Sie brauchen Führung, einen Wegweiser. Und wir entwickeln für sie die Theorie, welche Richtung in Zukunft eingeschlagen werden soll.«

»Meint ihr, von so was allein könnt ihr leben?«

Beiden wuchs eine steile Falte auf der Stirn, und Mary nahm erst einen Schluck, ehe sie weiterzusprechen wagte. »Ich mein, bei Frederick ist da ja noch die Fabrik. Aber bei dir, Karl? Verzeih, du hast doch von einem Buchvertrag erzählt, der erfüllt werden soll. Und dem Vorschuss? Wäre es da nicht sicherer …?«

»Zerbrich dir nicht deinen schönen Kopf, meine Liebe.« Marx trommelte mit den Fingerkuppen auf der Tischplatte. »Das Buch für Verleger Leske wird nur aufgeschoben. Im Übrigen glaube ich nicht, dass für dich die Nationalökonomie …«

»Schluss. Bitte!« Friedrich legte zwei Finger beruhigend auf den behaarten Handrücken des Freundes. »Mary wollte sicher keine Kritik üben.« Er bemühte einen heiteren Ton. »Es geschah aus reiner Sorge. Aber dazu«, ein kleines Auflachen für sie, »gibt es keinen Grund. Weil unser Plan gut ist. Und deshalb zum Wohle!« Er stieß sein Glas ans ihre, und Karl folgte lächelnd seinem Beispiel.

Friedrich gab jedem zwei Austern auf den Teller. »Auf diese Delikatesse sollte man keinen Hunger haben, sondern Lust.«

Mary blickte in die perlmuttglänzende Schale. »Dieses … Es sieht glibberig aus. Ich habe so etwas noch nie gegessen.«

»Umso besser, Liebste.« Friedrich war obenauf. Mit einer halben Zitrone in der Hand verkündete er: »Ich führe es dir vor.« Zwei Spritzer und einen Moment der Spannung, hiernach schlürfte er die Auster aus der Schale, seine Verklärung ließ den schmalen Randbart von Ohr zu Ohr erbeben, er schluckte, stöhnte und gab noch einen Mund voll Champagner hinterdrein. »Göttlich.« Auch Karl vollzog die Zeremonie mit ähnlicher Hingabe, wischte sich nachher mit der Zunge die Lippen. »Ein Aphrodisiakum par excellence.«

»Mir rollt es schon durch die Adern.«

Mary hatte ihnen ungläubig staunend zugesehen. »Ihr macht Spaß? Oder?«

»Jetzt du.« Friedrich strahlte sie an und reichte ihr die Zitronenhälfte. »Zuerst prüfst du die Auster mit einem sauren Spritzer.«

Sie quetschte die Frucht. Kaum fielen erste Tropfen in die Muschel, zuckten die Ränder des Glibbers. Mary wich mit dem Kopf zurück, die Zitrone fiel auf den Tisch. »Das Biest lebt.«

»Dann ist die Auster frisch. Und nun schlürfen, lasse das Fleisch im Mund zergehen!«

Mit spitzen Fingern schob Mary den Teller von sich. »Niemals. Da ziehe ich vertrocknetes Brot vor.«

»Wie schade.« Ohne Zögern teilte sich Friedrich mit dem Freund die verschmähte Portion. Während beide genüsslich aufstöhnten, musste sich Mary schütteln und spülte den Ekel mit einem großen Schluck Champagner hinunter.

# 12

Brüssel, Rue de l'Alliance
September 1845

»Verzeih, darf ich dich unterbrechen?« Im ersten Stock des Hauses Nummer 7 hob Mary vorsichtig die Hand.
Friedrich unterbrach sein Vorlesen und ließ das Manuskript auf den Schreibtisch sinken. »Warum? Gefällt dir der Text nicht?«
»Doch, doch.« Sie versuchte ein Lächeln. »Nur verstehe ich den Hergang nicht so genau.«
Er griff nach der Zigarre im Aschenbecher und paffte einige Züge. »So? Und was bitte? Es ist doch eindeutig.« Er strich über das erste Blatt. »Das Gemetzel von Leipzig. Meinst du, es fehlt das Datum? Der *Northern Star* hat schon darüber berichtet. Das Gemetzel fand letzten Monat am 12. und 13. August statt. Da waren wir gerade in London.«
»Bitte, ich wollte dich nicht verärgern.« Sie sah aus dem geöffneten Fenster, dachte einen Moment lang an den schönen warmen Septembernachmittag draußen. Nebenan im Marx-Haus waren alle Vorbereitungen für die Rückkehr von Baronesse Jenny, der kleinen Tochter und der Haushälterin Frau Helene Demuth schon getroffen. Ich könnte spazieren gehen, mir Brüssel anschauen, stattdessen ...
Aber ich sitze hier, weil er mich gebeten hat. Ich sollte mir den Artikel für den *Northern Star* anhören, bevor er ihn nach England zum Chefredakteur Julian Harney schickt.

»Weißt du noch, was du am Text nicht verstehst? Oder hast du es inzwischen vergessen?«

»Halte mich nicht für blöde.« Sie schloss den Ausschnitt ihrer Bluse einen Knopf höher. »Ich kann zwar nicht lesen und schreiben, aber genau hinhören, das gelingt mir.«

»Gut, gut.« Seine Geste versuchte den aufkeimenden Zorn zu dämpfen. »Entschuldige. Was hast du auszusetzen?«

»Etwas mehr Lebendigkeit. Das fesselt die Zeitungsleser.«

»An welcher Stelle?« Er nahm das Blatt auf. Ein gutes Zeichen, sie atmete erleichtert auf, der Streit war abgewendet. Vorsichtig setzte sie an: »Nehmen wir den Beginn der Schießerei. Also, der Prinz von Sachsen besucht die Stadt Leipzig und speist in diesem Hotel. Die Bürger sind gegen ihn, werfen Steine. Dann kommen die Soldaten und drängen die Bürger zusammen. Daraufhin gibt es den Schießbefehl.«

»Genau das habe ich beschrieben.«

»Aber dann … Bitte lies die Stelle noch mal.«

Er räusperte sich. »… Ebendieser Umstand wurde zum Vorwand genommen, auf die Menschen zu schießen; mit ebendiesem Umstand haben die Regierungszeitungen die Schießerei zu rechtfertigen versucht! Die Sache wird eine sehr starke Wirkung in Sachsen haben …«

»Warte bitte!« Sie rückte mit dem Stuhl näher an den Schreibtisch. »Genau hier. Ich als Frau und sicher auch Mary, die Frau von Julian Harney, wie alle anderen Frauen und natürlich auch die Männer, sie wollen ein bisschen mehr fühlen, wie das ist, wenn geschossen wird und Menschen sterben. Dann wird dein guter Artikel noch viel besser.«

»Ach, das meinst du?« Er nahm die Feder, drehte sie eine Weile zwischen den Fingern, murmelte: »Kreuzfeuer … die Massen werden von zwei Seiten …« Er sah sie an. »Ja, du hast recht. Das könnte ich hier einfügen.«

Es pochte an der Tür, ohne Aufforderung trat Edgar herein. »Sie kommen in ungefähr einer Stunde. Gepäck und Kutsche dauern noch was. Ein Nachbar ist mit demselben Zug gereist. Er hat Bescheid gegeben.«

Baron Edgar, der jüngere Bruder von Jenny, war nach gescheitertem Jurastudium in Köln mit Erlaubnis seiner Schwester vor einigen Wochen ins Haus der Marxens gezogen. Ein weicher, unsicherer Schwärmer, fand Mary, ganz hübsch und mit schönen Augen. Er war gleichaltrig mit Karl und Frederick, aber so ganz anders als die beiden. »Sollen wir noch mal nachschauen, ob wir nichts vergessen haben?«

Edgar sah fragend auf Friedrich. »Ich wollte euch nicht stören, aber wenn du magst.«

Schon mit seinem Text beschäftigt, winkte der: »Geht nur! Ich beende inzwischen den Artikel.«

Auf dem kurzen Weg zum Nachbarhaus griff Edgar nach ihrer Hand, schwang sie leicht und ging rückwärts vor ihr her. »Du bist so schön. Und dieser blaue Rock, diese rote Bluse ... Sind alle irischen Frauen mit solchem Liebreiz beschenkt?«

»Wo denkst du hin?« Mary entzog ihm lachend die Hand. »Außer mir und vielleicht noch meiner Schwester Lizzy sind die Weiber bei uns klein, hutzelig und verschrumpelt. Besonders die jungen ... Wieso interessiert es dich? Hast du mir nicht von deiner heimlichen Verlobten in Köln erzählt?« Sie drehte ihn nach vorn. »Schäm dich, Herr Baron. Und nun Schluss mit der Schmeichelei.«

An der Eingangstür zur Nummer 5 hing ein kleiner bunter Kranz aus Astern und Zinnien. Gestern war Mary unterwegs gewesen und hatte die Blumen an Gartenrändern nach Farben ausgesucht und sie um einen Reif gewunden. »Ein Willkommensgruß wie in Irland.«

Sie unternahmen einen letzten Rundgang. Erst hatte Edgar einige Wochen allein im verwaisten Haus gewirtschaftet, und seit Karl aus England zurück war, hausten die beiden ehemaligen Schulkameraden dort, ohne jemals einen Gedanken an Sauberkeit und Ordnung zu verschwenden. Als aber Jennys unmittelbare Heimkehr bevorstand, war ihnen der Zustand jäh bewusst geworden.

»Mary, hilf!« Ein Kniefall. »Help us!« Vier Hände emporgereckt. »Au secours!«

Und Mary hatte geholfen, allerdings nicht, ohne die Herren mit einzuspannen. Vor zwei Tagen hatte Karl über heftige Rückenschmerzen geklagt, sich der Arbeit entzogen und war gestern seiner Baronesse nach Lüttich entgegengereist. Edgar hatte keine Ausrede gesucht, und Mary nahm es mit vergnügter Nachsicht hin, dass er mehr Interesse an ihrer Nähe denn für die Hausarbeit aufbrachte.

Nach der Inspektion stemmte sie auf der Straße die Hände in die Hüften. »Mehr konnten wir in der kurzen Zeit nicht schaffen.«

»Es ist wunderbar. Meine Schwester wird begeistert sein. Bei der guten Helene bin ich mir nicht sicher …« Der Baron wiegte den schwarzen Lockenkopf. »So wie ich sie von daheim in Trier noch in Erinnerung habe. Ich denke, sie wird wenigstens zufrieden sein.«

Mary blickte nach nebenan zur Nummer 7 und hinauf zum geöffneten Fenster von Fredericks Studierzimmer. »Ich möchte noch den fertigen Bericht für den *Northern Star* hören. Wir sehen uns später bei der Feier, wenn alle sich wieder eingerichtet haben.«

Bei ihrer Rückkehr stand Friedrich an der Vitrine und schenkte sich ein Glas vom Roten ein. »Du auch?«

»Gern. Das heißt …« Sie nahm den Wein schon entgegen. »Sollten wir nicht besser bis zum Abend warten? Und nüchtern zur Begrüßung hinübergehen?«

»Ein wenig Alkohol lockert Herz und Verstand.« Er stieß mit ihr an. »Im Übrigen müssen wir den Artikel feiern. Seit meinem Gespräch mit Julian Harney in London bin ich per Handschlag der deutsche Korrespondent für den *Northern Star*. Und das *Gemetzel in Leipzig* ist mein erster Beitrag in dieser Funktion. Auf das Honorar!« Nach einem großen Schluck setzte er hinzu: »Und diesem werden noch viele folgen.«

»Magst du mir vorlesen? Nur die Ergänzung. Bitte!«

Friedrich nickte. »Bald glaube ich, dass du dich wirklich für meine Arbeit interessierst.« Er überflog das erste Blatt. »Wir sind immer noch bei dem Schießbefehl.« Er deutete mit dem Finger auf die Zeile. »… Mit ebendiesem Umstand haben die Regierungszeitungen die Schießerei zu rechtfertigen versucht!« Er sah kurz auf. »Und jetzt: Das ist noch nicht alles; die Menschen wurden zwischen den einzelnen Abteilungen zusammengedrängt, und der Plan seiner Königlichen Hoheit wurde durch ein Kreuzfeuer auf die wehrlosen Massen ausgeführt; wohin sie sich auch wandten, wurden sie von wiederholten Gewehrsalven empfangen; und hätten nicht Soldaten, die menschlicher waren als Prinz Johann, zumeist über die Köpfe der Menschen geschossen, es hätte ein fürchterliches Blutbad gegeben. Die Empörung, die dieser Schurkenstreich hervorgerufen hat, ist allgemein; die loyalsten Untertanen, die wärmsten Anhänger der gegenwärtigen Ordnung teilen sie und wenden sich mit Abscheu gegen diese Vorgänge …« Friedrich hielt inne, tippte mit dem Finger auf seinen Text: »Ab hier kennst du es wieder.« Er wartete.

Mary sah ihn offen an. »Gut.« Sie ging zu ihm und küsste ihn auf die Wange. »Sehr gut, mein Liebster. Du schreibst so leicht und doch gescheit, dass es einem irischen Weib schon den Kopf verdreht.«

Er legte sein Manuskript auf den Schreibtisch, stellte ihr Glas daneben und drücke sie an sich. »Wir könnten uns auch um die anderen Körperregionen kümmern.« Er streichelte ihren Rücken, drehte sie, und eine Hand glitt in ihre Bluse. Mary ließ es einen Seufzer lang zu. »Nicht jetzt. Die Marxens müssen jeden Moment eintreffen. Mein Haar ist schon durchgekämmt.« Sie entzog sich seiner Hand. »Und die Bluse habe ich extra gebügelt.« Sie tippte sich an die Stirn. »Das Neue? Oder soll ich das teure Kleid aus London und die Stiefelchen anziehen?«

»Nein, so gefällst du mir. Das feine heben wir als Überraschung für das nächste offizielle Fest auf.«

Mary setzte sich auf den Scherenstuhl und stützte die Arme auf die Lehnen. »Hier bei dir fühle ich mich so wohl und bin nur froh, dass ich nicht im Hotel wohnen muss.«

Er schenkte noch etwas vom Roten nach. »Das hätte ich mir auch nicht leisten können.« Ehe sie fragen konnte, setzte er hinzu: »Denke an die Spione. Aus Vorsicht haben wir als Zieladresse das Hotel Bellevue angegeben. Dort endet deine Spur.« Er lachte über sich selbst. »Ein zweckloser Versuch, ich weiß. Denn schon morgen werden sie wissen, bei wem du untergeschlüpft bist.«

# 13

Brüssel, Rue de l'Alliance
September 1845

Pferdegetrappel vom Anfang der Straße her, Räder holperten näher. »Sie kommen.«
Mary stellte sich ans Fenster. Der Fiacre hielt vor dem Nachbarhaus. Karl kletterte umständlich von der Kutschbank. Während er dem Fuhrmann das Geld hinaufreichte, öffnete sich schon der Seitenschlag. Eine junge Frau stieg aus, das Haar unter einer schmucklosen Schute hochgewunden, sie hob ein kleines Mädchen mit blonden Locken aus dem Fond.

»Das ist Helene mit Klein Jenny.« Friedrich war hinter Mary getreten, seine Hand glitt über ihre Taille, tastete in den Rockfalten nach ihrem Nabel. »Bei der Wärme heute hättest du auf das Unterkleid verzichten können.«

»Nicht.« Sie stupste ihn mit dem Po. Unten half Karl seiner Frau aus dem Wagen. Jenny hatte einige Mühe, über den Tritt hinunterzusteigen. Ihr Reisecape öffnete sich und gab den Blick frei auf das vom Bauch vorgewölbte Kleid. Mary beugte sich noch etwas vor. »Oh, das Kind ist wirklich schon weit.«

Karl entdeckte die beiden am offenen Fenster und winkte hinauf. »Da sind wir wieder.«

Jetzt hob auch Jenny den Kopf. »Guten Tag, Fritz. Geht es gut?« Ihre dunklen Augen fanden Marys Blick, leicht wedelte sie mit der Hand. »Und nochmals guten Tag. Ich freue mich. Wir sehen uns sicher gleich.« Damit ging sie bemüht aufrecht zur Haustür, strich leicht über den Willkommenskranz und rief ein Dankeschön zum Nachbarhaus hinüber. Die Haushälterin ließ Klein Jenny an den Blumen schnuppern, bis jäh die Tür aufgerissen wurde und Edgar die Arme ausbreitete. Nach Hallo, Lachen und Umarmungen verschwanden alle Marxens mit Helene in der Nummer 5.

Nach einer Stunde kam Edgar herüber. »Meine Schwester fühlt sich gut. Sie bittet euch, jetzt schon zu kommen.« Sie habe gestaunt, wie sauber Küche und Wohnstube sind. Anfänglich sei Karl herumstolziert wie ein Hahn, habe sich mit seinem Putzfleiß gebrüstet, um das Lob ganz für sich einzuheimsen. »Da aber hat selbst Jenny heftige Zweifel angemeldet. Und schließlich blieb ihm nichts anderes übrig, als mit der Wahrheit herauszurücken.«

Friedrich lachte. »Das ist unser Karl. Egal, worum es sich handelt, ob nun Philosophie, Politik oder Ökonomie, ob nun beim Schach oder selbst wenn es um die Putzehre geht. Er will oben, will der Beste sein.«

Inzwischen hatte sich Mary vor dem Spiegel noch ein rotes Band ins offene Haar gebunden. »Kann ich so gehen?«

Beide Männer neigten den Kopf, und Friedrich legte ehrfürchtig die Hand aufs Herz. »Unvergleichlich. Ich könnte zum Dichter werden.« Sie gab ihm einen Klaps auf den Arm. »Mach dich nicht lustig über mich.«

Schon halb im Flur schnippte Edgar mit den Fingern. »Beinah hätte ich es vergessen: Karl fragt, ob du noch ein paar Zigarren mitbringen könntest? Sein Vorrat sei auf der Reise fast vollständig in Rauch aufgegangen.«

Als sie die Wohnstube betraten, ordnete Helene gerade die Platten mit Käse, Wurst und Butter neben dem Brotlaib auf den Esstisch. Sie wandte sich um. Ihr erster Blick galt Mary, prüfend, und gleich darauf stahl sich ein Lächeln in die Augenwinkel. »Schau an.« Ein Kopfschütteln in Richtung Engels. »Das hätte ich Ihnen gar nicht zugetraut.« Sie ging einige Schritte auf seine Begleiterin zu. »Ich bin Helene Demuth und bin so erfreut, Sie zu sehen. Das heißt, in Wahrheit bin ich etwas erschrocken, weil Herr Fritz solch ein Glück gar nicht verdient hat.«

»Ich bin Mary Burns.« Mary streckte ihr die Hand hin. »Danke, Fräulein Demuth, für die freundliche Begrüßung.«

»Ach was. Nicht Fräulein Demuth.« Sie erfasste die Hand, hielt sie fest. »Ich bin Lene, Helene oder Lenchen, suchen Sie sich etwas aus, nur nicht Fräulein.«

In ihrem Rücken vernahm Mary Schritte, gleichzeitig umströmte sie ein Duft nach Rosen, nicht nur lieblich, sondern auch mit herber Frische durchsetzt. Wunderbar, dachte sie und fächelte ihrer Nase mit der Hand noch einen Hauch zu. Sie wandte sich um.

Karl war schon heran, fasste sie an den Händen. »Da bist du ja. Und welch ein Anblick.«

»Nun übertreibe nicht, mein Mohr.« Damit schob Jenny ihn beiseite. »Du bringst unsren Gast nur in Verlegenheit.« Sie lächelte und betrachtete Mary einen Atemzug lang, ehe sie ihr den Handrücken darbot. »Es ist mir eine Freude, Miss Burns. Willkommen! Und entschuldigen Sie den Überschwang meines Gatten.«

Mary reagierte nicht auf die adelige Geste und nahm die Hand mit festem Griff. »Danke. Und was Karl betrifft, so verstehe ich inzwischen, wie er es gemeint hat.«

»So?« Jenny lächelte dünn und sah zu Friedrich auf. »Euer Aufenthalt in Manchester scheint sehr ergebnisreich und kommunikativ gewesen zu sein. Und welch interessante Blume du uns mitgebracht hast.«

Was? Mary benötigte einen Moment, ehe sie begriff. Die Baronesse meint mich. Meint sie das ehrlich, oder? Sie riecht ganz schön nach Rosen, das mag ich. Aber verflucht, deswegen bin ich selbst noch lange keine Blume.

»Das ist Mary.« Friedrich legte den Arm um ihre Taille. »Wir kennen uns schon lange, haben uns aus den Augen verloren und jetzt wiedergefunden.«

»Dann wünsche ich dir und eurem Glück mehr Beständigkeit als beim ersten Mal.« Jenny tätschelte ihren Bauch. »Allein eine

Schwangerschaft dauert schon neun Monate, und das ist eine lange Zeit.«

»Kommt, setzt euch.« Edgar klemmte die Flasche zwischen die Knie und zog den Korken mit Kraft heraus, das Geräusch ahmte er mit den Lippen nach, roch in den Flaschenhals und stöhnte: »Der rote Tropfen wartet nicht, will endlich getrunken werden.«

Jenny bestimmte die Sitzordnung. Karl vor Kopf, und Friedrich wünschte sie sich an ihre Seite, gegenüber sollten Edgar und Helene Platz nehmen. »Und unsren Gast setzen wir ans Fußende.«

Mir egal, wo ich sitze. Aber irgendwas stimmt nicht. Mary spürte den Unterton in der Stimme. Sicher ist die Baronesse nur müde von der Reise ... und dann auch noch der dicke Bauch.

Nach Karls Toast auf die gesunde Heimkehr und dem zweiten Trinkspruch von Friedrich auf die baldige und glückliche Geburt schnitt Helene das Brot. Eine Weile trat Stille ein, es schmeckte. Aus den Augenwinkeln beobachtete Jenny, wie nicht nur Friedrich, sondern auch ihr Mohr immer wieder zum unteren Tischende blickten. »Sagen Sie, Miss Burns, da Sie meine beiden Nachbarn, wie es scheint, schier in Ihren Bann gezogen haben. Darf ich nach Ihrer Tätigkeit in Manchester fragen? Vielleicht sind Sie in einer der Bibliotheken beschäftigt?«

Bei dieser Vorstellung hätte sich Mary beinah am Käse verschluckt. »Ausgerechnet da? Ich kann nicht einmal ...«

»Mary war mir eine große Hilfe«, unterbrach Friedrich rasch. »Vor zwei Jahren hat sie mich bei der Recherche durch die irischen Slums von Manchester geführt. Ohne Mary hätte ich mein Buch *Die Lage der arbeitenden Klasse in England* sicher nicht schreiben können.«

Ungerührt nahm Jenny die Erklärung hin, sah freundlich wieder den Gast an. »Also bekleiden Sie das Amt einer Fremdenführerin?«

Will sie mir was? Oder ist das nur ein Fragespiel? Mary nahm gleich zwei Schlucke vom Roten. Frederick hat mir erzählt, wie oft hier richtige Wortgefechte stattfinden, natürlich nur so aus Spaß. Na, das kann ich auch. »Also, ich lerne viele Fremde kennen, das ist wahr, aber eine Führerin? Wohl bei Frederick. Aber sonst? Nein, so würde ich mich nicht bezeichnen.« Auf Zustimmung wartend sah sie erst den Liebsten, dann Karl an. Friedrich nickte, das Lächeln seines Freundes veränderte sich nicht, es schien schon seit einiger Zeit eingefroren.

Um die Spannung zwischen den Frauen zu lockern, legte Helene jeder noch eine Scheibe Brot aufs Holzbrett und sorgte dafür, dass sie sich auch ausreichend mit Butter und Wurst bedienten. Auf ihren Wink hin öffnete Edgar die nächste Flasche und schenkte allen nach. Dankbar nahm Mary, ohne auf die anderen zu warten, gleich wieder einen großen Schluck. Friedrich sah zu Karl hinüber. »Ich habe inzwischen den ersten Artikel für den *Northern Star* geschrieben.«

»So schnell? Beneidenswert. Der gute Harney wird sich wundern und freuen. Welchen Inhalts?«

»Das schändliche Gemetzel in Leipzig vom vergangenen Monat. Das wird die Leser in Manchester an ihr eigenes Peterloo-Massaker vom August 1819 erinnern.«

»Und Karl«, mischte sich Mary ein, spülte den Rest vom Bissen mit Wein hinunter, ehe sie fortfuhr: »Es ist ein guter Artikel geworden, er sagt alles, rührt ans Gefühl. Ich bin sehr einverstanden mit ihm.«

Geräuschvoll legte Jenny das Messer ab. »Miss Burns, klären Sie mich auf. Sie haben also mit Fritz den Artikel zusammen verfasst?«

Der Wein gab Leichtigkeit. Nach einem Lacher wehrte Mary mit erhobenen Armen ab, dabei wölbten sich ihre Brüste leicht aus der Bluse. »Niemals. Schreiben kann nur er. Ich habe einfach genau zugehört, als er mir den Text vorgelesen hat.«

»Das freut mich für dich.« Jenny tätschelte Friedrichs Handrücken. »Da hast du, neben all ihren anderen Vorzügen, auch noch eine tüchtige Mitarbeiterin gefunden.« Sie wandte sich erneut an den Gast. »Vielleicht habe ich es wegen der Reisemüdigkeit nicht mitbekommen. Aber, was sagten Sie, welche Ausbildung Sie genossen haben?«

Mary war guter Dinge. »Ach was. Gar nichts habe ich gesagt, weil mein Vater uns gar nicht zur Schule geschickt hat. Der alte Säufer …«

»Nun dann, zum Wohle.« Jenny prostete in die Runde. Noch ehe sie das Glas absetzte, fasste sie nach: »Aber um Gottes willen, meine Liebe, womit haben Sie denn Ihren Lebensunterhalt verdient?«

»Na, als Kind in der Fabrik, später dann zusammen mit meiner Schwester im Haushalt bei feinen Leuten. Das meiste aber habe ich im Hafen mit meinen Orangen verdient. Die habe ich da verkauft … So will ich das mal sagen.« Mary schmunzelte vorsichtig. Jenny quälte ihr Lächeln dazu. »So? Im Hafen? Und Ihre Orangen?« Ein vielsagender Blick zu Karl. »So möchte unser Gast es ausdrücken. Warst du auch an Orangen interessiert?«

»Aber nein, wo denkst du nur hin?«

Mary schüttelte den Kopf. Jäh zerriss der heitere Weinnebel. Was denkt die Baronesse von mir? Nein, das kann nicht sein. Sie ist sicher nur müde. O heilige Maria, ich bin keine billige Hafenhure. Mary verspürte Übelkeit, Zorn mischte sich dazu. Nein, sie meint es nicht so, aber dann soll sie auch nicht so reden. Tief atmen, befahl sich Mary. Es genügte nicht. Luft, ich brauche frische Luft. »Mir ist mit einem Mal nicht so gut«, sagte sie leise. »Entschuldigt. Ich, ich muss …« Sie erhob sich, der Stuhl ruckte nach hinten, wäre beinah umgestürzt. Sofort legte Friedrich sein Brot zurück. »Soll ich …?«

»Nein, bleib nur!« Eilig verließ Mary die Wohnstube, riss im Flur die Haustür auf und schlug sie hinter sich zu.

»Es scheint unsrem Gast wirklich nicht so ganz wohl zu sein«, stellte Jenny bedauernd fest und nahm noch etwas vom Käse.

Friedrich stand auf. »Vielleicht sollte ich doch …«

»Nein, nicht Sie, Herr Fritz.« Helene deutete auf seinen Platz. »Setzen Sie sich bitte wieder. Das scheint mir eine Angelegenheit für Frauen zu sein.«

Ohne große Hast folgte sie Mary. Beim Öffnen der Haustür stand die Irin mit dem Rücken zu ihr da, die Schultern hochgezogen, die Hände vor dem Gesicht. Helene trat neben sie, jetzt erst bemerkte sie den Willkommenskranz. Mary hatte ihn abgenommen, presste die Blumen gegen die Augen. »Niemand meint was Schlechtes. Ich gebe zu, die Baronesse war etwas anders als sonst. Glauben Sie mir, so ist sie sonst nicht.«

Mit kleiner Stimme sagte Mary: »Gefreut habe ich mich. Alles gerne vorbereitet. Und Frederick hat mich auch nicht gewarnt.«

»Ist auch nicht nötig.«

»Aber warum?« Mary nahm den Kranz von den Augen.

Da lächelte Helene. »Ich glaub, irgendwo wissen Sie es selbst. Wenn zwei schöne Frauen, also ich kann dabei nicht mithalten, aber wenn die sich treffen. Dann kann es schon mal Funken geben.«

»Und jetzt? Ich will da nicht wieder rein, so verheult ich bin.«

»Gehen Sie ruhig rüber ins Engels-Haus. Ich regle das hier schon.«

Mary zupfte eine Aster aus dem Kranz, eine Zinnie und wieder eine Aster.

Schnell hielt Helene ihre Hand fest. »Was tun Sie da?«

»Ich bin nicht willkommen, also zerreiße ich meinen Gruß.«

»Nicht. Von überall werden wir belauert. Die Männer müssen sich gegen mächtige Feinde wehren. Wenn wir Frauen jetzt auch noch anfangen, uns zu zerreißen, dann geht das Leben schief.« Sanft nahm Helene ihr den Kranz weg und hängte ihn wieder an die Haustür. »Willkommen, schöne Mary.« Sie strich ihr eine Träne von der Wange. »Ich gebe schon acht.«

# 14

Brüssel, Rue de l'Alliance
Mitte Februar 1846

Die Eisblumen am Fenster verhießen nichts Gutes. Helene streifte Wollsocken über und stieg in Schuhe und Galoschen. Das hat uns noch gefehlt. Sie legte sich ein Tuch um, griff nach Reisigbesen und Handschippe. So leise wie möglich ging sie durch den Flur, um die schlafenden Kinder in der Stube nicht aufzuwecken. Klein Jenny wäre einfach zu beruhigen, aber sobald die viereinhalb Monate alte Laura die Augen öffnete, würde sie gleichzeitig auch den Mund aufreißen und mit infernalischem Geschrei den Tag begrüßen. Von wem sie das nur hat? Helene schüttelte den Kopf und schloss die Haustüre auf.

»Gütiger Himmel! Muss das denn schon wieder sein? Wir haben Mitte Februar.«

Schnee war gefallen, gut drei Finger hoch. »Und ich hab geglaubt, mit dem Winter wäre Schluss.« Gestern gab es noch Sonne, und die Spatzen zwitscherten schon. »Und heute haben wir Aschermittwoch. Ist schon seltsam, kaum ist Karneval vorbei, hört auch beim Wetter der Spaß auf.« Reines Weiß bedeckte die Rue de l'Alliance. Schön sieht's aus, aber Arbeit macht es doppelt.

Mit kräftigem Schwung schaffte Helene einen schneefreien Gang bis zur Mitte der Straße. Kurz hielt sie inne, dann schippte und fegte sie auch einen Pfad hinüber zur Nummer 7. Vor dem Engels-Haus schaufelte sie Schneehaufen rechts und links der Haustür. Über ihr öffnete Mary noch im Nachthemd das Fenster. »Aber, Lenchen, das ist doch meine Arbeit.«

»Ist schon gut. Ich war gerade dabei.« Sie lächelte hinauf. »Wird anstrengend heute. Wenn Klein Jenny den Schnee sieht, will sie hinaus. Dabei ist er viel zu nass, um Schlitten zu fahren. Und um Laura muss sich auch jemand kümmern.«

»Die Männer sind gegen zehn Uhr bei Karl verabredet. Danach steh ich dir gerne zur Verfügung.« Mary rieb sich die Arme. »Aber jetzt ist mir kalt.« Damit schloss sie das Fenster.

Helene ging zurück, die Schippe in der Hand, den Reisigbesen unter dem Arm. »Soll ich jetzt auch …?« Sie zögerte und sah zur Nummer 3. Dort wohnte seit dem letztem Herbst Moses Hess mit seiner Lebensgefährtin Sibylle Pesch. Moses, der Freund und langjährige Weggefährte von Friedrich und Karl, hatte Sibylle aus Köln mitgebracht.

Baronesse Jenny war wohl von Freunden in der Domstadt unterrichtet worden, dass Moses seine Sibylle aus einem Bordell gerettet habe. Und aus Angst vor dem streng jüdischen Vater wäre er mit ihr nach Brüssel gekommen. »Verliebt sind sie«, nickte Helene. »Wenigstens der fromme Herr Moses, wer will, kann das sehen und hören.« Sie beschloss, vor deren Tür nicht zu fegen. »Das wird Fräulein Sibylle guttun. Dann wird sie ihren schönen Hintern mal etwas früher aus dem Bett bewegen müssen.«

Karl wollte Platz schaffen. »Wartet, Freunde, gleich bin ich so weit.« Nur er kannte sich in dem Wust von Papier und Büchern auf dem Boden, dem Schreibpult und dem runden Tisch aus. »Nur Geduld!« Er nahm einen Stapel und setzte ihn unter dem Fenster ab.

Friedrich stand mit Edgar und Moses nahe der Tür. »Meine Herren, dies ist die Gedankenschmiede eines wahrhaften Genies. Denn es bedarf schon überragender Fähigkeiten, in dieser Wüstenei das System zu erkennen.«

»Spotte nur, du penibler Kleingeist. Eines ist gewiss, hier in meinem Reich geht keiner meiner Sätze verloren.« Edgar und Moses schmunzelten. Sie kannten die kleinen Reibereien zwischen den Freunden, auch wenn sie in den letzten Monaten etwas an Schärfe zugenommen hatten, so überwog doch stets das Scherzhafte.

Der Tisch war zur Hälfte frei geräumt. Aus dem Schrank nahm Karl einen frischen Bogen Papier, glättete ihn sorgsam auf der Holzplatte und stellte Tinte und Feder dazu. »Ihr wisst, worum es geht. Wir werden uns an alle Gruppierungen in Deutschland wenden ...«

»Halt! Eins nach dem anderen«, unterbrach Friedrich. »Lasst uns erst einmal den Verein gründen.«

»Du schreibst.«

Dieser Ton? Auf Friedrichs Blick hin bequemte sich der Freund: »Werter Kollege, darf ich dich bitten, die Federführung zu übernehmen, weil meine Schreibe weder schön genug noch lesbar für solch feierliche Niederschrift ist.«

»Das bereitet mir keine Mühe.« Friedrich setzte sich, tunkte ein und schrieb mit schwungvollen Lettern: »Kommunistisches Korrespondenz-Komitee« und darunter: »Gründungsurkunde«.

»Wer soll sich als Erster von uns vieren eintragen? Die anderen kommen ohnehin später dazu. Also meiner Meinung nach ...« Obwohl Friedrich wusste, was nun auf seinen Vorschlag folgen würde, sagte er wie selbstverständlich: »Gehen wir nach dem Alphabet vor.« Es fiel ihm schwer, das verräterische Zucken seiner Mundwinkel zu unterdrücken, als er rundum in die Gesichter sah. »Also, erst meine Wenigkeit, dann Moses, dann Karl und als Vierter Edgar. Einverstanden?«

Zwei und vier nickten, nur Marx verknautschte eine Hand im Bart. »Ich als Dritter? Hältst du das für klug? Bedenke doch, wir planen ein ganzes Netz von Korrespondenz-Komitees in den verschiedensten Regionen Deutschlands, was sage ich, auch in London, Paris und weiter noch in allen europäischen Ländern. Und den renommierten Sozialisten dort werden wir von unserer Gründung und dem großen, noch fernen Ziel des wissenschaftlichen Kommunismus berichten.« Karl schritt auf und ab, schnaufte einige Male, rang mit sich. »Wir wollen Mitstreiter in den Komitees gewinnen.

Namen können dabei helfen, und zwar erzielen die berühmtesten die größte Wirkung.« Er blieb vor Edgar und Moses kurz stehen. »Ihr verzeiht, das soll keine Herabwürdigung sein, aber ...« Er wandte sich schon an Friedrich. »Wessen Idee? Ach, das lässt sich nicht genau definieren.« Er legte den Kopf leicht zur Seite. »Vielleicht sollten wir nach dem Alter vorgehen?«

So gefällst du mir, dachte Friedrich. Ein Bitte wäre auch schön gewesen, doch so genügt es auch. »Wenn unsere Namen dazu beitragen, die Arbeiterbewegungen Europas für unser Komitee zu begeistern, so sollten wir folgerichtig auch ganz oben auf der Mitgliederliste stehen.« Er erhob sich und reichte Karl die Feder. »Der Jüngere lässt dem Älteren den Vortritt.« Beinah hastig und groß im Schwung nahm Marx die erste Stelle auf der Urkunde für sich ein.

Nachdem auch Edgar sich eingetragen hatte, schüttelten sich die Gründungsmitglieder die Hände und wünschten dem Komitee eine erfolgreiche Zukunft. Der junge Baron verabschiedete sich, er wolle noch bei der Zeitung vorsprechen. Vielleicht fände er dort eine Beschäftigung.

Kaum hatte sich die Tür geschlossen, als Moses ein Bündel Manuskriptseiten aus der Mappe nahm und vor Friedrich und Karl hintrat. »Kommen wir nach dieser Feierstunde wieder zu unserem gemeinsamen Projekt zurück. Ich sagte, gemeinsam. Ja, unser Plan ist es, die deutschen Junghegelianer wie auch die Wahren Sozialisten aufs Korn zu nehmen.« Seine Stimme hob sich, wurde weinerlich. »Was fällt euch ein, auch mich und meine Person mit dieser beißenden, nein schändlichen Kritik zu überziehen? Ich bin Co-Autor, und ihr macht mich zum Opfer. Hier, nur zum Beispiel ...« Er nahm eine Seite, pochte beim Lesen mit dem Finger auf die Zeilen. »M. Hess, für dessen Schriften Engels und Marx durchaus keine Verantwortlichkeit übernehmen, ist dem heiligen Kritiker eine so merkwürdige Erscheinung ...« Er schwenkte das Blatt an sich hinunter, wollte wissen, ob er äußerlich etwa ein Gnom sei. Oder im Kopf nur Stroh hätte. Die beiden pressten die Lippen aufeinander. Moses zitierte weiter: »... dass der heilige Kritiker weiter nichts tun kann als ...«, er murmelte den Titel seines Buches über die Philosophen, schluckte und fuhr fort. »… daraus abschreiben und das Urteil fällen, dass diese Kritik in einzelnen Punkten den Feuerbach nicht kapiert hat oder auch …« Die Klage wurde lauter: »Oder auch das Gefäß sich gegen den Töpfer empören will!«

Geschrei von der Straße her. Die Männer sahen sich erschrocken an. Unsere Frauen! Sie eilten zum Fenster. Noch ehe es erreicht war, wusste Friedrich, die lauteste Stimme gehörte Mary. Mit beiden Händen schob er das Fenster auf, alle drei steckten die Köpfe hinaus.

Unten, einige Schritte von der Haustür entfernt, stand die Irin, streckte beide Hände aus. »Was habe ich Ihnen getan? Was?« Sie schrie an Sibylle Pesch und Klein Jenny, die auf dem Schlitten saß, vorbei der Baronesse ins Gesicht. »Ich will nur Gutes! Frieden! Sie aber behandeln mich mit Verachtung! Warum, bei allen Teufeln?«

»Miss Burns!« Jenny Marx' Stimme war schneidend. »Ich verbiete Ihnen, in Anwesenheit meiner Tochter zu fluchen.«

Als hätte das Mädchen verstanden, begann es zu weinen.

»Da sehen Sie, was Sie angerichtet haben.« Jenny gab Sibylle einen Wink. »Tröste das Kind!«

»Ja, Frau Baronesse.« Die Kölnerin neigte sich sofort über das kleine Köpfchen, zog die Mütze gerade und streichelte die Wangen.

Mary lachte auf, stemmte die Fäuste in die Hüften. »Baronesse? Sie lassen sich von Sibylle mit Baronesse anreden? Ist es das? Bin ich der adeligen Dame gegenüber nicht demütig genug?« Sie lachte wieder, und ein Schluchzen schwang mit. »Wir haben im Schnee gespielt. Das Kind hatte Freude. Und Sie? Sie verbieten es!«

Jenny verschränkte die Arme. »Der Umgang mit einer Person wie Ihnen, einer Frau mit solchem Hintergrund, könnte meiner Tochter schaden. Und das möchte ich möglichst vermeiden.«

»Was sagen Sie da?« Langsam ließ Mary die Schultern sinken. »Meine Herkunft? Und wie steht es mit Sibylle?« Sie winkte ab. »Ach, was rede ich noch.« Sie ging den frei geschippten Pfad zum Nachbarhaus. Dem Schneemann rechts des Eingangs riss sie die Mohrrübennase aus dem Gesicht und schleuderte sie zu Boden, dann knallte die Haustür.

Ruhig bat Jenny die Freundin von Moses Hess: »Bring unsren Liebling ins Warme. Und ziehe ihm die nassen Sachen aus. Ich habe noch am Schreibtisch zu tun.«

»Ist gut, Frau Baronesse.«

# 15

Brüssel, Rue de l'Alliance
Mitte Februar 1846

Oben am Fenster zogen die Herren ihre Köpfe zurück. Karl murmelte: »Das ist Sache der Frauen.« Er nahm Moses beim Arm. »Du wolltest noch etwas zu unsrem Text anmerken. Wir …«

»Nicht wir …« Friedrich hob die Hand. »Ich muss erst nach Mary sehen, will wissen, was wirklich vorgefallen ist.« Karl sollte sich derweil allein die weiteren Klagen des Co-Autors anhören. Hastig verließ er das Studierzimmer. Draußen vor der eigenen Haustür bückte er sich nach der Möhre und steckte sie dem kleinen Schneemann wieder unter die schwarzen Kohleaugen.

Mary stand in der Küche und starrte das Regal an. Sie rührte sich nicht. Friedrich trat hinter sie und streichelte ihre Schulter. Da lehnte sie die Stirn an seine Brust. »Ich ertrage es nicht«, flüsterte sie.

»Sag mir, was geschehen ist.«

»Erst war es ganz friedlich.« Um Lenchen zu entlasten, habe sie mit ihr ausgemacht, Klein Jenny auf dem Schlitten durch den Schnee zu ziehen. Auf halbem Weg die Straße entlang seien sie umgekehrt, und sie habe vor der Nummer 7 dem Mädchen gezeigt, wie eine Schneekugel gerollt wird. »Die kleine haben wir auf die große gesetzt. Dann kam mir die Idee mit dem Schneemann.« Für die Ausstaffierung hätten sie hier aus der Küche die Kohlestücke und die Möhre geholt. »Wir waren gerade dabei, den Bauch mit Knöpfen zu versehen, da kam Sibylle angelaufen. Das Mädchen müsse sofort nach Hause. Auf Befehl der Baronesse.«

Mary sah zu ihm auf. »Keine Erklärung. Diese Kuh hat mir das Kind weggenommen, auf den Schlitten gesetzt und ist mit ihm rüber. Den Rest kennst du.« Sie fasste die Aufschläge seines Rocks, schüttelte ihn. »Hilf mir, bitte. Jenny darf mich nicht so behandeln.« Wut mischte sich ins Unglück. »Und wieso bin ich die mit dem schlechten Hintergrund? Die Freundin vom Moses, die hat im Bordell angeschafft. Ich nicht. Und wieso ist Sibylle trotzdem was Besseres für die Kinder?« Mary trommelte ihm mit den Fäusten gegen die Brust. »Rede mit Karl, er soll seiner Baronesse mal gründlich Bescheid geben. Sonst kann ich mich irgendwann nicht mehr zurückhalten.«

Friedrich strich ihr das Haar zurück und küsste sie auf die Stirn. »Du hast recht. Ich glaube auch, es wird höchste Zeit.« Er nahm eine Flasche Rotwein aus dem Regal und stellte sie auf den Tisch. »Ein Schluck wird dir guttun. Ich bin bald wieder bei dir.« Er rückte den Rock zurecht und verließ steifen Schritts das Haus.

Als er nebenan in der Nummer 5 durch den Flur ging, stand die Tür zur Stube halb offen. Jenny saß am Tisch, sie sortierte Manuskriptseiten. »Hallo, Fritz.« Ihre Stimme klang heiter. »Kommt ihr da oben gut voran?«

Er stockte, warf ihr einen bedrohlich kühlen Blick zu und sagte: »Das wird sich gleich herausstellen.«

»Viel Glück!« Sie winkte ihm mit einem Papierblatt.

Auf der Treppe nahm Friedrich zwei Stufen auf einmal. Bei seinem Eintreten empörte sich Moses gerade: »Und ich soll auch noch meine Verbindungen zu Verlegern spielen lassen? Für ein Werk, in dem meine Person und meine Arbeit niedergemacht werden?«

Die beiden bemerkten Engels und unterbrachen die Diskussion, sie blickten ihm entgegen. Friedrich blieb vor dem Freund stehen und schwieg. Schließlich trommelte Karl mit den Fingerkuppen auf die Tischplatte. »Nun? Was hat dir die Sprache verschlagen?«

Langsam ballte Friedrich eine Faust und drückte sie in die linke

Handfläche. »Es ist der aristokratische Hochmut, der sich anschickt, die anderen Bewohner unserer Rue de l'Alliance zu unterwerfen.«

Moses Hess schob den Stuhl nach hinten, stand geduckt auf und zog sich bis zum Bücherregal zurück.

Leicht verunsichert versuchte Karl zu scherzen. »Du erinnerst mich an die Studentenzeit. Deiner Miene nach forderst du mich gleich zu einem Boxkampf oder gar einem Duell auf.«

»Bei beiden würdest du den Kürzeren ziehen.« Friedrich öffnete die Faust. »Nein, dieses Mal geht es erst an zweiter Stelle um dich. Der Hauptgrund meiner Verärgerung ist deine Gattin, Baronesse Jenny.«

Sofort versteifte Karl der Rücken. »Ich glaube nicht, dass du das Recht hast …«

»O doch!«, unterbrach Friedrich. »Es ist unerträglich, mit welcher Herablassung Mary von deiner Frau behandelt wird. Ohne Grund. Im Gegenteil. Von Beginn an bemühte sich Mary um die Freundschaft Jennys. Sie aber kränkt und beleidigt nur, spielt sich als Adelige auf und degradiert Mary zum Arbeiterabschaum unterster Stufe.«

Nun wagte sich Moses wieder einige Schritte vor. »In diesem Punkt kann ich die Beschwerde nur unterstützen. Auch meine Sibylle spürt die Verachtung. Jenny benutzt sie gerne, weil sie fügsamer ist als Mary. In Wahrheit aber ist ihre Freundlichkeit die einer Herrin der Magd gegenüber.«

»Was wird das hier? Ein Tribunal?« Karl war die Röte ins Gesicht gestiegen, die Ader auf der Stirn schwoll, mühsam beherrscht sah er Friedrich an. »Ich komme erst an zweiter Stelle, sagtest du. Nun denn, was hast du mir vorzuwerfen?«

»Du bist nicht Herr in deinem Haus. Du lässt dich von deiner Frau beeinflussen. Bei ihr setzt dein sonst so berühmt scharfer Verstand aus.« Er beugte sich halb zu ihm hinunter. »Wenn du nicht so feige wärst, hättest du schon längst der hoffärtigen Jenny die Leviten gelesen.«

»Wage es …« Karl sprang auf. »Wer seid ihr denn?« Er deutete mit dem Finger hin und her, blieb bei Moses. »Du spielst dich auf, willst der Hohepriester des Kommunismus sein und bist doch in Wahrheit nichts als ein Schwamm. Du trocknest aus, es sei denn, du kannst dich mit fremden Gedanken vollsaugen und diese für dein Eigen ausgeben. Dabei verstehst du den Sinn nicht einmal.«

Moses schlug die Hände vors Gesicht, schon wandte sich der Angegriffene dem nächsten Opfer zu. »Und nun zu dir, du großer Freund des Proletariats, du führst ungeniert deine proletarische Geliebte in die Brüsseler Salons ein. Weißt du, was hinter deinem Rücken getuschelt wird?«

»Das interessiert mich nicht.«

»Sollte es aber, denn es trifft den Kern. Die Arbeiter sagen: Der Engels ist wie alle reichen Unternehmersöhne, er nimmt sich eine aus der Fabrik zur Mätresse.«

Friedrich trat einen Schritt auf ihn zu, Marx wich den gleichen Schritt zurück zum Fenster hin. »Und wenn wir schon bei der Wahrheit sind: Dir fehlt das geistige Vermögen, um theoretisch zu arbeiten, und damit die Kapazität, in der philosophischen Kritik, an der wir arbeiten, Fortschritte zu erzielen.«

»Ohne mich würdest du in deinem Gedankenwirrwarr ersticken.«

»Mag sein. Du bist lediglich ein Antreiber, nicht aber ein Denker, liebst die militärischen Auftritte, bewunderst die großen Heerführer, Napoleon, Alexander.« Ein höhnisches Lachen. »Du bist nur ein Langer Kerl. Der Preußenkönig Friedrich I. hätte dich sofort für seine Leibgarde rekrutiert. Wenig im Kopf, dafür aber ganz schön lang.«

Engels war bei ihm, packte den Bart, zerrte ihn dicht an sich heran, er starrte Marx ins Gesicht. »Das also ist die wahre Fratze. So sieht es hinter der Maske aus.«

»Lass mich!«, keuchte Marx unter Schmerzen. »Sinke nicht noch tiefer.« Kaum hatte sich der Griff gelöst, kehrte sein Mut zurück. »Verschwindet. Alle beide. Aus meinen Augen!«

Friedrich schritt zur Tür. Moses folgte ihm eilig, drehte sich dann nochmals zu Marx um. »Das ist keine Basis. Ich kündige hiermit meine Mitarbeit als Co-Autor auf.«

»Verschwinde, du jüdischer Möchtegernprophet, und nimm den Freund des Proletariats mit.«

Unten im Flur stürmten die beiden grußlos an den Frauen vorbei. Helene sah den Männern nach und presste besorgt die Hand vor den Mund.

Karl schwieg beim Abendbrot, auch als Jenny noch so drängte, sagte er nichts. Später im Bett rückte sie nah an ihn heran, sie zupfte und kraulte im Fell auf seinem Bauch. »Mein starker, geliebter Eber, wie weich deine Borsten sind. Auch wenn ich erst am Sonntag nach Trier zur Mutter reise, vermisse ich dich jetzt schon.«

Karl brach sein Schweigen. »Meinst du, es steht wirklich so schlecht um Baronin Caroline?«

»Dem Hilferuf nach muss ich mit dem Schlimmsten rechnen.«

Erneutes Schweigen. Nach einer Weile räusperte sich Karl und griff nach ihrer Hand. »Sag, mein Lieb, könntest du nicht etwas entgegenkommender zur Freundin von Engels sein? Wir leben doch hier Tür an Tür …«

»Mein Herzenskarl«, unterbrach Jenny und stützte sich mit dem Arm halb auf seine Brust. »Du in deiner Gutmütigkeit weißt nicht, welche heimtückische Schlange sich im Nachbarhaus eingenistet hat. Sie nährt sich am Busen unseres etwas leichtlebigen Fritz, und bald wird sie ihn ganz in sich hineinschlingen.«

»Niemals. Sie ist nur eine ungebildete Orangenverkäuferin.«

Jenny griff nun fester ins Fell und zerrte an ihm. »Öffne endlich die Augen, mein einziger König. Dort drüben herrscht eine intrigante, ehrgeizige Frau, und sie verfolgt ihr Ziel ohne Rücksicht. Mary Burns ist eine Lady Macbeth.«

»Bitte, übertreibe nicht!«

Jennys Stimme geriet ins drängende Flüstern. »Karl, wach auf! So wie Lady Macbeth ihren Gatten zum Königsmord angestachelt hat, so verfährt auch Mary Burns. Sie hetzt Engels gegen dich auf, damit er dich möglichst bald vom Thron stürzt und er alle Lorbeeren, allen Ruhm der wissenschaftlichen Erkenntnisse einheimst und sie an seiner Seite triumphieren kann.« Heftig atmete Jenny, atmete mehrmals ein und aus. »Aber ich werde dich vor ihren Machenschaften beschützen, das schwöre ich.«

»Mein Liebchen.« Karl legte den Arm um sie, bettete ihren Kopf auf seiner Brust. »Um wieder einen klaren Gedanken zu fassen, benötige ich etwas Abstand von hier. Das Beste wäre, wenn ich dich am Sonntag ein Stück auf der Reise nach Trier begleite. Bis nach Arlon.«

Sie rieb ihre Nase im Fell. »Mein Schwarzwildchen, je länger ich bei dir bin, umso besser fühle ich mich.«

# 16

Brüssel, Rue de l'Alliance
März 1846

Hin und her. Helles Lachen. Und wieder sanft hin und her. Karl kniete neben dem Schaukelpferd, sein rechter Arm hielt Klein Jenny, die freie Hand griff in die Mähne des hölzernen Rosses und gab den wiegenden Rhythmus vor. Das Mädchen lachte bei jedem Nachvorn, atmete heftig bei jedem Zurück, die erste Angst vor dem fremden Untier in der Wohnstube war aus dem Blick gewichen. Der Papa gab Schutz und Sicherheit.

Helene saß am Tisch und nähte Flicken auf die an den Ellbogen zerschlissenen Rockärmel des Hausherrn. Aus den Augenwinkeln beobachtete sie Vater und Tochter. Wie sanft er sein kann. Wenn er mit dem Kind spielt, ist jede Falte von seiner Stirn verschwunden. Vielleicht sollte ich seine Stimmung nutzen … Sie überlegte nicht weiter, ließ Nadel und Faden sinken. »Herr Karl, bei der Versammlung gestern im Gasthaus war da Herr Friedrich auch dabei?«

Gleich bewölkte sich die Stirn etwas. »Nein, Engels fehlte. Aber es war auch kein offizielles Treffen. Nur Freunde … wir haben Schach gespielt und getrunken.« Ohne das Schaukeln zu unterbrechen, seufzte er. »Gute Freunde, die waren da.«

»Genau das meine ich. Es sind jetzt bald drei Wochen her, seit Baronesse Jenny nach Trier gereist ist, der Streit ist genauso lang her. Und seitdem kein freundliches Wort zwischen Ihnen und Herrn Friedrich.«

»Aber er ...«

»Aber, Herr Karl«, unterbrach ihn Helene, »wer immer wartet, kommt nie an.«

»Ich würde ja gerne, mir fehlt der Grund für den ersten Schritt.«

»Männer.« Sie schüttelte den Kopf und wusste Rat.

Wenig später schellte Marx, die Tochter auf dem Arm, an der Haustür von Nummer 7. Beim Anblick des Kindes erhellte sich Marys Gesicht. Ehe sie etwas sagen konnte, fragte er: »Ist Engels zu sprechen?«

Sie nickte, trat beiseite, und er hastete mit Klein Jenny die Treppe hinauf. An der Studierstube verschnaufte er einen Augenblick, dann strich er der Tochter über die Locken und pochte.

Friedrich öffnete, die Schreibfeder in der Hand. Lange sah er dem Freund ins Gesicht, sagte dann betont förmlich: »Ich habe den Sekretär des Komitees, Philippe Gigot, erwartet. Neue Spenden sind zu verbuchen, deshalb ...«

»Fritz«, unterbrach Marx. »Meine Tochter, sie ...« Er schuckelte die Kleine, strich über das Näschen. »Sie wollte dich sehen.«

Das ist so fadenscheinig, dass es fast rührend ist. »Und woher weißt du das?«

»Etwas sprechen kann sie schon.«

Mary war Vater und Kind gefolgt, stand zwei Schritt hinter ihnen, sah und hörte das Wollen und Nichtkönnen der Freunde. »Und was ist mit mir? Hat Klein Jenny mich vielleicht auch vermisst?«

»Richtig.« Wie erlöst wandte sich Marx ihr zu. »Ich sollte das Kind bei dir lassen, damit du's rüberbringst. Helene wartet schon auf euch.« Er übergab Klein Jenny, die lachte, ließ sich küssen und griff gleich fest ins lockige Haar der Irin.

»Komm rein!« Friedrich unterstrich die Einladung mit einem leichten Federschwung. »Ich habe an der Kritik gegen Max Stirner weitergearbeitet.«

»Ich ebenfalls. Je länger ich über diesen Kerl und sein *Der Einzige und sein Eigentum* nachdenke, umso mehr verdamme ich seine

Thesen. Ich, ich, und ohne Rücksicht auf irgendwas oder irgendwen soll es bei Stirner nur das Ich geben.«

»Wenn die Kritik an den deutschen Philosophen ein einziger großer Wurf werden soll, müssen wir uns abgleichen.«

»Deswegen bin ich hergekommen.«

»Nur deswegen?« Friedrich sah Karl von der Seite an. Der schnaufte und streckte die Hand aus. Friedrich schlug ein. Beide nickten und lächelten kurz.

»Kommen wir zu unsrem Erzegoisten.« Karl nahm sich einen Stuhl.

Friedrich blätterte in den Manuskriptseiten. »Wenn ich daran denke, dass Stirner und ich damals in Berlin die Nächte durchgezecht haben. Er konnte nicht nur saufen, er war auch schnell mit den Fäusten dabei. Anfangs hat er mich mit seinen radikalen Ideen beeindruckt, aber das ist längst verflogen.« Sein Finger tippte auf einen Absatz. »Hier eins seiner Zitate, die wir zerpflücken sollten: ›Jedes höhere Wesen über mir, sei es Gott oder sei es der Mensch, schwächt das Gefühl meiner Einzigkeit.‹«

Die Freunde lasen, formulierten, liefen auf und ab, sie lachten schallend über ihre gefundenen beißenden Sätze der Kritik und merkten erst beim Dämmerlicht, dass der Tag sich geneigt hatte.

»Gehen wir noch runter ins Bohème?«

Friedrich war sofort einverstanden, und Karl setzte hinzu: »Wir müssen uns genau absprechen. Auf dem nächsten Komiteetreffen Ende März wird uns Freund Weitling Rede und Antwort stehen. Der Bursche hat mir zu viel Einfluss, zu viele Anhänger. Wir sollten das Stroh in seinem Kopf nach Wissen durchstöbern. Und finden wir zu wenig, dann sollten wir diesen Umstand auch allen deutlich klarmachen.«

Leise lachte Friedrich. »Gemeinsam sind wir unschlagbar.«

# 17

Brüssel, Rue Botanique 23
30. März 1846

Am späten Nachmittag des 30. März schlenderten zwei Herren durch den Jardin Botanique, die niedrige Sonne in ihren Rücken warf die langen Schatten den Schritten voraus, malte übergroße Zylinder, wuchtige Schultermäntel. Sie stiegen zur nächsten Terrasse hinauf und gaben sich als müßige Spaziergänger. »Da, die ersten Irisse.« Agent Müller wies mit dem Daumen auf die gelben Blüten im Beet. »Es wird Frühling.«

Der hagere Schulz saugte den Speichel durch die Zahnlücke. »Wenn es nur eine Blume ist, heißt sie Iris, aber fünf? Ich glaub, die nennen sich Iriden.« Der Kleinere schüttelte den Kopf. »Was du alles weißt.«

»Das macht der Beruf.« Darüber mussten beide lachen.

Sie verließen den Park durch die Nebenpforte zur Rue du Chemin de Fer hinaus. Hier trennten sie sich, jeder ging auf einer der Straßenseiten bis zur Einmündung in die Rue Botanique vor. Ein Blick auf das schräg gegenüberstehende Gebäude mit der Nummer 23. Gleich kehrten sie um, trafen sich und wählten eine Toreinfahrt als Standort. Beide zückten den Stecher, schärften ihn kurz auf die Haustüre ein und ließen das Fernglas wieder in der Manteltasche verschwinden. »Jetzt heißt es warten.« Um nicht aufzufallen und doch gleich bereit zu sein, schritten sie nicht weit vom Beobachtungsposten hin und her.

»Es kann nicht mehr lange dauern.« Agent Müller klang zuversichtlich. »Die Nachricht unseres Informanten war eindeutig. Versammlung des Korrespondenz-Komitees im Pressebüro Rue Botanique Nummer 23.«

»Und der Tag? Im Datum hat er sich nicht geirrt?«

»Niemals. Unser Informant gehört dem inneren Zirkel an. Seine Hinweise sind direkt von der Quelle.«

Der Hagere spannte die Lippen. »Kein Zweifel.« Er nickte zur Rue Botanique hinüber. »Es geht los.« In wenigen Schritten hatten sie die Toreinfahrt erreicht. Agent Schulz zückte den Stecher. »Du notierst.« Er selbst nahm die Person vor dem Eingang zur Nummer 23 ins Visier. »Klar identifiziert: Der Sekretär Philippe Gigot.«

Drei weitere Männer näherten sich. »Zwei davon sind Anwohner in der Rue de l'Alliance, ich vermute, der eine ist Sebastian Seiler aus der Nummer 2, den anderen kenne ich nicht mit Namen. Der dritte aber ist Baron Edgar von Westphalen, der Bruder von Baronesse Jenny.«

Während Agent Schmitz den Namen notierte, seufzte er: »Eine Schande, dass ausgerechnet die Geschwister unseres ehrenwerten Oberregierungsrats des Inneren, Baron Ferdinand von Westphalen, so tief in den Morast der Kommunisten sinken mussten.«

Agent Schulz setzte den Stecher ab. »Bist du wahnsinnig? Unsereins hat keine Meinung zu haben, das wird in Berlin gar nicht gern gesehen. Wir führen Befehle aus und mischen uns nicht ein.«

»Ich sag's ja nur dir.«

»Bei einem anderen Kollegen könnte das schon zu viel sein.« Der Hagere prüfte die nächsten Gestalten durch sein Glas. »Joseph Weydemeyer und, sieh an, der Bursche, über den London uns schon einen Bericht geschickt hat: Wilhelm Weitling, ein schlimmer Agitator. Der hat für viel Aufregung gesorgt, erst in der Schweiz, da haben sie ihn verhaftet, danach hat er sich in Preußen rumgetrieben und das Volk aufgehetzt. Zuletzt war er in London, und vor zwei Wochen ist er hier bei uns in Brüssel aufgetaucht.« Agent Schulz spuckte durch die Zahnlücke. »Dabei ist er in Wahrheit bloß ein Schneider.«

Er schwenkte den Stecher nach rechts die Rue Botanique hinunter. »Da kommen noch drei. Na bitte: M und E, unsere Hauptverdächtigen ...« Er ließ eine Pause, zögerte noch länger. Verwundert sah Agent Schmitz von den Notizen auf. »Was ist?«

»Sie sind in Begleitung. Verflucht, das Gesicht habe ich schon mal gesehen. Dieser riesige Schnauzbart? Aber wo ...?«

Auch der Kollege hob den Stecher vor die Augen. Die Agenten beobachteten den Fremden. Erst als die Gruppe schon fast den Eingang von Nummer 23 erreicht hatte, nahm Agent Schmitz ruckartig das Glas herunter. »Jetzt weiß ich es. Vorgestern am Bahnhof. Mit dem Zug aus Richtung Köln. Er hatte es eilig. Wir waren zu spät am Halteplatz der Fiacres. Als wir hinkamen, war der Wagen schon unterwegs.«

»Wir zu spät? Davon schreiben wir nichts in unserem Bericht für Berlin.« Schulz schmatzte durch die Zahnlücke. »Jetzt wissen wir ja, wohin der Schnauzbart wollte. Den Namen bekommen wir bald raus.«

Zufrieden schloss der Kleinere sein Notizheft. »Bei M und E sammeln sich Verschwörer. Von überall her kommen sie. Und bald haben wir genug Material, dann geht's ihnen an den Kragen.«

# 18

Brüssel, Rue Botanique 23
30. März 1846

Noch war das Pressebüro im ersten Stock ein schmuckloser Raum. Zwei Schreibpulte, auf denen Bier und Wein für die heutige Versammlung bereitstanden, ein großer eckiger Tisch mit grüner Decke, an dem sich schon die Mitglieder einen Platz gesucht hatten. Das Kopfende und beide Nachbarsitze waren frei geblieben, Stühle gab es genügend, sie lehnten im Stapel an der weiß gekälkten Wand. In nicht allzu ferner Zukunft sollte hier die Redaktion der *Deutschen Brüsseler Zeitung* eingerichtet werden.

Karl und Friedrich blieben mit ihrem Gast gleich nach dem Eintritt stehen. »Freunde!« Der metallische Klang in der Stimme von Marx verlangte Aufmerksamkeit. »Darf ich vorstellen? Dies hier ist Pawel Annenkow, Verleger, Freund der Arbeiter und Großgrundbesitzer aus Moskau. Auf seiner Reise durch Europa wollte er es nicht versäumen, unsrem Korrespondenz-Komitee einen Besuch abzustatten. Begrüßen wir ihn als Gast in unserer Mitte.«

Nah dem allgemeinen Pochen auf der Tischplatte stellte Friedrich die Anwesenden mit Namen vor, jeder lächelte dem Russen freundlich zu, allein Wilhelm Weitling erhob sich, neigte tief den blonden Haarschopf, glättete mit elegantem Fingerschlenker das gestutzte Bärtchen. »Im Namen der deutschen Arbeiterbewegung grüße ich den Abgesandten Russlands in unserer Mitte.«

Wie nach einem Schlag zuckte Marx mit den Schultern, und Annenkow dämmte fast beschämt die hochtrabende Begrüßung mit den Händen, rasch griff er sich einen Stuhl und setzte sich am unteren Tischende neben Weydemeyer.

Karl Marx zückte Papier und Bleistift und nahm ächzend das Kopfende des Tisches in Beschlag. Von Gigot ließ er sich Feuer geben, paffte einige Züge, und als die Zigarre glühte, neigte er sein Haupt über das noch leere Blatt. Die Versammlung war eröffnet. Sekretär Gigot setzte sich linker Hand, und Friedrich blieb rechts hinter dem Stuhl stehen. »Werte Freunde! Die Zeit drängt. Klarheit ist dringend notwendig! Ein jeder, der sich mit der Reform der Arbeit beschäftigt, sich ihr mit aller Leidenschaft widmet und sogar Entbehrung und Verfolgung auf sich nimmt, diese Leute dürfen nicht länger einzeln und für sich allein kämpfen.« Er blickte in die Runde, stemmte die Hände auf die Stuhllehne und beugte sich leicht vor. »Freunde, es muss Klarheit geschaffen werden. Klarheit über die gegenseitigen Ansichten. Zum Heil des kommunistischen Gedankens muss die Spreu vom Weizen getrennt werden. Ja, wir müssen eine gemeinsame, für alle gültige Lehre erschaffen. Und um diese Lehre können sich dann alle Anhänger wie um ein Banner versammeln. Ganz gleich, ob sie nicht die Zeit oder auch keine Möglichkeit haben, sich mit den theoretischen Fragen zu beschäftigen, diese Lehre soll ihre Fahne sein, der sie folgen …«

Mit heftigem Knöchelklopfen unterbrach Karl die Rede. »Danke, mein Freund. Wir wollen gleich zur Tat schreiten.« Der Bleistift zielte auf Weitling. »Sie! Sie haben in den deutschen Landen und anderswo viel Lärm gemacht. Sie haben so viele Arbeiter hinter sich geschart und so sehr aufgewiegelt, dass diese Arbeit und Brot verloren haben. Sie haben dadurch Armut und Elend über die Unschuldigen gebracht. Wie wollen Sie diese Ihre revolutionären unsozialen Taten rechtfertigen? Welche Zukunft können Sie den Verführten bieten?«

Alles Blut war Wilhelm Weitling aus dem Gesicht gewichen. Hilfe suchend sah er in die Tischrunde, der jähe Angriff aber hatte die Mienen erstarren lassen. Mit leiser Stimme versuchte er sich zu rechtfertigen. »Ich bin für die Menschen, liebe sie. Ich ...« Er suchte nach Gedanken und Worten. Es sei nicht seine Aufgabe, neue ökonomische Theorien zu entwickeln. Er öffne den Arbeitern die Augen. »Ja, das will ich.« Die Arbeiter müssten ihre entsetzliche Lage sehen, alles über die Ungerechtigkeiten gegen sie erfahren. Sie dürften keinen Versprechungen mehr Glauben schenken. Ihre einzige Hoffnung wären sie selbst und die Errichtung einer kommunistischen Gesellschaft. Weitling nickte tapfer. »Ja, das will ich für die Zukunft.«

»So, das will der Wilhelm«, Marx ließ das L durch den Raum schlingern, die Stirn verdüsterte sich. »Weiß der Wilhelm denn nicht, dass er Betrug am Volk begeht?« Die Faust mit der qualmenden Zigarre drohte quer über den Tisch. »Es ist Betrug, das Volk aufzuwiegeln, ohne ihm die Grundlagen für eine sichere Zukunft zu bieten.« Die Stimme nahm an Schärfe zu. »Wer fantastische Hoffnungen weckt, der rettet die Leidenden nicht, sondern stößt sie unweigerlich in den Untergang. In Deutschland bedarf es wissenschaftlicher Ideen und konkreter Lehren, um für die Arbeiter Besserung zu schaffen, keinesfalls aber ein Spiel mit der Propaganda. Ein schreiender Apostel, dem die Esel mit aufgesperrtem Maule zuhören, der ist in Deutschland fehl am Platz.«

Die Zigarre schwenkte, deutete nun auf Annenkow. »Hier unter uns ist heute ein Russe. In seinem Land könnten Sie Ihre Rolle spielen. Nur dort ist es möglich, mit Erfolg Gemeinschaften zwischen absurden Aposteln und absurden Jüngern zu bilden.«

Ohne eine Miene zu verziehen, nahm Annenkow die Schmähung seines Volkes hin.

Weitling atmete, sammelte alle Kraft. »Es kann nicht sein, dass ein Mensch, der Hunderte von Menschen im Namen der Gerechtigkeit, Solidarität und brüderlicher Liebe um sich versammelt hat ...«, die Lippen bebten, »dass dieser Mensch ein Scharlatan genannt wird. Ich tröste mich mit den Aberhunderten Briefen der Dankbarkeit, der Ergebenheit, die ich aus allen Ecken meines Vaterlandes erhalten habe und immer noch erhalte.« Die Stimme wurde fester.

»Meine Vorbereitung für das Ziel, für die gemeinsame Sache ist vielleicht von größerer Wichtigkeit als Ihre Kritik und die Analysen, die weit entfernt von der leidenden Welt und dem Elend des Volkes am Schreibtisch entwickelt werden.«

Marx schlug mit der Faust auf den Tisch, der Aschenbecher schepperte, er sprang auf. »Niemals! Niemals bisher hat die Unwissenheit jemandem genützt!« Marx stampfte im Raum hin und her, schnaufte, hatte keinen Blick mehr für irgendwen. Auf den Wink Friedrichs hin erhoben sich die Teilnehmer der Runde. Keine Abschiedsworte, nur ein Nicken, ein Handzeichen, dann blieben die Freunde allein im Pressebüro zurück. Friedrich schenkte zwei Gläser voll, eines reichte er Karl und prostete ihm zu. »Du hast Weitling sturmreif geschossen. Er wird sich nicht mehr lange halten. Auf den gelungenen Abend.«

# 19

Brüssel, Rue de l'Alliance
Mai 1846

Die Tür zur Studierstube stand halb offen. Ohne zu klopfen, trat Mary ins Zimmer. »Ich will noch rasch zum Markt. Unser Kartoffelvorrat geht zu Ende. Soll ich für dich noch etwas mitbringen …?« Sie stockte. Friedrich war am Schreibtisch zusammengefahren, saß unbeweglich da, den Kopf nach unten gesenkt. »Liebster?«

Er wandte sich nicht um. Langsam ging Mary zu ihm. Ehe ihre Hand seine Schulter berühren konnte, nahm er einige Manuskriptseiten und deckte damit das Blatt direkt vor sich ab. Sie runzelte die Stirn. Eine fremde Spannung ging von ihm aus. Sie streichelte ihn, zupfte sanft am Haar und beugte sich neben sein Ohr. »Verstecken ist überflüssig.« Sie wollte ihn locken. »Deine ungebildete Irin kann nicht lesen. Hast du das vergessen?« Nun zog sie fester am Haarbüschel. »Oder malst du wieder? Und ich soll eine von deinen recht anzüglichen Zeichnungen nicht sehen?«

»Lass mich!« Er griff nach ihrem Handgelenk und befreite sich, sah zu ihr hoch. Ein Blick, hilflos zornig, dazu ein bitteres Lächeln. »Du willst einkaufen? Das ist gut. Warte, ich gebe dir Geld.«

Unvermittelt sprang er auf, stand vor ihr. In gewohnter Manier ließ er die Finger in die Westentasche gleiten, suchte und zerrte nur den Stoff heraus. »Das ist es. Verstehst du?« Er schrie sie an, als trüge sie die Schuld: »Mehr als nichts kann ich dir nicht geben!« Seine Augen füllten sich. »Nein, ich zeichne wahrhaftig nicht.« Die Stimme sank in sich zurück. Langsam schob er die Manuskriptseiten von dem versteckten Blatt. Und drückte die geballte Faust auf die schon geschriebenen Zeilen. »Ich muss betteln. Verflucht!«

Ist das so schlimm?, dachte Mary, sagte aber nur: »Ach, Frederick.«

Ihr weicher Ton löste den Staudamm. »Drüben in Nummer 5 mag das keine Schande sein. Karl und Jenny haben seit Jahren Übung darin. Sie haben Schulden beim Bäcker, dem Metzger, dem Schuster, bei mir, bei jedem Freund, der nur kurz vorbeigeschaut hat. Aber ich bisher nicht. Und nun hat es auch mich getroffen. Hier bitte, ich schreibe an meinen Schwager in London.« Er nahm das Blatt auf und las: »Lieber Emil, tue mir einen Gefallen und schicke mir umgehend 6 Pfund oder 150 Franc. Ich schicke sie dir in 8 bis 14 Tagen zurück. Der Alte schickt mir das Geld nämlich nicht, was ich am 1. April zu erwarten hatte, er scheint es mir mitbringen zu wollen, wenn er zu deiner Kindstaufe kommt. Nun habe ich aber für 150 Franc Sachen im Pfandhaus, die ich heraushaben muss, ehe die Leute hierherkommen, und daher muss ich augenblicklich so viel haben.« Friedrich hob den Blick. »Mehr als eine Stunde habe ich an diesen paar Sätzen herumgekotzt.«

»Liebster.« Mary drückte ihn auf den Schreibtischstuhl nieder und setzte sich zu ihm. »Du hast in deinem Buch über Menschen geschrieben, die wirklich in Armut und Elend leben. Und soviel ich begriffen habe, bemüht ihr euch, du, Karl und die andren, dass sich die Lage der Arbeiter bessert. Im Vergleich zu denen ist deine Not und auch die von nebenan ganz sicher nicht groß.«

»Du verstehst nicht …«

»Und ob ich verstehe. Denn ich komme daher, aus dem Sumpf, weiß, was Hunger und Verzweiflung bedeuten.«

»Verzeih!« Er griff nach ihrer Hand und streichelte sie. »Ich schäme mich umso mehr, weil ich geglaubt habe, dir aus eigener Kraft ein sorgloses Leben bieten zu können. Weit gefehlt. Ich hänge am Geldbeutel meines Alten. Kaum bleibt seine monatliche Unterstützung aus, sitze ich wie ein Fisch auf dem Trockenen.« Er fuhr sich mit beiden Händen durchs Haar. »Der ganz Dreck kommt daher, dass niemand meine Texte drucken will. Den ganzen Winter über habe ich mit meiner Schriftstellerei nicht einen Heller verdient. Absagen, nichts als Absagen.«

Mary stapelte die lose auf dem Schreibtisch verteilten Blätter. »Aber das neue Manuskript hier, wenn es mal fertig ist, wird sicher einen Verleger finden. Mir hat der Text gefallen, den du mir vorgelesen hast.« Sie lächelte ihn mit gespielter Unschuld an. »Und wenn es wirklich schlimm kommt, dann werde ich mir einen Korb besorgen. Ich denke, unten in der Stadt könnte ich meine Orangen gut verkaufen.«

»Unterstehe dich.« Er zog sie mit einem Ruck auf den Schoß und legte den Arm um ihre Brüste. »Ich werde uns schon durchbringen.« Aber erst wollte er das Geld von Schwager Emil besorgen, um damit die goldene Uhr und den Ring auszulösen. »Beides hat mir der Alte geschenkt. Und wenn er sie nicht mehr an mir sieht, rückt er überhaupt keinen Taler mehr raus.«

»Und ich war sparsam, habe vom Haushaltsgeld immer etwas zurückgelegt.« Sie küsste ihn und glättete mit der Fingerkuppe seine Augenbrauen. »Verhungern werden wir erst mal nicht.« Sie erhob sich. »Ich frage noch Lenchen, ob ich etwas mitbringen soll.«

Er seufzte und rief ihr nach: »Denke daran. Nichts auslegen. Lass dir das Geld vorher geben.«

Ein Augenzwinkern, ein Lächeln. »Das ist meine Sache. Kümmere du dich um Schwager Emil.«

Seit Jennys Rückkehr aus Trier herrschte ein leicht brüchiger Burgfrieden zwischen den Machthaberinnen von Nummer 5 und Nummer 7. Auf das gemeinsame Speisen wurde allein schon wegen der Geldknappheit verzichtet. Trafen sich die Männer auch, sooft es ihnen gefiel, tranken, spielten und arbeiteten zusammen, so vermieden ihre Frauen möglichst, sich zu begegnen. Ein Gruß, eine Information, viel mehr Kontakt gab es nicht. Den Kindern aber war es, seit Sibylle nicht mehr da war, erlaubt, mit Tante Mary zu spazieren und sich von ihr herzen zu lassen.

Um den Frieden nicht unnötig zu gefährden, hatte sich die Irin angewöhnt, das Haus durch den Hinterausgang zu verlassen und bei den Nachbarn, war Lenchen in der Küche, ans Fenster zu klopfen. Heute traf sie die Haushälterin im Hof neben dem Schuppen. Lenchen spaltete Feuerholz für den Herd. Bei Marys Anblick hellte sich das verschwitzte Gesicht auf. »Jetzt schon mit Hut und Umhängetuch? Wo soll's hingehen?«

»Runter in die Stadt. Ich wollte nur hören, ob du etwas brauchst.«

Helene stützte das Beil auf den Hackklotz. »Brauchen?« Sie schüttelte den Kopf. »Bei uns fehlt es bald an allem.«

Mary bückte sich und sammelte die hellen Scheite in den Korb. »Seid ihr auch knapp?«

Mit einem bitteren Auflachen ließ sich die Haushälterin auf dem Klotz nieder, wischte mit der flachen Hand über die Seiten der Beilklinge. »Schlimmer. Ich fürchte, das Loch ist nun nicht mehr zu stopfen.«

Mary zog sich aus dem Schuppen einen alten Stuhl heran. »Was ist passiert?«

»Vorhin war unser Arzt da.« Gleich beruhigte Helene. »Den Kindern geht es gut. Nur Herr Karl hat furchtbaren Husten. Deswegen allein ist Doktor Breyer nicht gekommen. Es ging um die Miete.« Dem deutschen Mediziner gehörten einige Häuserblocks in der Rue de l'Alliance, die er gerne für wenig Geld an vor den Preußen geflüchtete Landsleute vermietete. »Er verlangt wirklich nicht viel, das weißt du sicher von Herrn Friedrich.« Helene warf das Beil in den Holzkorb. »Aber das bisschen muss er schon haben. Und wir haben es schon seit zwei Monaten nicht bezahlt.«

»Geht es den anderen in der Straße auch schlecht?«

»Allen, die nicht arbeiten ...« Helene unterbrach sich, schaute besorgt zur Hintertür. »Nein, so wollte ich das nicht sagen. Ich meine, allen, die viel schreiben und viel reden und sonst nichts tun, denen muss ja mal das Geld ausgehen.« Sie hob die Hand. »Ist ja auch nicht verwunderlich.«

»Ich verstehe.« Mary richtete ihr Schultertuch. O Frederick, wenn du hören würdest, was die kluge Helene über euch denkt, das würde dir gar nicht gefallen. »Und deswegen ist auch Moses mit seiner Sibylle neulich über Nacht ausgezogen und verschwunden?«

»Das war nicht der Grund.« Helenes Stimme sank ins Flüstern. »Herr Hess hatte immer Geld für die Miete. Aber ich habe zufällig mitbekommen, wie sich Herr Karl mit dem Sekretär Gigot über das Verschwinden von Herrn Hess unterhalten hat.« Moses Hess sei in Wahrheit richtig geflohen. Aus Angst vor dem Komitee. Weil laut Beschluss jeder nach seiner wahren kommunistischen Gesinnung befragt werden sollte. »Und da ist der fromme Mann mit seiner Sibylle lieber auf und davon.«

Die Hintertür quietschte. Gleich fuhren Helene und Mary wie ertappt mit den Köpfen auseinander. Baronesse Jenny trat in den Hof, blass, die Haare hingen strähnig auf den Schultern. »Hier bist du.« Sie blickte nur die Haushälterin an. »Ich habe dich schon gesucht.«

»Soll ich Laura wickeln?« Helene erhob sich.

Erschöpft winkte Jenny ab. »Ist schon geschehen.«

Auch Mary stand auf. »Ich sollte jetzt besser gehen.«

»Es steht Ihnen frei, Miss Burns. Sie können auch ruhig bleiben. An einem Tag wie heute schreckt mich nichts mehr.«

War das eine Spitze? Mary prüfte die Miene der Baronesse, sah keinen Streitfunken, sah nur Verlorenheit. »Kann ich vielleicht helfen?«

Ihr Angebot brachte die Hausherrin fast aus dem Gleichgewicht. Sie musste sich auf den Hackklotz setzen, presste einen Moment die Hand vor die Augen, atmete heftig und gewann ihre Fassung wieder zurück. »Sehr liebenswürdig. Doch wie sollen sich Ertrinkende gegenseitig helfen? Dennoch danke, Miss Burns.«

Sie wandte sich an Helene. »Mein Gatte und ich sind an einem Punkt angelangt, den ich befürchtet habe, lange nicht wahrhaben wollte und dem wir uns jetzt stellen müssen. Im Klartext: Wir können dieses Haus nicht länger halten.« Jenny biss sich auf die Fingerknöchel. »Kein Zuhause … Aus Köln und Paris hat man uns vertrieben. Dieses Mal müssen wir wenigstens nur umziehen.« Sie wies zum Küchenfenster. »Ich habe dort auf dem Tisch einiges vom Tafelsilber meiner Vorfahren zurechtgelegt. Bitte, schlage es in Tücher ein. Auch einen Großteil unserer leinenen Bettwäsche habe ich dazugetan. Wo wir nun hingehen, benötigen wir sie nicht.« Karl würde später alles zum Pfandleiher bringen. Vom Erlös sollten die Mietrückstände ausgeglichen werden, und der Rest würde genügen, um die Anzahlung für zwei Zimmer im Hotel zu leisten.

Helene tippte mit dem Fuß gegen den Holzkorb. »Und wo geht es hin?«

»Ins Bois Sauvage, nicht weit von hier, gleich neben der Kathedrale. Mein Bruder Edgar wird sich dort auch einmieten.« Unvermittelt griff Jenny nach der Hand ihrer Haushälterin. »Und du solltest besser wieder zurück nach Trier. Mama wird sich freuen. Wir schulden dir den Lohn von drei Monaten. Und wenn Karl nicht endlich einen Verleger findet oder endlich etwas von seiner Erbschaft im Voraus erhält, dann können wir dir in den nächsten Wochen immer noch nichts bezahlen.«

»Wir essen von einem Tisch.« Helene straffte den Rücken. »Ganz gleich, was in der Schüssel dampft, ob wenig oder viel. Ich gehöre zu euch.«

Dazu vermochte Jenny nichts zu sagen, streichelte ihr den Arm. Nach einer Weile blickte sie Mary offen an. »Bitte, Miss Burns, sagen Sie Fritz nichts von unsrem Entschluss. Ich möchte, dass er die Neuigkeit von Karl selbst erfährt.«

»Einverstanden«, versprach Mary. Frederick soll es sogar von Karl erfahren, vielleicht hilft ihm die Not des Freundes, über seine eigene, viel kleinere Not anders zu denken. »Es wird Zeit. Sonst gibt es keine Kartoffeln mehr auf dem Markt. Wegen der schlechten Ernte im letzten Jahr sind sie rasch ausverkauft. Ich könnte für euch einen Beutel mitbringen.«

Helene nickte. »Ja, Kartoffeln wären gut.«

# 20

Ostende, Hafen
Mitte Juli 1846

Keine Tränen. Nein, ich werde nicht weinen. Von der hölzernen Landungsbrücke blickte Mary hinüber zum Leuchtturm von Ostende, so schlank ragte er hinauf ins Himmelsblau. Obwohl es ein heller Julimorgen war, erstrahlte an der Spitze die Laterne und rief zu ihr hinab: »Willkommen. Bleib hier!« Mary schüttelte den Kopf. Es ist nur das Sonnenlicht, es spiegelt sich dort oben in den Scheiben. Passagiere und hoch beladene Diener drängten an ihr vorbei zum schmalen Fallreep, schleppten das Gepäck an Bord des großen Dampfschiffes. Der Schornstein qualmte. Nicht so eilig, bitte, es ist noch Zeit. Laut Anzeigetafel ist die Abfahrt nach London erst mittags. Frederick bringt meinen Koffer weg, achtet darauf, dass er sicher verstaut wird, dann kommt er wieder, und wir haben uns noch für eine Weile. Sie wich dem Strom der Reisenden aus, setzte sich in Sichtweite auf eine Bank. Vor einem Jahr, o Gott, länger ist es nicht her, vor einem Jahr bin ich mit Frederick und Karl hier angekommen. Was waren wir ausgelassen, nicht nur wegen des Champagners und ich schon gar nicht wegen dieser ekelhaften Austern. Die Männer voller Pläne und Zuversicht, sie wollten die Führung der Arbeiterbewegungen übernehmen, zwischendurch auch schreiben.

Mary lächelte bitter, es gibt kein neues Buch, die Einigung der verschiedenen Komitees bereitet mehr und mehr Schwierigkeiten.

In Wahrheit ist nichts wirklich gelungen. Und ich? Ich hab gar nicht nachgedacht, hab auf mein Herz gehört und bin einfach diesem Kerl gefolgt. Obwohl er mich schon mal verlassen hat, war ich verliebt und auch neugierig. Mary schürzte leicht den grünen Rock und betrachtete ihre schwarz-roten Schnürstiefeletten. »Nur Gasthäuser und Sommerfeste habt ihr kennengelernt. Nicht ein einziges Mal konnte ich euch auf einen Ball ausführen.« Das gute Kleid und die Unterröcke aus dem Londoner Modehaus hatte sie schließlich in den Koffer gepackt, die Stiefelchen aber wollte sie bei der Überfahrt tragen, dazu den schlichten Rock und die Bluse, die Strohschute mit dem Seidenband und gegen den Fahrtwind das Schultertuch. Ich hätte durchgehalten. Sie nickte vor sich hin.

Ein vorbeigehendes Paar glaubte an einen Gruß und grüßte mit gleichem Nicken zurück. Mary blickte den beiden nach. Wie eng sie sich an ihn schmiegt ... Ach, Frederick, ich wäre vor keiner Not zurückgeschreckt.

Waren die Marxens schon in Mai umgezogen, so hatte auch Friedrich mit seiner Geliebten aus Geldmangel im Juni das Haus in der Rue de l'Alliance verlassen müssen und war dem Freund ins Bois Sauvage gefolgt.

Tür an Tür. Mary schloss die Augen, ließ das Rufen, Reden, den Schiffslärm an sich vorbeigleiten. Sogar der Dichter Georg Weerth wohnte uns direkt gegenüber. Er kennt Manchester und hat versprochen, über mich einige Verse zu schreiben. Aber das war bestimmt nur Schwärmerei. Über mich? Der ernste Dichter mit der kleinen Brille will mit seinen Gedichten die Revolution der Arbeiter unterstützen, dazu taugt ein Lied über eine irische Orangenverkäuferin sicher nicht.

»Schönes Fräulein, bei diesem wunderbaren Wetter so allein ...«

Mary riss die Augen auf, neben ihr spreizte sich ein junger Geck. Sie starrte ihn an. »Wage es nicht ...« Die innere Not spülte den Zorn herauf. »Verschwinde! Sonst schreie ich, dass jeder Mann hier in der Nähe mir zu Hilfe kommt und dir das schöne Gesicht zerschlägt. Und wenn du am Boden liegst, dann ...« Sie stockte und drohte ihm mit den Fäusten. Der Schnösel rutschte verschreckt bis zum anderen Ende der Bank. Dort erst erhob er sich, suchte eilig das Weite.

Wo blieb Frederick? Mit dem Blick suchte Mary bei den Menschen an Deck, auf dem schwankenden Fallreep. Sein Kopf würde die anderen Köpfe überragen. Doch nichts. Liebster, so beeile dich doch. Oder ist es dir egal, wie wenig Zeit uns noch bleibt? Nein, das glaube ich nicht. Obwohl ... Anfang Juli hatte ihr Friedrich eröffnet: »Ich kann dir dieses Leben nicht länger bieten.« Erst glaubte sie an einen Scherz, seine Miene aber ließ ihr Lächeln erfrieren. »Meine finanzielle Not ist in den vergangenen Wochen weiter angewachsen, die Mittel reichen nicht mehr, um zwei Personen zu ernähren.«

»Was willst du mir damit sagen, Liebster?«

»So weh es mir im Herzen ist, aber du musst zurück. Zurück nach England.«

Ein Stich, so tief. Ihre Brust schmerzte. Erst vermochte sie nicht zu sprechen, wollte mit der Hand das Unglück abwehren. Dann aber versuchte sie zu retten. »Ich ertrage jede Armut mit dir. Ich suche mir hier in Brüssel eine Arbeit. Fabriken gibt es genug.«

Er lehnte ab.

»Wir können mein schönes Kleid aus London versetzen.« Da wurde er sogar wütend. »Diese teure Ausstaffierung habe ich dir geschenkt. Niemals erlaube ich, dass du sie versetzt.«

Jeden ihrer Vorschläge hatte er abgelehnt, sein Entschluss war gefasst.

»Und wo soll ich hin? Zurück in die Bierhäuser am Hafen?«

»Auf keinen Fall.« Friedrich hatte ohne ihr Wissen bereits seine Verbindungen in London spielen lassen. »Im letzten Jahr hast du dich mit der Frau von Julian Harney angefreundet. Sie ist ganz begeistert von dir. Jetzt ist es ihr eine große Freude, dich als Gast bei ihr zu Hause oben in Schottland zu begrüßen.« Er hatte Mary geküsst. »Also sorge dich nicht, mein Liebling. Ich habe für dich vorgesorgt.«

Was habe ich davon? Mary entdeckte ihn. Frederick ist wirklich nicht zu übersehen. Mit großen Schritten drängte er sich an Deck durch die Leute, war bereits auf dem Fallreep, als sie aufstand und ihm entgegenging. »Ich fürchtete schon«, sie zwang sich zu einem Scherz, »du wolltest allein nach London und mich hier zurücklassen.«

»Du verlässt mich …« Sofort merkte er, wie schal seine Antwort war, und ließ den Rest versickern: »Nicht ich dich.« Gleich überspielte er mit einer Verbeugung. »Stets zu Diensten, Mademoiselle.« Er überreichte ihr das Billett für die Überfahrt, ein zweites fürs Gepäck, der dritte Schein garantierte ihr eine Ruheliege. »Gut aufbewahren!«

Das Urteil ist gefällt. Sie nahm die Papiere. Nun habe ich es auch schriftlich. Sie suchte seinen Blick. »Fahr doch mit!«, flüsterte sie.

»Das geht nicht. Wir haben lange darüber gesprochen.« Er nahm ihren Arm. »Komm, wir gehen drüben ins Royal. Für Kaffee und ein Stück Torte reicht das Geld noch.«

Mary ließ sich führen, nach wenigen Schritten griff sie unvermittelt fest in seinen Rockärmel. »Ich will nicht.«

»Bitte, Liebste. Auch wenn es uns schwerfällt, wir müssen der Vernunft gehorchen. Das Zusammenleben ist momentan zu teuer. Außerdem muss ich für das Komitee eine Zeit nach Paris.«

Sie zerrte am Stoff. »Ach, das sind doch keine Gründe. Ich könnte in Paris genauso Arbeit finden wie auch in Brüssel. Nein …« Sie kämpfte gegen die Tränen. »Du willst es einfach nicht.«

Vor dem Royal waren die Kellner gerade dabei, die Sonnenschirme aufzuspannen. Friedrich wählte einen Tisch etwas entfernt vom Trubel auf der Promenade. »Hier können wir uns in Ruhe unterhalten.« Er wollte die Bestellung aufgeben, als Mary den Kopf schüttelte. »Keinen Kuchen. Ich möchte lieber Wein. Dann ertrage ich es leichter.«

Auch er entschied sich um und orderte eine Karaffe vom Roten. Nachdem beide den ersten Schluck genommen hatten, beugte er sich zu ihr. »Es ist nur vorübergehend. Sobald unsere Pläne für Paris in Erfüllung gehen, werde ich ganz sicher häufiger nach London zur Zentrale kommen. Dann können wir uns sehen.«

»Dann, dann ...« Mary hob den Blick zu den Möwen über den Schiffen. »Eure Pläne fliegen so hoch. Aber es kommt immer wieder etwas dazwischen.«

Er schwieg, seine Hand zitterte leicht, als er das Glas hob, trank und absetzte. »Du glaubst nicht an unsren Erfolg?«

»Doch, Liebster.« Erschreckt legte sie ihre Hand auf seine. »Ich hoffe mehr, als ich glaube. Und ich weiß, dass ich dich unterstützen könnte, dir Mut geben. Alles könnte ich ...« Sie brach ab. Mit einem Mal überkam sie eine seltsame Ruhe. Ja, ich wehre mich nicht länger, ja, ich werde fahren, werde bei Mary Harney warten ... Sie spürte den Herzschlag wieder. Ja, warten, doch nur, solange ich es ertrage. Langsam trank Mary, Schluck für Schluck, bis das Glas geleert war. »Wann wirst du nach Paris fahren?«

»Sobald es mir gelungen ist, das Geld aus meinem Alten herauszuleiern. Aber ich denke, wenn ich mich in den nächsten Tagen als fügsamer Sohn bei der Familienfeier zeige, wird Mutter für mich bei ihm ein gutes Wort einlegen.«

»Ich wünsche es dir.« Mary drückte sich die Fingernägel ihrer Rechten in die linke Handfläche. Nicht ohne Grund hatte Frederick das Datum der Abreise auf Mitte Juli festgelegt. Die Familie Engels hatte sich zur Tauffeier in Ostende getroffen. Fredericks Schwester Marie war mit Säugling und Ehemann Emil Blank aus London gekommen, während Mutter und Vater Engels mit einigen ihrer übrigen Kinder aus dem Tal der Wupper angereist waren. Wie schon in Brüssel, so hatte Friedrich auch hier seine Geliebte vor der Familie versteckt. »Wir sind nicht verheiratet. Mein Alter ist fromm und spießig. Ich als sein ältester Sohn bereite ihm schon Kummer genug. Ein Verhältnis in Sünde würde das Maß zum Überlauf bringen.« Diese Begründung hatte Mary mit Mühe hingenommen. Jetzt aber, so kurz vor der Abfahrt, drängte die Frage: »Wirst du deinen Eltern von mir erzählen?«

Wieder zitterte seine Hand. Ehe er antworten konnte, ertönte das Schiffshorn wie der Posaunenschall zum Jüngsten Gericht. »Wir müssen los.« Er legte die Münzen auf den Tisch, trank aus und erhob sich rasch.

Mary blieb sitzen.

»Liebste?«

»Wirst du?« Sie sah ihn nicht an.

»Ich ... ich werde es bei passender Gelegenheit andeuten.« Gleich verbesserte er sich, haspelte: »Nein ... nein, deutlich sagen. Keinesfalls aber dem Vater, das musst du verstehen. Der Mutter kann ich es anvertrauen ... Und in jedem Fall meiner geliebten Schwester Marie.« Seine Stimme fand zur Sicherheit zurück. »Das ist ein guter Gedanke.« Beschwingt nahm er ihren Arm und hob sie förmlich aus dem Stuhl an seine Brust. »Marie, der werde ich in jedem Fall von dir, von uns erzählen. Und ganz sicher wirst du als Besuch bei ihr stets willkommen sein. So lernst du meine Familie kennen, ohne dass mein Alter das Moralschwert schwingen muss.«

Sie gab sich der Umarmung hin, wollte einen Moment nur seine Kraft, dann blickte sie zu ihm auf, dachte, von großem Mut spricht das nicht, aber es ist wenigstens ein kleiner Schritt, und sagte: »Ein guter Gedanke.«

Wieder mahnte das Schiffshorn.

Friedrich nahm ihren Arm, im Laufschritt eilten sie zum Pier, schlossen sich der Schlange an. Mary vermochte nicht zu sprechen, jedes Wort für ihn käme auch in die fremden Ohren ringsum, so drückte sie seine Hand, klammerte sich fest, streichelte sie, lebte noch wenige Schritte mit der Wärme seiner Finger. Am Fallreep umarmten sie sich, küssten einander. »Bis bald«, sagte er und lächelte. »Bis bald«, sagte sie. »Ich, ich glaube daran.«

Weil die Nachfolgenden drängten, blieb keine Zeit mehr. Mary ging den schwankenden Steg hinauf, hielt sich mit einer Hand am Geländer fest. Als Antwort auf das »Willkommen an Bord« des Schiffsoffiziers gelang ihr mit Mühe ein Lächeln.

Reisende riefen an die Reling gepresst den Zurückbleibenden immer wieder Grüße zu, schickten Luftküsse. Mary ertrug die lärmende Enge nicht. Mit Handzeichen wies sie Frederick am Landungssteg die Richtung und ging vorn zum Bug des Schiffes. Der Liebste folgte ihr, blieb stehen, als sie nicht weitergehen konnte.

Still, ohne Bewegung verharrten sie. Nein, keine Tränen. Wenn Blicke doch Seile wären, wünschte sich Mary, so würden wir jetzt das dickste Tau flechten.

Doch die Bootsleute zogen das Fallreep ein, lösten die Leinen, die mächtigen Schaufelräder wühlten das Wasser auf, trennten das Schiff vom Land. So rasch. Noch ein letztes Grüßen. Als der Dampfer die enge Hafenausfahrt passiert hatte und Fahrt aufnahm, erst dann weinte Mary doch.

Friedrich zerknüllte das weiße Sacktuch, mit dem er der Liebsten nachgewinkt hatte, in der Faust, noch ganz im Abschied gefangen, entfaltete er es gleich wieder und wischte sich die Augenwinkel. Jetzt gleich zur Familie? Er seufzte. Noch nicht. Den Anblick des Vaters, seine Fragen, die Vorwürfe, das würde ich nicht ertragen. Ein langer Spaziergang, Luft, das benötige ich jetzt. Das Wohin musste er nicht überlegen.

Stets, wenn er zur Sommerzeit in Ostende ein oder zwei Nächte logierte, hatte es ihn zu diesem Ziel hingezogen. Niemals in Begleitung, da aber Mary abgereist war, gab es keinen Hinderungsgrund für ihn. Friedrich strebte schnellen Schritts hinüber zum südwestlichen Strand. Kinder schrien, weil ihnen die Limonade verweigert wurde, oder sie balgten sich um Bälle. Pferde zogen bunte Badekarren bis zum Wasser, dort entsprangen Männlein und Weiblein in grotesken Verhüllungen den Gehäusen und planschten in den Wellen.

Friedrich erklomm den Damm und wanderte weiter, ließ den Trubel hinter sich. Bald schon tauchte ein nächster Strandabschnitt vor ihm auf. Hier war der Lärm gedämpft, die Badekarren leuchteten zwar in kräftigen Farben, die Gäste aber, ob am Strand oder im Wasser, trugen nur die nackte Haut, waren blassweiß, bräunlich oder von der Sonne gerötet.

Außer Friedrich schlenderten auch andere Spaziergänger langsamer. Wieder andere setzten sich am Rande des Damms auf die Bänke, um von dort den Anblick genüsslich auf sich wirken zu lassen. Auch Friedrich wollte einen Moment ausruhen und die freizügige Darbietung genießen. Bei der Vorstellung, sein sittenstrenger Vater müsste die prallen Hintern und Brüste der Damen, die balzenden nackten Kerle mit ansehen, schmunzelte er in sich hinein. Weibsleute sind wunderbar. Ohne sie wäre mir das Leben zu triste. Auch Karl sollte sich vergnügen, bei aller Not und Arbeit wäre ein Abend mit Wein und williger Damengesellschaft eine hilfreiche Abwechslung. Vielleicht …? Ohne lange nachzudenken, zückte Friedrich Notizblock und Bleistift aus der Innentasche. In schnellen Strichen entwarf er die Rückansicht einer Badenden, sie stand bis zu den Oberschenkeln im Wasser, und ihre üppigen Pobacken prangten dem sich in den Wellen aalenden nackten Mann entgegen. Diese Zeichnung, mein Freund, werde ich dem nächsten Brief beifügen. Vielleicht wirkt sie als Appetitmacher und lockt dich nach Ostende.

Er stand auf, schlug den Rückweg ein. Ich hoffe nur, dass du sie vor Jenny verbergen kannst, denn sonst gerät euer Haussegen in Gefahr, und du erhältst niemals die Erlaubnis.

# 21

Paris, Rue de l'Arbre-Sec
September 1846

Die gewundene Stiege hinab war noch schwieriger zu meistern, als sie hinaufzusteigen. Verfluchter Dreck. Friedrich bemühte sich, nicht mit dem Rock an der bräunlichen Wand entlangzuschleifen, und doch, er hatte fast das Erdgeschoss erreicht, da geschah es, die rechte Schulter stieß an, und der Putz fiel hinter ihm in Placken auf die Stufen. Er sah durch den Staub nach oben, roch die Fäulnis, den Schimmel. Paris, ich hause in deinem verkommensten Loch. Hier zu wohnen wünsche ich meinen ärgsten Gegnern nicht. Selbst dieser Rattenfänger Proudhon und sein Gehilfe Grün hätten etwas Besseres verdient. Er verließ das Haus in der Rue de l'Arbre-Sec. Obwohl es später Nachmittag war, staute sich die Septemberwärme noch zwischen den Gebäuden der engen Straße. Sein Begleiter zur Versammlung der Tischler schien sich zu verspäten. Friedrich streifte den Rock ab, klopfte den Mörtelstaub von der Schulterpartie und reinigte mit dem Sacktuch nach.

»Freund Engels? So fleißig wie eine Aufwartefrau.« Ein herzliches Lachen folgte. Friedrich fuhr herum. Vor ihm vibrierte der vorgewölbte Bauch des beleibten Mannes. »August Hermann Ewerbeck«, knurrte Friedrich, »sei froh, dass ich keinen Degen zur Hand habe. Ich würde mit der flachen Klinge deinen Wanst bearbeiten, bis du an deinem Lachen erstickst.«

»Aber, aber. Mit einem Mal so schlecht gelaunt?«

»Immer noch.« Friedrich drohte zu einem der Giebelfenster hinauf. »Du hast mir diese Unterkunft besorgt. Hast sie mir als sauberes Zimmer mit bequemem Bett angepriesen. Und was ist es? Ein verkommenes Loch, stinkend und verdreckt. Und darin hause ich jetzt seit mehr als drei Wochen.«

Ewerbeck wölbte die Unterlippe vor. »Das schmerzt mich. Ich muss gestehen, dass ich mich allein auf die Aussagen des Vermieters verlassen habe, gesehen habe ich das Zimmer nicht.«

»Das ginge auch nicht. Mit deinem Fett würdest du schon nach der zweiten Treppenbiege hilflos stecken bleiben.«

Ewerbeck nahm den Spott gleichmütig hin. »Außerdem sollte das Zimmer laut Order des Brüsseler Komitees so billig wie möglich sein.«

»So kann ich nicht leben. Kein Wunder, dass ich bisher bei den Versammlungen nicht zu Gehör kam.« Friedrich streifte sich den Rock wieder über. Er war momentan mittellos, besaß nur noch wenige Francs vom Reisegeld, das er in Ostende dem Vater abgerungen hatte. »Am Monatsende erwarte ich den nächsten Wechsel meines Alten. Dann wirst du mir eine angemessene Wohnung besorgen. Ansonsten ...« Er hielt dem Dicken die Faust unters Kinn. »Ansonsten werde ich dir eine Lehrstunde im Boxen verabreichen.«

»Langsam, langsam, Bruder.« Mit spitzen Fingern schob Ewerbeck die Faust beiseite. »Schließlich bin ich Arzt und kein Sportsmann, außerdem habe ich die Ehre, einer der Chefs des Pariser Bundes zu sein. Durch mich kommst du zu den Geheimtreffen.«

»Bisher sah ich nur Straubinger, nur dümmliches Viehzeug, Handlanger, die jedem Quacksalber hinterherlaufen, wenn er ihnen nur ein Wunder verspricht.«

Ewerbeck tätschelte den Arm des Aufgeregten. »Heute wirst du ein anderes Publikum vorfinden. Die Tischlermeister kommen fast alle aus Schwaben und sind gut organisiert. Besser noch als die Schneidersozialisten. Komm, wir müssen los.«

Das Geheimtreffen sollte auf der Île de la Cité im Obergeschoss eines Weinlokals stattfinden. Während sie die Brücke zur Flussinsel überquerten, quoll ihnen aus der Seine ekelhafter Modergestank in die Nase. »Das ist der Sommer«, entschuldigte sich der Arzt. »Lange kein Regen, wenig Wasser, und schon stinken die in den Fluss geworfenen Abfälle wie aufgeplatzte Tierkadaver.«

»Den Ratten gefällt es.« Die schlechte Laune trieb erneut Bitterkeit in Friedrichs Stimme. »Was ist nur aus dem schillernden Paris geworden? Eine hässliche, verwarzte Kröte.«

»Wenn du so sprichst, wirst du keinen Handwerker begeistern. Und einen Tischler schon gar nicht.«

»Verzeih. Du hast recht.« Friedrich schlug sich gegen die Stirn und erzwang ein Lächeln. »Es liegt an der Unterkunft.«

Erleichtert nahm Ewerbeck den Stimmungsumschwung auf und scherzte: »Hätte nicht gedacht, dass ein schlechtes Bett die Idee des Kommunismus beeinflussen kann.«

Beide Männer lachten und drangen ins enge Gassengewirr hinter Notre-Dame ein. Friedrich beobachtete aus dem Augenwinkel seinen Begleiter. Ach, dicker Freund. Wenn du ahntest, was mich am meisten verärgert, so würdest du nur noch den Kopf schütteln. Dieses Drecksloch unterm Dach verhindert die Erfüllung eines jeden Rendezvous, es schnürt mir meine Libido, zwingt mich zu Trockenübungen. Dorthin kann ich keine noch so willige Mademoiselle entführen. Nicht einmal Sibylle. Seit ich die Frau unseres Moses Hess auf sein Bitten hin mit nach Paris geschmuggelt habe, lauert sie als lüsterne Strohwitwe darauf, dass ich mit großer Allmacht ihren Gatten vertrete. Friedrich rief sich mit einem Räuspern zurück. »Nun gut.« Er straffte den Rock. »Was erwartet uns gleich?«

»Für die Handwerker wird erneut Langeweile geboten, weil sich Karl Grün zum x-ten Mal angemeldet hat. Wie eine Gebetsmühle wird er das Wunder der Welterrettung erklären, so wie es sein geistiger Herr Proudhon erdacht hat. Und zum Abschluss werden alle dem Wahren Sozialismus die Treue schwören.«

»Was sich bald ändern muss.«

Ewerbeck patschte die Hände zusammen. »Was zu erhoffen ist. Uns gehen die Themen aus. Bei unsren anderen Treffen gebe ich schon Unterricht in deutscher Geschichte. Erzähle von unsren Helden. Letztens konnte ich mit Hermann dem Cherusker das Interesse der meisten wecken.«

»Aber das kann nicht das Ziel des Bundes der Gerechten sein ...«

»Warte.« Der Arzt blieb auf einer engen Kreuzung stehen. Blickte sich um, sah nach rechts und links. »Seit wir existieren, versucht die französische Polizei uns auszuspionieren. Deshalb treffen wir uns nie am selben Ort hintereinander.«

»Ratten sind wir aus Brüssel gewohnt. Dort sind sie unsere ständigen Begleiter.«

Als sie den Flur des Weinlokals betraten, gab Ewerbeck nach der Hälfte des Gangs ein schnelles Klopfzeichen an die Zwischentür. Der Wirt öffnete selbst. Er nickte dem Dicken zu und sah fragend auf Engels. »Ein neues Gesicht?«

»Hoher Besuch, Pierre.«

»Die andern sind schon oben. Der große Meister ist gerade vor euch hoch.« Pierre wischte die Hände an der Lederschürze ab. »Was darf es sein?« Für Ewerbeck nur ein Glas, Friedrich schloss sich an, der Wirt seufzte: »Also gut. Ein Krug vom Roten und zwei Becher. Die gehen aufs Haus.« Ehe Ewerbeck etwas sagen konnte, setzte er hinzu. »Ich weiß schon: Wenn die Revolution gewonnen ist, dann zahlt ihr mir jeden Krug mit einem Fass zurück.«

»Das meine ich«, bestätigte der beleibte Arzt, überließ Friedrich das Balancieren des Tabletts und stieg vor ihm her die Treppe hinauf. Beim Öffnen der Tür stockte vorn am Pult Karl Grün in seiner Rede, und die Anwesenden wandten alle den Kopf. Dreizehn Männer hockten am langen Tisch: vom Wetter gegerbte Gesichter, teils schon graue Schläfen, einige trugen Bart, die Hände vor sich auf der Holzplatte, schwere Hände mit Schwielen und Narben.

»Einen erfolgreichen Abend, Brüder.« Ewerbeck wies auf seinen Gast. »Dies ist der Abgesandte des Brüsseler Komitees, der einzigartige Friedrich Engels. Ihr alle kennt sein Buch oder habt von ihm gehört. *Die Lage der* ...«

»Darf ich unterbrechen«, fuhr Grün dazwischen. Schweißperlen standen auf der hohen Stirn, die Brille war halb den Nasenrücken hinuntergeglitten. »Zunächst, Bruder Ewerbeck, empfinde ich dein Zuspätkommen als Unhöflichkeit uns allen gegenüber. Dann auch noch Propaganda für ein literarisches Werk betreiben zu wollen, welches nicht zum Thema des heutigen Abends gehört, halte ich für äußerst unpassend. Freund Engels soll uns als Gast willkommen sein.« Das Tischpochen der Runde wartete er ab, ehe er hinzusetzte: »Der geistige Vater dieses Abends aber ist unser hochverehrter Pierre-Joseph Proudhon.«

»Verzeih und fahre fort«, winkte Ewerbeck ab, er verzichtete, auf die Vorwürfe einzugehen, und setzte sich neben seinen Gast ans Tischende. »Dieser Fatzke«, flüsterte er ihm zu. »Schmiert jedem seinen Doktortitel um die Nase und ist doch nur der Papagei des Proudhon.«

Friedrich zog die Rauchschachtel aus der Rocktasche, bot seinem Begleiter eine Zigarre an, bediente sich selbst, sie pafften gemeinsam die ersten Züge an der Zündholzflamme, dann lehnten sich beide zurück.

Vorn tupfte sich Grün den Schweiß von der Stirn. »Freunde, zurück zu dem großen Plan. Die Quelle ist da, unerschöpflich, und endlich wissen wir den Weg dorthin. Ja, Freunde. Wir werden Wohlstand gewinnen, und jeder Arbeiter, jeder Handwerker wird teilhaben und dem Himmelreich ein großes Stück näher rücken.«

O du Gott, dachte Friedrich und schickte Rauchringe zur Decke, sollte es dich irgendwo geben, so sei gewarnt. Die Wahren Sozialisten wollen deine Reichsgrenze stürmen.

»So hört und begreift den großen Plan. Du und du ...« Grün ließ den gestreckten Zeigefinger von einem Gesicht zum anderen wandern. »Ihr alle und mit euch mehr als zehntausend, was sage ich, zwanzigtausend, werden etwas vom Lohn zurücklegen und kleine Aktien ersparen. Davon wird zunächst eine große Halle errichtet, in der mehrere Handwerksbetriebe Platz finden und in denen ein Teil der Aktionäre ihre Arbeit aufnimmt.« Grün, der Meister des Glücks, ging auf und ab, sein Tonfall glich dem Hersagen eines langen Gebetes. Die geschaffenen Produkte würden zum Preis des Rohmaterials plus der Arbeit an die Aktionäre abgegeben. Was übrig blieb, sollte auf dem Weltmarkt verkauft und der gesamte Erlös inklusive aller Zinsen wieder in neue Betriebe investiert werden.

Die Augenlider der Zuhörer im Raum wurden schwer und schwerer, einige Köpfe mussten gestützt werden. Der Vortragende sah darüber hinweg. Das Kapital der Gesellschaft würde sich erhöhen. Und zwar durch Neueintretende oder durch die neuen Ersparnisse der Altaktionäre. »Davon, Freunde, werden neue Hallen, neue Fabriken errichtet, in denen immer mehr Mitglieder Arbeit finden, gerechten Lohn erhalten.« Die Tischler bemühten sich, wach zu bleiben, wer einnickte, den weckte der Nachbar mit dem Ellbogen. Karl Grün näherte sich nun dem Himmelreich. Denn auf diese Weise, so versprach der Plan, würden nach und nach alle Proletarier Beschäftigung finden und gleichzeitig sämtliche Vermögenswerte in ganz Frankreich, seien es Ländereien oder Maschinen, aufgekauft werden, und damit wäre den Bourgeois die Macht genommen, den Arbeiter auszubeuten und Profite zu machen. »Freunde!« Nun schmetterte Grün zum Finale. »So wird das Kapital aufgehoben, die Gier, die Ausbeutung werden verschwinden. Freunde! Stimmt mit ein: Es lebe der Wahre Sozialismus!«

Müde vom Zuhören, doch erleichtert, dass der Vortrag zu Ende war, stimmten die Tischler mit ein: »Es lebe der Wahre Sozialismus.«

Karl Grün griff nach seiner Mappe, winkte damit den Zuhörern zum Abschied und eilte auf die Tür zu. Er hatte sie fast erreicht, als Friedrich in den Raum rief: »Humbug! Arglistige Täuschung!«

Wie vom Donner gerührt blieb Grün stehen. Die Rücken aller ruckten gerade. Doktor Karl Grün wandte Friedrich langsam das Gesicht zu, schob die Brille dichter an die Augen. »Flegelei. Wer die geniale Gedankenleistung des einzig wahren Philosophen Pierre-Joseph Proudhon, wer dessen Plan zur Welterlösung als Hokuspokus abtun will, der gehört in eine Anstalt für geistig Minderbemittelte.«

Die Handwerker lachten, nickten sich zu. Ihnen gefiel die Scharfzüngigkeit des Meisters. Damit hatte Grün mehr Zustimmung erlangt als mit der ganzen Rede zuvor.

»So?« Friedrich legte die Zigarre auf den Aschenbecher. »Dann, verehrter Vortragender, beginnen wir gleich mit dem Grundgedanken dieses so genialen Plans …«

»Ich bin in Eile«, unterbrach Grün. »Ich hörte schon, dass du gekommen bist, um aufzuwiegeln. Deshalb halte ich jede Diskussion mit dir für Zeitverschwendung.« Er winkte erneut der Tischrunde. »Geht heim, Freunde. Grüßt eure Frauen.« Hoch erhobenen Hauptes schritt der Meister zur Tür und schlug sie hinter sich zu.

Ewerbeck wölbte die Unterlippe vor. »Das ging für dich daneben. Schade.«

»Ein Hieb streckt mich nicht zu Boden.«

Die Handwerker rückten die Stühle nach hinten, wollten aufstehen, da hieb Friedrich beide Hände auf die Tischplatte. »Wartet!«

Einer der Schreiner wischte mit der Hand durch die Luft. »Wir haben für heute genug gehört.«

»Aber das Falsche.«

»Sagst du. Wir kennen den Meister, der ist ein ehrlicher Mann und auch noch gebildet.«

Friedrich verließ mit Schwung seinen Platz, schnellen Schritts ging er nach vorn zum Pult. »Brüder. Ich weiß, ihr wollt nach Hause. Hört euch nur einen Gedanken an, den könnt ihr dann mit auf den Heimweg nehmen.«

Nicht wirklich interessiert, wohl aber aus gutwilliger Trägheit hockten sich die Männer wieder.

Friedrich drückte sich hinter dem Rücken die Hände. Ein erster Erfolg. Nun gehe sie behutsam, aber direkt an. »Freunde, ihr sollt Aktien ansparen und damit ganz Frankreich aufkaufen.« Die Männer nickten. »Und wovon?« Er wies auf die wenigen, vor denen ein Becher stand. »Die meisten von euch haben nicht einmal genügend Sous in der Tasche, um sich einen Wein zu leisten. Wovon also sparen? Jeder von euch weiß, wenn eine Grundrechnung mit einem

Fehler beginnt, sagen wir, 2 und 2 ergibt 5, dann stimmen alle weiteren Berechnungen auch nicht. Es wird niemals zwanzigtausend Handwerker geben können, die Aktien erspart haben. Damit ist der ganze schöne Plan dahin.«

Betroffen sahen sich die Tischler an. Dann wehrten einige mit der Hand ab. »Sag nicht so was.« – »Du willst nur den Meister schlecht machen.«

»Weil ich auf eurer Seite bin. Euch soll keiner mehr an der Nase herumführen. Geht heim. Beim nächsten Mal überlegen wir weiter.«

Stumm erhoben sich die Versammelten, in den Gesichtern arbeitete es, knapp grüßten sie Engels und den Leiter des Bundes beim Hinausgehen.

Sobald die beiden allein waren, strich sich Ewerbeck über den mächtigen Bauch. »Mein Kompliment. Du hast sie gepackt.« Ein breites Grinsen. »Und das trotz des schlechten Betts.«

»Der Anfang.« Friedrich griff nach der Zigarre. »Ja, ein Anfang.«

# 22

Paris, 41 Rue du Faubourg Poissonnière
September 1846

Früh am Montag, gleich nach Öffnen der Haustür und noch ehe er den ersten Schritt ins Freie getan, blickte Friedrich ins rundliche Schmunzeln von Ewerbeck. Dessen Augen strahlten. »Guten Morgen.« Der Dicke gab seinem Gruß eine muntere Melodie.

»Was gibt es?« Noch nicht ganz wach, krauste Friedrich die Stirn. »Ist etwa Friedrich Wilhelm IV. gestorben?«

Erschrocken blickte sich Ewerbeck nach Lauschern um. Niemand war in der Nähe. »Die Überraschung ist bescheidener, aber ich war nicht untätig.« Er tippte Friedrich auf den Arm. »Komm, wir sind verabredet.«

Während sie die Rue de l'Arbre-Sec in Richtung Saint-Germain verließen, wunderte sich Friedrich: »Heinrich Heine. Wieso freust du dich auf den Besuch? Ich habe gehört, dass es ihm gar nicht so gut gehen soll.«

»Das ist wahr. Dem armen Kerl setzt die fatale Krankheit immer mehr zu.« Arzt Ewerbeck blickte zu Friedrich auf. »Zu ihm gehen wir später. Vorher aber haben wir einen ganz anderen Termin, und auf den bin ich ein wenig stolz.«

»Raus damit. Sonst platzt du gleich.«

»Nur Geduld!« Sie überquerten die Seine weit unterhalb von Notre-Dame über den Pont du Carrousel. Die Straßen von Saint-Germain blieben eng, die Fassaden der mehrstöckigen Gebäude kamen Friedrich heller, freundlicher vor als in seinem verkommenen Viertel, auch war das Pflaster nicht so schmierig, und in den Hauswinkeln moderte weniger Abfall. »Was wollen wir hier?«

Der Arzt schwieg, zielstrebig bog er an der nächsten Kreuzung nach rechts ab in die Rue de Lille. Vor dem Haus Nummer 23 trat er zurück bis auf die andere Straßenseite. »Gefällt es dir?«

»Keine Frage. Schöne große Fenster. Wer wohnt hier?«

Ewerbeck wölbte den Bauch noch weiter vor. »Ein gewisser Herr Friedrich Engels kann ab dem 1. Oktober hier einziehen.« Er wies auf zwei Fenster im zweiten Stock. »Und zwar dort oben.«

Friedrich glättete den Lippenbart und war bemüht, keine übermäßige Begeisterung zu zeigen. »Die Gegend sagt mir zu. Was kostet das Zimmer?«

Sichtlich enttäuscht über seine Reaktion winkte ihm Ewerbeck. »Madame erwartet uns. Über den Preis habe ich bereits mit ihr verhandelt. Sei ohne Sorge.«

Friedrich folgte mit stoischer Miene. Es reizte ihn, den eifrigen Ewerbeck hinzuhalten. Erst wollte er die neue Unterkunft in Augenschein nehmen.

Die Hauswirtin stieg leicht vorgebeugt die knarrende Treppe hinauf, auf dem ersten Absatz ruhte sie einen Moment, und als sie die Tür im zweiten Stock aufschloss, schnaufte sie ebenso schwer wie der Arzt.

»Bitte, Monsieur.«

Nicht nur ein einzelnes Zimmer. Vom kleinen Flur aus standen zwei Türen offen. Eine führte in die Schlafkammer. Mit zwei kräftigen Armstößen prüfte Friedrich die Matratze, sie schien neu zu sein. Ein gutes Bett, dachte er. Nachttopf und Waschgeschirr trugen das gleiche Lilienmuster. Der Schrank war geräumig. In der Wohnstube gab es einen Tisch, zwei Stühle und einen Schaukelstuhl unter dem Fenster. Friedrich kehrte von seinem Rundgang zurück.

»Was sagst du? Nun sag schon!« Ewerbecks Ton forderte Lob und Dank zugleich. Immer noch blieb Friedrich reserviert. »Recht passabel.« Er wandte sich an die Hauswirtin. »Madame, mit welchem Mietpreis rechnen Sie? Können wir verhandeln?«

»Nein, nein«, wehrte die Alte entschieden ab und deutete auf Ewerbeck. Mit ihm habe sie verhandelt. Keinen Sou wollte sie mehr nachlassen. Sie habe ein offenes Herz für deutsche Emigranten, weil ihre Schwester nach Aachen geheiratet hätte. Aber noch tiefer könne sie mit dem Mietpreis nicht gehen. »Siebzehn Franc pro Monat. Und zahlbar an jedem Ersten im Voraus.«

Friedrich tauschte einen schnellen Blick mit dem Dicken. Ich kann es kaum glauben? Er streckte der Hauswirtin die Hand hin. »Einverstanden. Ich bin Ihr neuer Mieter ab dem 1. Oktober.« Sie schlug nicht ein, sondern erbat sich zehn Franc als Garantie, den Vorschuss wollte sie mit der ersten Miete verrechnen. Friedrich wurde heiß. So viel besitze ich momentan nicht, höchsten drei Franc. Dennoch zeigte er ein dünnes Lächeln, während er sich in die Rocktaschen fasste. Ewerbeck wölbte die Unterlippe vor, genoss für einen Moment die wachsende Unsicherheit des Freundes. Kurz bevor Friedrich sich der Alten erklären musste, griff er selbst in die Brusttasche und bezahlte den Vorschuss.

Jetzt erst nahm die Hauswirtin den Handschlag an und versprach, kurz vor dem Einzug die Wohnung noch einmal zu reinigen.

Zurück auf der Straße tätschelte sich Ewerbeck den Bauch. »Die Überraschung ist gelungen, habe ich recht?«

»Das ist wahr. Die Unterkunft sagt mir zu.« Schnell packte Friedrich das Handgelenk seines Führers und bog es langsam nach oben. »Wolltest du mich vor der Alten blamieren? Du wusstest genau, dass ich fast ohne Geld dastand.«

Ewerbeck ächzte. »Ein kleiner Scherz, mehr nicht. Lass bitte los!« Als Friedrich die Hand freigab, rieb er sich das Gelenk. »Sei nicht so empfindlich. Ja, ich wusste, dass sie zehn verlangen würde, und habe die Summe aus der Bundeskasse vorgestreckt. Schließlich unterstützen wir Brüder uns gegenseitig.«

»Sobald mein Alter das Geld für Oktober geschickt hat, zahle ich jeden Sou zurück.«

Auf dem Weg hinauf in Richtung Montmartre reihten sich rechts und links der Straße die kleinen Läden und Geschäfte aneinander. Stoffe, Kleider, Käse, Fleisch, da ein Schuster, dort eine Bäckerei. Friedrich erwiderte den freundlichen Gruß einer jungen Blumenverkäuferin und dachte, nicht einmal einen Strauß Dahlien für den kranken Heine könnte ich dir abkaufen, so leer ist mein Beutel. Selbst die Briefe ans Komitee nach Brüssel oder an Karl hatte er unfrankiert mit dem Vermerk »Empfänger zahlt das Porto« abschicken müssen.

»Weiß Heine, dass wir zu Besuch kommen?«, erkundigte er sich, als sie vor dem Haus in der Rue du Faubourg Poissonnière Nummer 41 anlangten.

»Ich habe ihm eine Nachricht geschickt.« Der Arzt setzte halb im Scherz hinzu: »Die Gefahr, dass wir ihn nicht antreffen, ist sehr gering.«

»Als ich Marx vor etwas mehr als zwei Jahren hier in Paris besuchte, da trafen wir Heine in einem Café. Damals konnte er noch das Haus verlassen.«

»Ich sah ihn, kurz bevor er in den Kurort abreiste. Sein Zustand war mehr als elend …« Sie betraten die Eingangshalle, und Ewerbeck seufzte erleichtert. »Im April ist er von der gegenüberliegenden Straßenseite hierher gezogen. Wenigstens wohnt er jetzt nicht mehr im vierten, sondern im zweiten Stock. Das erleichtert ihm ganz gewiss das Leben und heute auch mir.«

Friedrich betätigte den schweren Messingklopfer. Vornehm, dachte er. Allein dieser Flur mit dem Marmor, diese breite Treppe würden an Miete schon jenseits meiner Möglichkeiten liegen.

Es dauerte, nichts regte sich im Innern der Wohnung. »Ist das Gehör auch betroffen?«

Ewerbeck hob die Achseln und klopfte selbst, härter, länger.

Ein Scharren, dann Tapsen drang nach draußen, gefolgt von Hüsteln, endlich eine Stimme: »Gleich, Geduld!«

Das Schloss schnappte, und die Tür schwang auf. »Die Pest ereilt euch noch früh genug.« Das linke Augenlid war geschlossen, die fast graue Wangenhaut hing schlaff bis in die verklebten Barthaare um das linke Lippeneck hinein. Mit dem rechten aufgerissenen Auge sah Heine die Besucher an, der rechte Mundwinkel zog sich zu einem Lächeln. »Willkommen! Verzeiht das Warten.« Das Aussprechen eines jeden Wortes kostete Zeit. »Meine Gattin kauft gerade Paris auf … nein, nicht im Sinne des Heilsbringers Proudhon, welcher die Arbeiter von der Ausbeutung erlösen möchte, sondern Mathilde kauft ganz zu ihrem Eigennutz und meinem Ruin.« Er ließ der Zunge eine Pause. »Ich bin also allein und nicht mehr so schnell wie ein Windhund.« Sein Händedruck war schlaff, die Finger waren feucht und kalt. »Ich freue mich, mein lieber Ewerbeck. Und du, Engels. Es ist lange her. Damals im Café de la Régence. Ich sehe dich und Karl Marx noch vor mir. Kommt …«

Ein leicht beißender Geruch stand in der Wohnung. Friedrich folgte der Gestalt im blauen Hausmantel. Bei jedem Schritt wankte Heine, tastete sich vor. Wie dürr er geworden ist. Im Nacken trug er einen Verband, aus dem zwei Schnurenden ragten.

Die Besucher betraten den Salon. Möbel aus Nussbaumholz, lederne Sessel und ein Kanapee. Gemälde an den Wänden und ein riesiger überladener Schreibtisch. Der Gastgeber wies auf die Sitzgarnitur und den niedrigen Tisch mit der Glasplatte, öffnete die rechte Mundpartie, um zu sprechen …

»Bonjour! Entrez!« Hell, deutlich. Das war nicht Heines Stimme. Friedrich fuhr herum, nichts. Keine weitere Person war in den Raum getreten.

»Bonjour! Entrez!« Derselbe Tonfall.

Warum wundert sich Ewerbeck nicht? Er grinst mich nur an.

»Bitte, Freunde. Nehmt doch Platz.«

Während sich Friedrich setzte, sah er sich weiter verstohlen um. Nichts. »Irre ich? Oder wer spricht hier noch?«

»Das ist Ramses, dieses aufdringliche Federvieh.« Heine wies zu einem Wandleuchter. Auf dem Silberarm hockte ein weißer Papagei, er beäugte die Besucher, fühlte sich aufgefordert, trat von einem Bein aufs andere und wiederholte: »Bonjour! Entrez!«

»Schweig!« Heine drohte ihm mit der Faust. Er ließ sich in seinem Lehnsessel nieder und rückte mühevoll einen kleinen Wassereimer mit einem gefalteten Tuch auf dem Rande neben sich. »Ramses ist einer der Liebhaber meiner Gattin. Und betrittst du nebenan das Esszimmer, so würde dich Tutanchamun ebenso begrüßen, und im Schlafgemach wacht Echnaton, im Bad ein anderer Pharao. Ja, meine rundhüftige Mathilde treibt es neben mir noch gerne mit den Herrschern Ägyptens. Zurzeit bin ich von sieben Nebenbuhlern, ihrem Geschwätz und ihrem Gestank umgeben.« Er lachte, musste sich die Brust halten und brach ab, als der Schmerz zu heftig wurde. »Verzeiht, ich bin ein schlechter Gastgeber.« Er wies zum Tisch auf Flasche und Gläser. »Ein guter Burgunder. Bitte, Freund Engels, übernimm du für mich den Ausschank.«

Während Friedrich die Pokale füllte, zogen veilchenblaue, zum Fächer auf der Glasplatte drapierte längliche Stoffsäckchen seinen Blick an. Als er die Zugbänder sah, begriff er, setzte die Flasche ab und überspielte die Verwunderung mit einem Hüsteln.

Ewerbeck hatte das Stocken bemerkt und war bemüht, sich aus dem bequemen Sitz nach vorn zu beugen. Ehe es ihm gelang, gab Heinrich Heine selbst Antwort auf die nicht gestellte Frage. »Heute früh kam die Schneiderin und brachte uns die neuen Kondome. Aus feinster Seide, die Naht dreifach verstärkt.« Er zog mit zwei Fingern das linke Augenlid hoch. »Wenn es mich auch entsetzliche Mühe kostet, meine eigenen Texte zu entziffern, schreiben kann ich noch, aber dieses Auge hier ist nur per Hand zu bedienen und leistet mir doch kaum einen Dienst. Das andere wird täglich trüber. Mein Hintern fragt mich gar nicht mehr um Erlaubnis. Trotz dieser und anderer Schwächen hat die Lähmung bisher den Einen verschont.« Er öffnete den Hausmantel und deutete auf seinen Schwanz. »Zur Freude meiner Gattin lohnt diese Anschaffung der Veilchenblauen noch.« Er hob das Glas. »Auf die Gesundheit zu trinken scheint mir vermessen. Deshalb zum Wohle!«

»Bonjour! Entrez!«, tönte es vom Wandleuchter her.

Ramses verursachte kein Erschrecken mehr, wohl aber einen

kurzen Blick in seine Richtung. Nachdem Friedrich getrunken und das Glas zurückgesetzt hatte, strich er mit der Fingerkuppe über die seidigen Produkte der Schneiderin. Ich kenne solche aus Tierdarm, dachte er und blickte den Gastgeber an. »Sehr gute Verarbeitung, dennoch bleibt die Frage der Sicherheit.«

Dafür erntete er einen strafenden Blick von Ewerbeck. Heine aber nahm die Frage an. »Du erkundigst dich nach der Syphilis? Bei mir ist es zu spät, denn mich frisst bereits diese Krankheit der glücklichen Männer. Sehen wir davon mal ab, so sorgt ein Veilchenblaues, vorher in Wachs getaucht, für große Sicherheit bei Mann und Weib und schützt meist auch vor ungewollter Kinderschar.« Unvermittelt wechselte Heine das Thema. »Wie geht es Karl, wie vor allem geht es der schönen Jenny, wie dem Töchterchen?«

»Inzwischen ist noch eine Schwester dazugekommen.« Friedrich berichtete vom Leben in Brüssel, nicht von der Armut, wohl aber von wissenschaftlicher Arbeit, vom Komitee, auch über den Kampf gegen die Verführer der Arbeiter. »Es sind sehr beredte Scharlatane unterwegs, die es gilt aufzuspüren und mattzusetzen.« Er zeigte Heine die offenen Hände. »Wie sehr wünschen wir uns, dass du für unsere Idee die Feder gegen die äußeren Missstände spitzt, aber auch gegen die Wildwüchse im Innern.«

»Etliche meiner neuen Gedichte hat Karl damals im *Vorwärts* abgedruckt.« Heine schüttelte leicht den Kopf. »Ein Jammer, dass der *Vorwärts* mit der Ausweisung von Karl und den anderen zugrunde ging.« Die Bewegung schmerzte, er legte die Hand im Nacken auf den Verband mit den Schnurenden. »Diese Ärzte, sie schwören auf das Haarseil. Dabei ist es mehr hinderlich, als dass es meinen Augen Linderung verschafft. Zurück zu Karl. Wie gern war ich damals bei ihm zu Gast. Und Jenny, diese Schönheit. Während ich am *Wintermärchen* schrieb, hat der Gedanke an Madame Marx meine Feder beflügelt. Und Karl hat sich später für das Buch eingesetzt …«

Ewerbeck hob sein Glas. »*Deutschland. Ein Wintermärchen.* Für mich ist dieser Text von höchster literarischer Qualität. Ich habe das Buch mehrmals gelesen und trage den einen oder anderen Vers bei den Handwerkertreffen mit Erfolg vor.« Er nahm einen Schluck, schloss die Augen und zitierte:

»Seit ich auf deutsche Erde trat,
durchströmen mich Zaubersäfte.
Der Riese hat wieder die Mutter berührt,
und es wuchsen ihm neu die Kräfte.

Oder auch diese Verse:

Zu Aachen, im alten Dome, liegt
Carolus Magnus …«

»Bonjour! Entrez!«

Ramses zerriss die Andacht. Heine beugte sich zum Eimer neben sich, tauchte den Lappen ein und wrang ihn nur wenig mit der Rechten aus. »Freund Engels, erfülle mir einen schon lange gehegten Herzenswunsch. Ich bin zu schwach, aber du stehst noch im vollen Safte.« Er überreichte ihm den Lappenklumpen. »Ziele gut, mein Freund. Wir haben nur einen Schuss.«

Friedrich richtete sich im Sessel auf. Er traf genau den Kopf. Ramses fiel nach hinten, konnte sich nicht vom Stoff befreien, flatterte, riss eine der Kerzen mit sich, und erst am Boden schüttelte er das Geschoss ab, schimpfte: »Merde! Merde!«

»Danke.« Heine klopfte sich auf den Oberschenkel. »Das zu erleben lohnt den Tag. Danke.«

Draußen klappte die Eingangstür. »Chéri!« das I lang und hinauf ins Schrille gezogen. Und gleich erneut wie ein zweites Signal.

»Meine Gattin«, warnte Heine und gab dem erfolgreichen Schützen einen Wink. »Den Lappen, rasch.«

Friedrich zögerte nicht. Er hatte das feuchte Geschoss in der Hand, war auf dem Rückweg zu seinem Platz, als hinter ihm geöffnet wurde. »Chéri, regarde-moi!« Ein Rauschen folgte, im Windschritt ging es an ihm vorbei, und dann drehte sich Madame

Mathilde vor dem Lehnstuhl. Ein vollendeter Hintern unter dem purpurfarbenen Kleid, konstatierte Friedrich, ein voll wogender Busen. Im Schwung der Bewegung hob sie die nackten Arme zum ausladenden, mit Blumen besteckten Hut. »Ist er nicht merveilleux?«

Heine seufzte auf Deutsch: »Du meine Teure, du mein Ruin.« Und bestätigte ihr auf Französisch, wie sehr ihm die Neuanschaffung gefiel. Jetzt erst nahm Mathilde die Besucher wahr. »Bonjour.«

Gleich schallte es scharf vom Boden unter dem Leuchter her. »Merde! Bonjour! Entrez!«

»Ramses!« Mathilde eilte zu ihm. »Mon chéri.« Sie legte den Hut beiseite und kauerte sich nieder. Der Pharao nahm die Einladung an und hüpfte auf ihre Schulter. Sie spitzte für ihn die Lippen, und Heines Nebenbuhler küsste sie nach Papageienart mit einem Schnabelstüber.

Mathilde funkelte zu den Männern hinüber. Wieso sei Ramses auf dem Boden? Warum sei die Kerze aus dem Halter gebrochen?

Friedrich hatte immer noch das Lappenknäuel in der Hand, fürchtete jetzt eine schärfere Befragung, und ehe die Inquisitorin näher kam, setzte er sich auf das feuchte Geschoss.

Heine erklärte, der Vogel wäre durch die Gäste verunruht worden, deshalb sei es zu dem Missgeschick gekommen. Er wartete, bis Ramses wieder auf dem Leuchterarm platziert war, dann lobte er die Neuanschaffung und schwelgte, wie sehr ihr der Hut allein, ohne sonstige Bekleidung stehen würde. »Also nackt.«

Bei diesem Wort schreckte Ewerbeck auf, er sah zu Friedrich, dann wieder vorsichtig auf das Paar.

Vergessen schien im Moment für Mathilde das Malheur ihres Pharaos, sie beugte sich über ihren Gatten, griff tiefer in den Hausmantel und rundete erneut die Lippen. »Oh, là, là.« Aber erst käme das Haarseil an die Reihe, bestimmte sie, danach gäbe es die nackte Vorführung. Heine wehrte vergeblich ab. Die Ärzte hätten es befohlen. Zweimal täglich müsse die Bandage ersetzt werden, und jetzt sei es an der Zeit für die erste Behandlung. Mit schnellen Fingern löste sie den Verband vom Nacken. Sie schien die Besucher gar nicht zu beachten.

Es war zu spät, um sich zu verabschieden. Friedrich sog scharf den Atem ein. Durch eine senkrechte Hautfalte waren Löcher gebrannt und eine Schnur aus geflochtenem Rosshaar gezogen. Mathilde fasste beide Enden, zog langsam hin und her. Heine keuchte, jammerte. Eiter und Blut quollen aus den Wunden. Sie bückte sich nach dem Wassereimer und fand keinen Lappen. »Mon Dieu, chéri.« Den habe sie wohl vergessen, eilig verließ sie den Salon, um ein frisches Tuch zum Abwischen des Sekrets zu holen.

Gleich nutzte Friedrich die Pause. »Wir wollen uns verabschieden.« Er stand auf, den nassen Lappen stopfte er in die Rocktasche. Ewerbeck erhob sich, so rasch es ihm möglich war. »Danke für den Wein.«

Heine sah Friedrich mit dem rechten Auge an. »Freund Engels. Du hast mir einen Herzenswunsch erfüllt. Dafür möchte ich mich erkenntlich zeigen. Nimm dir drei von den Veilchenblauen. Und wenn du sie benutzt, so denke kurz an mich.«

»Du bist großzügig.« Friedrich wandte den Kopf, die Hausherrin näherte sich auf dem Flur. Schnell verschwand das Geschenk in der noch trockenen Rocktasche. Heine streckte ihm die Hand hin. »Und grüße Karl von mir. Herzliche Grüße auch an Jenny.«

Beide Besucher verabschiedeten sich mit einer Verbeugung von Mathilde. Sie nickte ihnen zu und wedelte mit dem frischen Tuch. »Au revoir.«

Ramses fühlte sich angesprochen und antwortete: »Bonjour! Entrez!«

Vor dem Haus blieben die Freunde stehen, atmeten tief. Als hätte er es vergessen, bemerkte Friedrich mit einem Mal, dass hier draußen die Sonne schien. »Mager wie ein Gerippe ... Der arme Teufel da drinnen kommt scheußlich auf den Hund.«

»Nicht ganz abzuschätzen.« Ewerbeck rieb sich die Stirn. »Syphilis? Ich habe bisher keine Geschwüre gesehen. Auch müsste bei seinem schlimmen Zustand das Gehirn schon erweicht sein.«

»Ich fand ihn bei scharfem Verstand.«

»Eben.« Die Unterlippe wölbte sich vor und zurück. »Dennoch besteht die Gefahr einer plötzlichen Lungenlähmung oder eines Kopfzufalls. Wer weiß, vielleicht schleppt er sich auch noch einige Jahre dahin. Mal besser, mal schlechter.«

»Dann diese grauen Bartfransen um den Mund ... Es ist wahrhaftig ein Jammer, solch einen famosen Kerl so Stück für Stück absterben zu sehen.«

Noch in Gedanken gingen die beiden Männer langsam die Rue du Faubourg Poissonnière hinunter.

Erst nach einer Weile spürte Friedrich hinten die ausgedehnte feuchte Stelle seiner Hose. Gleich zog er den Lappen aus der rechten Rocktasche, ließ ihn fallen, mit der anderen Hand tastete er links nach dem Schützenlohn. Er schmunzelte, wie seidig weich fühlten sich die Veilchenblauen an.

# 23

Paris, Île de la Cité
Oktober 1846

Nur noch fünf geballte Faustpaare lagen auf dem Tisch. Vorn am Rednerpult griff Friedrich mit grimmiger Zufriedenheit nach dem Weinbecher und leerte ihn, ohne abzusetzen. Zu Beginn des Geheimtreffens, heute fand es wieder im ersten Stock des Weinlokals auf der Île de la Cité statt, waren elf der fünfzehn Teilnehmer gegen ihn gewesen. Du verfluchter Grün, dachte Friedrich, ich werde dir auch die restlichen Grünianer wegschnappen. Und zwar noch heute. Ich hab diese ewige Nachplapperei deiner und Proudhons Thesen endgültig satt. Er schlug die flachen Hände aufs Pult. »Von jetzt an will ich euch nicht länger als Freunde bezeichnen.« Ein Ruck ging durch die Anwesenden, ehe Protest kam, setzte er hinzu: »Denn nicht jeder hier im Raum hat die Ehre verdient, ein Freund oder gar ein Bruder zu sein.«

Einer der Grünianer rührte die Fäuste. »Willst du Streit und Kampf in unsere Gemeinschaft säen? Wir sind hier ...«

»Darauf will ich hinaus!«, fuhr Friedrich dazwischen. »Warum sind wir hier? Ehe ich mich auf weitere Diskussionen einlasse, muss abgestimmt werden. Haben wir uns hier als Kommunisten versammelt oder nicht? Wenn ja, dann verbietet sich künftig jegliche Schmähung gegen den Kommunismus. Wenn nein, wenn sich hier bloß beliebige Individuen aufhalten, die über dies und jenes beliebig diskutieren, dann ...« Er ließ eine Pause, sah von einem zum anderen und gab seiner Stimme einen verächtlichen Tonfall: »Dann könnt ihr mir alle gestohlen bleiben. Dann komme ich nicht wieder.«

Überrascht vom so direkten Angriff zogen die meisten am Tisch den Kopf ein. Die Fünfergruppe der Grünianer stärkte sich durch gegenseitiges Ellbogenstoßen. »Unverschämt, uns als beliebige Individuen zu bezeichnen.«

»Wir sind hier zusammen, weil wir uns um das Wohl der Menschheit bemühen.« – »Wir wollen aufklären.« Der Wortführer erhob sich halb vom Stuhl. »Im Übrigen müssen wir erst genau wissen, was Kommunismus ist.«

»Das wagst du zu fragen?« Friedrich verließ das Rednerpult, schob die Schultern vor und ging langsam auf den Grünianer zu. »Seit Jahren hast du dich Kommunist genannt, und erst nachdem Grün und Proudhon die Krallen nach dir ausgestreckt haben, nennst du dich Sozialist.« Je näher er kam, umso mehr sank der Schreinermeister in sich zusammen, fiel auf den Stuhl zurück. Friedrich ließ ihn nicht aus den Augen. »Du bist auf diese Schleimer reingefallen. Nichts von denen, auch nichts von uns, von allem hast du nichts verstanden.« Er wandte sich wieder um, eilte zum Pult: »Was will der Kommunismus?« Er ließ zwei Finger und den Daumen der rechten Hand hochschnellen. Zum Ersten gelte es, die Interessen der Proletarier gegen die Interessen der Bourgeoisie durchzusetzen. Zum Zweiten: Dies müsse durch Aufhebung des Privateigentums geschehen und dafür die Gütergemeinschaft eingeführt werden. Friedrich packte als Drittes mit der Linken den rechten Daumen. »Kein anderes Mittel zur Durchführung dieser Absichten darf anerkannt werden als die gewaltsame, demokratische Revolution.«

Er schwieg, die Männer am Tisch schwiegen, keiner wagte sich zu bewegen. Mit einem Mal setzte im Hintergrund des Raums kraftvolles Klatschen ein. Ewerbeck verließ seinen Stuhl und trat bis zum Tisch vor. »Bravo. So klar hat uns vorher noch nie jemand unsere Ziele erklärt.«

Dafür erntete er Zustimmung von fast allen Anwesenden. Friedrich dankte dem Fürsprecher, rechnete sich gute Chancen aus und verlangte die sofortige Abstimmung.

Ewerbeck übernahm den Wahlvorsitz. »Wer dafür ist, unsere Geheimtreffen jetzt und künftig für kommunistische Versammlungen zu erklären, und zwar im Sinne der Erläuterung von Engels, der hebe die Hand!«

Fast alle stimmten zu, selbst der Wortführer der Gegner wechselte die Seiten. Zwei von den vier anderen Grünianern aber erhoben sich und verließen wortlos den Raum. Als sich die Tür hinter ihnen schloss, hob Friedrich beide Arme: »Freunde! Nun will ich jeden von euch so nennen. Seid willkommen, Freunde!«

Zum Schluss der Versammlung stand Friedrich an der Tür, verabschiedete jeden Teilnehmer mit Handschlag und gab gute Worte und Grüße an die Ehefrauen mit auf den Heimweg. Den beiden letzten sah er nach und legte Ewerbeck den Arm auf die Schulter. »Hiermit ist endlich reiner Tisch gemacht. Gleichzeitig haben wir die Spreu vom Weizen getrennt. Jetzt kann man anfangen, aus den Kerls etwas zu machen.«

Ewerbeck schloss den Raum ab und sah zu ihm auf. »Du warst so überzeugend. Mein Kompliment. Ich habe deine Ausführungen wieder mitgeschrieben, habe jeden Satz förmlich in mich aufgesaugt.«

Friedrich fühlte sich geschmeichelt, wollte den Stolz aber nicht zeigen. »Aufgesaugt? Gib acht. Nicht, dass es zu viel für deinen Bauch wird.«

Ewerbeck überhörte den Spott und ging vor dem Freund her die Treppe hinunter. »Ein guter Abend. Wirklich.«

Im Flur trat ihnen der Wirt entgegen. Er nahm den Schlüssel an sich, blieb stehen, sah beiden ins Gesicht, er wollte etwas sagen, war unentschlossen. Gut gelaunt fächelte ihm Ewerbeck mit den Papieren etwas Luft zu. »Was gibt es, Pierre? Ich bin Arzt, vertraue mir.«

»Vertrauen.« Der Wirt hob den Schlüssel. »Darum geht es. Darum mache ich mir Sorgen. Kommt! Nicht hier draußen.« Er bat die beiden Gäste in die Küche. Vor dem Regal mit Töpfen und Pfannen schenkte er rasch drei Gläser Branntwein aus. »Ich bin euer Freund, glaubt mir. Zum Wohl.« Sie tranken mit ihm. Pierre behielt den leeren Becher in der Hand. »So geheim, wie ihr glaubt, sind eure Treffen oben im Saal längst nicht mehr. Auch nicht an euren anderen Treffpunkten.«

Jäh verspürte Friedrich einen Druck im Magen. »Was meinst du damit?«

»Unter euch sind immer Spitzel der Polizei.«

»Die beiden, die als Erste gegangen sind?« Ewerbeck hielt dem Wirt seinen Becher hin. »Das sind Gefolgsleute von Dr. Grün. Sie werden unsren Engels bei ihm denunzieren, damit rechnen wir.«

Pierre füllte für jeden vom Branntwein nach. »Es ist schlimmer. Und mein Informant ist sehr zuverlässig.« Von ihm habe er erfahren, dass unter den Handwerkern bezahlte Spitzel wären, die regelmäßig auf der Präfektur oder an höherer Stelle genau Bericht über den Verlauf eines Treffens erstatteten.

Friedrich zischte scharf durch die Zähne. »Diese hinterhältigen Ratten.«

»Das ist noch nicht alles.« Der Wirt senkte die Stimme, als fürchte er Lauscher in seiner eigenen Küche. »Gerade über dich existiert inzwischen eine große Akte.« Der Informant habe berichtet, dass sich Polizeikommissar Delessert ganz sicher wäre, bald genügend Material über Engels gesammelt zu haben, um einen Ausweisungsbefehl gegen ihn zu erwirken. Auch gegen Ewerbeck laufe bereits solch ein Verfahren. »Ihr werdet als Chefs einer gefährlichen politischen Clique geführt. Ich dachte, ihr solltet das wissen.« Pierre bot einen dritten Branntwein an, doch beide Freunde lehnten ab, die Neuigkeiten beschäftigten sie zu sehr.

»Woher kennt sich dein Informant so gut aus?« Friedrich nahm einen flachen Topf mit langem Stiel aus dem Regal, wog ihn in der Hand und erkundigte sich leise, fast beiläufig: »Ist er bei der Polizei?«

Ohne Arg nickte Pierre. »So ist es. Als Arzt. Er leitet die medizinischen Untersuchungen der Huren.« Gleich neben dessen Amt sei auch die Präfektur, in der die Akten über die Kommunisten gesammelt würden. Pierre verzog den Mund zu einem Grinsen. »Und oft kommen die Geheimen rüber ins Amt und wollen sich heimlich die Huren beim Ausziehen angucken. Dafür erzählen sie meinem Informanten gerne das Neueste.«

»Vom Heimlichen verstehen die Geheimen was«, spottete Friedrich grimmig und stellte den Topf zurück an seinen Platz. »Sobald du mehr erfährst, gib uns sofort Bescheid.«

Ehe sie das Haus verließen, spähten sie länger als sonst nach rechts und links in die dunkle Gasse, auch ließen sie die Blendlaternen geschlossen. Erst auf der Brücke über die Seine öffneten beide ihre Lichter. »Ich bin diesen Dreck leid«, schimpfte Friedrich. »Da placke ich mich mit diesen Straubingern ab. Und wie danken sie es mir?«

»Ich wusste zwar, dass ich verdächtigt werde. Aber dass ich jetzt schon auf Delesserts Abschussliste stehe, das war mir neu.« Ewerbeck seufzte schwer. »Ich denke, es ist besser, wenn ich mich eine Weile unsichtbar mache.«

»Verschwinden?« Friedrich ließ die Laterne hin und her schaukeln. »Meinen Triumph über Grün, den habe ich erreicht. Das war mein Hauptziel. Jetzt gebe ich mich nicht wegen ein paar Spitzeln geschlagen. Rückzug ist nicht mein Ding.« Er bat den Arzt: »Ehe du unsichtbar wirst, lasse bitte den Straubingern ausrichten, dass ich sie nicht länger schulmeistern könnte.« Die Gefahr sei zu groß geworden. Auch sie sollten sich eine Weile mit Äußerungen über die große Idee zurückhalten. Das würde genügen.

Ewerbeck hob die Laterne an, um Friedrichs Gesicht zu sehen. »Was hast du vor?«

»Außer unsrem Hauptanliegen gibt es noch einige Nebenziele, die mir am Herzen liegen. Und denen werde ich mich jetzt eine Weile widmen.« Friedrich drücke die Hand mit der Laterne wieder nach unten. »Wie sagte der arme Heine? Die Pest ereilt uns noch früh genug. Also sorge dich nicht, mein Freund.«

# 24

Paris, 23 Rue de Lille
November 1846

Zugegeben, der Tag ist grau, vorhin gab es einen kleinen Regenschauer, und der Weg hier im Jardin du Luxembourg ist leicht aufgeweicht. Es ist eben November. Friedrich unterdrückte einen Seufzer, er wollte seine Begleiterin in ihrer schlechten Laune nicht weiter bestärken.

Sibylle Pesch gelangen kaum normale Schritte, meist musste sie Pfützen ausweichen oder kleine Rinnsale mit einem Hüpfer überwinden. Nieselnebel lag über dem See des Parks. »Wo führst du mich hin?«, fragte sie mit weinerlicher Stimme.

Er schwang den geschlossenen Schirm ums Handgelenk. »Ein Spaziergang. Wie du es dir in der Nachricht ...« Er verbesserte sich. »... in jeder Nachricht gewünscht hast.«

Er hatte die Geliebte von Moses Hess auf dessen Wunsch hin im August ohne Pass über die Grenze geschmuggelt und mit nach Paris gebracht. Seitdem hatte sie ihm inzwischen drei kleine Kärtchen zukommen lassen, mit der dringenden Bitte um ein Treffen, und sei es nur ein vergnügter Spaziergang. Er bemühte ein Lächeln. »Ich erfülle heute endlich deinen Wunsch.«

»So meinte ich es nicht.«

»Im Übrigen war es auch der ausdrückliche Wille deines Gatten Moses, dass ich hin und wieder nach dir sehen soll.«

»Bei diesem Sauwetter gibt es doch andere ...« Sie sah zu ihm auf.

»Ich meine, andere Möglichkeiten. Was müssen wir uns hier herumtreiben?«

Für einen Moment betrachtete Friedrich ihre Lippen, sein Blick glitt über die Wölbung des geschlossenen Mantelumhangs, gleich hob er wieder die Augen. »Vielleicht ist es besser, wenn ich dich zurück nach St. Antoine bringe. An einem schöneren Tag können wir den Spaziergang …«

»Nein, nicht zurück. Bei Madame Gsell wohne ich gut, aber dort draußen geschieht gar nichts.« Sie legte eine Hand auf seinen Arm. »Ich habe mich so sehr auf unser Treffen gefreut.«

Ein Gedanke, sofort verbot sich Friedrich, ihm mehr Raum zu geben, und lenkte ab: »Es ist zwar erst früher Nachmittag, aber wir finden sicher ein Café.«

»Ganz bestimmt.« Sibylle nickte eifrig. »Lass uns umkehren. Dieser Park gefällt mir sowieso nicht. Alles so gerade und ordentlich.« Auf dem Weg aus dem Jardin du Luxembourg schwärmte sie von den schöneren Parks daheim in Köln und auch in Aachen.

Friedrich hielt einen Fiacre an, und sie ließ sich kurz an ihn sinken, als er ihr in den Fond half. »Zum Montmartre«, rief er dem Kutscher zu.

Während der Fahrt zupfte sie an den Falten ihres Mantels. »Ich bin doch sehr nass geworden.« Unter der roten Schute verdunkelte der besorgte Blick das Blau ihrer Augen. »Ich fürchte, im Café werde ich mir eine Verkühlung zuziehen. Könnten wir mich nicht vorher noch etwas trocknen und aufwärmen?«

O Sibylle. Unschuld oder Absicht? Ganz gleich, du verstehst das Spiel. Friedrich fühlte sich stark genug, gegen mich gewinnst du nicht, will nur sehen, wie weit du gehst. »In meiner Wohnung gibt es zwei Öfen und Holz genug.«

»Ein Ofen wäre wunderbar.« Sie rückte näher an ihn heran. »Dann friere ich bestimmt nicht.«

Er änderte das Fahrtziel, und angelangt in der Rue de Lille Nummer 23 schlug Friedrich das Angebot des Kutschers aus, nein, er solle nicht warten, und entlohnte ihn.

Ohne Scheu ging Sibylle gleich vom kleinen Flur in die Wohnstube. Vor dem Schreibtisch staunte sie über die vielen beschriebenen Blätter, dabei öffnete sie die Schlaufe des Mantelumhangs, er entglitt ihren Händen, rutschte einfach von den Schultern. »Wie dumm von mir.«

Friedrich hob dicht hinter ihr das feuchte Stück vom Boden auf. Mit einem kleinen Schritt zurück stieß sie die Hüfte leicht gegen seinen Arm. Er tat so, als hätte er die Absicht nicht bemerkt. »Ich hänge den Mantel an den Ofen.«

»Aber das kann ich doch selbst.«

»Lass nur, du bist mein Gast.«

»Und du ...« Der Spitzenbesatz über ihrem Dekolleté hob sich mit den Brüsten. »Du bist so aufmerksam«, lobte Sibylle, gleich folgte ein Seufzer. »Deine Mary muss sich doch glücklich schätzen, solch einen großen, starken und edlen Mann zu haben.«

»Ob ich edel bin, weiß ich nicht.« Er drapierte den Umhang über einen Stuhl und rückte ihn näher zum Ofen hin. »Dennoch scheint sie ganz zufrieden mit mir zu sein.« Mit der Feuerzange öffnete er die Eisenklappe, legte ein Holzscheit nach.

»Wie steht es mit Moses?« Friedrich wandte sich nach ihr um.

Sie hatte sich im Schaukelstuhl niedergelassen. Die Röcke etwas gerafft, ein Bein leicht angewinkelt, bemühte sie sich, den Schnürschuh aufzubinden. »Es ist besser, wenn wir die Stiefelchen auch trocknen.« Den Oberkörper weit vorgebeugt, hob sie den Kopf. »Mein Moses ist leider nur eine graue Maus. Verzeih, wenn ich ihn so bezeichne. Aber es muss einfach mal raus.« Sie fasste sich an die linke Brust. »Mein Herz ist oft so schwer.«

Friedrich nickte verständnisvoll. »Schütte es nur aus.«

Ihre Finger zerrten an den Riemen. »Ich bin oft so unglücklich.« Weil es ihr nicht gelang, den Stiefel aufzubinden, kniete er sich vor sie hin, rasch konnte er helfen. Beim Wechsel zum anderen Fuß lehnte sie sich zurück, der Schaukelstuhl folgte ihrer Bewegung und gewährte ihm atemlang einen tiefen Einblick.

Friedrich stellte auch die Schuhe an den Ofen. Er blieb mit dem

Rücken zu ihr, stocherte in der Glut. Moses ist nicht mein Freund, dachte er. Dennoch, Sibylle ist an ihn vergeben, das gilt es zu respektieren. Und außerdem … Mary, ach, Liebste, es wäre mir leichter, wenn du zur Tür reinkämst.

»Was würde der gute Hess sagen, wenn er wüsste, dass du ohne Schuhe in meiner Wohnung sitzt?«

»Er weiß es nicht.« Ein gurrendes Lachen, erst leise, dann fordernder.

Friedrich wandte sich um. »Nehmen wir mal an …« Sie hatte beide Brüste aus dem Dekolleté gehoben und löste die Knöpfe darunter. »Er muss es ja auch nicht wissen. Dieser fromme Dummkopf.« Scheinbar ohne zu bemerken, wie sehr sein Blick gefangen war, erhob sie sich aus dem Schaukelstuhl. »Bitte, befreie mich auch vom Rest der Kleidung. Alles ist klamm und feucht geworden.«

Friedrich sah die weißen Brüste, die aufgerichteten Knospen in den dunklen Höfen. Mit jedem Schritt auf sie zu spürte er eindeutiger, wie sie das Spiel gewann. Es hat nichts mit Mary zu tun, beteuerte er sich, während er ihre Bluse, die Röcke zum Mantel hängte.

Nebenan im Schlafzimmer rollte sich Sibylle auf dem Bett zusammen. »Erobere mich«, forderte sie und streckte sich erst nach spielerischem Kampf. Mit wohligem Seufzen nahm sie ihn auf, umklammerte seinen Rücken mit Armen und Beinen, verlangte und spornte an, als ihre Schreie zu durchdringend wurden, dämpfte er sie aus Furcht vor Madame und den Nachbarn mit der Hand, endlich sank er atemlos neben ihr ins Kissen. Der harte Herzschlag ließ nach. Friedrich erhob sich. Hinter dem Paravent erlöste er sich vom veilchenblauen Seidenschutz, schöpfte Wasser in die Mulde beider Hände, während er sich das Gesicht kühlte, drängte sich der Gedanke auf, wie gut die Matratze den Test bestanden hätte. Wieso denkst du jetzt an so was? Er schüttelte über sich selbst den Kopf.

Leises Weinen. Sofort verließ er die abgeschirmte Ecke. Sibylle saß in den Kissen und presste einen Tuchzipfel gegen die Lippen. »Was ist?« Er setzte sich zu ihr auf die Bettkante. »Haben wir dir wehgetan?«

»Ja, meinem Herz.« Die blauen Augen rundeten sich. »Es tut weh, weil es so glücklich ist.« Sie fasste nach seiner Hand und zog sie zwischen die Brüste. »Noch nie hat ein Mann mich so verstanden. Mich als Frau, verstehst du?«

So ganz nicht, dachte er, wagte aber einen Versuch: »Du bist sehr leidenschaftlich.«

»Das meine ich.« Sie rückte etwas auf ihn zu und vertraute die Fülle ihrer rechten Brust seiner Obhut an. »Weißt du, bei Moses geht alles so schnell. Ehe ich mich richtig darauf einstelle, ist es schon vorbei. Danach plustert er sich, als hätte er mir eine Torte geschenkt.« Sie schob beide Lippen vor. »Dabei habe ich nur einen Krümel abbekommen. Wenn du verstehst?«

»Du Arme.«

»Nicht wahr?« Nun legte sie die linke Brust in seine starke Hand. »Ich wusste schon in Brüssel, dass du ein Mann bist, bei dem ich mich wohlfühle. Und jetzt, wo wir beide in Paris so allein sind ...« Sie vollendete den Satz mit ihrem Lächeln. Wie in Gedanken ließ sie den Zeigefinger unter seinem Kinn durch den Bart streichen. »Weißt du, Moses würde mich schon gerne heiraten, aber seine verdammte jüdische Familie ist dagegen. Und er ist viel zu feige, sich gegen diesen Vater zu wehren. Im Gegenteil. Jetzt hockt er bei ihm in Köln, frisst sich satt, und ich soll hier auf ihn warten.« Sie drohte mit der Faust zum Fenster. »Meinetwegen kannst du bei deiner Mischpoke bleiben. Ich vermisse dich nicht.« Sie sah Friedrich tief an. »Jetzt nicht mehr.«

Jäh alarmiert entzog er ihr langsam die Hand. »Deine Kleider sind sicher inzwischen getrocknet. Ich sollte nachschauen.«

»Warte noch!« Sie hielt ihn am Arm fest, kniete sich vor ihn. »Wenn du mich erst richtig kennst, so mit allem, was ich kann. Verstehst du? Dann vergisst du die Irin schnell.«

Mary? Abrupt stand er auf, zwang sich zu einem freundlichen Ton. »Wir müssen uns anziehen.«

Sibylle merkte nichts von seiner Veränderung, lief nackt hinter ihm her, plapperte beim Ankleiden munter weiter. Sie zog über

Moses her, verspottete ihn als Mann. »Und dann glaubt er noch, ein Heiliger zu sein, der die Armen vor den Reichen retten kann.« Während sie den Spitzenbesatz an ihrem Dekolleté zupfte, fragte sie unverblümt: »Meinst du, deine Familie würde uns einladen?«

Friedrich fiel der Schuh aus der Hand. »Nun verstehe ich wirklich nicht.«

»Ich weiß, bei so reichen Familien muss immer auf die Etikette geachtet werden. Aber das schaffen wir schon.« Sie drohte ihm spielerisch mit dem Finger. »Und du hast es deinem Vater sicher nicht leicht gemacht mit deinen Ideen. Genau wie Moses. Das kenne ich. Aber wenn das Geträume mal vorbei ist, dann übernimmst du die Fabrik, und wir wohnen ...«

»Genug.« Friedrich war bei ihr, fest griff er sie an beiden Handgelenken. »Wenn es Abend wäre und wir genügend Wein getrunken hätten, selbst dann würde ich dir nicht erlauben, so zu sprechen.«

»Was meinst du?« Sie blickte ihn erschrocken an. »Ich habe doch über lauter schöne Pläne gesprochen.«

»Die gibt es nicht.« Er war bemüht, sie nicht zu verletzen, fügte leise hinzu: »Es waren aufregende Stunden. Das ist wahr. Und dafür danke ich dir.« Langsam schüttelte er den Kopf. »Mehr nicht. Meine Pläne sind nicht deine Pläne. Ganz gleich, was heute geschehen ist.«

»Sag das nicht!«

»Doch. So wie du zu Moses gehörst, so gehöre ich zu Mary.«

Ein Funkeln flackerte im Blau der Augen. »Du bist ein Schuft. Hast mich nur ausgenutzt.«

O Gott, jetzt bitte keine Szene. Friedrich legte ihr den Mantel um. »So war es nicht, das weißt du.«

»Verlogener, hinterhältiger Kerl.« Sie schlug ihm den Ellbogen gegen die Brust und stürmte zur Tür. »Bring mich sofort zu einer Kutsche!«

Kein Wort mehr. Weder auf der Treppe noch während des Wegs zum Halteplatz an der nächsten Kreuzung.

Als Sibylle im Fond saß, bezahlte er für sie die Fahrt nach St. Antoine im voraus.

# 25

Paris, 23 Rue de Lille
Januar 1847

Lieber Marx, mein neulich kurzer Brief an Gigot hatte folgende Gründe. Bei der Untersuchung über die Unruhen im Faubourg Saint-Antoine im Oktober wurden auch eine Masse verhafteter Deutscher verhört, der ganze zweite Schub bestand aus Straubingern ...«

Friedrich tauchte den Federkiel ins Fass, strich die Spitze ab, ehe er weiterschrieb, schaute er vom Schreibtisch auf zum Fenster. Dicke nasse Schneeflocken trieben an die Scheiben. Wie gut, dass hinter mir ein Feuer im Ofen faucht und knistert. Wer jetzt keine warme Stube hat, wer jetzt da draußen mit Löchern in den Stiefeln rumlaufen muss, den überzeugt keine Theorie, auch nicht unsere, dem ist jede Idee egal, der will ein Dach über dem Kopf haben und neue Stiefel gegen die kalten Füße. Friedrich nahm einen Schluck vom Tee und beugte sich wieder über seinen Brief an Karl, las leise den letzten Satz: »... der ganze zweite Schub bestand aus Straubingern.« Und schrieb weiter:

»Einige dieser jetzt über die Grenze spedierten Schafsköpfe müssen großen Unsinn über den Ewerbeck und mich ausgesagt haben; in der Tat, es war bei der Lumpigkeit der Straubinger gar nicht anders zu erwarten, als dass sie Heidenangst bekamen und verrieten, was sie wussten, und mehr ...«

Ausführlich berichtete er dem Freund von Verrat und Bespitzelung, von der Bedrohung durch den Polizeipräfekten. Bei den nächsten Zeilen schmunzelte er.

»Inzwischen bin ich der edlen Polizei dankbar dafür, dass sie mich aus der Straubingerei gerissen und mir die Genüsse dieses Lebens in Erinnerung gebracht hat. Wenn die verdächtigen Individuen, die mich seit vierzehn Tagen verfolgen, wirklich Spitzelratten sind, wie ich es von einigen sicher weiß, so hat die Präfektur in der letzten Zeit viel Eintritt für die Bälle im Montesquieu, im Valentino, im Prado und noch für viele andere Tanzcafés ausgegeben. Ich verdanke Präfekt Delessert ganz hübsche Grisetten-Bekanntschaften und sehr viel Plaisir, denn ich wollte die Tage und Nächte ausnutzen, die meine letzten in Paris sein konnten.« Friedrich steckte die Feder zurück in den Halter neben dem Tintenfass. Für heute genug. Er war mit Mimi verabredet, und die hatte versprochen, noch eine Freundin mitzubringen. Jeannine, und die wäre ebenso lustig, wollte tanzen und hätte besonders große Augen.

Er zögerte, griff noch einmal zur Feder. »Ehe ich es morgen vergesse.« Er begann eine neue Zeile, schrieb sehr deutlich: »Schließlich, da man mich bis jetzt in Ruhe gelassen hat, scheint alles sich gelegt zu haben. Adressiere aber in Zukunft alle Briefe an Monsieur A. F. Körner, Kunstmaler, 29 Rue Neuve-Bréda, Paris. Drinnen ein Kuvert mit meinen Initialen, sodass es nicht durchscheint.« Er steckte die Feder wieder zurück und warf sich den Mantel über. Bevor er die Wohnung verließ, richtete er vor dem Spiegel sorgsam den Zylinder.

# 26

Paris, Île de la Cité
Februar 1847

Keine Vorwarnung. Nicht genügend Zeit für eine gründliche Vorbereitung. Verflucht, was bilden die sich vom Zentralbüro in London ein, schicken einen Abgesandten Ende Januar zu Karl nach Brüssel, dann gleich weiter nach Paris? Und ich erfahre das erst gestern. Friedrich schaute kurz über die Schulter. An jeder Kreuzung hatte er die Richtung gewechselt, trotzdem waren ihm immer noch die beiden Spitzel auf den Fersen. »Dann auch noch diese Ratten.« Er ging schneller. »Na wartet, gleich bin ich euch los.« Er näherte sich den drei Portalen von Notre-Dame. Die vordere Fassade war vollständig eingerüstet, die Baustelle aber verwaist. Jetzt, Mitte Februar, arbeitete niemand an den zerbrochenen Figuren und Mauerschäden, welche die Revolutionen von 1789 und 1830 hinterlassen hatten. Friedrich betrat den hohen Kirchenraum durchs mittlere Portal, verschwand gleich rechts in der Dunkelheit. Hinter einem Pfeiler wartete er, bis seine Verfolger hineinstürmten, den Mittelgang nahmen und ihn weit vorn unter den Gläubigen vor dem Hochaltar suchten. Friedrich schlüpfte durchs rechte Nebenportal nach draußen und entfloh im Laufschritt über den Vorplatz. Erst in der Sicherheit einer engen Winkelgasse mäßigte er wieder den Schritt.

Die Nachricht von Doktor Ewerbeck war knapp gehalten: »M aus London möchte dich am Freitag treffen. M war vorher schon einige Tage bei M in Brüssel. Schlage Treffen bei P vor. 12 Uhr.« Seit der Leiter der französischen Sektion des Bundes wieder aufgetaucht war, galten schärfere Vorsichtsmaßnahmen in der Kontaktaufnahme, keine ausgeschriebenen Namen mehr, bei Briefen ohnehin nicht, jetzt aber selbst nicht mehr bei einfachen Mitteilungen der Freunde untereinander. Bei M aus London konnte es sich nur um einen der drei Führer des Geheimbundes, um Joseph Moll, den Kölner Uhrmacher, handeln. Friedrich hatte ihn wieder getroffen, als er damals auf der Rückreise mit Mary und Karl in London Station machte.

Er betrat die Weinstube durch den Hintereingang und pochte, wie mit dem Wirt als Klopfzeichen verabredet, erst zweimal, nach einer kurzen Pause noch dreimal an der Küchentür. Er musste nicht warten. Pierre öffnete selbst. Duft nach gekochtem Rindfleisch, nach Gewürzen und Gemüse umgab ihn, dazu mischte sich der Holzbrand vom offenen Herdfeuer. Dort stand eine Magd und rührte mit ausholendem Kreisen im großen Kochtopf.

»Der Arzt ist mit dem Fremden schon oben.«

Friedrich nickte nur. Dieser Duft drang bis in den Magen. Wie hingezogen ging er auf den Herd zu. »Es ist Mittag.« Ein hungriger Blick zu Pierre. »Darf ich?«

»Du auch?« Pierre reichte ihm einen Löffel und lächelte breit. Ewerbeck und sein Gast hätten auch nicht, ohne zu kosten, am Kessel vorbeigehen können. »Bald glaube ich, dass alle Kommunisten Hunger haben und nicht genug Geld fürs Essen.«

»Der Gedanke ist gar nicht so falsch.« Friedrich schlürfte von der Köstlichkeit, ließ sie etwas auf der Zunge zergehen, ehe er schluckte. »Und sobald der Hunger größer und größer wird, kommt alles in Bewegung.«

»Ich habe verstanden. Sobald mein Pot-au-feu fertig ist, bringe ich euch eine Terrine hinauf.« Der Wirt wischklatschte die eine Hand mit der anderen ab. »Und ihr zahlt es mir irgendwann.«

»Du bist ein wahrer Freund des Kommunismus«, lachte Friedrich. »Den Löffel nehme ich schon mal mit nach oben.«

Die Herren saßen am langen Tisch gleich unterhalb des Rednerpultes über Eck und rauchten lange dunkle Zigarren. Bei Friedrichs Eintreten sprang Joseph Moll auf und kam ihm entgegen. Ein starker, breitschultriger Mann mit kräftiger Nase, die hellen, tief in den Höhlen liegenden Augen strahlten. »Fritz, lieber Freund.« Er schüttelte Friedrich schmerzhaft fest die Hand, führte ihn zum Tisch, dabei richtete er Grüße von den Londonern aus, Grüße von Karl und Jenny, berichtete von der glücklichen Geburt des Sohnes, und erst als sie gegenüber Platz nahmen, endete sein Redeschwall. Endlich fand Friedrich Gelegenheit, ihn seinerseits willkommen zu heißen. Ewerbeck lächelte dazu und hörte nicht auf zu lächeln. Jäh erwachte in Friedrich das Misstrauen. Was geht hier vor? Er nahm die dargebotene Zigarre und drehte sie zwischen den Fingern. Ich hatte mit Vorwürfen, Klagen und Beschwerden der Zentrale gerechnet. Diesen überfreundlichen Moll kannte ich bisher nicht. Und das Grinsen unseres Tripperdoktors ist so unecht wie das Keuschheitsgelöbnis einer Hure. »Was führt dich aufs Festland?« Friedrich nahm Feuer für seine Zigarre, paffte den Rauch zur Decke. »Erst Brüssel? Dann Paris?«

»Ah, du willst gleich zur Sache kommen.« Moll zog ein Papier aus seiner Ledermappe. »Hier zunächst die Vollmacht.«

Friedrich überflog das Schreiben: »Maximilian Joseph Moll ist von der Führung in London ermächtigt, in ihrem Namen mit dem kommunistischen Korrespondenz-Komitee in Brüssel in Unterhandlung zu treten und demselben einen mündlichen Bericht über den hiesigen Zustand der Dinge abzustatten …« Er ließ das Blatt sinken. »Wieso kommst du zu Karl und mir? Bisher hieß es doch immer, dass euch unsere Theorie, also der wissenschaftliche Kommunismus, nicht ins Konzept passt?«

»Auch wir in London arbeiten an uns, diskutieren und kommen zu neuen Erkenntnissen.«

»Ach, sieh an.« Der spöttische Ton war nicht zu überhören. »Und was ist mit dem Vorwurf, wir wollten eine Gelehrten-Aristokratie gründen? Wir wollten das Volk von unsrem neuen Göttersitz in Brüssel aus regieren?«

Moll versuchte erst gar nicht zu beschönigen. »Eine Bitterkeit gegen euch Gelehrte herrscht immer noch unter den Arbeitern. Weil ihr es meist nicht versteht, die Freundschaft der einfachen Leute zu erwerben.«

Jetzt zeigst du dein wahres Gesicht. Friedrich spürte den Zorn aufsteigen. Keinen offenen Streit, befahl er sich, ehe du nicht genau weißt, was London wirklich will. Ich gebe ihm noch eine halbe Stunde. Er zückte die goldene Taschenuhr, ließ den Deckel aufspringen, erst beim Hinschauen fiel ihm wieder ein, dass sie schon vor Wochen stehen geblieben war und trotz Klopfen und Schütteln nicht weiterticken wollte.

»Bist du in Eile?«, erkundigte sich Joseph Moll leicht irritiert.

»Nein, schon gut. Ich wollte nur wissen, wie spät es ist. Aber sie geht seit einer Weile nicht mehr.« Er ließ das Geschenk des Vaters an der Kette zurück in die Westentasche gleiten.

Ewerbeck half aus. »Zehn Minuten bis ein Uhr.« Er breitete die Arme. »Freunde, wir sollten …«

»Danke«, schnitt Friedrich ihn ab. »Es gibt noch Klärungsbedarf. Ich habe euren Brief ans Brüsseler Büro, also an Karl und mich, genau im Gedächtnis. Ihr werft uns Arroganz vor. Und wenn wir Irrtümer entdecken, dann würden wir gleich mit unseren Gänsekielen hineinfahren und alles totschlagen.« Friedrich hieb mit der flachen Hand auf den Tisch. »Wir würden mit unseren gelehrten Bomben um uns werfen und uns in einen überirdischen Nimbus einhüllen. So denkt ihr über uns. Was also, was treibt dich im Namen von Schapper und Bauer zu Karl und mir?«

»Der Brief, von dem du sprichst, ist schon einige Monate alt.«

»Lenke nicht ab. Antworte bitte!«

»Wir möchten dich und Karl bitten, unsrem Bund beizutreten.«

Friedrich stockte in der Handbewegung, die Asche brach von seiner Zigarre, staubte über Rock und Weste. Er achtete nicht darauf, blickte Ewerbeck an, dann wieder den Gast, schließlich stand er auf und ging hinter dem Rednerpult hin und her. Ein Zusammenschluss vom Bund der Gerechten und unserem Komitee würde mehr Macht bedeuten, letztlich eine größere Durchschlagskraft haben. Mehr Macht? Für wen? Er blickte zum Abgesandten der Londoner hinüber. Solange ich dabei bin, sicher nicht für euch.

Joseph Moll streckte die Hand aus. »Gib sie mir!«

»Ich versteh nicht.«

Der breitschultrige Mann lächelte. »Deine Uhr. Über all den politischen Aufgaben und Problemen habe ich mein Handwerk nicht vergessen. Ich bin und bleibe Uhrmacher. Vielleicht kann ich helfen, während du nachdenkst.«

Friedrich überließ Moll die Taschenuhr, vom freundlichen Angebot überrumpelt, sah er eine Weile zu, wie der Fachmann ein Steckbündel kleiner Werkzeuge aus der Rocktasche zog, die Rückseite der Uhr öffnete und sich mit der Augenlupe über das Räderwerk beugte. Kaum zu glauben, wie geschickt diese kräftigen Finger mit dem winzigen Schraubenkürzer umgehen. Friedrich löste sich aus dem Staunen. »Was sagt Karl?«, fragte er Ewerbeck. »Weißt du etwas?«

»Soviel ich gehört habe, befürwortet Marx den Beitritt.« Der Arzt nickte vor sich hin. »Jede Vernunft spricht dafür. Und einfach gesprochen wollen im Grunde beide Seiten dasselbe: das Volk aufklären und für die Gütergemeinschaft werben. Also sollten wir uns die Hände reichen und für eine bessere Zukunft wirken.«

»Ich kann nicht glauben, dass Marx so ohne Zögern eingewilligt hat.«

»O nein.« Joseph Moll setzte die Linse ab und beschrieb mit dem kleinen Pinsel einen großen Bogen in die Luft. »Es dauerte, bis ich ihn überzeugen konnte, dass wir inzwischen eure Linie einschlagen möchten.« Er wählte sich jetzt aus dem Steckbündel einen Krummzirkel, klemmte die Lupe erneut vors Auge, beugte sich wieder über das Uhrwerk und prüfte die Unruhfeder. »Weil wir ein gültiges Konzept für den revolutionären Kampf benötigen.«

Ewerbeck hob den Finger. »Ein Glaubensbekenntnis. Lange bevor ihr in eurem letzten Rundschreiben die Mitglieder gebeten habt, sich darüber Gedanken zu machen, habe ich so ein Glaubensbekenntnis für meine Lehrstunden angemahnt. Einfach und verständlich. Ich selbst habe mir ...«

»Und wer sollte solch eine Richtlinie erstellen?«, unterbrach ihn Friedrich, während er sich setzte und den Stuhl näher rückte.

Moll drückte die Rückplatte der Uhr wieder fest ans Gehäuse. »Wer? Nun, jeder, der sich berufen fühlt.«

»Wie wahr«, unterstrich der Leiter der Pariser Sektion des Bundes. »Denn ich habe mir auch schon Gedanken gemacht.«

Ohne darauf zu reagieren, sah der Uhrmacher Friedrich fest an. »Wir brauchen euch Gelehrte, ansonsten werden wir den Weg nicht finden.« Er reichte ihm die Taschenuhr zurück. »Es war nur alter Staub, der musste weg. Genau wie der alte Staub aus unsrem Bund geputzt werden muss.«

»Danke.« Friedrich horchte nach dem Ticken, besah die Zeiger. Der alte William Petty hat etwas in seiner Theorie vergessen, dachte er. Arbeitsteilung steigert die Produktion zum Beispiel in der Uhrenherstellung, das ist richtig. Wer aber kann später die Reparatur durchführen? Nicht der Fabrikarbeiter. Doch nur einer, der das Handwerk erlernt hat, also das Ganze versteht. Darüber sollte ich mit Karl mal sprechen.

»Kannst du dich entscheiden?« Moll ließ ihn nicht aus dem Blick. »Wir beabsichtigen einen Bundeskongress bei uns in London durchzuführen.« Auf Bitten von Marx habe er den Termin von Anfang Mai auf den 1. Juni verschoben, damit genügend Zeit für den Entwurf bliebe. »Es fehlt nur noch dein Ja, dein Beitritt in unsren Bund.«

Ein kurzes Klopfen, die Saaltür schwang auf. »Pot-au-feu!« Pierre kam mit der Terrine herein, ihm folgte die Magd mit einem Korb.

Der Wirt stellte die Schüssel vor die Herren hin, schnell verteilte die Magd die tiefen Teller, legte jedem Brot dazu und einen Löffel. Friedrich lehnte ihn ab und zückte seinen schon in der Küche ergatterten aus der Rocktasche. Nun lüftete Pierre den Deckel, der Duft ließ die Hungrigen seufzen und die Lippen befeuchten.

»Voilà. Ein besseres Pot-au-feu bekommt ihr in ganz Paris nicht.« Pierre füllte die Teller nacheinander mit zwei randvollen Kellen. »Jeder bekommt gleich viel. So viel habe ich bis jetzt vom Kommunismus verstanden.«

# 27

Mauchline
Mai 1847

Keine Strümpfe mehr. Mary seufzte befreit. Nur noch Sandalen. Mit dem Picknickkorb unter der linken Armbeuge ging sie beschwingt neben der Freundin den breiten Weg zwischen den Gräbern her. Keine warmen Unterhosen mehr, das elende Kratzen der Wolle hatte ein Ende. Der lange Winter war nun auch hier oben in Schottland endgültig vorbei.

Die beiden Frauen nahmen die Abkürzung über den Friedhof von Mauchline. Selbst hier war der Frühling eingezogen. Entlang der Mauer grünten die Büsche, auf den noch freien Grabstellen wetteiferte das Himmelblau der Vergissmeinnicht mit dem Weiß der Buschwindröschen. Mary griff in die Falten ihres weiten grünen Rocks und fächerte sich mit Schwung die warme Luft um die Beine. »Ist das nicht ein wunderbarer Tag«, rief sie. »Wir haben Mai.«

»Nicht so laut«, dämpfte Mary Harney ihre Ausgelassenheit, ohne es wirklich ernst zu meinen. »Noch sind wir auf unsrem Kirchhof.«

»Oh, entschuldige«, flüsterte Mary nun übertrieben leise. »Hast du Angst, wir wecken hier jemanden auf?«

»Keine Scherze.« Die schlanke Frau des Chartisten Julian Harney wies zu den Grabstellen nahe der Mauer. »Dort drüben liegen einige meiner Verwandten. Auch der Urgroßonkel. Und der soll, in Gottes Namen, da bleiben.«

Am Ende des Friedhofs zog sie das Eisengatter fest hinter sich zu.

Bald schon hatten die jungen Frauen das Dorf verlassen. Sie wanderten nach Westen, wollten den Nachmittag am Ufer des River Ayr verbringen, picknicken, erzählen und vor allem die Briefe lesen. Heute Morgen hatte der Dorfdiener von Mauchline die Post gebracht, und immer wenn Julian Harney seiner Frau oder Frederick an seine Mary geschrieben hatte, dann feierten die Frauen ein kleines Fest. Im Winter hockten sie sich zu einem Glas Wein, Brot und Käse an den Kamin oder setzten sich aufs Bett, eingehüllt von einem dicken Plumeau, und Mary Harney las vor, was in London oder bei den politischen Aktionen geschehen war. Von den privaten Passagen behielt die schöne Schottin die privatesten mit einem Lächeln für sich, und Mary blieb nichts anderes, als diese sich mit einem Seufzer auszumalen. Da sie selbst nicht lesen konnte, hatte sie, mit Einverständnis auch von Frederick, der Freundin erlaubt, keine Zeile in den Briefen des Liebsten auszulassen, und Mary Harney senkte bei intimen Stellen die Stimme und haspelte aus Scheu so rasch, dass sie daraufhin manche zweimal vorlesen musste. Heute waren in dem großen Kuvert zwei verschlossene Briefe gewesen, einer von Julian, der andere von Frederick. »Das wird ein doppeltes Fest«, freute sich die eine Mary. »Und es ist Mai. Die Sonne scheint«, ergänzte die andere Mary. »Was warten wir noch?« Schnell war der Korb bepackt und die Decke eingerollt.

Der Weg führte über sanfte Hügel und zwischen ausgedehnten Wiesen her. Im frischen Grün leuchtete der Löwenzahn. »Lass uns singen!«, schlug Frau Harney vor.

Gleich stimmte Mary zu. »Unser Lied. Von meinem Namensvetter-Vorfahrendichter.«

»Der gute Robert Burns wäre sicher nicht abgeneigt gewesen, solch eine Enkelin wie dich zu haben.«

»Nur wenn er hören und sehen könnte, wie wir mit seinem schönen Lied umgehen, dann wer weiß?«

»Egal. Ich fange an.« Als Kind Schottlands kannte Mary Harney fast alle Gedichte und Lieder des großen Dichters auswendig, und einige hatte sie der Freundin schon beigebracht.

Mit Summen stimmten sich die Frauen auf eine schmalzige Moritatenmelodie ein, und Frau Harney gab den ersten Vers:

»Mein Herz war einst so froh und frei
als noch die Tage lang.
Da kam ein schmucker Weberbursch
und störte meinen Sang.«
Mary fiel mit warnender Stimme ein:
»Zu den Webern, wenn ihr Mädchen geht,
zu den Webern, wenn ihr geht.«

Nun wandten sich die Freundinnen einander zu, jede hob der anderen den Zeigefinger unter die Nase, und sie warnten sich gegenseitig:

»Nehmt euch in Acht, geht nicht zur Nacht,
zu den Webern, wenn ihr geht.«

Wie nicht anders zu erwarten, fing der Weberbursche das Herz des Mädchens wie in einem Netz, mit Haken und mit Spul.

Von Strophe zu Strophe steigerten sich die Sängerinnen, in ihren Gesichtern spielten Weh und Ach, und als das Ufer des Ayr schon in Sicht war, setzten sie zum letzten Vers an.

»Der Mond sank unter schon im West,
sein Antlitz war so fahl,
da führt mein schmucker Weberbursch
mich durch das stille Tal.«
Mary übernahm mit großem Klagen:
»Doch was er sagte, was er tat ...«

Ihre Stimme dehnte das »a«.

»erzähl ich nimmermehr.
Die ganze Gegend wüsst's dann bald,
was mir geschehen wär.«

Mary Harney setzte eine halbe Oktav tiefer mit ein, und zweistimmig ging es weiter:

»Zu den Webern, wenn ihr Mädchen geht,
zu den Webern, wenn ihr geht.«
Beide hoben die Faust.
»Nehmt euch in Acht,
geht nicht zur Nacht,
zu den Webern, wenn ihr geht.«

Am Fuß eines Felsbrockens fanden sie eine moosbewachsene Mulde. Ein guter, windgeschützter Platz. Sie ließen sich auf der Decke nieder. Mary Burns hob zwei Becher aus dem Korb. »Erst ein Schluck?«

»Aber gern.« Ehe sie trank, legte die Frau von Julian Harney beide Briefe vor sich hin.

Mary schaute in den Becher, ihr Gesicht spiegelte sich im dunklen Wein. Das letzte Glas mit ihm habe ich am Hafen von Ostende getrunken. Was war mir elend. So weh wie dort war mir Abschied noch nie gewesen. Sie nahm einen Schluck, weich und doch ein wenig herb, dazu der Blick zwischen den Uferbüschen und Steinbrocken auf das schnelle, fast wilde Wasser des Ayr. Hier geht es mir gut, dank Mary Harney und ihrer heiteren Art. Sie ist mir von Monat zu Monat wichtiger geworden.

»Träumst du?«

»Nicht wirklich«, beeilte sich Mary, leerte ihren Becher bis zum Grund und setzte sich im Schneidersitz vor die Freundin. »Frau Lehrerin, es kann losgehen.«

Mary Harney öffnete als ersten den Brief von Friedrich. Nach einem kurzen Blick auf die Zeilen hob sie die Schulter. »Viel ist ihm diesmal nicht eingefallen.«

»Egal. Hauptsache, er hat an mich gedacht und mir geschrieben.«

»Meine Liebste.« Die Freundin wiegte das Blatt beim Lesen leicht hin und her. »Wie Du weißt, bin ich jetzt schon seit mehr als einem halben Jahr hier in Paris, und die Zeit ohne Dich verdoppelt die Monate, meine Sehnsucht wird mir zur Qual, sie lässt die Tage und Nächte endlos werden.«

Nach diesem herzwärmenden Beginn lächelte Mary, warum soll es ihm besser gehen als mir? Gespannt hörte sie den Bericht von den schwierigen Vorträgen, den Kämpfen und seinen Siegen. »Wie klug und geschickt er ist«, unterbrach sie die Leserin.

»Deswegen mag ihn mein Julian. Engels schreibt gut, weiß viel und hat keine Angst wie sonst die meisten Kerle, ob sie nun bei uns, bei den Chartisten, sind oder im Bund der Gerechten oder auch bei euch im Komitee.«

»Weiter. Was schreibt er noch?«

Mary Harney suchte die Zeile. »Es gibt einen Lichtblick in der finsteren Einsamkeit.« Nun schrieb Friedrich vom bevorstehenden Kongress am 1. Juni in London. »Ich werde nach aller Wahrscheinlichkeit dort sein. Und du, meine Liebste, kommst zu mir. Wir können bei meiner Schwester wohnen. Egal wie klein das Zimmer auch sein mag …« Frau Harney hielt einen Atemzug inne, las dann leiser und schneller: »Auch sein mag, ich werde das Gesicht zwischen Deine Schenkel legen, und meine Zunge wird Dich begrüßen, bis Du vor Lust und Wonne aufstöhnst. Ich werde an Deinen Brüsten liegen, mich satt trinken, und Du nimmst mich tief in Deiner Mitte auf …« Die Vorleserin sah nicht hoch, pustete einmal hörbar, die Stromschnelle im Brief war geschafft, sie nahm einen Schluck und gab noch Küsse und Grüße aus Paris zum Abschluss an die Lauscherin weiter. Mary schenkte vom Rotwein nach. Beide Frauen sahen sich, während sie tranken, ernst an und lächelten, als sie die Becher absetzten. »Ein schöner Brief«, sagte Mary Burns.

»Kann ich nur bestätigen«, sagte Mary Harney. Sie nahm das zweite Schreiben zur Hand. Nur ein Blick auf die Anrede, und schon krauste sie die Stirn. »Dieser verlogene Schmeichler. Hör dir das an: An die schönste, begehrteste Blume im Burns-Land.«

Mary klatschte in die Hände. »Recht hat er. Das bist du doch.«

Frau Harney winkte ab. »Nun übertreibe du nicht auch noch. Schau in den Spiegel, dann überlegen wir uns das mit der schönsten Blume noch mal.«

»Nicht nötig.« Marys Augen blitzten. »Ich bin hier im Dichterland nur Gast.«

Einen Moment musste die Freundin überlegen, dann drohte sie mit dem Finger. »Ehe es Streit gibt, teilen wir uns die Ehre.« Beide lachten, und Mary Harney tippte energisch auf die Zeilen und las: »Verzeih das lange Schweigen, aber die Redaktion beim *Northern Star* und die Arbeit im Vorstand der Chartisten verlangten meinen ganzen Einsatz, mehr, als mir lieb war. Wieder einmal wird von allen Seiten gedrängt, ich solle mich zum Vorsitz der Partei wählen lassen. Niemand weiß es besser als Du, mein Herzensschatz, dass ich mich nicht zum Führer eigne.«

»Ist das so?«, unterbrach Mary.

»Julian will gleich mit dem Kopf durch die Wand. Und dafür gibt es in England keine Gefolgsleute.« Ein bekümmertes Lachen. »Wer ihm nicht passt, mit dem legt er sich an. Wie oft musste ich ihn schon im Gefängnis besuchen.«

In den nächsten Zeilen beschrieb ihr Mann all die Eigenschaften eines erfolgreichen Parteiführers, die ihm selbst nicht eigen wären: ein blendendes Aussehen, einen eisernen Willen, er musste über große Beredsamkeit verfügen, und nicht zuletzt musste er fließend andere Sprachen beherrschen.

»Jetzt untertreibt er wieder.« Die Vorleserin schnippte mit dem Finger auf das Blatt. »Mir gefällt er, und ich kenne keinen, der solch eine Energie wie mein Julian besitzt.« Sie kam zum letzten Absatz des Briefes. »Nun wünsche ich mir, dass Du zur Nacht …« Schweigen. Die Ehefrau las und räusperte sich. Mary dachte mit und rieb die Fingerkuppen aneinander.

»… Dein Julian.« Ganz in Gedanken ließ Mary Harney das Blatt sinken, hob es aber gleich wieder an. »Hier folgt noch ein Nachsatz. Er betrifft Engels.« Sie überflog die Zeilen, ihre Hand begann zu zittern, sie schluckte, sagte mit veränderter Stimme: »Nein, doch nicht. Es ist unwichtig.«

»Was ist mit dir?« Mary richtete sich auf.

Die Freundin wollte den Brief zur Seite legen, sanft fasste Mary nach dem Handgelenk. »Bitte, was steht da?«

»Irgendwas über seine Tätigkeit in Paris.« Frau Harney senkte die Augen. »So glaube doch, es hat keine Bedeutung.«

Mary spürte den Herzschlag. »Wenn er krank wäre, würdest du es mir sagen.«

»Aber sicher.«

»Was ist es dann?« Nun verstärkte Mary den Griff ums Handgelenk. »Lies mir vor. Bitte! Ganz gleich, was da steht. Ich will es wissen.«

Mary Harney nickte, sie sammelte sich. »Hier schreibt Julian: Unser Freund Moll hat Engels in Paris getroffen. Engels bewirkt dort viel für das Komitee, er nimmt sich aber nebenher noch genügend Zeit, das süße Leben von Paris in vollen Zügen zu genießen. Nacht für Nacht besucht er die Tanzlokale und vergnügt sich mit den aufreizenden Grisetten bis zum Morgen. Bitte sage nichts davon Deinem Gast, behalte diese Information für Dich.« Sie sah die Freundin bekümmert an. »Nun habe ich es dir doch gesagt.«

»Bis zum Morgen?« Mary erhob sich mühsam von der Decke, stand da und blickte zum Fluss. Dieser ... Und mir schreibt er von Sehnsucht ... Dieser verlogene Bastard. Tief in der Brust wucherte eine Stachelkugel, schmerzte bei jedem Atemzug mehr. Unvermittelt bückte sich Mary, nahm einen Stein vom Fuß des Felsens auf und schleuderte ihn mit einem zornigen Schrei über die Büsche in den Ayr. »Verflucht! Verflucht.«

»Richtig so.« Frau Harney stand auf. »Mein Armes, wirf gleich den ganzen Kerl hinterher.«

»Das würde ich auch, wenn ich nur könnte. Ersäufen sollte ich ihn.«

Jäh ließ die Kraft nach, Mary senkte den Kopf, sie stützte sich mit der Linken auf den Arm der Freundin. »Es sind Heuchler, alle beide. Das weiß ich jetzt. Und Frederick ist der Schlimmste. Aber der Doktor Marx kommt gleich danach.«

Mary Harney zuckte leicht die Achseln, wartete ab.

»Ich mein, wie sie über uns Frauen denken.« Mary verneinte mit dem Finger. »Oh! Ehe darf überhaupt nicht sein.« Ein bitteres Auflachen. »Das sagt selbst der Marx. Soviel ich verstanden habe, meint er, in der Ehe bleibt das Vermögen in der Familie und kann nicht verteilt werden. Das passt dem Kommunismus nicht. Und was macht er selbst? Den Adel und die Ehe will er abschaffen. Und?« Sie stampfte mit dem Fuß auf. »Er heiratet, und gleich eine Baronesse. Nun gut, Geld haben sie nicht, aber das ist eben Pech.«

»Mein Julian hat mich auch geheiratet.« Die Freundin zog Mary wieder hinunter auf die Decke. »Der kühne Revolutionär konnte es gar nicht abwarten. Kaum waren wir uns begegnet, da stürmte er schon zu meinem Vater.«

Mary nahm einen großen Schluck direkt aus der Weinflasche. »Und jetzt zu dem sauberen Frederick. Keine Ehe. Das hat er mir schon bald klargemacht. Wenn ein Paar freiwillig beieinander ist, dann würde die Frau weniger unterdrückt, und außerdem …«, ihre Stimme höhnte, »käme dann die wahre Liebe zum Zuge.« Sie setzte die Flasche hart ab, dass etwas vom Roten herausspritzte. »Geglaubt habe ich ihm, jetzt aber weiß ich, was er wirklich meint: Keine Heirat, das hilft dem Gewissen, wenn ein Kerl sich mit anderen Weibern herumtreibt.«

Die Freundin nahm die Flasche an sich und trank nun auch ohne Becher. »Ist Engels dein erster Mann? Ich mein, als brave Webertochter habe ich vor Julian keine Liebschaft gehabt.«

Oje. Mary stieg das Blut ins Gesicht, sie schloss die Augen, als könne sie sich vor sich selbst verbergen. »Das war bei mir ganz anders. Als Tochter eines Säufers … Nein, egal. Ja, ich kannte einige Kapitäne und freizügige Geschäftsleute. Meine Orangen waren sehr begehrt, so will ich das mal ausdrücken.« Sie öffnete die Lider.

»Dieses Leben hat aufgehört, sobald ich Frederick begegnet bin, und ganz aufgehört hat es, als ich mit ihm nach Brüssel ging.« Die Stimme schwankte. »Geglaubt habe ich ihm.«

Mary Harney setzte sich vor die Freundin und ergriff sie an beiden Händen. »Ich bin die meiste Zeit hier in Mauchline. Julian kommt mal mehr, mal weniger oft nach Hause. Ich spüre genau, ob er mich liebt. Ich will alles von seiner Arbeit wissen, mehr aber frage ich nicht.« Sanft schüttelte sie die Hände. »Trotz allem hast du noch Glück im Unglück.«

»Du willst mich nur trösten.«

»Ich meine es ernst. Solange es einige Weibsleute sind und er sich nicht nur mit einer einzigen rumtreibt, besteht wenig Gefahr.«

Ich will nicht daran denken. Mary nickte. Denk nicht daran, befahl sie sich. Es gelang nicht. Ein tiefer Atemzug, nein, noch schaffe ich es nicht. Sie deutete auf den Korb. »Der Hunger ist mir vergangen.«

»Mir auch.« Mary Harney nahm die Flasche. »Komm, wir gehen näher ans Ufer.«

Sie hockten sich auf zwei große Steine, tranken und ließen die Blicke mit den Wellen davonfließen. Spät gingen sie heim. Zwischen den duftenden Wiesen begann Frau Harney zu summen. Mary flüsterte die ersten Zeilen mit: »Should auld acquaintance be forgot and never brought to mind?« Sie lächelte zum ersten Mal wieder. Das schönste Lied von meinem Namensvetter-Vorfahrendichter, dachte sie. Dann fiel sie ins Summen mit ein.

# 28

Paris, 23 Rue de Lille
Mai 1847

Früh war es. Auf dem Pont du Carrousel blieb Friedrich am Geländer stehen und blickte über die Seine nach Osten. Rötliche Wolkenstreifen färbten den Horizont. Er zückte die Taschenuhr. Kurz nach fünf Uhr. »Noch ungefähr zwanzig Minuten bis Sonnenaufgang«, murmelte er. »Bis dahin liege ich im Bett.« Während er weiterging, gähnte er und dehnte den Rücken. »Ich mein, liege ich erneut im Bett. Dann aber allein.« Die letzten Stunden muss ich wohl mit dieser Françoise verbracht haben, in deren Bett. Das genaue Ende des Abends ist mir im letzten Rotwein ertrunken. Jedenfalls bin ich neben ihr aufgewacht, und als sie ein Glas Wasser brachte, fiel das dunkle Haar bis über die Brüste. Und an den Po kann ich mich auch erinnern. »Ein schöner runder Po.« Er schloss die Haustür auf. Beim Betreten des Flurs öffnete sich links die Tür der Concierge. »O Monsieur, einen Moment, bitte.«

Friedrich verneigte sich leicht. »Bonjour. Sie sind sehr früh, Madame.«

»Und Sie sehr spät, Monsieur.« Das Stirnrunzeln vertiefte noch die Falten im knittrigen Gesicht. »Ich habe auf Sie gewartet, die halbe Nacht. Dann bin ich im Sessel eingeschlafen.«

»Sehr freundlich, Madame.« Er schenkte ihr sein schönstes Lächeln. »Aber das wäre nicht nötig gewesen.«

»Doch. Dieser Herr war wieder da. Und sie sagten doch, ich solle auf jeden achtgeben.«

»Mit Zylinder? Und Mantel?«

»Nein, von den Geheimen war es keiner.« Sie kicherte leise. »Die kenne ich alle.« Sie kam zwei Schritt auf Engels zu und bog den krummen Rücken ein wenig gerader. »Der von gestern Abend hatte den Kopf voller Locken, so wie bei Mädchen. Nur seine waren nachgemacht. Und jung im Gesicht war er auch nicht mehr.«

Ein Verdacht. Friedrich verschränkte die Finger ineinander. »Noch etwas Auffälliges?«

»Die Wangen.« Sie hob den Blick. »Rouge. Ja, gepudert waren sie.«

»Und ein kleines Bärtchen am Kinn?«

Die Alte nickte, und er nickte grimmig dazu. Moses, dachte er, Moses Hess. Was willst du hier? Beim ersten Treffen in Paris vor zwei Monaten hätte ihn Friedrich beinahe wegen des gewollt jugendlichen Aussehens nicht erkannt. »Ich muss mich anpassen«, hatte Moses ihm gestanden. »Ich habe eine junge zauberhafte Frau. Da kann ich nicht als alter Rabbi neben ihr hergehen.« Damals schien er nichts von dem Ereignis zwischen Friedrich und Sibylle zu wissen. Im Gegenteil. Er bedankte sich für das Umsorgen seiner Frau und erbat von ihm sogar einen guten Rat gegen den Tripper, den er sich aus Deutschland mitgebracht hatte. Aber jetzt? Was konnte er wollen? Friedrich legte der Concierge die Hand auf den Arm. »Madame, wie war der Herr? Seine Stimmung?«

»Sehr aufgewühlt. Mehrmals hat er gesagt, dass er Sie unbedingt sprechen muss. Noch vor heute Abend. Deshalb will er im Laufe des Tages noch mal vorbeikommen.«

Heute Abend war die Wahl des Delegierten für den Kongress in London. »Noch vorher?« Friedrich strich sich den Lippenbart. So dringend? Das konnte nur eins bedeuten. Er weiß es … O verflucht, mit der Versammlung habe ich schon genug Ärger. »Danke, Madame. Wenn dieser Herr kommt, sagen Sie ihm, ich sei für ihn nach dem Mittag zu sprechen. Jetzt muss ich erst einmal ein wenig schlafen.«

»Ruhen Sie sich nur aus, Monsieur.« Er war schon halb die Treppe hinauf, als sie ihm nachrief: »Den Zettel an Ihrer Tür können Sie wegwerfen. Jetzt wissen Sie ja alles.«

Ohne sich auszuziehen, sank Friedrich ins Kissen. Wie sollte er mit Moses umgehen? Er wollte sich eine Taktik zurechtlegen, der Schlaf aber war stärker, nichts nahm er mit in den Traum hinüber und schreckte erst hoch, als es heftig an der Tür klopfte. Verschlafen zerrte er an der Uhrkette, die Zeiger verschwammen noch vor den Augen, erst mithilfe der Brille konnte er die Zeit ablesen. »O Gott, nur vier Stunden.«

Wieder pochte es, drängender. »Verdammter Moses. Ich komme!« Er schlurfte in den kleinen Flur und riss die Tür auf. »Mittags. Zum Teufel, nicht früher ...« Er starrte in die entgeisterten Gesichter von August Hermann Ewerbeck und dem jungen Stephan Born. »Ach, ihr seid es. Entschuldigt, aber ich ... Ach was, kommt rein!«

Eilfertig schob der Arzt seinen Bauch hinter ihm her in die Stube. »Da ist einer aber noch müde. Und das an einem so wichtigen Tag wie heute?« Er sprach schnell, viel zu schnell. »Wen hast du denn erwartet? Wir können auch später wiederkommen. Aber Stephan und ich dachten, es wäre dringend nötig, jetzt mit dir zu reden. Aber wenn du willst ...«

»Sei still! Bitte.« Friedrich tippte sich mit der Faust gegen die Stirn. »Lasse mir einen Moment zum Wachwerden. Setzt euch. Auf dem Tisch steht die Wasserkaraffe. Wein habe ich momentan nicht.« Er ging hinüber ins Schlafzimmer, nässte ein Tuch in der Waschschüssel und rieb sich Augen, Gesicht und Nacken, auf einen Blick in den Spiegel verzichtete er.

Zurück in der Wohnstube klatschte er einmal in die Hände. »So, Freunde, willkommen. Was führt euch zu mir? Was hat nicht Zeit bis heute Abend?«

»Die Wahl. Darum geht es.« Ewerbeck deutete auf seinen schmalgesichtigen Begleiter. »Deshalb habe ich ihn gleich mitgebracht.« Stephan Born, ein gelernter Buchdrucker, war im Januar nach Paris gekommen, der Zweiundzwanzigjährige hatte Anschluss an die

Arbeiterbewegung gesucht und war aufgrund seiner Begeisterung für die Ideen von Engels rasch zum Mitglied im Geheimbund der Gerechten aufgestiegen. »Glaube mir, ich habe mir das Hirn deinetwegen zermartert.« Ewerbeck schnaufte vor sich hin. »Zur Sicherheit habe ich Stephan zum Wahlleiter ernannt. So ist der zumindest einer von uns.«

»Herrgott, rede nicht um den Brei herum. Was ist los?« Ungeduldig wandte sich Friedrich an den jungen Freund. »Sage du es mir.«

»Mit deiner Wahl zum Delegierten für London sieht es schlecht aus.« Stephan beugte sich vor und umschloss die Knie mit den Händen. »Wir haben probeweise eine mündliche Umfrage unter den Wahlberechtigten gestartet.« Das Blut wich ihm aus den Wangen, nach tiefem Atmen fuhr er fort: »Danach bleibst du unter fünfzig Prozent. Das bedeutet, du wirst keine Mehrheit erhalten. So ist der Stand.«

Eine Faust, sie kommt langsam, doch unerbittlich auf dich zu, trifft den Magen, bohrt sich hinein, nimmt die Luft, übel wird dir. Friedrich setzte sich, schüttelte den Kopf. »Das darf nicht sein. Ich muss nach London. Das Komitee erwartet mich, erwartet meinen Entwurf.«

Ewerbeck hob den Finger. »Nach meiner Meinung bist du der geeignete Abgeordnete. Dennoch gibt es andere, die sich ebenfalls Gedanken über ein kommunistisches Glaubensbekenntnis gemacht haben.«

»Du meinst nicht etwa deinen eigenen Vorschlag?«, fuhr ihn Friedrich an. »Ich denke, Marx hat dir sehr deutlich sein Urteil darüber mitgeteilt.«

»Gut, gut«, beschwichtigte der Arzt. »Es geht die Meinung um, dass ein Delegierter aus Brüssel den Entwurf von Marx und dir in London vertreten soll, das würde genügen. Die Pariser Gemeinden wollen sich ihren Delegierten heute Abend aussuchen.«

»Aussuchen? Das ist kein Spiel mit dem Zufall, auch kein Schönheitswettbewerb. In London geht es um die Veränderung unserer Gesellschaft. Ich muss auf den Kongress.«

»Aber wie?« Ewerbeck strich sich bekümmert den Bauch. »Du hast zu viele Feinde.« In den Augen der meisten Mitglieder sei er immer noch der Bourgeoissohn eines wohlhabenden Fabrikanten, der Monat für Monat den hoch dotierten Wechsel seines Vaters erhält. »Sie glauben, du schwelgst nur so im Leben und kennst die Sorgen der Armen überhaupt nicht.«

»Das ist eine Lüge. In Wahrheit …«

»Ich kenne die Wahrheit nur zu genau«, unterbrach ihn der Arzt. »Aber du hast nicht in all unseren Vereinen genug Vertrauen gewonnen.«

Friedrich presste die Fingerkuppen an die Schläfen. »Es muss einen Weg geben. Lasst uns nachdenken. Wie viele Gemeinden haben wir hier in Paris?«

Stephan Born spreizte die Hand. »Fünf. Davon sind drei auf unserer Seite. Die Mitglieder sind nicht gegen dich, das bedeutet aber nicht, dass sich alle bei der Wahl für dich entscheiden würden.« Er schnippte gegen die beiden übrigen Finger. »Zwei der Gemeinden sind erklärte Anhänger von Proudhon und Doktor Grün, die werden sich sicher gegen dich entscheiden.«

Ewerbeck nahm einen tiefen Schluck vom Wasser. »Es wird ein langer Abend mit vielen Durchgängen. Und ich fürchte, du wirst nicht einmal in die Stichwahl kommen.« Er setzte das Glas ab. »Zum guten Schluss muss ich selbst noch nach London fahren.« Ehe Friedrich aufbrausen konnte, beschwichtigte er: »Das war ein Scherz, nur ein Scherz.«

Friedrich winkte ab. »Wartet, Freunde, wartet. Du als Vorsitzender der Pariser Sektion hast Stephan zum Wahlleiter ernannt. Richtig?«

Der Dicke nickte.

»Und sobald der Wahlleiter heute Abend seines Amtes waltet, hat er alleine den Ablauf zu bestimmen. Richtig?«

»Wie ein Kapitän auf seinem Schiff«, stimmte Ewerbeck zu.

»Gut. Dann hab ich einen Plan.« Friedrich rückte seinen Stuhl näher an den Tisch. Er sprach leise, doch klar und einleuchtend. Zum

Abschluss legte er Stephan die Hand auf den Arm. »Ich bin sicher, du wirst es schaffen. Und sobald ich aus London zurück bin, werde ich mich bei Marx für dich verwenden. Du hast mein Wort.«

Ewerbeck wölbte die Unterlippe vor und zurück. »Es kann gelingen.«

Als Friedrich die Freunde zum Ausgang begleitete, sagte der Arzt noch auf dem Treppenabsatz. »Je länger ich darüber nachdenke … So könnte es gehen.«

»Also dann, bis heute Abend.« Leise schloss Friedrich die Tür und lehnte sich aufatmend mit dem Rücken gegen das Holzblatt. »Zum Teufel mit all diesen verblödeten Straubingern. Hirnlose Holzköpfe.«

# 29

Paris, 23 Rue de Lille
Mai 1847

Punkt zwei Uhr pochte es erneut. Sichtlich erregt erwiderte Moses Hess das Willkommen Friedrichs nicht, sondern deutete mit gestrecktem Zeigefinger die Treppe hinunter. »Wieso? Wieso wagt dieses aufdringliche Weib mich aufzuhalten? Vor drei Stunden war ich hier. Da sagte sie, für mich wärst du erst nach Mittag zu sprechen. Wieso?«

»Weil ich noch anderen Besuch hatte. Nun komm rein. Die Concierge handelte in meinem Auftrag.«

Moses trug über dem Gehrock einen gewagten schwarz-weiß karierten Schulterumhang. Nur mit Mühe konnte sich Friedrich einer bissigen Bemerkung enthalten und ließ dem Gast die Wahl zwischen Schaukelstuhl und einem der Sessel. Für einen Moment unschlüssig, entschied sich Moses dann für den schlichten Stuhl an der Wand. »Um Wurzeln zu schlagen, ist es mir nun zu spät.« Mit linkischem Griff entledigte er sich des leichten Mantels und ließ sich nieder. »Schließlich habe auch ich andere Termine.«

Mir kann es nur recht sein, dachte Friedrich, je weniger wichtig dir die Affäre ist, umso besser. »Dennoch sollten wir die Angelegenheit …« Er tastete sich in freundschaftlichem Ton vor. »Sollten wir die Angelegenheit wie erwachsene Männer in Ruhe bereden.«

»Das Angebot nehme ich gerne an.« Moses strich sich die Locken aus der Stirn. »Du ahnst sicher, warum ich dich sprechen wollte.«

Leicht seufzte Friedrich. »Ich kann es mir denken.«

»Bedauern würde ich, wenn unsere Freundschaft darunter leiden müsste.«

Was soll das? Friedrich rieb mit dem Daumen in der linken Handfläche. Er ist doch der Gehörnte. Wieso bangt er um unsere Beziehung? »An mir soll es nicht liegen.«

»Ich bin froh, das zu hören.« Moses lächelte erleichtert. »Weißt du, mir geht es allein um die Sache. Wir stehen vor einer Wende. Die Sehnsucht nach menschenwürdigen Zuständen wächst. Darauf habe ich in meinem Vorschlag für das Glaubensbekenntnis hingearbeitet ...«

Während Moses weitersprach, sank Friedrich das Kinn, er sagte nichts, dachte nur, es geht ihm gar nicht um seine Sibylle, und ich habe geglaubt ... Was bin ich für ein Idiot, beinah hätte ich mich selbst verraten. Er schloss den Mund und hörte wieder hin.

»Deshalb wirst du verstehen, dass ich dich heute Abend nicht wählen kann.«

»Moment.« Friedrich schüttelte den Kopf. »Ich sehe den Zusammenhang nicht.«

»Wie ich eben schon sagte, nach der Lektüre deines doch sehr nüchternen und gefühlsleeren Vorschlages für die Konferenz bin ich zu dem Schluss gekommen, dass mein Entwurf tiefer, menschlicher und herzlicher ist. Und ich schäme mich nicht meines Mitgefühls den Elenden gegenüber. Deshalb halte ich es für richtig, dass mein Entwurf in London als Grundlagenpapier diskutiert werden soll. Und dafür bist du, verzeih, nicht der richtige Fürsprecher.«

»Du! Ich habe deinen Sermon gelesen.« Friedrich sprang auf. »Schämen solltest du dich. Eine reine Gefühlsduselei. Der Text hat nichts mit Wissenschaft zu tun. So soll und darf der Kommunismus nicht verstanden werden.«

»Dein Standpunkt.« Auch Moses erhob sich. »Ich habe viel Zustimmung von unseren Mitgliedern erfahren.«

»Das klingt nach Verrat. Du buhlst um die Freundschaft von Marx und mir. Insgeheim aber hast du das Lager gewechselt, treibst es jetzt mit den Grünianern.«

»Du bist ungerecht.« Moses griff nach seinem Umhang. »Ich wurde schon als Kommunist verfolgt, als Marx und du noch in Berlin den Junghegelianern anhingt. Aber es ist wahr, ich gehorche meinem Herzen, und deshalb werde ich dir meine Stimme nicht geben.«

Stumm ließ ihn Friedrich aus der Wohnung treten, draußen im Flur sagte er zum Abschied mit sanfter Stimme: »Adieu, Moses Judas Hess, so lasse in Christi Namen dein Herzchen pochen und klopfen.« Dann warf er die Tür mit lautem Knall ins Schloss.

Tabakqualm und Schweiß, an ein freies Durchatmen war schon seit zwei Stunden nicht mehr zu denken. Der Saal war überfüllt, die Männer wischten sich den Nacken, trockneten mit dem Ärmel die Stirn. Friedrich saß weit vorn an der Seitenwand, so konnte er die Stuhlreihen sowie den Vorstandstisch mit Ewerbeck und den beiden Schriftführern und nicht zuletzt auch Stephan Born auf seinem Platz ganz in der Nähe beobachten.

Fast alle Mitglieder der fünf Gemeinden waren zur Hauptversammlung des Geheimbunds der Gerechten auf der Île de la Cité bei Pierre erschienen, die einzelnen Gruppen hatten sich zusammengerottet, die Schneider waren mit den Tischlern zerstritten, die Maurer verachteten die Buchdrucker, und die Grünianer hatten sich mit der hintersten Ecke des Saals begnügen müssen.

Wo war Moses Hess? Friedrich hatte gleich zu Beginn dessen Lockenpracht zwischen der Schneidergemeinde und der Gefolgschaft des Doktor Grün entdeckt. Der Platz passt zu dir, hatte er gedacht, du bist weder hüben noch drüben. Zu Beginn waren alle Anwesenden aufmerksam den Rednern gefolgt, hatten sich an den Diskussionen über die Abschaffung der Lohnarbeit beteiligt, doch als nun schon zum dritten Mal die Übernahme der politischen Macht durch das Proletariat von einem Redner gefordert wurde, verkümmerte das Interesse. Im feuchtwarmen Eigendunst dämmerten die Zuhörer vor sich hin, und kaum hatte der letzte Redner geendet, als einige sich von den Plätzen erhoben.

»Brüder! Setzt euch wieder, Freunde!« Ewerbeck betätigte energisch die Glocke. »Wir sind noch nicht am Ende!« Er ließ das Murren nicht gelten. »Auch wenn wir alle müde sind. Ein Punkt der Tagesordnung steht noch aus.« Erneut ließ er die Glocke ertönen. »Wir kommen jetzt zur Wahl des Delegierten für den Kongress in London. Ich räume meinen Platz und übergebe das Wort unsrem Wahlleiter Stephan Born.«

Der schmächtige junge Mann nahm nicht Platz, er blieb hinter dem Tisch stehen. »Brüder!« Während er wartete, dass sich die Unruhe im Saal legte, glitt sein Blick hinüber zu Friedrich, der ballte verstohlen die Faust und nickte, so gestärkt wandte sich Stephan an die Versammelten. »Mit Rücksicht auf die späte Stunde und eurem Einverständnis werde ich die Wahl des Delegierten zügig durchführen. Eine einfache Mehrheit genügt dem Kandidaten. Wer ist dagegen?« Keine Meldung erfolgte. Die Mitglieder klatschten sogar. Born gab dem Schreiber einen Wink. »Damit ist der Vorschlag angenommen.« Umständlich zückte er nun ein Blatt aus der Rocktasche. »Kommen wir zur Wahl. Als aussichtsreichster Kandidat für den Posten des Delegierten stellt sich unser Bruder Friedrich Engels zur Verfügung.« Er sah auf, wartete zwei Atemzüge und stellte dann betont und langsam die Frage: »Wer gegen Friedrich Engels stimmen will, der hebe jetzt die Hand?«

Arme reckten sich, wurden gleich wieder zurückgezogen, Fragen an den Nachbarn und erneutes Aufzeigen, gefolgt von erneutem Herunternehmen. Schließlich blieben allein die Hände der beiden Grünianer-Gemeinden oben. Stephan Born begann zu zählen, ließ es dann aber. »Das Ergebnis ist eindeutig und für alle sichtbar. Nur eine Minderheit stimmt gegen den Kandidaten, damit bestellt die große Mehrheit den ehrenwerten Friedrich Engels zum Delegierten der Pariser Sektion und entsendet ihn zum Kongress des Komitees nach London.«

Die Sitzung war geschlossen. Beim Hinausgehen drängte sich

Moses Hess an Friedrich heran. »Unfasslich diese Wahl«, sagte er dem Weinen nahe. »Doch ich gebe nicht auf.«

Später beim Wein unten in der Schankstube brachte Ewerbeck einen Toast auf den frisch ernannten Delegierten aus. Friedrich dankte und stieß mit Stephan Born an. »Das hast du gut gemacht, mein Freund.«

# 30

London, 5 Springfield Terrace
1. Juni 1847

Weiß getünchtes Mauerwerk, hohe Fenster mit dunkelgrünen Schlagläden, im gleichen Farbton die großzügige Haustüre. Und wie der Messingklopfer blinkte!

5 Springfield Terrace. Friedrich entlohnte den Kutscher, ging die wenigen Schritte über den gepflasterten Zuweg und setzte den Lederkoffer ab. Auch ohne Hausnummer hätte ich es gewusst. Hier, nur hier kann sie wohnen. Ehe er den blanken Klopfer auf dem Türblatt berührte, stellte er fest, dass dieser nur noch zur Zierde diente, und betätigte den Klingelzug an der rechten Mauer.

»Sir?« Das Hausmädchen blickte den hochgewachsenen Herrn offen an.

»Ich bin Friedrich Engels, der Bruder. Melde mich Mistress Blank.«

Nun ein Lächeln. »Sie werden schon erwartet.« Ein freundlicher Wink. »Bitte treten Sie ein.«

Von irgendwo aus den Tiefen des Hauses vernahm Friedrich getragenes Klavierspiel. In der Halle bestaunte er die hohe Standuhr mit ihrem schweren Pendel. Fast die gleiche steht bei uns in Barmen. Oder hat Vater sie etwa hergeschenkt? Nein, nein. Der Transport aus dem Wuppertal bis nach London rechnet sich nicht für eine Standuhr …

»Fritz!«

Er wandte sich um, konnte gerade noch den Hut abnehmen, da umhalste Marie ihn schon, küsste seine Wangen. »Ich freue mich so. Dann war das Schiff also fast pünktlich?«

»Mein Schwesterchen.« Er strich über ihr weichglattes, dunkles Haar, fuhr mit der Fingerkuppe den Mittelscheitel nach und streichelte sanft den Hinterkopf. »Wie lange haben wir uns nicht gesehen?«

»Seit der Taufe von Klein Emil im letzten Jahr. Und jetzt schau mal ...« Marie trat zurück und raufte mit beiden Händen den weiten Rock fester an ihren Leib. Deutlich war der vorgewölbte Bauch zu erkennen. »Hier naht schon der nächste Erdenbürger. Und solltest du noch ein paar Wochen bleiben, so darfst du ihn auch schon begrüßen. Allerdings ...«

»Das würde ich gerne, doch der Kongress dauert nur eine Woche.«

Marie knuffte ihren Bruder leicht gegen die Brust. »Sei froh. Denn ich wollte gerade sagen, dass Mama so um Mitte Juni herkommt und bleibt, bis das Kind da ist. Mit ihr hättest du dann Zimmer an Zimmer wohnen dürfen.«

Friedrich setzte der Schwester seinen Hut auf. »Du weißt, ich liebe unsere Mutter von Herzen.«

»Nur nicht ihre ewigen Frage-Fragen.« Marie ahmte die Sorgenmiene der Mutter nach und seufzte wie Elise Engels, während sie den Hut an die Garderobe hing. »Ach, Brüderchen. Du bist zwar Mamas Ältester und ihr Liebster, aber auch ihr Kummersohn. Und von Papa wollen wir gar nicht reden.«

»Du meinst, ich bin in unserer Familie das schwarze Schaf?«

Leise lachte Marie. »Schwarz? Eher das rote Schaf. Wie eure Fahne.« Sie hakte sich bei ihm unter. »Ich glaube, unser Vater könnte sich leichter mit einem lasterhaften Schwarz abfinden als mit der roten Gesinnung.«

»Weil er sich, wie die meisten, noch nie wirklich mit unserer Idee auseinandergesetzt hat. Auf diesem Kongress ...«

»Nicht jetzt.« Marie legte ihm den Finger auf die Lippen. »Spare dir das für später auf, wenn Emil dabei ist. Zurzeit lässt er sich von dem Klavierlehrer sein Spiel verfeinern.« Sie führte den Bruder durch den Salon. »Dabei meine ich, Emil beherrscht das Klavier für einen Großkaufmann gut genug, aber neben dem Tuchhandel ist eben die Musik seine große Leidenschaft.«

»Ich hoffe, du kommst noch an erster Stelle.«

»Ach, Brüderchen, mit der Schwangerschaft weiß er mich gut beschäftigt.« Ein kleiner Schnaufer. »Nein, ich klage nicht. Emil ist ein sehr aufmerksamer, fürsorglicher Ehemann. Nun komm in den Garten. Noch hält das Wetter.« Sie wollte den Tee dort servieren lassen. »Und es erwartet dich eine Überraschung.«

Rund um den Rasen blühten Rosenbüsche in Rot und Weiß, dazwischen prangten Schwertlilien in hellem Blau bis hin ins Violett. Friedrich sah unter dem Baldachin den gedeckten Tisch, die Korbsessel aber waren leer. Ich habe ihr das genaue Datum mitgeteilt? Dienstag, 1. Juni. Und auch die genaue Adresse.

Seine Schwester zupfte ihn am Ärmel. »Was ist mit dir?«

»Verzeih. Aber ich … Du sprachst von einer Überraschung. Und da dachte ich, Mary sei aus Schottland schon angekommen.«

»Ach, das tut mir leid. Mit ihr kann meine Überraschung nicht mithalten. Wir sind auf deine heimliche Verlobte …« Marie unterbrach sich, vergewisserte sich: »Liege ich richtig, wenn ich sie so bezeichne?«

Friedrich atmete erschreckt, ließ den Mund offen, und Marie lachte und stupste ihn wieder in die Seite. »Schon verstanden: eure Ideologie. Also wir sind auf den Besuch deiner Geliebten eingestellt, nur eingetroffen ist sie bisher noch nicht.«

Ein Irrtum? Vielleicht weil der Kongress erst am 2. Juni beginnt? Das ist die Erklärung, Friedrich war überzeugt. »Morgen. Dann wird sie sicher morgen anreisen.«

»Die Verspätung hat auch etwas Gutes.« Marie bot ihrem Bruder den Platz mit der schönsten Aussicht in den Garten an und setzte sich neben ihn. »So haben wir noch etwas mehr Zeit für uns. Und jetzt zu meiner Überraschung.« Sie klatschte in die Hände, und das

Hausmädchen schob den Servierwagen heran. Friedrich schmunzelte. »Mein Gott, ich glaube es nicht: eingerollte Pfannkuchen.«

»Und zwar entweder mit Pflaumenmus oder frischer Erdbeermarmelade. Du kannst wählen.«

»Wunderbar«, strahlte er. »Ich entscheide mich für beide Sorten.«

Marie sah ihn ernst von der Seite an. »Ich dachte, eine kleine Erinnerung an zu Hause würde dir guttun.«

Er beugte sich zu ihr und küsste sie sanft auf die Wange. »Du bist und bleibst mein sicherstes Bindeglied.«

Wohlstand, dachte er, während er die Teetasse zum Mund führte, wie angenehm, ihn wieder einmal zu genießen. Das feine Porzellan, Silberbesteck und dieses großräumige Haus, der Garten. Ich muss gestehen, fremd fühle ich mich hier nicht. Nach dem Trinken betupfte er leicht den Schnurrbart. Nur gut, dass mich keiner aus dem Bundesvorstand hier sieht oder gar einer der Delegierten. Ich würde bei ihnen mit meinen Thesen nicht weit kommen.

»Du bist nachdenklich?« Marie legte ihm einen Pfannkuchen auf den Teller. »Willst du mir ein wenig von ihr erzählen?«

»Verzeih.« Er kehrte zurück. »Du meinst, von Mary? Aber ja. Was möchtest du wissen? Wenn sie will, dann singt sie gerne. Sie spricht auch etwas Deutsch, wenn sie will. Sie lacht sehr schön, natürlich nur, wenn sie will. Mary ist eine gute Zuhörerin, aber nur …«

»… wenn sie will«, ergänzte die Schwester im selben Tonfall und schnitt dem Bruder eine Grimasse. »So kommen wir nicht weiter. Ich habe eine bessere Idee. Iss deinen Pfannkuchen. Ich bin sofort wieder bei dir.«

Sie ging ins Haus und kehrte gleich darauf mit Papier und Stift zurück. »Zeichne sie mir. Aber bitte nichts Anzügliches, auch mein Emil soll das Bild ansehen dürfen.«

»Keine Angst. Um Mary in ihrer nackten Schönheit zu zeichnen, fehlt mir das Talent.« Er beschränkte sich auf das Gesicht, verweilte bei den Augen, ließ die Lippen leicht geöffnet und erläuterte die Sommersprossen rechts und links der Nase. »In Wirklichkeit ist sie noch viel wärmer und herzlicher.«

»Ich bin beeindruckt.« Marie nahm das Blatt in die Hand und ging mit ihm in die Sonne. »Und es ist dir ernst mit ihr? Ich meine, wenn ich so an früher denke?«

Friedrich griff nach der Tasse, trank, ließ sich Zeit, ehe er antwortete: »Ernster als bei all den anderen.«

»Was höre ich da?« Aus der Terrassentür trat Karl Emil Blank und kam mit großen Schritten auf den Pavillon zu. »Kaum angekommen geht es meinem lieben Schwager schon wieder um den Ernst der Welt?« Er lachte, sein Gesicht war eingerahmt von einem sorgsam gestutzten Bart, der bis hoch zu den Schläfen reichte, dort etwas aufwucherte, ehe er sich im schon deutlich gelichteten Haupthaar verlor.

Friedrich erhob sich, und die Zuneigung füreinander war beiden Männern anzusehen. Sie kannten sich bereits aus der Schulzeit in Barmen, die Familien waren befreundet, auch geschäftlich verbunden und mit der Heirat von Marie und Emil noch enger zusammengerückt. »Wie war die Fahrt? Habe im Kontor gehört, dass die See in den letzten Tagen recht stürmisch war.«

»Mein Magen hat die Fahrt gut überstanden.«

Marie trat zu ihnen und zeigte ihrem Gatten das Bild. »Darauf wartet unser Fritz.« Der erste Blick überraschte ihn, er nahm das Blatt, hob es an, dass die Sonne es besser beleuchtete. »Sie ist ein …« Seine Miene vollendete das wahre Kompliment, während er abgemildert formulierte: »Recht ansehnlich. Außerdem scheint die Dame sehr temperamentvoll zu sein. Zumindest dem Bild nach zu urteilen.«

»Wie gut beobachtet.« Marie schnappte ihm elegant das Blatt aus der Hand. »Mary Burns sollte heute schon kommen, aber mein armer Fritz und auch du, mein Gemahl, ihr müsst euch noch bis morgen gedulden.«

# 31

London, 5 Springfield Terrace
1. Juni 1847

Zum Dinner gab es Kalbsbraten, eingemachte Bohnen und, für den Gast extra zubereitet, die doppelte Menge an brauner Soße, dazu ein wunderbar kaltes, aus Deutschland eingeführtes Pilsener Bier. »Es ist schöner noch als zu Hause.« Friedrich nickte seiner Schwester dankbar zu. »Weil bei diesen Köstlichkeiten die bittere Würze von Vaters strengem Blick und Mutters Alle-fünf-Minuten-Seufzer fehlen.«

»Sei tolerant mit ihnen, Fritz. Sie können nicht aus ihrer Haut.«

»Du hast recht. Die Welt kann man mit ihnen nicht verändern. Sie sind im Tal der Wupper festgewachsen. Ich bin nur froh, ihrer pietistischen Enge entkommen zu sein.«

Emil legte dem Schwager die Hand auf den Arm. »Eins aber solltest du nicht vergessen. Bei aller Moral und Frömmigkeit, dein Vater ist ein herausragender Fabrikant und Geschäftsmann.«

»Weil er das noch vorherrschende System bedient.«

»Dank Gott.« Der Tonfall verschärfte sich. »Dein Vater sorgt sich wie kaum ein anderer Fabrikant im ganzen Tal der Wupper um seine Arbeiter, es gibt billige Lebensmittel, Kleidung …«

»Es gibt Nachtisch«, unterbrach Marie energisch das Thema. »Vanillepudding, dazu Apfelmus aus unsrem Garten in Barmen.«

Die Männer sahen sich an, es bedurfte zwei, drei Lidschläge, ehe sie lächelten und ihre Blicke den aufkeimenden Zorn verloren.

Nach dem Essen entließ Marie ihren Ehemann und den Bruder in die Bibliothek, dort sollten sie rauchen, trinken und möglichst nicht über Politik streiten. »Später erwarte ich euch im Salon. Ihr schuldet mir wenigstens eine Runde Domino vor dem Schlafengehen.«

Auf dem Weg durch die Halle bat Emil den Schwager: »Könntest du mich aufklären? Über eure Ziele?« Er sah die steile Falte auf der Stirn. »Nicht um zu streiten. Ich will weg von den Gerüchten um euer Vorhaben.«

»Dabei wärst du selbst beinah ein Kommunist geworden.«

»Du sagst es.« Emil öffnete die Glastür der Standuhr und zog an den Ketten das Federwerk für den nächsten Tag auf. »Das war damals. Als wir jung waren, wollten wir alle die Armen aus dem Elend befreien.«

»Und das ist jetzt vorbei?«

Emil schloss die Glastür. »Nein. Deshalb will ich zumindest teilweise verstehen, worum es euch geht.«

Friedrich entnahm seinem Gepäck den Entwurf für den Kongress und folgte dem Schwager in die Bibliothek. Er wählte für sich den Ledersessel. Emil bot Zigarren aus Übersee an, es gab Cognac aus Frankreich. Im Kamin flackerte das Feuer. Welch eine Situation, dachte Friedrich und schüttelte leicht den Kopf. Wenn mich hier einer aus dem Bund antreffen würde, müsste ich sicher gleich meine Mitgliedschaft zurückgeben. Selbst Wolff werde ich es nicht erzählen. Weil Karl Marx das Reisegeld nicht aufbringen konnte, hatte er den Journalisten und engen Vertrauten Wilhelm Wolff als Delegierten der Brüsseler Gemeinde nach London geschickt.

»Lass uns anstoßen!« Emil beugte sich vor. »Der Martell ist lange gereift.« Friedrich hob das Glas. »Auf Marie und eine glückliche Geburt. Auf euch und eure Gastlichkeit.« Dunkel klangen die Gläser. »Und dass unsere Freundschaft nicht leidet. Ganz gleich, was in nächster Zukunft noch geschehen mag.«

»So düster?« Sie tranken, und als sie absetzten, wiederholte Emil: »Sieht es so düster aus?«

»Für euch Kapitalherren schon. Die Arbeiterschaft wird sich

zwangsläufig erheben und die kapitalistische Klasse ablösen.« Friedrich ließ die Blattkanten seines Entwurfes über die Daumenkuppe laufen. »Das wird nicht gleich geschehen, aber es ist nur noch eine Frage der Zeit.«

»Aha. Es soll also eine Revolte geben?« Nicht sonderlich beeindruckt blies Emil einige Rauchringe in die Luft. »Und aus diesem Grund findet hier der Geheimkongress statt? Als Vorbereitung? Aber, Fritz, für solch ein Abenteuer wirst du dich nicht hergeben wollen.«

»Ich würde mich nicht scheuen, wenn nötig eine Waffe in die Faust zu nehmen.« Friedrich streifte die Asche von der Glut. »Aber unser Treffen hier gilt einem anderen Ziel.« Zunächst sollte alles Geheime, das Verstecken aufhören. Der Bund wollte offen die politische Bühne mit einem kämpferischen Programm betreten. Er hielt die Blätter hoch. »Und dazu bedarf es eines klugen Kopfes. Bei aller Bescheidenheit, deshalb bin ich als Delegierter hier. In den nächsten Tagen wird mein Entwurf diskutiert werden.«

»Lass hören!« Emil lehnte sich zurück. »Nicht den ganzen Text, versteht sich. Wir müssen noch zum Domino. Die wichtigsten Passagen aber würden mich interessieren.«

Friedrich strich über das Deckblatt. »Die Mitglieder im Bund sind Handwerker, einfache Arbeiter. Für sie habe ich die Form eines Glaubensbekenntnisses gewählt.«

»Glaubensbekenntnis? Höre ich da den Sohn aus dem pietistisch frommen Elternhaus?«

Einen Moment stockte Friedrich. »Mit mir persönlich hat die Art der Darstellung nichts zu schaffen. Auch der Schlichteste unserer Mitglieder kennt das Abfragen des Glaubens aus der Kirche.«

»Verzeih, ich wollte dich nicht unterbrechen.« Emil schenkte vom Cognac nach. »Und nun lass hören, Schwager.«

»Es sind zweiundzwanzig Fragen. Die erste lautet: Bist du Kommunist? Und als einfache Antwort: Ja.« Friedrich tippte mit dem Finger auf das Blatt. »Was ist der Zweck des Kommunismus? Darauf könnte als Antwort kommen: Der Kommunismus ist die Lehre von der Befreiung des Proletariats. Und als Folge natürlich die Frage: Wie wollt ihr das bewerkstelligen? Die Antwort: durch die Aufhebung des Privateigentums, an dessen Stelle die Gütergemeinschaft tritt.« Er sah den Schwager an. »Ich habe nun in den folgenden Fragen die Veränderung der Gesellschaft hin zum Kommunismus Schritt für Schritt angesprochen und beantwortet.«

»Also wirklich ein Glaubensbekenntnis«, staunte Emil. Wie in der Konfirmandenstunde hob er den Finger. »Noch eine Frage, Herr …« Auf den zornigen Blick des Schwagers hin verschluckte er den »Pfarrer« und setzte neu an. »Was ist mit dem Privateigentum? Wird die Aufhebung friedlich vonstattengehen?«

»Ohne es zu wissen, sprichst du die Frage sechzehn an.« Friedrich blätterte, dachte: Du siehst, lieber Schwager, mein Entwurf taugt etwas. Nun zahlte er die Anspielung auf den Pfarrer zurück. »Selbst einem Bourgeois wie dir kann mein kommunistisches Glaubensbekenntnis Antwort geben. Also: Abschaffung des Privateigentums.« Er zitierte: »Es wäre zu wünschen, dass dies auf friedlichem Wege möglich wäre. Und die Kommunisten wären gewiss die Letzten, die sich dagegen auflehnen würden …« Friedrich übersprang viele Zeilen und zitierte weiter: »Wird hierdurch das unterdrückte Proletariat zuletzt in eine Revolution hineingejagt, so werden wir Kommunisten dann ebenso gut mit der Tat wie jetzt mit dem Wort die Sache der Proletarier verteidigen.«

Unvermittelt wogen diese Sätze für den Großkaufmann schwer, noch ganz in Gedanken mahnte er nach einer Weile, dass es Zeit für die Dominopartie wäre. In der Halle hatte er sich wieder gefasst, leichter Spott stahl sich erneut in die Augenwinkel. Er hielt Friedrich am Arm zurück. »Nur zum Verständnis. Bei dieser Enteignung …« Der Finger wies auf die Standuhr. »Wird sie in einer öffentlichen Halle aufgestellt? Oder kann das gute Stück hierbleiben und jeder, der die Zeit wissen will, kommt bei uns vorbei und schaut nach, wie spät es ist?«

Friedrich lachte leise. »Du machst dich lustig über uns?«

»Nicht wirklich. Nun sag schon!«

»Die Zeiten eines Savonarola sind vorbei. Der ließ in Florenz alle persönlichen Eitelkeiten auf den Scheiterhaufen werfen. Mit Privateigentum sind die Maschinen und andere Produktionsmittel gemeint. Die müssen enteignet und zum Wohle aller genutzt werden können.«

»Jetzt begreife ich.« Emil hob den Finger. »Das mit dem Privateigentum wird jeder erst mal falsch verstehen und sein Klavier oder seinen Wandteppich in Gefahr sehen. Das solltet ihr deutlicher erklären.«

»Der Text hier ist nur ein Entwurf«, verteidigte sich Friedrich. Wie ich Ermahnungen hasse … Er blieb dennoch sanft und versprach: »Ich werde bei den Diskussionen in den nächsten Tagen daran denken.«

Die erste Dominopartie gewann Marie, auch die zweite, und ehe die Steine zum dritten Mal auf der Tischplatte gemischt wurden, lehnten sich die Männer in ihren Sesseln zurück. Schwager Emil sprach die Studienzeit an, und Friedrich erzählte von Berlin, über sein freiwilliges Jahr beim Militär. »Als Artillerieoffizier habe ich zwar den Umgang mit Sechspfündern und Haubitzen aufs Beste erlernt, meine Liebe aber galt der Uniform.« Er zwinkerte Marie zu. »Ich habe sie dir ausführlich beschrieben.«

»Ich weiß, Brüderchen.« Sie lächelte zurück. »Besonders schwärmtest du von den roten Achselklappen mit weißen Rändern.«

»Nicht zu vergessen das Blau des Rocks mit dem schwarzem Kragen, an dem zwei breite gelbe Streifen waren.« Er strahlte bei der Erinnerung. »Das machte schon was her. Die jungen Damen …«

»Davon genug, Friedrich«, ermahnte ihn seine Schwester. »Du hast auch dort studiert. Über Hegel …«

»Nicht jetzt auch noch Philosophie zur späten Stunde«, bat Emil und schenkte vom Roten aus. »Ich denke, was ihr so neben den Hörsälen getrieben habt, das unterhält uns mehr.«

Und Friedrich erzählte von nächtelangen Kneiptouren, Sängerwettstreiten, Mensuren mit blankem Säbel bis hin zu Faustkämpfen in volltrunkenem Zustand. Marie kannte die Geschichten aus den vielen Briefen des Bruders und nutzte eine Trinkpause, bevor er die nächste Episode zum Besten geben konnte. »Wir sollten jetzt alle zu Bett gehen.« Emil müsste früh ins Kontor. Fritz wollte zu seinen Kommunisten, vor allem müsste er für die Ankunft Marys ausgeruht sein. »Und ich muss noch nach Klein Emil schauen, ehe ich mich mit seinem kleinen Geschwisterchen schlafen lege.«

Der Schwager brachte den Gast hinauf und wartete in der offenen Tür, bis Friedrich sein Gepäck auf der Kommode abgestellt hatte. »Ich bin froh, dass du uns besuchst. Auch für Marie freue ich mich.«

»Könntest du mir eine große Bitte erfüllen?« Friedrich reichte ihm die Zeichnung von Mary. »Schicke morgen jemanden aus deinem Kontor zum Bahnhof. Sie wird sicher mit dem Mittagszug aus Edinburgh oder mit dem am späten Nachmittag kommen.«

Emil warf einen Blick auf die Zeichnung. »Das Vergnügen mache ich mir selbst. Ich hole deine Geliebte persönlich am Bahnhof ab. Nach diesem Bild hier wird sie sicher nicht zu übersehen sein.« Ohne Übergang zog er zwei Pfundnoten aus der Rocktasche. »Hier, nimm! Ich weiß, dass du knapp im Beutel bist.«

Friedrich zögerte, bemühte sich, den Blick nicht auf die Geldscheine zu richten. »So viel? Ich weiß nicht, wann ich es dir zurückgeben kann.«

Emil drückte ihm die Pfundnoten in die Handfläche und schloss fest die Finger darum. »Eine Verschwörung hätte ich nicht unterstützt. Aber solange ihr nur diskutiert … Warum nicht? Betrachte es als Geschenk. So kannst du morgen die Kutsche nehmen und darüber hinaus auch mit deiner Mary noch die Woche über gut leben.«

»Danke.« Friedrich steckte das Geld sorgsam in die Tasche. »Auf die Kutsche werde ich verzichten. Wenn ich so hochherrschaftlich bei unserer Tagungsstätte anlange, dann glauben mir die anderen Delegierten kein Wort meines Entwurfes.« Er drückte dem Schwager die Hand. »Ich fahre mit der Pferdebahn, das macht einen besseren Eindruck.«

# 32

London, Windmill Street
2. Juni 1847

Selbst aus der Schweiz, aus Dänemark und Polen waren Delegierte entsandt worden. Kein großer Empfang. Die verdreckte Straße führte quer durchs schmutzige Soho. Unauffällig näherten sich die Tagungsteilnehmer dem Hinterhof und huschten nacheinander durch eine grün bemalte Holztüre die enge Stiege hinauf. Friedrich sah sich im Saal um. Das Präsidium hat nicht einmal die Wände frisch tünchen lassen. In diesem Loch also findet der erste Hauptkongress des Bundes der Gerechten statt. Er reckte sich und suchte nach Julian Harney. Mit Sicherheit würde der wieder die rote Jakobinermütze tragen.

Da verspürte er einen freundschaftlichen Schlag an der Schulter. Als er sich umdrehte, sah er ins Lächeln von Joseph Moll. »Willkommen, Bruder Engels. Na? Tickt der goldene Chronometer noch?« Ohne eine Antwort abzuwarten, neigte der Uhrmacher den Kopf. »Unter uns gesagt. Dein Entwurf zum Glaubensbekenntnis hat uns im Vorstand sehr beeindruckt.«

Friedrich verspürte eine warme Welle den Rücken hinaufsteigen. Er wollte sichergehen: »Es gibt doch noch weitere Vorschläge?«

»Die anderen werden gar nicht zur Aussprache zugelassen. Aber das wird Schapper gleich der Versammlung mitteilen. Behalte es solange für dich.« Es folgte ein kleines Handtätscheln, und Moll ging weiter, um andere Mitglieder zu begrüßen.

Der Tag fängt gut an, Friedrich reckte sich und straffte den Rock über der Brust. So darf er gerne weitergehen.

An der Tür entstanden Lärm, Hallo und Auflachen. Julian Harney hatte den Saal betreten. Der Chartistenführer setzte zur Freude einiger und zum Unverständnis anderer tatsächlich wieder die rote, von seiner Frau gestrickte Jakobinermütze auf und grüßte in die Runde. Friedrich schob sich durch die Delegierten näher an den Freund heran, stellte sich so, dass er nicht zu übersehen war. Harney unterhielt sich mit zwei Mitgliedern, schließlich blickte er auf und erkannte Friedrich. Sie verabredeten sich mit Handzeichen, bald schon löste sich Harney aus der Unterhaltung und reichte Friedrich die Hand. »Endlich ein geistig ebenbürtiger Mitstreiter.« Er scherzte mit spitzer Zunge: »Mit dir vereint könnten wir das ganze Establishment in Angst und Schrecken versetzen. Wie schön, dich zu treffen, lieber Engels.«

Friedrich erwiderte mit ähnlich übertriebenem Lob die herzliche Begrüßung, dann aber fragte er: »Ist deine Mary angekommen? Und weißt du, wo meine ist?«

Gleich wurde Julians Miene ernst, und er zog den Freund etwas abseits des Palavers in eine Ecke. »Seit Tagen habe ich auf Nachricht gewartet. Und erst heute Morgen kam der Brief.« Er entfaltete das Blatt. »Er ist an uns beide gerichtet. Hier, lies selbst.«

Es waren nur drei Zeilen. Friedrich überflog sie, schüttelte den Kopf und las sie sich halblaut vor: »Lieber Julian, lieber Frederick. Wir werden nicht nach London kommen. Wir sind zu beschäftigt. Mit Wünschen für gutes Gelingen auf dem Kongress. Mary und Mary.« Friedrich ließ das Blatt sinken. »Zu beschäftigt? Was meinen sie damit?«

Julian Harney hob die Schultern. »Nach einer Arbeit klingt das nicht.«

Friedrich starrte wieder auf die Zeilen, mit ihnen verdunkelte sich die Freude über den Tag. »Ich verstehe nicht, warum.«

Am Präsidiumstisch ertönte die Glocke und forderte die Delegierten auf, Platz zu nehmen. Der erste Bundeskongress begann.

# 33

Brüssel, Rue d'Orléans
Ende Juni 1847

»Darf ich dich küssen?«
Beim Klang der Stimme fuhr Helene am Küchentisch zusammen, das Messer in ihrer Hand rutschte zu tief und blieb in der harten Schwarte hängen. Herr Fritz, dachte sie, lächelte, und als sie es bemerkte, verbot sie es sich sofort wieder. Ohne sich umzudrehen, fragte sie: »Wo kommen Sie so plötzlich her?«

»Direkt aus Paris.«

Sie schabte weiter die Speckreste auf das breite Holzbrett. »Und wieso schleichen Sie sich in meine Küche?«

»Die Wohnungstür stand offen. Da sah ich dich …« Er knurrte wie ein gefährlicher Hund. »Und da musste ich gleich zu dir.«

»Aha.«

»Darf ich dich nun küssen?«

Mit Schwung drehte sich Helene um, warnte mit der Messerspitze. »Küssen ja, aber nur wenn die Hände auf dem Rücken sind.«

Er gehorchte, verschränkte hinter sich sogar die Finger. Zufrieden mit ihm nahm sie erst mit der rechten Wange einen Kuss, dann mit der linken den nächsten entgegen. Wie gut er riecht, dachte sie für einen Moment und sagte todernst: »Keine Angst, ich werde Mary nichts verraten.«

»Wieso?« Unsicher hob er die Brauen. »Was verraten?«

»Dass Sie mich in der Küche überfallen und geküsst haben.«

»Aber so stimmt das nicht ...«

Da lachte Helene vergnügt und wedelte ihm mit der Klinge zu. »War nur ein Scherz. Willkommen, Herr Fritz.« Ein tiefer Seufzer. »Ja, nur ein kleiner Spaß, sonst haben wir zurzeit nicht viel zu lachen. Und heute erst recht nicht.« Sie wandte sich wieder zum Tisch. Auf dem Schneidebrett häufte sich neben Dörrfleischstreifen und den geschabten Speckflocken fein geschnittener Lauch. »An sich bräuchte ich jetzt wenigstens vier Eier, nur dazu langt es nicht. Also müssen wir uns mit den zwei letzten begnügen.«

»Was sorgt dich so? An den fehlenden Eiern allein wird es nicht liegen.« Friedrich trat zu ihr. »Ich bin zwar gerade erst angekommen, aber ich könnte dir zur Hand gehen, während du erzählst.«

Sie nickte und bat ihn, Hut und Umhang auf dem Stuhl abzulegen. »Dass wir auch aus dem Bois Sauvage rausmussten, hat Ihnen Herr Karl sicher geschrieben.« Seit letztem Oktober lebten sie nun in dieser schäbigen Wohnung. »Die Rue d'Orléans ist wie das ganze Viertel. Hier sind alle arm, und wir gehören dazu.«

»So schlimm?«

»Nun ja, ich versuche mit dem bisschen, was übrig ist, noch etwas zu zaubern.« Sie deutete auf den prall gefüllten Tuchsack über dem Bottich neben dem Herd. »Da habe ich rohe Kartoffeln gerieben. Pressen Sie ihn noch mal fest, damit so viel Wasser rauskommt wie möglich.«

Friedrich wartete, bis nur noch ein Rinnsal aus dem Sack träufelte, und reichte ihn dann der Köchin. »Was zauberst du heute?«

»Bei mir daheim an der Saar sagen wir Dibbelabbes dazu.« Sie schmeckte das Wort mit den Lippen, während sie begann, die Zutaten in die goldgelbe Kartoffelmasse einzukneten. »Zum Hunsrück rüber heißt es Schales. Ich aber sage Dibbelabbes. Der kostet fast nichts und macht satt bis zum nächsten Tag.«

Friedrich sagte nichts dazu, Zweifel an der Delikatesse war ihm ins Gesicht geschrieben. Gleich verteidigte Helene: »Die Leute essen ihn gern.«

»Auch Karl?«, erkundigte er sich vorsichtig.

»Gerade Herr Karl kann nicht genug davon bekommen. Wenn Sie bleiben, dann werden Sie's ja erleben, wie der reinhaut.«

»Wo ist das Zimmer des großen Meisters? Ich will ihm Guten Tag sagen.«

Ihre Miene verdüsterte sich. »Herr Karl macht eine Besorgung. Die beiden Mädchen hat er mitgenommen. Er muss aber jeden Moment zurück sein.« Helene blickte über die Schulter zur offenen Küchentür und senkte die Stimme. »Frau Jenny darf jetzt besser nicht gestört werden. Sie ist mit unsrem Musch und seiner Amme im Schlafzimmer.« Heftiger knetete sie den Teig, salzte und pfefferte ihn zwischendurch, rieb Muskat dazu und knetete weiter. »Ich sag's ja, kein guter Tag heute für uns.«

Friedrich griff entschlossen nach ihrem Handgelenk und hielt es fest. »Hast du kein Vertrauen zu mir? Gut, ich war lange fort, Monate in Paris, vor drei Wochen noch in London und zuletzt wieder in Paris. Doch egal, wo ich bin, ich bleibe ein Freund. Die Marxens und du, ihr seid meine Familie. Also rede mit mir offen und ehrlich.«

Helene befreite sich von dem Griff. »Ach, Herr Fritz. Das Geld. Es will einfach nichts reinkommen. Da schreibt der Herr Karl, schreibt und schreibt. Er redet wochenlang darüber, dass, wenn er fertig ist, der große Erfolg kommt. Die fleißige Frau Jenny hilft ihm und schreibt alles fein säuberlich ins Reine. Dann schicken sie das Manuskript ab. Und weil ja der Erfolg kommen soll, geht Herr Karl hin, besorgt Wein und Käse und andere gute Sachen auf Pump. Dann wird gefeiert. Und dann …« Helene unterbrach sich. Die Unterlippe zitterte, während sie mit beiden Händen den Kartoffelteig in den gusseisernen Bräter füllte.

Friedrich wartete, endlich vermochte sie weiterzusprechen. »Dann sagt der Verleger ab … Kein Buch, kein Geld. Und unsere Schulden sind noch größer. Wo soll das denn noch hinführen?«

»Der große Erfolg wird kommen«, sagte Friedrich. »Ich weiß es und glaube fest daran.«

Die Sechsundzwanzigjährige lachte bitter. »Sie, Herr Fritz, Sie sind nicht viel besser als unser Mohr. Beide träumt ihr. Wissen Sie, wo Herr Karl heute Morgen hin ist? Zum Mont-de-Piété in die Rue Lombard.« Er habe die kleine Vitrine aus der Wohnstube auf den Handwagen geladen, um sie ins Pfandhaus zu bringen. Klein Jenny und Laura hätten mitfahren dürfen. »Ein Möbelstück nach dem andern verschwindet, oder es ist das Silber oder die Wäsche. Und kommt doch mal etwas Geld, dann werden die Sachen wieder ausgelöst und im nächsten Monat wieder hingebracht.« Helene setzte den Bräter auf den Herd. »Und Frau Jenny hat mit der Amme …«

Kinderlachen ertönte vom Flur her. Hastig bat sie: »Sagen Sie Herrn Karl nichts von unsrem Gespräch. Ich wollte mich nicht beschweren.« Sie begann den Teig mit einem Schieber zu wenden. Aber reden, dachte sie, nur mal drüber reden, das tut schon gut.

Karl Marx kam in die Küche, wieherte und stampfte mit den Füßen. Töchterchen Laura auf seinen Schultern patschte vor Freude dem Vaterpferd gegen die Ohren. Klein Jenny neben seinen Beinen wieherte mit, trampelte eifrig, nichts war schöner für die Dreijährige, als das Fohlenmädchen des geliebten Papas zu spielen. Einmal umtrabte das Vaterpferd mit seinem Nachwuchs den Küchentisch, dann war der Ausflug beendet. Karl setzte Laura auf den Boden und bat Klein Jenny, auf die Schwester zu achten.

Jetzt erst begrüßte er Friedrich. »Endlich, mein Freund.« Fest schloss er die Arme um ihn und raunte: »Du hast mir gefehlt.«

Auch Friedrich drückte ihn an sich. »Es ist gut, wieder hier zu sein.« Er spürte und roch die durchgeschwitzte Weste, selbst der Gehrock war im Rücken feucht. Jetzt bemerkte er auch den nassen Haarrand, der aus dem Kragen quoll. »Bist du in Ordnung?«

Karl sah den Blick und wischte sich mit der Hand den Nacken. »Es ist der schwüle Sommer, sonst nichts. Den morgendlichen Husten hatte ich spätestens nach der ersten Zigarre besiegt. Sonst gibt es hier nichts oder alles zu beklagen.«

Am Herd lachte Helene trocken auf. Marx übertönte die Kritik mit einem lauteren Lacher und drehte sich zur offen gebliebenen Wohnungstür. »Lupus! Wo bleibst du? Ich wusste gar nicht, dass deine Spezies so schüchtern ist. Nun rein mit dir!«

Wilhelm Wolff blieb auf der Schwelle zur Küche stehen und nahm die Brille ab, winkte Friedrich und grüßte die Haushälterin: »Tag, Helene. Verzeih, wenn ich so reinplatze. Aber Karl hat mich …«

»… wie einen Hund …« Marx verbesserte sich: »Nein, nein, wie einen Wolf an der Straßenecke aufgelesen und mitgenommen. Unser fleißiger Lupus soll zum Essen bleiben.«

»Mich fragt da wohl keiner«, schimpfte Helene, ohne ihren Dibbelabbes aus den Augen zu lassen.

»Haben wir für alle genug, liebe Helene? Reicht auch das Rübenkraut noch? Denn jetzt sind es schon zwei ausgehungerte Kerle mehr, die mitessen wollen.« Über die Schulter drohte sie Marx mit dem Schieber. »So hätte ich es mir gewünscht.«

»Du bist die Beste«, versuchte der Hausherr zu schmeicheln. »Der gute Geist …«

»Raus mit euch!« Ein Befehl, der keine Nachfrage mehr zuließ. »Ich rufe, wenn das Essen fertig ist.«

Im Arbeitszimmer deutete Marx auf die Zigarrenkiste. »Bedient euch.« Er selbst schenkte Wein aus. »Ein guter Schluck vom Weißen am Vormittag lässt den Verstand aufklaren, und jedes Problem scheint mit einem Mal lösbar.«

Friedrich prostete ihm zu. »Ehe ich dir von London berichte, zunächst ein Hoch auf dich und deinen gezielten Schwerthieb gegen den leidigen Proudhon.« Auch Wilhelm Wolff stimmte mit ein. Er, der fast zehn Jahre ältere erfahrene Journalist war nach Kerkerhaft und fortwährender Verfolgung wegen Pressevergehens vor einem Jahr vor den Preußen erst nach London, dann nach Brüssel geflüchtet und inzwischen zum festen Turm im Kreise der Freunde geworden. »Ein hohes Lob extra«, fügte Wolff hinzu. »Weil du *Das Elend der Philosophie* gleich auf Französisch herausgebracht hast.«

»Ich musste es.« Marx hob ein Exemplar vom Schreibtisch. »Weil der gebildete Franzose meist nicht in der Lage ist, das Deutsche zu lesen. Von den Sozialisten und Radikalen ganz zu schweigen.« Gerade die aber wollte er erreichen, um die Heilsthesen Proudhons ins Absurde zu führen. »Deshalb habe ich alles auf eine Karte gesetzt.«

Ruckartig richtete sich Friedrich auf. »Wie soll ich das verstehen? Du hast doch nicht …?« Er sprach nicht weiter, fühlte, wie sich eine Leere in ihm ausbreitete, da nickte der Freund auch schon.

»Doch, ich habe«, bestätigte Karl. Er hatte für die sprachliche Feinkorrektur professionelle Hilfe in Anspruch genommen und auch die Druckkosten aus eigener Tasche bezahlt. »Es hat mich einen Kleiderschrank, diverse Ringe und den vom Vater geerbten Kupferstich der Porta Nigra in Trier gekostet. Aber das Geld ist gut angelegt, glaubt mir, Freunde.«

»Wie viele Exemplare? Hundert, zweihundert …?« Vorsichtig streckte Friedrich für jeden Hunderter einen Finger nach dem anderen. Erst beim Achten nickte Karl.

Wilhelm Wolff räusperte sich vernehmlich. »Das ist beachtlich und zeugt von Mut.« Erneut half er seiner Stimme durch ein Hüsteln. »Ich will nicht sagen: Übermut, doch hoffe ich, dass aus dem *Elend der Philosophie* nicht letztlich das Elend des Philosophen wird.«

»Nicht meine Visionen, meine Thesen, die Verleger sind mein Elend. Jetzt verlangt dieser Leske aus Darmstadt auch noch seinen Vorschuss zurück, nur weil ich ihm nicht das ursprünglich Vereinbarte geschrieben, sondern das viel tiefer gehende Neue angeboten habe. Aber das wagt er nicht zu drucken, dieser … Ach, was errege ich mich. Verleger sind allesamt Halsabschneider, Halunken, sie sind schamlose Profiteure von unseren mit Herzblut geschriebenen …«

»Karl?«, unterbrach Friedrich, ehe der Freund sich noch weiter in Rage redete. »Was ist mit London? Wie genau hat Lupus dir schon berichtet?«

Marx schnaufte, wischte sich mit dem Sacktuch durchs Gesicht. »Du hast recht. Schauen wir nach vorn. Da Lupus als Schriftführer fungiert hat, bin ich gut informiert.« Auf allgemeinen Beschluss hin war aus dem Bund der Gerechten nun der Bund der Kommunisten geworden. Außerdem hatte das Vorstandsmitglied Karl Schapper vorgeschlagen und durchgesetzt, die alte Losung: »Alle Menschen sind Brüder« in »Proletarier aller Länder vereinigt euch« umzuwandeln. Vor allem aber hatten die zweiundzwanzig Thesen des Glaubensbekenntnisses von Friedrich nach eingehender Diskussion die überwältigende Zustimmung der Mehrheit erhalten. »Damit sind wir mit unseren Statuten bis zur Spitze des Bundes vorgedrungen«, schnurrte Marx, als hätte er es persönlich bewerkstelligt. »Und den Herauswurf unserer Gegner Weitling und Grün samt ihrer Partei habe ich mit Genuss vernommen. Wie wurden sie noch mal gebrandmarkt?«

Ehe Friedrich antworten konnte, zelebrierte Karl die Worte, als preise er gute Weine an: »Literarische Industrieritter. Arbeiterausbeuter. Einfach treffend. Als wären die Formulierungen von mir.«

Während der Freund sich selbst zutrank, nutzte Friedrich die Pause: »Bis zum zweiten Kongress im November sollen wir mein Glaubensbekenntnis nochmals durcharbeiten und die Vorschläge der Londoner einpflegen.«

Jetzt trank auch er zusammen mit Wolff, als sie die Gläser absetzten, fügte er hinzu: »Unser guter Moses Hess aber lässt nicht locker. Er läuft in Paris herum und hält jedem, ob er es nun sehen will oder nicht, seinen Entwurf des Glaubensbekenntnisses unter die Nase. Zu dem aufgeputzten Rabbi muss mir noch etwas einfallen …«

Es klopfte kurz, schon wurde die Tür geöffnet. »Verzeiht, wenn ich störe.« Jenny Marx, das Gesicht blass, die Augen tiefschwarz gerändert, trat mit dem Jungen auf dem Arm ins Zimmer. In ihrem Schatten folgte die Amme, blieb hinter ihr stehen.

Friedrich und Wilhelm erhoben sich.

»Nein, bleibt sitzen, bitte.« Enttäuschung und Mattigkeit schwangen in ihrer Stimme mit. »Fritz, wie schön, dass wir dich wiederhaben. Sei gegrüßt, Lupus.«

Der kleine Sohn griff der Mutter an die Nase, versuchte ihr die Finger in den Mund zu stecken. »Nicht, Musch!« Sie nahm das Ärmchen runter und blickte zu ihrem Gatten. »Sag, Mohr. Wie viel hast du in der Rue Lombard für die Vitrine bekommen können?«

Karl überging die Frage. »Zuerst wollen wir unsere Gäste begrüßen.« Er nahm selbst den Sohn auf den Arm und präsentierte ihn den Männern. »Wir sagen Guten Tag, Onkel Lupus. Und dies hier ist Onkel Fritz.« Er zwinkerte dem Freund zu. »Na, wie findest du meinen Erstgeborenen? Meinen Stammhalter?«

Edgar Marx, mit dem Kosenamen Musch, hatte für den kleinen Körper einen viel zu gewaltigen Kopf, die dunklen großen Augen wanderten neugierig hin und her, und die Lippen bewegten sich, als wolle er sprechen, dabei gelangen ihm helle und mit Spucke versehene Laute. »Fast der Vater«, sagte Friedrich und dachte, wie bleich und kränklich die Haut des Jungen ist.

Frau Jenny verschränkte die Finger ineinander. »Karl, bitte, komm mit nach draußen.«

Sein Gesicht verlor die Heiterkeit. »Der Aufwand lohnt nicht, Liebste. Und unsere Freunde verstehen beide etwas von Geldsorgen.« Er schaukelte sanft den Jungen. »Wir hatten uns einen zu hohen Erlös ausgerechnet. Kurzum. Es sind zwei Taler. Mehr war dem Wucherer nicht abzuringen.«

Jenny presste die Lippen aufeinander, Tränen rollten ihr über die Wangen. Endlich fand sie sich wieder und drehte sich zur Amme um. »Françoise, ich schäme mich, gleichzeitig schmerzt es mich bis ins Herz. Ich schulde dir vier Taler für alle Fürsorge und deine Mühe um unsren Musch in den letzten beiden Monaten. Mehr als einen Taler kann ich dir heute nicht geben, die anderen zahle ich ab, sobald ich es vermag.«

Auch der jungen Amme standen Tränen in den Augen. »Ich habe Musch so gern. Aber ich muss auch an mein eigenes Kind denken.«

»Ich verstehe dich.« Die Frauen hatten schon vorher alles besprochen, und da die einzige Hoffnung auf die Lohnnachzahlung nun zerronnen war, müsste sich Françoise eine andere Stelle als Kinderfrau suchen. »Auf die drei Taler will ich gerne warten.«

Jenny reichte ihr die Hand. »Danke und …« Nach kurzem Zögern umarmte sie die Amme. »Lebe wohl. Auch im Namen …«, sie bemühte sich um Fassung, »im Namen von unsrem Musch.«

# 34

Paris, auf der Straße
Mitte Oktober 1847

Ein letztes Fauchen, ein letztes Zischen, dazu das quietschende Bremsschleifen der Eisenräder, langsam atmete die Lokomotive aus und kam zum Stehen, der Belgische Bahnhof im Norden von Paris war erreicht.

Friedrich drückte den Zigarrenstumpf in den Aschenbecher. Kein unliebsamer technischer Zwischenfall, dachte er, trotz der Unwetter Anfang Oktober hatte es keine Bäume oder Steine auf den Gleisen gegeben, es war eine glatte Fahrt von Brüssel nach Paris. Welch ein Komfort. So lobe ich mir den Fortschritt. Er blickte aus dem Abteilfenster. Dampfschwaden vernebelten den Bahnsteig. »Warten wir noch einen Moment.« Die Mitreisenden nickten, und als die Sicht klarer wurde, stieg Friedrich als Erster aus, drehte sich und hob auch seinen Koffer nach draußen. Rechts und links öffneten sich beinahe gleichzeitig die Türen der anderen Abteile. Im Nu lebte der Bahnsteig, Rufe, Lachen, die Erleichterung, am Ziel angelangt zu sein, beschwingte die Fahrgäste. Friedrich ließ sich im Strom mit zum Ausgang treiben.

Kaum trat er auf die Straße vor dem Bahnhofsgebäude, glaubte er seinen Namen zu hören. Er wandte den Kopf. Die Gesichter ringsum waren ihm fremd.

»Engels!«

Die Stimme erkannte er, und dann sah er ihn schon: Ewerbeck.

Den linken Arm hochgereckt, kam der beleibte Arzt in kleinen eiligen Schritten auf ihn zu. »Willkommen.« Er schnappte nach Luft. »Willkommen zurück in Paris.«

»Welche Ehre«, staunte Friedrich. »Der Chef der Pariser Sektion holt mich persönlich vom Zug ab.«

Sie schüttelten sich die Hände. Von der Anstrengung war Ewerbecks Gesicht rot angelaufen. »Dein Brief erreichte rechtzeitig unser Büro. Und da dachte ich mir, dass ich dir ein Freude bereiten sollte.« Er griff ihn am Arm. »Komm, wir leisten uns einen Fiacre zu deiner Pension.« Ein Augenzwinkern. »Natürlich auf Kosten der Hauptkasse.«

Dieser Eifer? Friedrich spürte das Warnsignal hinter den Schläfen. »Haben wir einen großen Spender gefunden?«

Ewerbeck lachte übertrieben laut, als hätte der Freund einen köstlichen Scherz gemacht. »Ach, wenn es doch so wäre. Nein, nein. Das Gegenteil ist der Fall. Seit wir auch die letzten Grünianer hinausgeworfen haben, fehlt unsrem Bund fast die Hälfte der Mitgliedsbeiträge. Es waren immerhin zwei der größten Gemeinden.« Er öffnete den Verschlag eines Fiacre. »Steig ein, mein Freund. Für diese Fahrt sollte unser Budget noch reichen.« Dem Kutscher rief er zu: »Rue Neuve Saint-Martin«, und zwängte sich durch den Verschlag auf die Bank.

Der Wagen ruckte an. Schweigen. Aus dem Augenwinkel bemerkte Friedrich, wie Ewerbeck unentwegt die Unterlippe benagte. Kein Zweifel, der Tripperdoktor hat etwas für mich, oder er will etwas von mir. In keinem Fall hat er mich aus freundschaftlicher Großzügigkeit abgeholt. Schlechte Nachrichten? Die Polizei hat meine Deckadresse beim Kunstmaler Ritter im Quartier Bréda aufgespürt? Oder eine meiner Grisetten ist mit einem der verjagten Grünianer verheiratet, ohne es mir zu sagen? Und nun wissen die Gegner mehr über mich, als es mir lieb ist, und es schadet unserer Sache?

»Du warst lange weg«, begann Ewerbeck und dehnte jedes Wort. »Inzwischen ist viel geschehen.«

»Nach meinem Erfolg in London musste ich Marx treffen und ihn dann wochenlang in Brüssel vertreten.« Weil das neue Buch sich schlecht verkaufte und kaum Honorar erbrachte, war die Geldnot des Freundes rasch so groß geworden, dass er keinen anderen Ausweg mehr wusste, als zu seinem vermögenden Onkel Philips nach Holland zu reisen, um bei ihm ein Darlehen zu erbitten. Der Onkel aber dachte nicht daran, einen Aufrührer wie Marx finanziell zu unterstützen und damit den Kommunismus noch zu fördern. »Den ganzen September blieb Marx fort ...«

»Und du warst nicht in Paris.« Ewerbeck seufzte übertrieben laut. »Leider.«

Mit einer schnellen Drehung zu ihm packte Friedrich den Arzt hart am Revers. »Hör auf zu stöhnen und sage endlich, was du mir sagen willst.«

»Du tust mir weh.«

Gleich löste Friedrich den Griff, glättete mit einigen Patschern die entstandenen Falten im Stoff. »Jetzt raus damit!«

»Es geht um Moses.« Ewerbeck bemühte sich vergeblich, durch Rucken etwas Abstand von Engels zu gewinnen. »Er hat die Zeit genutzt und sein Glaubensbekenntnis in jeder Gemeinde präsentiert, auf die Mitglieder eingeredet und geredet. Und dann ist es geschehen.«

Friedrich presste den Hinterkopf fest an die Rückwand, er ahnte es, wollte es aber genau wissen. »Weiter, weiter.«

»Moses hat eine Abstimmung verlangt und die Mehrheit gewonnen. Sein Entwurf gilt als abgesegneter Text der Pariser Gemeinden und ist schon nach London geschickt worden.«

O verflucht. Friedrich schlug mehrmals die Fäuste gegeneinander. Das Blut wallte in ihm hoch. »Abgeschickt?« Er wartete das Nicken nicht ab. »Wie konntest du das zulassen?« Jäh griff er wieder den Kragen, warf sich halb über den Arzt und drückte ihm die Faust unters Doppelkinn. »Du bist der Chef der Sektion. Du hättest es verhindern müssen. Für meinen Entwurf hat sich der Kongress in London entschieden. Für meinen! Mir ist die Ausarbeitung übertragen worden. Das wusstest du. Also, welcher Satan hat dich geritten, das Geschmiere des Rabbi meinem Text vorzuziehen?«

Blanke Angst verzerrte das Gesicht des Arztes. »Bitte beruhige dich.« Er schnappte nach Luft, die Faust presste ihm mehr und mehr die Kehle zu. »Lass mich! Hilfe!«

Friedrich schüttelte wild den Kopf und gab ihn frei, er warf sich zurück in die Lehne. »Verflucht!«, schrie er. »Verflucht!«

Der Wagen hielt an, gleich öffnete der Kutscher den Verschlag. »Messieurs? Mein Pferd wird unruhig.« Der Besorgte erlaubte keinen Streit, kein Geschrei in seinem Fiacre und bat die Fahrgäste, sofort den Wagen zu verlassen. Für die kurze Strecke verzichtete er auf die Bezahlung. Seine Armbewegung war unmissverständlich. »Wenn ich die Messieurs bitten darf.«

Ewerbeck quetschte sich am Kutscher vorbei und floh nach draußen, Friedrich stampfte mitsamt seinem Gepäck hinter ihm her. »Warte, so warte doch.« Er entschuldigte sich für die Handgreiflichkeit. »Ich rühre dich nicht mehr an.« Endlich blieb der Dicke am Rande eines kleinen Platzes stehen. »So habe ich dich noch nie erlebt.«

Friedrich setzte den Koffer ab und presste sich beide Handflächen an die Schläfen. »Verzeih! Aber während der letzten Wochen in Brüssel habe ich nur gegen Intrigen kämpfen müssen.« Im Arbeiterbildungsverein hätte es gegen ihn und vor allem gegen Marx rumort, ebenso in der neu gegründeten Demokratischen Gesellschaft. »Während Karl fort war, sind die Grabenkämpfe in unseren eigenen Reihen hell entbrannt.« Das Sprichwort sei wahr: Kaum ist die Katze aus dem Haus, da proben die Mäuse den Aufstand. Tag und Nacht wäre er auf den Beinen gewesen, um das Schlimmste für Marx zu verhindern. »Und nun komme ich nach Paris und muss erfahren, dass in meinem eigenen Stall auch die Mäuse meine Abwesenheit genutzt haben, um die Oberhand zu gewinnen. Aber es nutzt ihnen nichts, denn ich bin vom Kongress beauftragt worden.«

»Du bist im Irrtum. Leider.« Noch immer auf der Hut sorgte Ewerbeck, dass er außer Reichweite der Fäuste blieb. »Ganz sicher mag der Kongress dich gemeint haben, aber die Order zur Ausarbeitung des Glaubensbekenntnisses erging an die Pariser Sektion. Und insofern konnte Moses Hess sein Werk durchbringen.«

Friedrich verschränkte die Hände hinter dem Rücken. »Ach, Ewerbeck, fürchte dich nicht vor mir!« Bedauern schwang in seiner Stimme. »Mit dir ist kein Krieg zu gewinnen. Denn du drehst dich wie eine Wetterfahne im Wind.«

»Sage das nicht. Ich bin dein Freund, nach wie vor. Aber was sollte ich denn tun?«

»Den Hess zum Teufel jagen, ihn in der Seine ersäufen. Da fällt mir noch einiges mehr ein.«

Zum ersten Mal zeigte sich wieder ein schwaches Lächeln. »Du willst mich nur verspotten.«

»Im Gegenteil. Ich brauche dich an meiner Seite.« Friedrich wies auf eine Bank in der Mitte des Platzes. »Da sind wir ungestört.«

Streit und Gefahr schienen gebannt, und sofort erwachte in Ewerbeck neuer Eifer. »Hast du einen Plan? Was kann ich tun?«

»Ende November beginnt der nächste Kongress in London. Es bleiben also nur zwei, höchstens drei Wochen, um Moses und sein Geschreibsel vollständig in den Orkus zu stopfen.« Friedrich legte die Hände unter dem Kinn zusammen. »Wie viele Delegierte der Gemeinden sitzen zurzeit noch im Vorstandsgremium der Pariser Sektion?«

Ewerbeck überlegte, zählte zusammen. »Circa dreißig. Aber es werden in den nächsten Wochen sicher wieder mehr, weil etliche aus den Reihen der Grünianer zu uns überlaufen wollen.«

»Die lasse ich erst mal beiseite. Mir genügen die dreißig.« Friedrich atmete tief durch, neuer Tatendrang lockerte die Enge. Er fasste Ewerbeck an der Schulter, der ließ es zu und sah ihn erwartungsvoll an. »Du, mein Freund, wirst die Vorstandsgemeinde für nächsten Freitag zu einer Pflichtversammlung einberufen. Nur schwerste Krankheit oder Tod gelten als Entschuldigung fürs Nichterscheinen. Ich werde mir derweil den Sermon unseres Rabbis gründlich vornehmen.« Friedrich sah sich nach möglichen Lauschern um und rückte näher: »Mein Plan ist folgender ...« Er sprach eine gute Weile hinter vorgehaltener Hand.

Zunächst staunte Ewerbeck nur, nach und nach begriff er und versprach, seinen Part zum richtigen Zeitpunkt mit aller Autorität durchzusetzen.

»Dann an die Arbeit!« Friedrich holte weit mit der Hand aus, die Augen des Dicken weiteten sich, da tätschelten ihm die Finger nur leicht den Rücken. »So kann ich es auch. Du musst dich nicht mehr vor mir fürchten.«

# 35

Paris, am Fuß des Montmartre
22. Oktober 1847

Freitagabend. Friedrich war zufrieden. Ewerbeck hatte gut organisiert. Weil dieses Treffen der dreißig Oberen der Sektion Paris vor ihren eigenen Gemeinden verborgen bleiben sollte, fand es nicht auf der Île de la Cité bei Pierre statt, sondern hier in einer leeren Wohnung irgendwo am Fuße des Montmartre.

An Wandhaken ringsum hingen Öllampen, die Flammen verbreiteten einen leicht beißenden Geruch. Kurz vor sechs Uhr abends drängten die letzten Mitglieder in den engen Raum. »Sind wir zu spät?«, erkundigte sich ein Schneider, hustete und schnäuzte sich die spitze Nase.

Friedrich ließ die Taschenuhr aufschnappen. »Genau richtig. Danke, mein Freund, dass du trotz deiner Erkältung gekommen bist.«

Das Lob des sonst so gefürchteten Engels zauberte ein Strahlen ins blasse Gesicht des Kranken, und er wickelte sich mit Schwung den Schal gleich doppelt um den Hals.

Ewerbeck tippte Friedrich an. »Wir haben nicht genügend Bänke. Soll ich beim Gastwirt nebenan noch welche besorgen?«

»Es ist gut so«, beschwichtigte ihn Friedrich und senkte die Stimme. »Je ungemütlicher, desto besser.« Und wieder lauter erkundigte er sich: »Sind wir vollzählig?«

»Alle haben zugesagt, alle sind gekommen.« Ewerbeck hob sich auf die Schuhspitzen und sah sich prüfend um. »Bis auf unsren ...« Er unterbrach sich und zeigte zur Tür. »Nein, gerade kommt unser Wahlleiter herein.«

Nur zur Sicherheit war auch Stephan Born mit ins Vertrauen gezogen worden. Falls Plan A durch irgendwelche Widrigkeiten nicht durchzuführen war, sollte sich der schmächtige Buchdrucker für Plan B bereithalten.

»Dann kann die Sitzung beginnen.«

Ewerbeck klatschte in die Hände, während er nach vorn zum schlichten Stehpult ging. »Freunde! Brüder!«

Jeder suchte sich einen Platz, die Schnellsten besetzten die Bänke, auf einladendes Winken hin quetschten sich Freunde noch zu Freunden, die übrigen Mitglieder reihten sich an den Wänden auf. Alle Augen wandten sich dem Vorsitzenden zu. »Die Sektion Paris ist die Urmutter. Bis noch vor wenigen Monaten nannten wir uns Bund der Gerechten, wohl wahr, ein Geheimbund. Es bildeten sich Ableger in London, in der Schweiz und bald schon überall in Europa. Auch wenn inzwischen die Zentrale nach London verlegt wurde, so bleiben wir der Ursprung. Dies will ich vorab betonen, damit wir es nie vergessen.« Er wartete den stolzen Applaus ab und dankte mit erhobenen Händen. »Nun haben wir den Namen geändert. Wir sind jetzt der Bund der Kommunisten und wollen mit einem politischen Programm aus der Heimlichkeit in die Öffentlichkeit. Unserer Sektion fiel die Ehre zu, die neuen Richtlinien, ein Glaubensbekenntnis zum Kommunismus, zu erarbeiten, damit das Papier beim nächsten Kongress diskutiert und verabschiedet werden kann.«

»Schon erledigt!«, unterbrach ein Zwischenrufer, gleich folgten weitere: »Das haben wir uns seit Wochen anhören müssen.« – »Bin heilfroh, dass es endlich in London ist.«

»Gut, gut«, beschwichtigte Ewerbeck. Ehe er fortfahren konnte, sprang der Zwischenrufer auf. »Und deswegen hast du uns zur Sondersitzung herbefohlen?«

»Freunde, das Ansehen unserer Sektion steht auf dem Spiel. Die

Frage des heutigen Abends lautet: Haben wir das Richtige getan? Oder waren wir zu vorschnell? Und um Antwort zu finden, wird Bruder Engels jetzt zu uns sprechen.«

Magerer Applaus begrüßte den Redner. Friedrich lächelte umso gewinnender in die Versammlung, stapelte gut zehn eng beschriebene Blätter vor sich aufs Pult. »Keine Sorge, meine Freunde. Ihr seid bald erlöst. Denn dies hier ...« Er streichelte förmlich über das Papier, »ist das wahrhaftige und gottvolle Glaubensbekenntnis unseres hochverehrten Mitglieds Moses Hess. Man sagte mir, ihr seid alle mit dem Inhalt vertraut und habt ihn für gut befunden. Diese Tatsache erleichtert uns den heutigen Abend. Allein zur Sicherheit nehmen wir eine kleine Überprüfung vor. Denn der große Kongress in London – und ich habe es selbst erlebt – urteilt scharf und ohne Rücksicht auf frühere Verdienste. Fällt ein Vorschlag durch, so gerät er nicht allein zur Schande des Verfassers, sondern auch zur Blamage seiner Sektion. Und wir, die Urquelle des Bundes der Kommunisten, wollen vor allen anderen das Haupt hoch tragen und uns vor jeder Schmach schützen. Seid ihr damit einverstanden?«

Mit Klatschen und ernstem Nicken gaben die Gemeindevorstände ihre Zustimmung.

Friedrich ließ sich Zeit. Der erste Schritt ist gelungen, dachte er und tat so, als suche er nach einer Textstelle im Manuskript. Schließlich blickte er auf. »Ich werde euch jeweils eine Passage vorlesen, über die wir dann kurz nachdenken. Seid ihr bereit? Gut.« Er veränderte Stimme und Tonfall, zitierte den Text in einem angedeuteten Singsang: »Dies ist die achte Frage im Glaubensbekenntnis: Können wir heutzutage unserer ganzen Menschennatur gemäß tätig sein oder unser menschliches Leben wahrhaft genießen? Dies ist die Antwort: in keiner Weise. Fast jede Tätigkeit wird in unserer Gesellschaft nicht aus innerem Antriebe unserer Menschennatur, nicht aus Lust und Liebe zur Arbeit, sondern aus einem äußeren Antrieb, in der Regel aus Not oder des Geldes wegen, verrichtet.« Hörbar schnappte Friedrich nach Luft, ehe er fortfuhr: »Andererseits sind jene Lebenstätigkeiten, welche wir aus innerem Antriebe verrichten, jene, die wir Genuss oder Tugend nennen, so beschaffen, dass sie dem wahren Lebensgenuss der Menschennatur noch mehr schaden, als dies durch die Zwangsarbeit geschieht …« Er brach den Singsang ab und fragte mit normaler Stimme in die Runde: »Ihr habt sicher alle bisher dem Text folgen können? Weil später das endgültige Glaubensbekenntnis auch von dem einfachsten Mitglied verstanden werden muss.« Ohne abzuwarten, deutete er auf den erkälteten Schneider in der zweiten Bankreihe. »Du, mein Freund, lege für uns alle in kurzen Worten den Text aus.«

Das spitze Gesicht lief rot an, bittend rang der Befragte die Hände. »Ich, ich … Also: Die Lust und Liebe schadet der Arbeit …« Ein Seufzen entrang sich der Brust. »Bitte, ich bin krank. Deshalb habe ich es noch nicht ganz begriffen.«

Friedrich runzelte die Stirn nur für einen Moment, indes alle im Raum sahen es, dann lächelte er dem Schneider verständnisvoll zu. »Der Ausschnitt war sicher zu kurz. Besser, ich lese einen weiteren Teil der sehr umfangreichen Antwort zur achten Frage vor.« Er hüstelte einige Male, ehe er den Singsang fortsetzte: »Die Unmäßigkeit in der Befriedigung gewisser sinnlicher und geistiger Lebenstätigkeiten, sie verursacht, dass alle freie Lebenstätigkeit der jetzigen Menschen einen unmenschlichen oder tierischen Charakter annimmt.« Als Gemurmel entstand, wartete er, bis wieder Ruhe einkehrte. Sein Ton drängte jetzt zum Höhepunkt hin: »So wird das Trinken zum Saufen, der Gattungsakt oder die Geschlechtsliebe zur ausschweifenden Wollust, das Ausruhen von anstrengenden Arbeiten zur Trägheit, die Gelehrsamkeit zur Pedanterie, die Sehnsucht des Herzens nach höherem Leben zur Frömmelei.« Er legte die flache Hand auf den Text. »Was nun will uns der großartige Verfasser dieser Zeilen mitgeben, auf dass wir den Weg zum Kommunismus finden?« Und wieder richtete er den Blick auf das erkältete Opfer. »Du hast jetzt sicher genug gehört, um dir ein Bild zu machen.«

»Bitte nicht«, flüsterte der Schneider mit ersterbender Stimme. Er presste beide Hände vors Gesicht und wollte ab jetzt weder sehen noch gesehen werden. Der Prüfer ließ von ihm ab und durchforschte von Reihe zu Reihe die Gesichter. Bei dem ersten Zwischenrufer von vorhin hielt er inne. »Da ist einer, der uns sicher weiterhelfen kann.« Dem Ausgewählten sank das Kinn, er wollte abwehren, Friedrich aber überging seine Geste. »Bitte erhebe dich, damit alle dich sehen, und sprich laut, damit wir alle dich verstehen.«

Während des Aufstehens wurde aus dem Wortführer von vorhin ein verlegener, beinah schüchterner Schreiner.

»Nun? Nur ein paar Sätze«, ermunterte ihn Friedrich. »Was entnimmst du dem vorgetragenen Text?«

Der Mann sah sich um, kein Retter nahte, er musste selbst einen Versuch wagen. »Also: Da geht es einmal um den Geschlechtsakt. Vor dem sollen wir uns hüten, weil er tierisch ist und uns von der Arbeit abhält.« Er hielt inne und widerrief: »So, glaube ich, war das nicht gemeint. In jedem Fall aber sollen wir nicht saufen, sondern nur trinken. Und dann war da noch was mit der Befriedigung, die sollen wir besser nicht selbst machen, wegen der Unmäßigkeit.« Kein Applaus, betroffene Stille breitete sich aus. Er setzte sich wieder, forderte Beifall wenigstens von den Nachbarn rechts und links. Die aber starrten wie gar nicht anwesend vor sich hin.

Friedrich wägte die Stimmung ab. Für den dritten Schritt ist es noch zu früh. Du musst den Druck erhöhen, der Text muss sie quälen, sie sollen an ihm leiden. »Vielleicht war die Antwort auf die achte Frage ein wenig schwierig. Ich blättere ohne hinzuschauen weiter und ...« Sein Fingerspiel mit dem Stapel stoppte. Er hob die erreichte Seite an, las die erste Zeile und verkündete der Gemeinde: »Abschnitt vier: vom Übergang zur kommunistischen Gesellschaft. Kommen wir nun zur zweiundvierzigsten Frage des Glaubensbekenntnisses.« Erneut verfiel er in den Singsang. »Welche Vorarbeiten haben wir zu verrichten, um das Ziel zu erreichen? So höret die Antwort: Wir haben vor allen Dingen der heutigen Gesellschaft ihr Elend und ihre Bestimmung zu einem besseren Dasein ins Bewusstsein zu rufen, damit der Wunsch nach menschlichen Zuständen, der Wunsch, aus dieser Sklaverei, in welcher wir uns befinden, herauszukommen, in der Mehrzahl der Menschen rege wird.« Allein schon beim kurzen Hochschauen während des Lesens bemerkte Friedrich, wie sich sofort die Blicke der meisten Zuhörer senkten. Jetzt habe ich euch gleich so weit. Er hob das Blatt mit beiden Händen an. »Dann aber, wenn sich keine Macht mehr mit Erfolg den Verbesserungen widersetzen kann, müssen wir erstens die nutzlosen Staatseinrichtungen, welche die Kräfte der Menschen im Solde des Despotismus vergeuden ...«

»Aufhören!« Es klang wie ein gequälter Hilfeschrei aus dem Publikum. Das Echo folgte aus der hinteren Reihe, setzte sich an der Wandseite fort. »Aufhören!«

Friedrich wedelte erstaunt mit der Manuskriptseite. »Hier steht: abschaffen. Ich wiederhole: ... die nutzlosen Staatseinrichtungen, welche die Kräfte der Menschen im Solde des Despotismus vergeuden, abschaffen.« Er legte das Blatt aufs Pult zurück. »Wer von euch ...?«

Niemand sah ihn mehr an. Die dreißig Vorsteher der kommunistischen Gemeinden der Sektion Paris beugten die Köpfe oder beschäftigten sich noch tiefer geduckt mit den Riemen ihrer Stiefel.

»Freunde, ich warte.«

»Die Glaubensartikel versteht keiner von uns.«

Wer der Sprecher war, konnte Friedrich nicht ausmachen, er wollte es auch nicht. »Ist noch jemand dieser Meinung?«

Da erhob sich Gemurmel, nach und nach wagten sich alle wieder aufzurichten, jeder schaute nach rechts oder links, und weil der Nachbar mit Nicken zustimmte, nickte er auch.

»Wenn ihr den Text nicht gleich versteht, wird er die Prüfung durch den Kongress auch nicht bestehen.« Leise setzte Friedrich hinzu: »Welch eine Blamage für die Sektion Paris.«

Da erhob sich Ewerbeck von der Bank und stellte sich in ganzer Fülle vor die Versammlung. »Wie konntet ihr diesem Entwurf nur zustimmen? Nicht die Mitglieder eurer Gemeinden allein tragen Schuld an dieser Fehlentscheidung. Im Gegenteil, ihr, die Vorsteher, seid verantwortlich. Ihr hättet es verhindern können, wenn ihr euch wirklich mit dem Inhalt beschäftigt hättet.«

Der Zwischenrufer hatte wieder Mut gefasst und hob die Hand. »Gibt es denn keinen Ausweg? Rufen wir doch das Glaubensbekenntnis einfach zurück! Damit ersparen wir uns die Blamage.«

Ewerbeck sah fragend auf Friedrich, der schüttelte den Kopf. »Dafür wird es zu spät sein. So, wie ich die Herren in London kenne, haben sie den Vorschlag längst geprüft.«

Ratloses Schweigen lastete im Raum. Unvermittelt schnippte Ewerbeck mit den Fingern. »Natürlich. Es gibt einen Ausweg.« Alle Blicke wachten auf. »Wir schicken einen zweiten Vorschlag. Und zwar den Entwurf unseres ehrenwerten Bruders hier.« Er legte Friedrich die Hand auf den Arm. »Dein Glaubensbekenntnis hat doch in London viel Anklang gefunden.«

»Das ist wahr. Es bedarf noch einiger Verbesserungen. Dennoch ...«, Friedrich hob ergeben die Schulter, »hat sich die Mehrheit der Mitglieder in den Gemeinden für den Text von Moses Hess entschieden, und daran muss festgehalten werden.«

»Nicht, wenn es gilt, Schande von der Sektion Paris abzuwenden.« Ewerbeck trat dicht vor die Männer hin. »Ihr seid die Delegierten eurer Gemeinden. Wir befinden uns in einer Notlage. Es bleibt keine Zeit, die Zustimmung der einfachen Mitglieder zu erfragen. Also entscheiden wir hier und jetzt.« In klaren Worten schlug er vor, dass Engels seinen Entwurf für das Glaubensbekenntnis noch überarbeiten sollte, danach sollte es dann von der Sektion Paris ohne Wissen, also hinter dem Rücken der Gemeinden, nach London ins Zentralbüro geschickt werden. »Darüber muss unbedingtes Stillschweigen bewahrt werden. Schon aus eurem persönlichen Interesse.« Er wandte sich wieder Friedrich zu. »Ich weiß, der Text bedeutet viel Arbeit für dich. Bist du bereit, diese Mühe auf dich zu nehmen?«

»Wenn es um Wohl und Ansehen unseres Bundes geht, scheue ich keine Mühe.«

Ewerbeck rief den Versammelten zu: »Dankt unsrem Bruder, unsrem Freund.« Die Erleichterten erhoben sich, klatschten und priesen den Retter.

Nach der offiziellen Verabschiedung der Gemeindevorstände und dem Händeschütteln an der Tür wartete der erkältete Schneider im Flur, bis Engels herauskam. »Wenn du erlaubst: Eine neue Weste könnte ich dir für den Kongress schneidern.«

Friedrich sah ihn völlig überrascht an.

»Zwei Anproben, mehr sind nicht nötig. Wenn du erlaubst.« Der Schneider überreichte ihm eine handgeschriebene Karte und eilte davon.

»Gern.« Friedrich las die Adresse und rief ihm nach: »Die alte Weste …« Doch der kleine Mann war schon im Treppenhaus entschwunden.

# 36

Ostende, Überfahrt nach London
28. November 1847

Den Schirm aufzuspannen wagte Friedrich nicht. Zu stark trieb der Wind den Regen, peitschte ihn waagerecht übers Fallreep. Einige Schritte vor ihm auf dem schmalen Steg hinauf an Bord schien Karl sorgloser, mit aller Kraft stemmte er seinen Schirm gegen den Sturm, verlor den Kampf auf halber Strecke, Gestänge und Bespannung pressten sich an die Körperseite, und nur durch Glück rettete er seinen Zylinder. »So ein Sauwetter!«, erwiderte Marx die freundliche Begrüßung des Schiffsoffiziers und folgte Victor Tedesco, dem neuen Kampfgefährten und Anwalt aus Lüttich, eilig die Treppe hinunter in den Salon des Dampfschiffes.

»Müssen wir uns Sorgen machen?« Friedrich blieb bei dem Uniformierten stehen. Der sah den zweifelnden Blick auf das Ruderrettungsboot. »Aber nein. Unsere stramme Earl of Liverpool hat schon ganz andere Stürme überstanden.«

»Wie beruhigend«, dankte Friedrich und dachte, es gibt sicher angenehmere Fortbewegungsmittel: einen Zug zum Beispiel oder, er lächelte vor sich hin, selbst auf dem Rücken eines Pferdes würde ich mich bei diesem Wetter wohler fühlen.

Kurz überprüfte er das Gepäck im Aufbewahrungsraum, entnahm seinem Koffer die Mappe mit den Unterlagen. Nur Papier und doch so schwer, selbst wenn es wenige Seiten sind. Mein verbessertes Glaubensbekenntnis. Kein anderer Vorschlag beinhaltet so viel Gewicht. Mit Absicht hatte er den Text erst vor wenigen Tagen fertiggestellt. So war keine Zeit geblieben, ihn wie verabredet den Oberen der Gemeinden vorzulegen. Allein Ewerbeck hatte er informiert. »Gib deinen Segen als Chef der Sektion Paris. Um mehr brauchst du dich nicht zu kümmern.«

»Aber was ist mit London? Für die Post ist es zu spät.«

»Ich nehme das Glaubensbekenntnis persönlich mit nach London. Vertraue mir. Alles ist genau durchdacht.«

Fest presste Friedrich die Mappe an sich. »Gott gebe, dass ich recht behalte«, flüsterte er und verließ den Gepäckraum. Als er den schon gut von Mitreisenden besetzten Salon im Bauch des Schiffes betrat, rief Marx quer durch den Raum seinen Namen, dazu winkte er, als gelte es, einem Verirrten den Weg zurück ins Leben zu weisen.

Die Freunde hatten sich inzwischen einen Tisch am Fenster gesichert. »Wo bleibst du nur?« Karl rückte einen Stuhl zurecht. »Wir sind durchnässt, halb erfroren. Unsere Gesundheit ist höchst gefährdet. Jede Minute zählt. Deshalb haben wir schon diverse Medizin geordert.« Er legte dem schlanken Anwalt mit der steilen Stirn und dem darüber noch weiter hinaufgebürsteten Haarschopf die Hand schwer auf den Arm. »Victor hat uns großherzig zu einem Glas Portwein eingeladen. Und wir ...« Die andere Hand nahm sich Friedrichs Arm. »Wir lassen uns nicht lumpen und haben eine Kanne starken Punsch bestellt. Das ist dir doch recht?«

Warum fragst du?, dachte Friedrich, es wäre nicht mehr zu verhindern, und er bemühte einen Scherz: »Selbst bei knapper Kasse ist der Punsch als notwendige Medizin zu rechtfertigen.« Bis zuletzt hatte die Londonreise der Freunde wegen Geldnot infrage gestanden.

Marx war schließlich als Delegierter der Brüsseler Demokratischen Gesellschaft zum Kongress entsandt und finanziell ausgestattet worden. Für Friedrich hatte die Pariser Sektion erst vorgestern, am Freitag, dem 26. November, die Mittel beisammen, um ihn als ihren Gesandten und Ehrenretter nach London zu schicken.

»Gottlob müssen wir nicht über die einzelnen Ausgaben Buch führen.«

»Niemand wird Fragen stellen.« Victor Tedesco nahm die Brille ab, zückte ein kleines Tuch, während er die Gläser putzte, setzte er trocken hinzu: »Ansonsten steht euch ein guter Anwalt zur Seite.«

Marx schlug ihm auf die Schulter. »Wie gut, dass du dich unserer Sache angeschlossen hast.«

Der Kellner brachte den Portwein. Als er ging, hob Victor das Glas. »Auf den Erfolg!«

Mit ernster Miene pflichtete ihm Friedrich bei. »Dieser Kongress entscheidet alles. Wenn wir die Thesen durchbringen, so wird in Zukunft das kommunistische Programm allein von unseren Grundsätzen bestimmt.« Er sah Karl an, völlig ungewohnt schimmerten mit einem Mal leichte Zweifel in dessen Blick. »Vertraue mir, gemeinsam wird es uns gelingen.«

»Darauf trinken wir.« Kaum hatte Marx sein Glas geleert, als er erst sich selbst, dann auch den Freunden nachschenkte.

Ein Beben ging durch den Schiffsrumpf, die Schaufelräder rechts und links nahmen langsam ihre Arbeit auf, dazu dröhnte das Horn. Die Freunde blickten aus dem Fenster, sahen, wie der Pier zurückwich, bald in den Regenschwaden versank, und lauter wurde das Stampfen der Maschinen. Sobald die Earl of Liverpool die Hafenmündung passiert hatte, ergriff sie das offene Meer mit kraftvollem Wellengang.

Nur schwach fühlte Friedrich das Rollen des Schiffes, dennoch schlug er vor, zum Punsch etwas feste Nahrung zu sich zu nehmen. »Der Magen wird es uns danken.« Sie entschieden sich für Omelett mit Krabben und dazu frisches Brot.

Nach der Mahlzeit öffnete Friedrich die Ledermappe. »Wir sollten die Zeit nutzen und noch einmal die wichtigsten Punkte durchsprechen.«

»Marx denkt, und Engels lenkt.« Der spöttische Unterton war nicht zu überhören. »Wir folgen dir aufs Wort.« Karl öffnete sein ledernes Rauchetui und bot den Freunden eine Zigarre an.

Victor zögerte erst, tupfte sich Schweißperlen von der Stirn, ehe er mit leicht zitternder Hand nach der Zigarre griff. »Ich habe noch eine Frage zu morgen Nachmittag.« Ehe am Abend der Kongress begann, sollte es vorher einen Gedenkfestakt anlässlich des Polenaufstands von 1830 geben. Als Teil seiner Strategie hatte Engels deshalb Tedesco, Marx und sich selbst auf die Rednerliste stellen lassen. »Mein Text ist in Deutsch abgefasst. Ich bin im Französischen gut zu Hause, kann aber zu wenig Englisch.«

Karl lachte trocken. »Auch ich werde sprechen, wie mir das Maul gewachsen ist, auf Deutsch. Ganz sicher wird uns einer der Brüder übersetzen.«

»Zur Not helfe ich aus«, versprach Friedrich. »Allerdings würde das den Eindruck schmälern, wenn ich bei allen drei Reden vorn dabei bin.« Er zog kein Blatt aus der Mappe, legte dafür beide Hände auf das Leder und wandte sich an Karl. »Was ist nun mit dem Titel? Ich glaube, wir sollten wirklich die Katechismusform weglassen. Das erinnert zu sehr an Kirche und Frömmelei. Ich schlage vor, wir nennen das Ding: Kommunistisches Manifest.«

Der Freund nahm einen Schluck vom Punsch und schmeckte ihm mit leisem Schmatzen nach. »Bin sehr einverstanden. Das hebt uns gleich über all das soziale Mitleidsgedusel und gibt dem Ganzen einen intellektuellen Anstrich.«

Neben ihm seufzte Victor tief, mit blassem Gesicht legte er die kaum gerauchte Zigarre in den Aschenbecher, er musste sich räuspern, ehe ihm die Stimme gehorchte: »*Kommunistisches Manifest*. Sehr gut. Vielen Arbeitern allerdings wird der Titel sicher erst erklärt werden müssen.«

»Arbeiter, Arbeiter«, fuhr Karl auf. »Die kümmern uns nur insofern, als dass sie tun sollen, was wir ihnen sagen. Wir entwickeln hier die Theorie für eine künftige und bessere Gesellschaft.«

Friedrich bemerkte, wie der Anwalt langsam in sich zusammensank. »Was ist dir?« Er griff dem Geschwächten unter die Achsel, hielt ihn so. Die bleiche Gesichtshaut überzog sich mit einem grünlichen Schimmer. »Nichts. Außer …« Das Seufzen nahm zu. Victor erhob sich mühsam. Friedrich wollte helfen, doch er lehnte ab. »Es ist wohl nur der Punsch.« Victor wandte sich um und strebte zwischen den Tischen der Mitreisenden direkt auf den Ausgang zu.

Die Freunde sahen ihm mit einem Anflug von Schadenfreude nach, bis er ohne Unfall entschwunden war.

»Der Punsch?« Karl tat erstaunt und kostete. »Also mir mundet das Gesöff.«

»Auch ich habe nichts auszusetzen.« Ohne Übergang wurde Friedrich sachlich. »Um das Ziel zu erreichen, müssen wir uns genau abstimmen. Deshalb …« Er entnahm der Mappe einige Seiten, sortierte sie und legte einen Stapel vor Karl hin. »Ich habe eine einzige Abschrift gemacht. Dies ist jetzt dein Exemplar. Der Text ist in fürchterlicher Eile geschrieben und kaum durchgesehen. Aber er entspricht genau unseren Ansichten.«

»Ganze Arbeit, mein schlauer Freund.«

»Eben nicht.« Friedrich beugte sich über den Tisch. »Erst mit dir wird es ein Erfolg. Denn du wirst das Ding auf dem Kongress den Teilnehmern nahebringen.«

»Aber du hast doch …?« Als Karl begriff, flackerte neues Feuer in den Augen. »Als stamme der Text aus meiner Feder?«

»So ist es.« Friedrich schenkte vom Punsch nach. »Auf diese Weise kommt erst gar nicht der Verdacht einer Intrige auf.« Das Traktat von Moses Hess fiele einfach durch, weil der allseits geschätzte Denker und Philosoph Doktor Karl Marx selbst eine Fassung auf der Basis von Friedrichs erstem Text präsentierte. »Dass wir zusammenarbeiten, ist jedem klar.« Aus einem Impuls heraus legte Friedrich seine Hand auf die Hand des Freundes. »Dieser zweite Kongress soll glauben, dass die Arbeit am Entwurf von dir ausging.«

»Das gefällt mir …« Marx standen unvermittelt Tränen in den Augen. »Gefällt mir sehr.« Er packte seine andere Hand auf den Handrücken des Freundes. »Wir sind ein starkes Paar.«

Auch Friedrich musste schlucken. »Und das ist erst unser Anfang. Davon bin ich fest überzeugt.«

Um die Rührung gleich wieder einzudämmen, griffen beide zum

Glas und tranken. Als Karl absetzte, erkundigte er sich: »Was ist? Kommt sie auch nach London?«

Mary? Friedrich sah zum Fenster. Das Wasser schlug gegen die Scheibe. »Ich habe ihr geschrieben. Aber keine Antwort ... Ich hoffe.«

»Da schau«, lenkte Karl ab. Er hatte Victors Zigarre im Aschenbecher entdeckt. Gleich nahm er sie, säuberte mit dem Fingernagel die angerauchte Spitze von der Asche und steckte den Stumpf zurück ins Lederetui.

# 37

London, 191 Drury Lane
Montag, 29. November 1847

191 Drury Lane. Die Adresse im Herzen Londons war leicht zu finden. Der Saal des Arbeiterbildungsvereins fasste kaum den Zustrom der Mitglieder, auch Gäste waren zugelassen. Zu Ehren des polnischen Gedenktages hatte der Vorstand die Wände mit grünen Sträußen schmücken lassen, und soeben wurde eine Nachbildung der Revolutionsflagge von damals, das Tuch mit dem roten Kreuz und der Inschrift »Im Namen Gottes für unsere und eure Freiheit«, an die Wand hinter dem Rednerpult geheftet.

Kurz vor Beginn kam ein Führungsmitglied des Bundes, der Uhrmacher Joseph Moll, zu Friedrich und nahm ihn beiseite. »Unter den Pressevertretern haben wir einen Spitzel der Geheimpolizei ausgemacht, aber es werden sicher noch mehr da sein. Vor allem hinten zwischen den Leuten, die keinen Sitzplatz gefunden haben.«

»Ratten sind wir gewohnt.«

»Das glaube ich. Dennoch ...« Moll streckte verstohlen den Zeigefinger. »Heute heißt es besonders achtgeben. Das Wort ...« Er beugte sich zu Friedrichs Ohr, flüsterte: »Kommunismus.« Dieses Wort dürfe heute Nachmittag in keiner Weise fallen, auch nicht im privaten Gespräch nach der Feierstunde. Die Gegner würden sofort hellhörig, würden nachforschen, und der Geheimkongress, der ja am Abend beginnen sollte, geriete in Gefahr.

»Keine Sorge.« Friedrich lächelte und glättete sich den Lippenbart. »Wir sind Demokraten durch und durch.« Und er versicherte, dass in keiner der offiziellen Reden noch in Diskussionen dieses gefürchtete Wort benutzt würde. »Tedesco, Marx und ich haben uns noch heute Morgen darüber verständigt.«

Der breitschultrige Uhrmacher nickte erleichtert und tätschelte Friedrich den Arm. »Dann bis später.«

Für die Redner und Vorstände waren die Plätze ganz vorn reserviert. Die Delegierten aus der Schweiz, Frankreich und aus zahlreichen anderen Ländern des Festlandes saßen in den anschließenden Reihen. Julian Harney kam wie stets beinahe zu spät. Gerade eröffnete der Vorsitzende mit einem Grußwort die Feierstunde. Sehr zur Überraschung der Freunde erschien der Chartistenführer heute nicht mit der roten Jakobinermütze. Seine schwarzen Locken wehten, er tauschte mit Friedrich im Vorbeigehen einen Handschlag und setzte sich einige Stühle weiter zu Schapper und Heinrich Bauer.

Die ersten beiden Reden wurden vom Publikum mit höflichem Beifall bedacht. Danach erhob sich Karl Schapper. Vor seiner mächtigen Gestalt schien das Rednerpult zu schrumpfen, als er beide Hände darauf abstützte, fürchtete Friedrich schon, er würde das dünne Holz auseinanderbrechen. »Freunde, werte Gäste! Begrüßen wir nun den Delegierten der Brüsseler Demokratischen Gesellschaft, Herrn Doktor Marx.«

Begleitet vom Applaus ging Karl nach vorn. Während er sein Manuskript aus der Tasche zog und ordnete, zückte auch Schapper einige Seiten und erklärte den Zuhörern, dass der Gast auf Deutsch zu ihnen sprechen und er die Rede Absatz für Absatz in Englisch vorlesen würde. Damit übergab er das Pult und trat zwei Schritt zurück.

»Es ist mir eine Ehre.« Mehr nicht, stumm sah Karl in die Runde, nach drei Atemzügen hingen alle an seinen Lippen, erst jetzt sprach er weiter: »Die Vereinigung und Verbrüderung der Nationen ist eine Phrase, die alle Parteien heute im Mund führen …«

Friedrich verschränkte die Hände auf den Knien. Das liebe ich an ihm, dachte er. Karl ist wahrlich kein begnadeter Redner, aber er weiß die Leute mit schlichter Dramatik zu fesseln und besticht danach in geschliffenen Sätzen mit Verstand und Logik.

»... Der Sieg des Proletariats über die Bourgeoisie ist zugleich der Sieg über die nationalen und industriellen Konflikte, die heutzutage die verschiedenen Völker feindlich einander gegenüberstellen.« Beinah ungeduldig wartete Marx ab, bis sein Dolmetscher ihm nachgekommen war. Dann setzte er den nächsten Satz wie einen Peitschenhieb. »Der Sieg des Proletariats über die Bourgeoisie ist darum das Befreiungssignal für alle unterdrückten Nationen.« Zwischenapplaus unterbrach ihn. Gut abgepasst, freute sich Friedrich und verlängerte durch sein Klatschen noch den Beifall der Zuhörer.

»Das alte Polen ist allerdings verloren ...« Verloren? Sofort horchten die Zuhörer wieder hin. Auch das alte Deutschland, das alte Frankreich, das alte England, Marx verkündete den Verlust der gesamten alten Gesellschaft. Dies bedeute keinen Verlust für die, die ohnehin nichts zu verlieren hätten. Denn diese hätten in der neuen klassenlosen Gesellschaft alles zu gewinnen.

Friedrich blickte verstohlen über die Schulter, sah die Gesichter der ausländischen Delegierten, sah die Zustimmung in den Augen. Und Marx führte seine Zuhörerschaft zum Höhepunkt. Weil in England der Gegensatz zwischen Reich und Arm, zwischen Macht und Ohnmacht am weitesten auseinanderklaffte, müsste erst hier das Proletariat über die Bourgeoisie siegen. Dieser Triumph wäre dann das Signal und entscheidend für den Sieg aller Unterdrückten über ihre Unterdrücker. Marx hob die Stimme: »Polen ist daher nicht in Polen, sondern in England zu befreien.« Er forderte die englischen Demokraten auf zu handeln, Vorreiter und Wegbereiter der neuen Gesellschaft zu werden.

Die Zuhörer sprangen auf, klatschten und jubelten dem Redner zu, bis er und sein Übersetzer auf ihre Plätze zurückgekehrt waren.

Julian Harney trat nach vorn. »Brüder, Freunde, hochverehrte Gäste!« Mit großer Geste griff er sich aufs Lockenhaupt, lüftete eine unsichtbare Kopfbedeckung und verneigte sich. Wer ihn kannte, wusste, um welche Mütze es sich handelte, und lächelte über den Scherz, die Übrigen im Saal nahmen den Gruß als Höflichkeit hin. Harney dankte den Delegierten vom Festland für die Unterstützung seiner Bewegung und gab danach dem Freund und Korrespondenten des *Northern Star* das Rednerpult frei.

Friedrich legte das Manuskript umständlich vor sich hin, er kannte wie meist den Text auswendig, benötigte das Papier nur, um seinem Auftritt auch äußerlich einen intellektuellen Eindruck zu verleihen. »Erlaubt mir, meine Freunde, heute einmal als Deutscher aufzutreten.« Weil er in feinstem Englisch zum Publikum sprach, erntete er von da und dort einen zustimmenden Lacher. »Wir deutschen Demokraten haben nämlich ein besonderes Interesse an der Befreiung Polens. Es sind deutsche Fürsten gewesen, die aus der Teilung Polens Vorteil gezogen haben.« Es wären deutsche Soldaten, die noch jetzt Galizien und Posen unterdrückten. Uns Deutschen, vor allem uns deutschen Demokraten müsse alles daran liegen, diesen Flecken von unserer Nation abzuwaschen. Friedrich unterstrich den nächsten Satz mit geballter Faust: »Eine Nation kann nicht frei werden und zugleich fortfahren, andere Nationen zu unterdrücken.« Klatschen, Zurufe, Begeisterung erfüllten den Saal. Friedrich dankte mit ernstem Lächeln in die vorderen Reihen, sah zur Mitte und weiter nach hinten zum Gedränge der stehenden Besucher. Auch von dort klatschte man ihm zu.

Ein grünes Schultertuch nahe der Tür. Sein Blick wurde festgehalten. Große Augen saugten ihn auf. Mary! Du, du bist gekommen. Friedrich hob die Hand in ihre Richtung, wollte … Das Publikum nahm die Geste als seine Bitte um Ruhe, und Schweigen kehrte wieder ein. Neben Mary stand Mary, die Frau von Julian.

Erst die angespannte Stille im Saal schreckte Friedrich auf. Meine Rede! »Die, die Befreiung Deutschlands … also sie, sie kann nicht zustande kommen, ohne …« Das Stottern legte sich, und er kam wieder in den Sprachfluss. »Ohne dass die Befreiung Polens von der Unterdrückung durch Deutsche zustande kommt.«

Er sah hinüber, kein Hindernis, die Blicke trafen sich sofort. Und nun lächelte Mary. Schau nicht mehr hin, befahl er sich, nahm die Blätter auf und war mit einem Mal dankbar, dass er seinen Text ablesen konnte. Während er den Zuhörern darlegte, dass die moderne Industrie mit all ihren Maschinen die Arbeiter in die gleiche Armut und Unterdrückung zwinge und sie dadurch im selben Schicksal vereine, spürte er zwischen jedem Satz den Herzschlag härter werden. »In allen Ländern haben die Arbeiter jetzt dasselbe Interesse, nämlich die Klasse, die sie unterdrückt, die Bourgeoisie zu stürzen.« Ach, Mary. Der freudige Herzensdruck ließ seine Stimme zum Finale anschwellen. »Weil ihre Feinde dieselben sind, darum müssen sie auch zusammen kämpfen, darum müssen sie der Verbrüderung der Bourgeoisie eine Verbrüderung der Arbeiter aller Völker entgegenstellen.«

Im aufbrandenden Beifall kam Julian Harney zum Rednerpult, umarmte ihn, er fasste mit der linken Hand Friedrichs Rechte und streckte beide als Siegeszeichen hoch, und die Menge jubelte. Friedrich sah zu den Frauen, auch sie applaudierten mit erhobenen Händen. Er lachte zu ihnen hinüber. Wie gerne würde ich jetzt sofort …

Die Feierstunde dauerte noch an. Tedesco sprach, im Namen der Polen antwortete und dankte Oberst Oborski, das Schlusswort übernahm ein englischer Arbeiter. Jetzt endlich … Aber nein, Julian Harney schlug vor, die drei großen demokratischen Zeitungen Europas von dieser Stelle aus zu grüßen. Ein guter Gedanke, dachte Friedrich und stimmte trotz seiner Ungeduld kraftvoll in die Beifallsalven für die *Réforme*, den *Northern Star* und die *Deutsche Brüsseler Zeitung* mit ein.

Nun sprang der Riese Schapper auf. Er verlangte im Gegenzug, die drei größten undemokratischen Zeitungen zu verdammen. Er gab das Geräusch vor, und aus tiefster Verachtung schmähte das Publikum die *Times*, das *Journal des débats* und die *Augsburger Zeitung* mit dreimaligem ausgiebigem Grunzen.

Zum Ausklang der Feierstunde stimmte der Vorstand die Marseillaise an, der ganze Saal erhob sich zu einer Stimme. Auch Friedrich sang aus voller Kehle, während der ersten Zeile schaute er Karl und Victor an, länger hielt er es nicht aus und wandte den Kopf in Richtung Saaltür. Mary? Beide Frauen waren nicht mehr zu sehen. Sicher werden sie nur von den vor ihnen stehenden Zuhörern verdeckt. Oder? Kaum war die Hymne beendet, kam Heinrich Moll zu ihm. »Ich wollte dir danken …«

»Nicht jetzt«, unterbrach ihn Friedrich. »Bitte. … Ich muss erst … Wir sehen uns nachher.« Damit ließ er den Uhrmacher stehen. Auf dem Weg durchs Gedränge wurde ihm auf die Schulter geklopft, Lob zugerufen, er spürte und hörte nichts davon.

Wie gut. Die Frauen standen neben der Saaltür. Mary blickte ihm entgegen, das Grün ihrer Augen glitzerte, die vollen Lippen, sie trug ein braunes Kleid, ihr Lächeln, Friedrich versuchte alles von ihr gleichzeitig aufzunehmen und musste schlucken. »Du bist da«, flüsterte er, und trotz der Menge um ihn herum schloss er sie in die Arme. »Liebste.«

»Frederick«, seufzte sie, und er fühlte ihre Brüste, fühlte, wie ihr Körper sich weich an ihn schmiegte. »So lange Zeit.«

Er streichelte ihren Nacken, drückte seine Stirn in ihr Haar. »Ich habe mich gesehnt, nur an dich gedacht.«

Unmerklich versteifte sich ihr Rücken, sanft, aber entschieden löste sie sich aus seinen Armen. Ehe er fragen konnte, sagte sie: »Du hast meine Freundin noch gar nicht begrüßt.«

»Wie unhöflich von mir.« Friedrich nahm die dargebotene Hand und dienerte sogar. »Es ist mir eine Freude. Gleichzeitig danke ich, dass meine Mary sich bei dir in Schottland so wohlfühlen darf.«

Mary Harney verneinte mit dem Zeigefinger. »Du bist nicht auf dem neuesten Stand. Wir sind jetzt beide in Manchester.«

»So?« Friedrich schüttelte den Kopf. »Was hat euch aus der frischen Luft des Burns-Landes in diese aus allen Schornsteinen qualmende Stadt getrieben?«

»Da bist du ja.« Julian Harney trat hinzu und fasste Friedrich am Rockärmel. »Kein Palaver jetzt, dazu reicht die Zeit nicht. Wir müssen zu unserer nächsten ...« Er betonte: »Verabredung.« Und sein Blick drängte.

Friedrich ließ die Taschenuhr aufspringen. In einer Stunde begann der Geheimkongress, und der Weg hinüber zur Windmill Street war weit. Aber Mary ...? »Warte noch einen Moment«, bat er Julian und nahm ihre Hand. »Du kannst bei meiner Schwester wohnen. Sie weiß Bescheid und wartet sicher schon. Hast du noch ihre Adresse?«

»Danke.« Die Stirn krauste sich. »Aber ich möchte lieber bei Mary Harney wohnen.«

»Warum?« Friedrich spürte, wie Julian am Rock zog, auf der anderen Seite wollte er Antwort, etwas hilflos fragte er Mary: »Wann sehen wir uns? Und wo?«

»Bei mir. In unserer Wohnung«, rettete Frau Harney. Heute und morgen wären die Abende durch den Kongress belegt. »Also übermorgen. Wir kochen. Marx und du, ihr kommt zum Essen. Da wird sich auch Zeit für euch zwei finden.«

Julian nahm seine Frau kurz in den Arm. »So einfach geht das nicht. Engels bekommt nur Zeit für ein Techtelmechtel, wenn er mir den fertig geschriebenen Artikel über die heutige Feierstunde für den *Northern Star* mitbringt.«

»Darauf kannst du dich verlassen.« Friedrich sah Mary an. »Und wenn ich meinen Schlaf dafür opfere.«

»Bis bald.« Sie schenkte ihm ein Lächeln zum Abschied.

Beide Männer eilten davon. Mary Harney richtete der Freundin das grüne Schultertuch. »Da hast du es gerade selbst erlebt. Julian ist nicht nur unverschämt. Er ist auch ein Erpresser. Aber ich mag ihn.«

# 38

London, Wohnung Julian Harney
Mittwoch, 1. Dezember 1847

Die Messerspitze drang tief ins Fleisch, der Schnitt verlief quer zum Rückgrat. Mary achtete darauf, dass er nicht länger als ein Fingerglied wurde. »Sonst hält der Speck nicht richtig«, hatte die Freundin erklärt und ihr die Stellen für die Spicktaschen auf den drei Hasenrücken vorgegeben. Jeder weitere Schnitt gelang Mary besser. Seltsam, dachte sie, gern tue ich das nicht. Schinken oder Speck abzuschneiden ist etwas anderes, als ins Fleisch einzuschneiden. Sei nicht albern, ermahnte sie sich und blickte über den Tisch zu Mary Harney. Die putzte den Rosenkohl, entfernte die äußeren Blättchen, kürzte den Stiel und versah den Stumpf mit einem Kreuz. »Willst du probieren?« Schon rollte eine Knospe. »Aber Vorsicht, roh kann es bitter schmecken.«

Mary roch daran, nagte ein Stück ab, gleich schubste sie das Röschen zurück und verzog das Gesicht. Darüber lachte die andere Mary. »Ich hab dich gewarnt, aber Rettung naht.« Verheißungsvoll schwang sie die Rotweinflasche hin und her und füllte zwei Gläser. »Ein guter Tropfen beim Kochen gehört dazu.«

Mary nahm einen Schluck und spülte den bitteren Geschmack hinunter. Noch mit dem Glas in der Hand betrachtete sie die Fülle an Delikatessen. »An sich müssten wir uns schämen. Denke ich an all die Armut hier in London oder in Manchester. Und wir haben Kartoffeln, Speck, Gemüse und sogar drei Hasenrücken.«

»Nein, nein!« Energisch schüttelte Mary Harney den Kopf. »Keine Gewissensbisse. Wir beide arbeiten hart für die Bedürftigen. Und heute feiern wir das Wiedersehen mit unseren Männern. Das ist in Ordnung. Wenn wir jeden Tag solch ein Essen hätten ... Das wär dann was anderes. Und nun rein mit dem Speck!«

Mary steckte die dünnen Streifen rechts und links des Rückgrats in die geschnittenen Fleischtaschen. Als das Öl in der Pfanne siedete, legten die Frauen gemeinsam die Hasenrücken mit der Spickseite hinein, das Fett zischte und sprühte.

»Weißt du, wo Julian die Hasen herhat?« Die Freundin stellte den Topf mit Rosenkohl auf die Herdplatte, gab noch Salz hinzu. »Er hat einen Journalisten, der schreibt für ihn über die Ausbeutung der Bauern durch die Großgrundbesitzer. Vor allem über den Wald, die Wiesen und das Ackerland. Ich glaube, so nebenbei ist der gute Kerl auch noch Wilddieb.« Sie zwinkerte Mary zu. »Du verstehst?«

»Das gefällt mir.« Die Sommersprossen rechts und links der Nase kräuselten sich. »Wenn das so ist, schmeckt mir der Braten nachher umso besser.«

Gegen sieben Uhr kamen die Männer an, hungrig, durchfeuchtet vom Londoner Nebel. Gemeinsam hatten sie die Sitzung im Arbeiterbildungsverein verlassen. Der Duft aus der Küche entlockte Julian einen Jubelschrei, dass seine Frau hinzustürzte, ihm die Hand auf den Mund presste, bis er durch Nicken versprach, still zu sein, erst dann gab sie ihm einen Kuss.

Mary ließ sich von Friedrich umarmen. Diese Kraft, für einen Moment barg sie die Stirn an seiner Brust, doch dieser Moment war schon zu lang, mit einem Mal wollte sie schwach sein, küsste sein Kinn, die Lippen. »Liebste«, flüsterte er.

»Soll ich wieder gehen?«, unterbrach Marx die Begrüßung. »Ich könnte später zurückkommen.« Er schwenkte den Beutel in seiner Hand. »Allerdings würde ich bis dahin den Wein allein getrunken haben.«

»Unterstehe dich!« Julian raubte ihm knurrend die Weinflaschen, und Mary Harney bat ihre Gäste zu Tisch.

Nur eine Stunde später waren die Kerzen zur Hälfte heruntergebrannt. Weder vom Rosenkohl noch von den Kartoffeln gab es einen Rest in den Schüsseln, und nur Knochengerippe erinnerten an die gespickten Hasenrücken. Allen hatte es geschmeckt. Jetzt lehnten sich die Männer zurück, und Marx wandte sich mit der noch kalten Zigarre in der Hand an Mary: »Fritz erzählte mir, dass du wieder in Manchester lebst?«

»Seit dem Herbst.« Aus dem Augenwinkel nahm Mary wahr, wie sich Frederick neben ihr wieder nach vorn beugte. Ich weiß, du wusstest nichts davon, dachte sie. Es war mein Entschluss, und du solltest nicht versuchen, mich umzustimmen, deshalb habe ich dir nichts von meiner Rückkehr schreiben lassen. Sie lächelte zu Karl hinüber. »Mary Harney ist gleich mitgekommen. Wir wohnen jetzt mit meiner Schwester Lizzy zusammen im kleinen Haus in der Daniel Street.«

»Entführt!« Julian starrte sie an, dabei fasste er nach der Hand seiner Frau. »Sei ehrlich.« Er spielte den empörten Ehemann. »Du hast meine lammfromme Hausfrau mit wilden Geschichten vom lockeren Leben aus dem beschaulichen Burns-Land weggelockt, und jetzt steckt sie mit dir im sündigen Sumpf dieser Großstadt.« Dafür erntete er von seiner Ehefrau einen kurzen Schlag auf den Handrücken. »Was redest du für einen Unsinn? Wir haben uns den Schritt genau überlegt.« Julian war der einzige von den Männern im Raum, der Bescheid wusste. Aber er hatte bei Androhung furchtbarster Strafe absolutes Stillschweigen garantieren müssen.

»Wenn der Schritt kein Unsinn ist«, Marx zog sich den Kerzenleuchter näher und entzündete die Zigarre, blies den Rauch in die Luft, »so folgere ich als Ökonom: Er muss für euch ein erstrebenswertes Ziel geben und nebenbei den Lebensunterhalt decken.«

»Auch ich frage mich.« Friedrich saß da, eine steile Falte stand auf der Stirn. »Bedeutet die Rückkehr gleichzeitig die Anknüpfung an das frühere Leben, an alte Verbindungen?«

»Du sagst es. Der volle Einsatz ist nötig.« Mary spürte, wie Eifersucht in ihm rumorte. Gut so. Sie schenkte ihm einen Blick mit

Wimpernaufschlag. »Auch die Orangen sind für den Erfolg wichtig.«

»Und ich dachte …« Er schwieg, rieb unter der Tischkante die Knöchel hart aneinander.

»Was dachtest du, Liebster?«

Ihre sanfte Stimme beunruhigte ihn noch mehr. »Ich dachte, wir wären …? In jedem Fall hättest du mich informieren können. Ich meine, als Paar … Also, dass du aus Schottland wieder nach Manchester …«

»Schluss damit«, unterbrach Karl das Gestammel. »Mein Glas ist leer, die Neugierde gereizt. Was zum Teufel treibt ihr in Manchester?«

Mary suchte den Blick der Freundin, ein gemeinsames Lächeln, dann sagte sie: »Eine Armenküche.«

Beiden, Karl und auch Friedrich, sank das Kinn.

»Damit helfen wir eurer Sache«, erklärte Mary weiter. »Aber wir sind noch am Beginn. Unser Plan ist es, eine Suppenküche für die Ärmsten einzurichten.«

»Nicht nur eine.« Die andere Mary nahm sich vom Rotwein und reichte die Flasche an Marx weiter. »Wenn wir mehr Unterstützung bekommen, dann soll es bald in einigen Vierteln der Stadt solch einen Abendtisch für die Hungernden geben.«

»Das wollen wir nicht hoffen.« Von dem Vorhaben sichtlich überrascht, verschüttete Marx etwas vom Roten. »So scharf meinte ich es nicht. Dennoch: Diese Aktion ist vom mitmenschlichen Standpunkt aus betrachtet sehr löblich und ehrenwert. Sie unterstützt unsere Sache nicht, allerdings schadet sie ihr auch nicht.« Er wandte sich an Friedrich. »Stimmst du mir zu?«

»Solange daraus keine flächendeckende Einrichtung für das hungernde Proletariat wird, sehe auch ich unser Ziel nicht gefährdet.« Seine Mundwinkel zuckten leicht. »Warum nicht? Sollen die Frauen in diesem beschränkten Rahmen ruhig ihre Hilfe den Bedürftigen anbieten.«

Gleich funkelte ihn Mary an. »Wieso sagst du das in solch einem Ton? Wir helfen, die Armut zu lindern. Was ist daran lächerlich?«

Die andere Mary nahm sich Marx vor. »Wenn die Arbeiter satt werden, wieso ist das nicht auch euer Ziel?«

»Wartet!« Julian sprang auf, eilte zum Schreibtisch und kehrte mit Block und Silberstift zurück. »Kampf der Weiber von Manchester. Das wäre doch eine Überschrift.«

»Unterstehe dich.« Ehe er sich versah, nahm ihm seine Frau den Block weg, ihr Blick forderte von Karl eine Antwort. Der wandte sich an beide Frauen. »Bitte hört mir einen Moment ruhig zu. Eine Linderung der Lebensumstände verändert nichts, zögert eher die Veränderung noch hinaus.«

»Das weiß ich besser.« Ruckartig schob Mary ihren Teller in die Tischmitte, dass Messer und Gabel schepperten. »Wenn unsere Leute sich satt gegessen haben, dann solltest du mal die zufriedenen Gesichter, die dankbaren Augen sehen. Wenn das keine gute Veränderung ist, dann weiß ich es nicht.«

»Und am nächsten Tag haben die Leute wieder Hunger.« Friedrich legte seine Hand auf ihren Handrücken, sie wollte es nicht, doch er hielt sie fest. »Liebste, weder Karl noch ich beabsichtigen, eure Mühe zu schmälern. Ja, mir gefällt die Aktion sogar. Eine grundsätzliche Veränderung aber wird nur möglich, wenn die Gesellschaft eine andere wird.«

Mary entzog ihm ihre Hand. »Und deshalb sollen die Leute hungern?«

»Nein, zum Kuckuck!« Marx schlug mit der flachen Hand auf den Tisch. »Wichtiger aber ist es, dass die Leute über ihre Lage aufgeklärt werden, dass sie ihre Macht kennenlernen, dass sie keine Angst mehr haben, etwas für ihr Leben zu fordern.«

»Und es sich, wenn nötig, auch zu nehmen«, ergänzte Friedrich.

»Schluss damit!« Mary Harney klatschte in die Hände. »Wir sind hier nicht auf eurem Kongress. Ich glaube, dass wir Frauen mit Zupacken mehr erreichen und helfen als ihr mit euren Reden oder …«, sie neigte spöttisch den Kopf vor ihrem Gemahl, »der *Northern Star* mit seinen kritischen Artikeln. Bitte entschuldige.«

»Ich verzeihe dir.« Julian Harney wechselte mit einem eleganten Lächeln das Thema. »Wie wäre es mit einem Brandy für die Herren und einem Likör für die Damen? Wir könnten uns in der Bibliothek …«

»Nicht so vorschnell«, unterbrach ihn seine Frau. »Ich denke, Mary und Fritz haben noch etwas miteinander zu besprechen. Aus diesem Grunde möchte ich ihnen die Bibliothek anbieten.«

Oje, wie peinlich. Mary spürte, wie ihr das Blut in die Wangen stieg. Ich weiß, wir haben es so abgesprochen. Nur jetzt kommt es so plötzlich. »Danke«, mehr gelang ihr nicht.

Friedrich räusperte sich und bemühte einen lockeren Ton. »Ich habe den Bericht über die Polenfeier mitgebracht. Ehe ich ihn meinem Chefredakteur abliefere, möchte ich den Text erst meiner kritischen Liebsten vorlesen.« So hätten sie es in Brüssel gehalten und er wolle gern an diese Tradition anknüpfen. »Entschuldigt uns für eine Weile!«

Das beherrscht er gut, dachte Mary, im rechten Moment fällt ihm die richtige Ausrede ein. Friedrich führte sie zur Tür. In ihrem Rücken hörte sie noch Karl sagen: »Das erinnert mich an meine Jenny. Ich lese ihr auch meine Texte vor. Und manch guten Satz habe ich ihr zu verdanken.«

Friedrich ließ sie nicht los, kaum waren sie allein, presste er sie an sich, küsste ihr Haar, streichelte den Nacken, die Brüste, suchte mit den Lippen ihre Lippen. Erst ließ es Mary nur geschehen, dann krallte sie die Finger in den Rückenstoff seines Gehrocks. Liebster, o mein Liebster. Aus ihrem Herzen wogte eine Welle, sie ließ sich von ihr mitreißen und überspülte ihn mit wilder Zärtlichkeit. Sein Geruch, seine Berührungen. Nichts hatte sie vergessen, alles erinnerte … Als er den Rock auszog, wachte Mary auf, bedeckte ihre Brüste mit den Händen. »Wir können hier nicht …«

»Jetzt. Bitte!« Schweiß perlte auf seiner Stirn. Der Rock glitt zu Boden.

»Jeden Moment kann jemand hereinkommen.«

»Ist mir gleich.«

»Mir nicht, Liebster.«

Er hörte nicht zu, zerrte an seinem Gürtel. »Nur kurz. Nur für einen Moment. Ich will dich wenigstens einmal spüren.«

»Nein, Frederick!« Mary wandte sich ab, richtete mit zornigen Bewegungen das Oberteil ihres Kleides. Nur kurz? Ging das so mit den anderen? Dieser Gedanke brachte den Schmerz und die Vernunft zurück. Sie drehte sich zu ihm um. »Ich benötige ... nein, wir benötigen ...« Sie begann von Neuem. »Bitte verstehe, wir sollten uns nach so langer Trennung mehr Zeit nehmen.«

Friedrich sah sie an. »Du weinst? O Gott, ich wollte dich nicht bedrängen.« Er bückte sich nach dem Gehrock, streifte ihn über. »Verzeih! Bitte, nicht weinen.«

Mit dem Handrücken wischte sie die Augenwinkel. »Schon gut, Liebster. Es sind keine Unglückstränen. Und doch sind es Tränen.«

»Mehr Zeit?« Gleich wusste er einen Ausweg. »Du hast recht.« Er sei vom Kommunistischen Bund für die Sitzungen zum Schriftführer ernannt worden. Nach Ende des Kongresses müsse er sicher noch drei, vier Tage länger in London bleiben. »Wenn du so lange auf mich wartest, können wir uns genug Zeit füreinander nehmen.« Sie solle dann mit ins Haus seiner Schwester kommen. Die Gästezimmer wären unter dem Dach. »Da sind wir ungestört.« Er nahm ihre Hand. »Oder? Neulich hatte ich das Gefühl, du möchtest nicht zu ihr?«

»Das hast du falsch verstanden.« Mary seufzte. »Ich will nicht als einfacher Übernachtungsgast kommen. Ich möchte mit dir zusammen deine Schwester und den Schwager kennenlernen.«

»Das wirst du.« Er küsste sie auf die Stirn. »Willst du warten?«

Sie nickte und streichelte seinen Hals. »Nun lies mir den Artikel vor.«

Er nahm das Manuskript aus der Rocktasche, glättete das Papier, er zögerte. »Eins noch beunruhigt mich. Allein werdet ihr die Suppenküche nicht aufziehen können. Wer also unterstützt euch?«

»Du kennst ihn. Es ist James Leach, der Chartistenführer von Manchester.« Für die Frau des Kollegen Julian Harney und deren Freundin hatte er seine Verbindungen spielen lassen, für einen Raum und die Ausstattung der Küche gesorgt. »Und wie kommt ihr an die Lebensmittel?«

»Lizzy und ich, wir haben in so vielen reichen Häusern gearbeitet. Wir bitten dort um Spenden, betteln bei den Geschäftsleuten.«

Friedrich nickte vor sich hin. Sie spürte, dass ihn noch etwas beschäftigte, dann wusste sie es und zwang sich, ernst zu bleiben. Sie deutete auf das Manuskript. »Ich bin gespannt …«

»Was ist mit den Orangen?«, platzte es aus ihm heraus. »Triffst du wieder die Kapitäne am Hafen?«

»Ach, Frederick, du bist so klug, wenn es um Politik geht. Aber was mich betrifft, kannst du so dumm sein. Die Orangen …?« Ihre Händler von früher überließen ihr gerne hin und wieder eine Kiste. »Und du sollst die Augen der Kinder sehen, wenn sie nach der Suppe noch eine Orange zum Nachtisch bekommen.«

Dazu sagte Friedrich nichts, er strich etwas zu ausführlich den Lippenbart, ehe er die erste Seite seines Artikels zur Hand nahm. »Zum Jahrestag der polnischen Revolution von 1830. Liebe Bürger! …«

# 39

London, Wohnung Julian Harney
Mittwoch, 8. Dezember 1847

Früh war es. Mary hörte den Regen gegen die nachtdunklen Fensterscheiben schlagen. Unruhig brannte der Docht in der Öllampe. Sein Schein flackerte an der Wand zur Decke der Gästekammer hinauf. Obwohl schon vollständig angekleidet, war ihr kalt. Sie sah sich um. Alles hab ich beisammen. Ihre Reisetasche stand fertig gepackt auf dem Bett, der wollene Umhang und die Lederschute gegen das Dezemberwetter lagen daneben. Jetzt kommt der schwierigste Teil. Wie nur sage ich es Mary?

Sie nahm die Lampe und verließ die Kammer. Auf dem Flur hörte sie Julian im Schlafzimmer schnarchen. Die Küche war noch warm vom Vorabend. Ich brauche Licht, hell soll es werden. Rasch entzündete sie die beiden Gaslichter an den Wänden, kniete sich vor den Herd und befreite die Restglut von der Asche, legte Holzspäne auf und blies das Feuer an.

»Du bist schon auf?«

Erschrocken wandte Mary den Kopf. Die Freundin trug einen Morgenmantel, das Haar fiel ihr offen über die Schultern. »Habe ich dich geweckt?«

»Schon gut. Das Kratzen des Schürhakens geht durch alle Wände.« Frau Harney schüttelte den Kopf. »Aber es ist doch erst kurz nach sechs Uhr?«

»Das ist gut so.« Mary erhob sich und küsste Mary auf die Wange.

»Entschuldige, aber in Wahrheit bin ich heilfroh, dass ich dich so früh geweckt habe.« Sie nahm die Freundin am Arm. »Komm an den Tisch. Ich muss mit dir reden, allein, ehe Julian wach wird.«

Kaum saßen sie sich über Eck gegenüber, fasste Mary beide Hände der anderen Mary und hielt sich daran fest. »Ich reise ab. Noch heute. Zurück nach Manchester. Ich nehme den Morgenzug.« Unvermittelt war sie atemlos. Ausgesprochen war der Entschluss noch schmerzlicher als nur gedacht.

Frau Harney starrte sie an. »Wieso, um Gottes willen, Kindchen? Ich meine, hast du dir das genau überlegt?«

Heftig nickte Mary. »Seit zwei Nächten habe ich nur gegrübelt.«

»Ausgerechnet heute am Schlusstag des Kongresses? Am Jubeltag für Karl und deinen Frederick?« Von Julian wusste Frau Harney, dass der Kongress nach langen Debatten sich einmütig für das Grundsatzprogramm der beiden entschieden hatte und Marx wie auch Engels nun mit der endgültigen Fassung des *Kommunistischen Manifests* beauftragt waren. »Für diesen Sieg hat dein Frederick lange gekämpft. Und du willst abreisen?«

»Gerade weil er gewonnen hat, kann ich fahren.« Mary versuchte zu lächeln. »Jetzt geht es ihm gut. Hätte er auf dem Kongress sein Ziel nicht erreicht, hätte er verloren, dann ...«

»Was dann?«

Mary staunte über sich selbst, als sie sagte: »Dann wäre ich sicher geblieben. Um ihm Trost zu geben.«

»Ach, Kindchen, wenn ich dich so höre, denke ich, Liebe ist wirklich nicht so leicht.« Mary Harney stand auf und setzte einen Topf mit Milch auf den Herd. »Aber mir ist es am Anfang auch nicht viel besser ergangen. Dieses Durcheinander im Kopf und im Herzen. Gott, ja. Heute habe ich mich mit vielem abgefunden, oder ich will es erst gar nicht wissen.«

»Ich kann nun mal nicht gegen mich an.« Mary verschränkte die Finger ineinander. »Bitte, ich möchte, dass du für mich eine Nachricht schreibst. Julian soll sie Frederick übergeben. Aber erst nach Abschluss der Tagung.«

»Hab schon verstanden. Der Kerl tut mir jetzt schon leid. Aber in Ordnung.« Die Freundin stellte zwei Becher mit heißer Milch auf den Tisch und den Honigtopf daneben. »Gib jedem von uns einen großen Löffel voll dazu. Das stärkt bei dem kalten Wetter draußen. Ich hole Block und Stift.«

Schweigend tranken sie die süße Milch, danach wartete Mary Harney geduldig ab.

»Frederick, mein Liebster.« Die Anrede fiel Mary leicht. Jeder nächste Satz kostete Mühe. Sie wollte nicht die Geliebte für ein paar Nächte sein, dann wieder Abschied nehmen und warten, bis ein neues Treffen ihm wieder in die Arbeit passte.

»Auch wenn ich mir jetzt ins eigene Fleisch schneide, Liebster. Ich fahre nach Manchester. Dir wünsche ich alles Glück für Deine Arbeit, mögen sich Deine Ideen verwirklichen. Ich warte auf Dich, solange ich an uns glaube. Du kannst mich zu Dir holen oder zu mir kommen, doch nur …« Mary stockte, überlegte, und die Freundin schlug vor: »Heiraten?«

»Nein, so hart will ich nicht zu ihm sein.« Sie wiederholte den Satz und wusste weiter. »Doch nur, wenn Du es unsertwegen tust. Lebe wohl und bis bald, so hofft Deine Mary.«

# 40

Brüssel, Rue Botanique 23
Januar 1848

»Der Abend gestern war großartig, lieber Karl.« Verleger Adalbert von Bornstedt putzte mit dem Taschentuch die beschlagene Brille. Weil der Ofen zu sehr qualmte, hatte er für einen Moment das Fenster des Pressebüros seiner *Deutschen Brüsseler Zeitung* geöffnet. Der Rauch hatte sich nach draußen in die Januarkälte verzogen, doch nach dem Schließen des Fensters ließ feuchtwarme Raumluft die Gläser anlaufen. Auch Marx und der Sekretär des Bundes Gigot reinigten ihre Monokel.

»Lob freut mich, mein Bester. Wir sollten über eine Veröffentlichung all meiner Reden, die ich seit meiner Rückkehr aus London hier im deutschen Arbeiterverein gehalten habe, ernsthaft nachdenken.«

»Zu Recht«, pflichtete ihm Bornstedt bei, in seinem Übereifer, dem Gelehrten zu gefallen, dienerte er sogar. »Wie war doch noch gestern die Erläuterung zum Begriff Kapital? Das Beispiel mit den Negern?«

»Ah, den Teil meinst du?«

Gleich wollte Gigot im Manuskript nachschlagen, Karl aber winkte ab und räusperte sich. »Was ist ein Negersklave? Ein Mensch von der schwarzen Rasse. Ein Neger ist ein Neger. In bestimmten Verhältnissen erst wird er zum Sklaven. Eine Baumwollspinnmaschine ist eine Maschine zum Baumwollspinnen. Nur in bestimmten Verhältnissen wird sie zum Kapital. Aus diesen Verhältnissen herausgerissen ist sie so wenig Kapital, wie Gold an sich schon Geld ist oder Zucker schon der Zuckerpreis ist. Das Kapital ist ein …«

Es polterte vor der Tür, schon wurde sie aufgestoßen, und Moses Hess stürmte ins Pressebüro. Auf dem Kopf eine Pelzmütze, um den Hals ein dicker Wollschal, der Mantel nur halb geschlossen. »Dieser räudige Hund!« Seine Augen waren vom Zorn gerötet, er stampfte bis zum Verlegertisch und legte eine geräumige Ledertasche vor die Herren hin. »Beleidigung!« Er drohte Marx mit der Faust. »Vergewaltigung!«

Erschrocken wich Karl mit Oberkörper und Stuhl ein Stück zurück. »Aber, Freund?«

»Nichts Freund.« Die Aufregung trieb den Speichel in die Mundwinkel. »Damit ist es vorbei. Ja, es geht um deinen sauberen Freund, deinen Spießgesellen.«

Karl vergewisserte sich mit raschem Blick bei den Tischnachbarn, nur überraschte Ratlosigkeit stand in ihren Gesichtern. »Du sprichst London an?«, testete er. »Weil dein Entwurf abgelehnt wurde und das Konzept von Engels jetzt als Grundlage dient?«

»Was?« Moses nahm die Pelzmütze ab. Von seiner sonst so gepflegten künstlichen Lockenpracht waren zwischen Strähnen nur noch einige verklebte Haarkringel übrig. »Also ist es wahr? Ich habe es gehört …« Aufstöhnen gewichtete jedes Wort. »Befürchtet. Weil ich bisher nichts Offizielles von der Zentrale gelesen hatte, hoffte ich noch.« Er verkrallte die Hand in der Mütze. »Erschlichen hat sich Engels den Zuschlag. Auch diese Heimtücke werde ich nicht einfach hinnehmen. Das Maß ist voll.«

»Erschlichen?« Nun drohte ihm Karl mit dem Finger. »Wage nicht, solche Behauptungen zu verbreiten. Ich selbst und auch Tedesco, wir waren bei den heftigen Diskussionen um die Inhalte dabei. Um jeden Passus wurde gerungen.« Er schlug mit der Faust auf den Tisch. »Dein Text war so miserabel, dass er erst gar nicht zur Hauptversammlung zugelassen wurde. Basta!«

Moses Hess duckte sich zwar, nach tiefem Durchatmen aber reckte er wieder Brust und Kinn. Er wandte sich an Bornstedt und Gigot, suchte nach Verbündeten. »Ich will Karl gerne ausnehmen. Vor lauter Theorie entgeht ihm sicher einiges. Aber seid ehrlich. Wenn es um die Macht im Bund oder in der Demokratischen Gesellschaft geht, scheut sein sauberer Freund vor keiner Schandtat zurück.« Bei beiden fand er keine Zustimmung. »Ah, ich verstehe. Auch ihr seid dem Scheinheiligen ins Netz gegangen.«

»Dies ist ein Pressebüro.« Bornstedt erhob sich von seinem Stuhl. »Wenn du einen neuen Artikel hast, dann her damit. Wenn du wichtige Neuigkeiten mitteilen willst, wir sind ganz Ohr. Ansonsten, Rabbi, verschone uns mit deinem Sermon.«

»Langsam, langsam.« Moses trat näher an den Tisch und zog eine aus Edelholz gefertigte Schatulle aus seiner mitgebrachten Tasche. »Was ich sage, hängt alles zusammen und führt nur zu diesem Ziel.« Beide Hände legte er auf den Deckel. »Denn dieser heilige Engels ist in Wahrheit ein hinterhältiger Lüstling. Ich werde euch die Augen öffnen und ihm das Handwerk legen.« Damit klappte er die Schatulle auf. Zwei Pistolen! Matt schimmerten die langen Läufe. Den Herren am Tisch sank das Kinn. Als Moses eine der Waffen herausnahm, am Hahn hantierte, jeder dabei wenigstens einmal in die Mündung schaute, fasste sich Gigot als Erster. »Keiner hier im Raum ist dein Feind. Wir alle achten dich …«

»Spar dir die Lügen! Ich will nicht euer Blut. Von ihm will ich Genugtuung. Er hat meine Ehre verletzt, und mehr noch als das. Engels hat meine Frau, meine geliebte Sibylle … geschändet.« Während Moses um Fassung rang, tauschte Karl mit Philippe Gigot einen raschen Blick, beide Mienen blieben ernst.

Adalbert von Bornstedt wurde geschäftig. »Das allerdings ist möglicherweise für unsere Leser von Interesse. Ein Skandal untergräbt das Ansehen. Dies kann sich ein Vordenker und Führer des Kommunistischen Bundes, was sage ich, der künftigen kommunistischen Partei nicht leisten.« Er fasste Hess an der Schulter und führte ihn zu einem Stuhl. »Setz dich. Möchtest du einen Tee?« Moses verneinte. Sehr zur Erleichterung der Herren legte er die Pistole auf dem Tisch vor sich hin.

»Willst du uns die Schandtat erst hier im kleinen Kreis berichten, oder soll einer meiner Kollegen gleich eine Mitschrift anfertigen?«

»Erst anhören«, mischte sich Marx ein. »Das Mitschreiben hemmt nur den Erzählfluss.«

Moses nickte, und Bornstedt entschied: »Gut, dann fertigen wir später das Protokoll im Redakteurzimmer an.« Er setzte sich dem Unglücklichen gegenüber und faltete die Hände. »Lass dir Zeit!«

Von allen mitfühlend beachtet, fand Moses zur Kraft zurück. »Auch wenn es schmerzt. Wohlan denn. Vergesst nicht, Freunde. Ich habe diesen Engels als Erster mit dem kommunistischen Gedanken vertraut gemacht. Ich bin sein geistiger Ziehvater. Und nun seht, welche Natter ich am Busen genährt habe.« Jeder hier im Raume wisse, dass er Sibylle, das Kleinod seines Herzens, im Sommer dem Engels anvertraut habe. Weil sie keinen Pass besaß, sollte er sie über die Grenze nach Frankreich schmuggeln. »Dies geschah zu meiner Zufriedenheit. Doch der brunftige Satan sah von diesem Zeitpunkt an in meiner Sibylle eine Beute für seine Lust.« Immer wieder habe er ihr geschrieben, sie um ein Rendezvous angefleht. Sie möge ihn aus der Einsamkeit erretten. »Nun hat meine Gattin ein weiches Herz und zeigte schließlich Erbarmen. Sie gewährte ihm einen gemeinsamen Spaziergang.« Dabei seien sie in einen Regenschauer geraten. In ihrer Unschuld habe Sibylle das Angebot von Engels angenommen und sei ihm in die Wohnung gefolgt. »Allein um den durchnässten Umhang zu trocknen. Jedoch ...« Die heraufbeschworene Erinnerung ließ Moses stocken.

Gleich entrang sich Marx ein Stöhnen, er verbarg den Mund hinter vorgehaltener Hand. Neben ihm senkte Philippe Gigot tief den Kopf und starrte wie gebannt auf seine Stiefel.

Der Verleger wollte dem Bericht weiterhelfen. »Und dann hat er ...?«

»Nicht gleich ...«

»Vorher sogar Brutalität?« Bornstedt nahm die Brille ab, setzte sie sofort wieder auf. »Hat er sie etwa mit Schlägen traktiert, gefügig gemacht?«

»Nein, mit Rotwein. Es war wohl ein schwerer Bordeaux.« Moses griff sich mit beiden Händen ins Haar, zerrte daran. »Vom Wein angeregt plauderte mein Lämmchen heiter, als er unvermittelt über sie kam, ihr die Kleider herunterriss ...« Moses atmete schwer, nach einer Pause setzte er mit Grabesstimme hinzu: »Erst nachdem der Wüstling von ihr abließ, erschöpft neben ihr niedersank, erst da fand sie Gelegenheit, nach ihren Kleidern zu suchen und aus der Wohnung zu fliehen.« Er griff nach der Pistole. »Du sollst nicht begehren deines Nächsten Weib, spricht der Herr.« Die Fingerkuppe fuhr den Lauf entlang. »Für all das, was du mir angetan hast, will ich Genugtuung.«

»Meine Zeitung wird dir dabei helfen.« Bornstedt bat ihn um die Waffe und legte sie zurück in die Schatulle. »Der Artikel wird ihn härter und genauer treffen, als du es beim Duell vermagst. Komm, ich begleite dich nach nebenan, Ferdinand soll das Protokoll aufnehmen.«

»Einen Augenblick noch«, hielt Marx die beiden zurück. »Nur eine Frage zum rechten Verständnis der Untat?« Er zwirbelte in den Barthaaren. »Wann, wann ereignete sich der Übergriff?«

»Es geschah im November.«

»Da warst du mit deiner Sibylle doch längst schon hier in Brüssel. Und Engels reiste mit mir zum Kongress nach London.«

Moses trat einen Schritt auf ihn zu, ballte die Faust. »Dann war es eben ein Jahr vorher. In jedem Fall war es November.«

»Beim Himmel.« Karl sah zur Decke. »Das Ereignis ist recht lange her.«

»Willst du etwa diesen Hurenbock verteidigen? Der Zeitpunkt ist doch gleichgültig, erschreckend ist die Tat.«

Entschlossen zog Adalbert von Bornstedt den Gehörnten vom Tisch fort. »Beruhige dich. Hier bist du mit deinem Leid an der richtigen Stelle. Und in Ferdinand wirst du einen verständnisvollen Journalisten treffen.« Damit brachte er Moses Hess ins angrenzende

261

Redakteurzimmer. Bei seiner Rückkehr saßen Marx und Gigot mit den Schultern aneinandergelehnt, jeder lachte leise vor sich hin und wischte sich die Tränen von den Wangen.

»Was ist in euch gefahren?«

Marx patschte dem Sekretär auf den Oberschenkel. »Sag du es ihm!«

»Diese Geschichte …«, Gigot schnäuzte sich die Nase, »ist für uns nichts Neues gewesen. Wir kennen sie schon seit damals. Nur …« Er bezwang den nächsten Lachanfall. »Nur umgekehrt. Fritz hat uns das Ereignis geschildert und die Briefkarten gezeigt, in denen Sibylle ihn um das Treffen bittet und ihm mehr noch verspricht.«

»Ihr meint, ich solle auf den Artikel verzichten?«

Marx schnalzte mit der Zunge. »Wenn dir das Niveau deiner Zeitung etwas wert ist. Moses Hess versucht einen Rachefeldzug gegen Engels, weil er ihm den Erfolg neidet und ganz gewiss nicht wegen seiner ach so treuen Gemahlin. Wie könnte ich jetzt ausführen: Eine Frau ist eine Frau. Nur in bestimmten Verhältnissen … Nein, nein, darüber keine Scherze.« Er tippte auf die Manuskripte seiner Reden. »Kehren wir zur Frage nach dem Kapital zurück.«

# 41

Brüssel, Rue d'Orléans
31. Januar 1848

Edgar mochte den Möhrenbrei nicht. Kaum war es Helene gelungen, dem zehn Monate alten Stammhalter der Marxens eine halbe Löffelfüllung in den Mund zu streichen, spuckte er sie auf den Ärmel der Haushälterin und krähte seinen Protest hinterher. Neben ihm patschte Laura mit ihrem Löffel auf die gelbliche Masse ein, die Spritzer verteilten sich über den Küchentisch, besudelten Helenes Kittel, dabei schrie die Zweijährige und versuchte den Bruder zu übertönen. Weil das Gezeter der Geschwister nicht aufhören wollte, weinte Klein Jenny, schluchzte immer wieder auf, während sie mit ihren dreieinhalb Jahren artig den Brei zu sich nahm. Biester, dachte Helene, mit wilden Tieren hätte ich es leichter. Wenn ich jetzt auch noch schreie, dann kommt es zum Jüngsten Tag. Und das gerade heute Abend.

Die Tür öffnete sich. Jenny blieb auf der Schwelle stehen. »So geht das nicht.« Die Wangen bleich, der Blick erschöpft. Kaum sahen die Kinder ihre Mutter, wollten sie zu ihr.

»Hiergeblieben!« Der Befehl Helenes war scharf. Keines der Kinder rührte sich, auch das Geschrei war sofort verstummt.

»Was, um Himmels willen, wird hier gespielt?«

»Gespielt?« Helene lachte trocken auf. »Ihr schreibt da drüben nur über die Revolution. Hier ist sie schon ausgebrochen.«

»Bitte nicht. Ich ertrage heute keine Scherze, auch Karl und Fritz im Arbeitszimmer nicht. Bei diesem Lärm kann sich niemand konzentrieren. Bitte, Lenchen, du weißt, um was es geht.« Jenny trat näher an den Tisch heran, streichelte Edgar übers Haar. »Wir müssen bis morgen früh fertig sein. Das Manifest muss mit dem ersten Zug in Richtung London.«

Kaum war Friedrich Mitte Dezember nach Paris abgereist, hatte Karl die Weiterarbeit an dem Manuskript liegen lassen, Teilnahme an Diskussionsrunden und Vorträge waren ihm angenehmer. Erst die Mahnung der Zentrale in London vom 25. Januar mit Androhung der Enthebung von seinen Ämtern und Ausschluss aus dem Bund, hatte Karl zurück an den Schreibtisch gezwungen. Seit einer Woche schrieb er Tag und Nacht an der Endfassung. Jenny übertrug seinen kaum entzifferbaren Text in lesbare Reinschrift. Morgen, am 1. Februar, war der letztmögliche Abgabetermin. »Welch ein Glück im Unglück, dass sie unsren Fritz gestern aus Paris und Frankreich weggejagt haben. So kann er jetzt noch mit Karl zusammen den Schluss formulieren.« Jenny beugte sich zu Laura. »Kein Geschrei mehr, hörst du?«

Die älteste Tochter griff nach der Hand der Mutter. »Ich bin leise, weil Papa und Onkel Fritz denken müssen.«

»Sehr vernünftig, mein Liebling.« Jenny richtete sich mühsam wieder auf, der Rücken schmerzte vom angestrengten Schreiben, sie blickte ihre Haushälterin an. »Bitte bringe die Kinder bald ins Bett, und sorge dafür, dass sie keinen Lärm machen.« Sie kehrte zurück in die Diele zu ihrem beengten Schreibplatz.

Du kannst dich auf mich verlassen, schwor ihr Helene hinterher. Ehe es Laura einfiel, erneut loszubrüllen, fragte sie: »Wer möchte denn gleich einen warmen süßen Saft?«

Eifrig hoben die Mädchen die Finger, und Edgar ahmte es ihnen nach.

Und grausam entschlossen gab Helene Bier in einen Topf, als es gut warm war, rührte sie Honig dazu.

Tabakqualm durchzogen vom Petroleumgeruch der Öllampen schwängerte das Studierzimmer. Nachdem Friedrich die bislang letzte Seite der Reinschrift gelesen hatte, legte er sie auf den Stapel zurück. Ihm gegenüber, auf der anderen Seite des Schreibtisches, saß Karl, die Stirn in die Linke gestützt, den Zigarrenstummel zwischen den Zähnen, ließ er die Feder übers Papier kratzen, dazu grummelte er ohne Unterlass vor sich hin. Friedrich beobachtete ihn, wartete. Wir waren fast durch. Das Ding hätte längst fertig sein können. Aber du musstest dich wieder verzetteln.

Mit einem Mal stöhnte der Freund auf, tunkte den Kiel tief ins Fass und strich die letzten Worte durch. »Verflucht, was ist mit Deutschland? Worauf konzentrieren sich die Kommunisten da?« Er blickte zu Friedrich hinüber. »Ich benötige eine Pause. Branntwein muss her. Nach einem guten Schluck werden die Gedanken wieder klarer.«

»Bist du sicher?«, sagte Friedrich und dachte, so kurz vor dem Ziel aus der Bahn zu laufen, das würde zu dir passen. Aber nicht, solange ich dabei bin. Wie unbewusst zog er die Flasche etwas näher zu sich heran. »Kaffee wäre vielleicht eine größere Hilfe.«

»Hör auf, meine Amme zu spielen.« Karl lehnte sich im Sessel zurück. »Die Rolle steht dir nicht, außerdem fehlen dir zwei ordentliche Brüste.«

Ohne auf den Protest einzugehen, erhob sich Friedrich, griff am Ofen mit einem Lappen den Henkel der Kaffeekanne, schenkte ein und brachte die dampfenden Becher zum Tisch. »Sobald wir es geschafft haben, saufen wir. Vorher gibt es nichts.«

»Du wärst besser in Paris geblieben.«

»Dann säße ich jetzt schon im Gefangenenkäfig der Preußen und wäre auf dem Transport nach Berlin.« Nach seiner Rede am Silvesterabend vor Arbeitern und Handwerkern habe ihn die Geheimpolizei auf Schritt und Tritt verfolgt. Ohnehin schon wucherten die Proteste gegen Staatsmacht und Monarchie in den Straßen der Metropole. Umso mehr sahen die Behörden jetzt eine Bedrohung durch die deutschen, stets umtriebigen Emigranten. »Sie brachen in meine Wohnung ein. Das Manuskript meiner Rede genügte ihnen: zu viele politische Spitzen und Angriffe. Innerhalb von vierundzwanzig Stunden musste ich das Land verlassen.« Friedrich setzte den Becher ab. »Aber wie ich feststelle, was uns betrifft, war es gerade der richtige Zeitpunkt.«

Nachdem Karl sich eine neue Zigarre angezündet hatte, deutete er auf den Stapel mit der Reinschrift. »Bist du einverstanden?«

»Mehr als das. Ohne dir zu schmeicheln, ein wunderbarer Extrakt aus allem, was wir bisher gedacht und geschrieben haben. Und der Stil: aus einem Guss und einfach gut. Allein schon die ersten Sätze.« Friedrich zog das unterste Blatt aus dem Stapel und zitierte: »Ein Gespenst geht um in Europa – das Gespenst des Kommunismus. Alle Mächte Europas haben sich zu einer heiligen Hetzjagd gegen dieses Gespenst verbündet.« Friedrich ließ das Blatt hoch über dem Kopf wie eine Fahne flattern. »Dieser Satz weht uns Gespenstern voran, zieht alle gleich mit sich.«

Die unverhohlene Begeisterung des Freundes belebte Karl mehr noch als der Kaffee. »Zurück zu Deutschland. Was hatten wir gesagt?«

»Dahin richtet sich die Hauptaufmerksamkeit der Kommunisten.« Friedrich ordnete die Seite eins wieder unter den Stapel. »So soll es doch sein. Weil Deutschland unmittelbar vor einer bürgerlichen Revolution steht.«

»Richtig.« Karl nahm die Feder wieder zur Hand. »Und die Bedingungen sind nirgendwo sonst so günstig fortgeschritten, besser noch als in England und Frankreich.« Die Freunde kamen in Fluss. Friedrich schnippte mit den Fingern. »Und weil das Proletariat viel weiter entwickelt ist als anderswo, wird die deutsche bürgerliche Revolution also nur das unmittelbare Vorspiel einer proletarischen Revolution sein.«

Karl schrieb, grummelte wieder vor sich hin. Leise stand Friedrich auf und verließ das Studierzimmer. Draußen in der Diele strich er Jenny über den gebeugten Rücken. »Wir haben es bald.«

»Mit Abschnitt drei schließe ich gleich ab.« Sie lehnte kurz den Kopf an seinen Arm. »Lieber Fritz. Wie gut, dass wir dich haben. Heute Nacht empfinde ich das besonders stark.«

»Möchtest du Kaffee?«

»Danke.« Sie hätte schon zu viel davon. Der bittere Geschmack verursache ihr inzwischen Übelkeit. »Außerdem brennen mir die Augen.«

»Warte. Ich besorge dir Linderung.«

Friedrich ging in die Küche. Bei seinem leisen Eintreten sah Helene erschrocken von ihrer Näharbeit auf. »Herr Fritz. Sie schleichen hier rum wie ein Gespenst.«

Gleich musste Friedrich die Hand vor den Mund pressen, um nicht laut loszulachen. »Das trifft. Auch wenn du den Zusammenhang nicht kennst. Aber glaube mir, der Satz passt genau.«

»Wenigstens habe ich einen von euch heute Abend zum Lachen gebracht.« Sie legte das Kinderhemdchen samt Nadel und Faden auf den Tisch. »Wo fehlt es?«

Er fragte für Jenny nach einem nassen Lappen. Helene schüttelte den Kopf. »Kühlung hilft, aber nicht lange. Das Beste wäre, wenn unsere Baronesse eine Pause macht und zu mir in die Küche kommt. Ich weiß ein gutes Mittel gegen rote Augen. Dauert nicht lange, hilft aber.« Sie tunkte ein Tuch in kaltes Wasser, wrang es ein wenig aus und gab es ihm. »Herr Fritz, dass Sie mal Krankenschwester spielen, das hätte ich auch nicht gedacht.«

Er grinste zurück. »Du ahnst nicht, was sonst noch in mir steckt.«

Jenny dankte ihm für die Hilfe. Fünf weitere Blätter, fein säuberlich von ihr beschrieben, nahm er mit ins Studierzimmer. Dort stand Karl vor dem Arbeitstisch. Laut las er sich den Text vor. »Die Kommunisten verschmähen es, ihre Absichten zu verheimlichen.« Er wandte kurz den Kopf zu Friedrich. »Der Schluss. Wir kommen gleich zum Schluss«, sagte er und zitierte halblaut weiter, dabei dirigierte er sich selbst mit der Feder: »Sie erklären es offen, dass ihre Zwecke nur erreicht werden können durch den gewaltsamen Umsturz aller bisherigen Gesellschaftsordnungen.«

Friedrich nickte. »Gut so. Die Schlusssätze kennen wir beide schon lange auswendig.«

Der Freund setzte sich, tunkte den Kiel ein, strich sorgsam die zu viel genommene Tinte am Fassrand ab. »Nun denn. Sag du den ersten Satz.«

Friedrich legte die Blätter ab und schlug spielerisch die Fäuste gegeneinander. »Mögen die herrschenden Klassen vor einer Revolution zittern!«

Nach der Niederschrift übernahm Karl: »Die Proletarier haben nichts in ihr zu verlieren als ihre Ketten.«

Und wieder Friedrich: »Sie haben eine Welt zu gewinnen.«

Beide diktierten der Feder jedes Wort laut und gemeinsam: »Proletarier aller Länder, vereinigt euch!« Kaum steckte der Kiel wieder im Tintenfass, klatschten sie sich mit den Händen ab, lachten und schlossen sich fest in die Arme.

# 42

Brüssel, Rue d'Orléans
31. Januar 1848

Vom plötzlichen Lärm angelockt kam Jenny herein, ihr folgte Helene auf dem Fuß. Stumm staunten sie über den Anblick. Schließlich fragte Jenny mit müder Stimme: »Was ist in euch gefahren?«

Die Männer lösten sich, strahlten die Frauen an. Karl umarmte seine Gattin. »Wir haben das Manifest.«

Ach, Mary. Friedrich spürte den Stich. Wie gern hätte er die Freude mit ihr geteilt. Warum bist du jetzt nicht hier? Doch da war Helene. Gleich warnte sie mit erhobenem Zeigefinger. »So nicht, Herr Fritz. Nur wenn die Hände auf dem Rücken sind.« Er gehorchte mit einer übertriebenen Verbeugung und küsste sie dann auf beide Wangen.

Rasch sank das Strohfeuer der Erleichterung wieder in sich zusammen. Karl gähnte, dehnte sich ausgiebig. »Nun liegt es an dir, mein Liebes.« Er reichte ihr seine Seiten. »Das ist Abschnitt vier: *Über die Stellung der Kommunisten zu den verschiedenen oppositionellen Parteien*. Nun endlich vollständig.«

Nach kurzem Blick auf den Text schätzte sie: »Gut drei Blatt werde ich noch benötigen. Ich setze mich gleich dran.«

»Nichts da«, entschied Helene. »Erst folgen Sie mir in die Küche.« Für die wehen Augen versprach sie eine mit kalter Milch getränkte Stoffbinde. »Die kommt für eine Viertelstunde auf die geschlossenen Lider. Dieses Hausmittel wenden wir an der Saar an, also ist es gut.«

Wieder allein mit Karl im Studierzimmer, griff Friedrich nach der Branntweinflasche. Es war ihm zu lästig, zwei Gläser zu holen, ohne lange zu überlegen, schenkte er jedem den längst geleerten Kaffeebecher bis zur Hälfte mit Scharfgebranntem voll. »Auf uns und die Revolution!«

»Sie wird kommen, nicht heute oder morgen ...« Karl nahm einen großen Schluck, schüttelte sich und stöhnte genüsslich aus tiefster Brust, ehe er fortfuhr: »Auch nicht in einem Jahr. Aber sie kommt.« Er nahm den zweiten Schluck. »Erst die bürgerliche, dann die ...« Er lehnte sich im Stuhl zurück. »Danach folgt die proletarische.«

Friedrich spürte, wie der Schnaps die Kehle hinunterbrannte und sich im Gedärm festbiss. Erst als er die Becher nachfüllte, mit Karl erneut anstieß und trank, schien ihm die Schärfe milder zu werden. »Zunächst werden wir im Herbst hier in Brüssel einen internationalen Kongress aufziehen.« Das Denken strengte an, ärger noch das Sprechen. »Und, und zwar mit den oppositionellen Kräften Europas ... mit allen oppositio...nellen ...« Weil Karl der Kopf auf die Brust gesunken war und er Sägegeräusche ausstieß, winkte Friedrich müde ab, streckte die langen Beine unter den Schreibtisch, die Augenlider fielen ihm von selbst zu.

»Dienstag, der 1. Februar. Dieses Datum hat seinen Schrecken eingebüßt«, sagte Karl, als er am nächsten Vormittag mit Friedrich, beide in Hut, Schal und Mantel, die Wohnung im zweiten Stock verließ.

»Für mich erst, wenn der Zug mit dem Postwaggon den Bahnhof verlassen hat.«

Beim Morgengrauen waren die in den Sesseln schnarchenden Männer von Jenny geweckt worden. Ihr gelang nicht einmal mehr ein Lächeln. Sie präsentierte ihnen das in Reinschrift vollendete Manuskript und hatte es dann sorgsam in starkes Papier für die Post verpackt. »Ich lege mich jetzt zu den Kindern ins Bett.« Ohne ein weiteres Wort war die erschöpfte Frau hinüber ins Schlafzimmer gegangen.

Von Helene hatte es einen Milchbrei gegeben, den beide nur mit Ekel hinunterwürgen konnten. »Jeder muss etwas im Bauch haben, sonst geht noch was schief.« Widerworte hatten keinen Zweck. Es war geplant, dass die Haushälterin heute Vormittag einen wichtigen Part übernehmen sollte, seitdem war sie aufgeregt, seitdem hatte sie den Ton in der Küche verschärft.

Bevor die Männer das Haus in der Rue d'Orléans verließen, drückten sie sich kurz die Hände. »Es wird gut gehen.«

Vor der Tür blickten sie nach rechts und links. Die Straße war leer. Ohne Eile wandten sie sich nach Norden in Richtung Stadtmitte. Nach wenigen Schritten blickte Friedrich über die Schulter. »Da sind sie. Im Eingang der Metzgerei waren sie. Zu zweit sind sie wie üblich.«

»Gut.« Karl drehte sich nicht um. »Wir gehen langsam und ziehen die Ratten hinter uns her.«

Friedrich zückte die Taschenuhr. »Wenn Helene in fünf Minuten losgeht, sind wir weit genug von unserer Wohnung weg.«

Die Männer in den Zylindern und langen hochgeschlossenen Mänteln bemühten sich längst nicht mehr um wirkliche Heimlichkeit. Seit drei Jahren bespitzelten und verfolgten sie diese Gruppe politisch verdächtiger Emigranten. Nicht zu dicht und nicht aus den Augen, schien ihre Devise, deshalb sorgten sie stets für einen gemäßigten Abstand.

Die Freunde nutzten heute diese Bequemlichkeit der Spitzel. Sie diskutierten heftig miteinander, gestikulierten mit den Händen, blieben stehen, zündeten sich Zigarren an und schritten weiter. Aus dem Augenwinkel beobachtete Friedrich, wie Helene auf der anderen Straßenseite zielstrebig an ihnen vorbeischritt. Mit ihrem unter dem grauen Wolltuch verborgenen Haar und dem geschlossenen Einkaufskorb am Arm sah sie aus wie eine Magd, unterwegs, um die täglichen Einkäufe zu besorgen. Gleich an der nächsten Straßenecke bog sie ab, und Friedrich verlor sie aus dem Blick. Alles hängt jetzt von dir ab, gutes Mädchen, dachte er, die Grundsätze des Kommunismus stecken in deinem Einkaufskorb. »Ob Lene weiß, was sie da zum Bahnhof trägt?«

»Entgangen ist ihr der Inhalt sicher nicht.« Karl lachte vor sich hin. Seit Tagen hatten Jenny und er über nichts anderes geredet. Und falls der Streit über ein Thema auszuufern drohte, so hätten beide nach Helene gerufen. »Von Haus aus hat sie bis auf Schreiben und Lesen keine Bildung erfahren, sie besitzt aber eine Gabe für das Wesentliche. Ihre Klarsicht bewundern Jenny und ich vorbehaltlos.« Das Schmunzeln verbreitete sich, langsam glättete Karl den Bart. »Ein wirklich handfestes Weib, unser Lenchen.«

»So?« Friedrich dehnte das Fragezeichen, gleichzeitig gab er dem Freund einen Stupser mit dem Ellbogen.

»Nicht so«, wehrte Karl viel zu rasch ab. »Bei Problemen hören wir gern auf ihr Urteil. Jenny ebenso wie ich.« Mit heftigem Gepaffe an der Zigarre wechselte er das Thema. »Wie spät ist es?«

»Kurz nach neun Uhr. Wir sind gut in der Zeit. Es dauert noch eine Stunde, ehe der Zug in Richtung Ostende abfährt.«

Karl deutete mit der Zigarre über seine Schulter in Richtung der Verfolger. »Dann lass uns die Ratten noch ein Weilchen durch die Innenstadt führen.« Am Opernplatz trennten sich die Freunde, der eine schlenderte rechts, der andere die Straße links am Gebäudekomplex entlang. Das brachte die Geheimen aus ihrem Trott, nach einem Moment der Verwirrung lief der eine hinter Marx, der andere hinter Engels her. Einige Richtungswechsel später trafen die Freunde wieder auf dem Platz vor der Oper zusammen, beide feixten über den kleinen Spaß. Karl hob die Achseln: »Etwas Kultur kann diesen Stümpern nicht schaden.«

Sie ließen den Botanischen Garten rechts liegen und näherten sich dem Bahnhof nur so weit, dass sie freien Blick auf das Hauptportal hatten. Vor einem Bierlokal blieben sie stehen. Zu so früher Stunde war es noch geschlossen. Dennoch rüttelte Friedrich mit Absicht an der Tür, zeigte sich verärgert und blieb mit Karl dort stehen, als warteten sie ungeduldig auf die Öffnung der Tränke.

Lautes Pfeifen tönte vom Bahnhof herüber, Dampfwolken fauchten, langsam rollte ein Zug aus dem Schatten des Gebäudes.

»Das muss unserer sein«, sagte Friedrich halblaut und ließ die Taschenuhr aufspringen. »Die Abfahrtszeit stimmt.«

»Hat sie es geschafft? Oder?« Nach wenigen Augenblicken schon nagte Karl an der Unterlippe. »Wo bleibt sie nur?«

Friedrich verengte die Augen, drüben kamen und gingen Frauen, Männer, Uniformierte, eine Kindergruppe stürmte aus dem Portal. »Da, ganz rechts.« Er war sich sicher. »Sie ist es.«

Helene trat einige Schritte ins Freie und stellte den Korb vor ihre Füße. Beinah umständlich nahm sie das graue Kopftuch ab, schlug es kurz aus und legte es wieder um.

Das vereinbarte Zeichen.

Friedrich atmete aus, leicht wurde ihm. Er sah den Freund an. »Ich muss dir recht geben. Sie ist wirklich ein handfestes Weib.«

# 43

Brüssel, Gare de Bruxelles-Nord
Freitag, 25. Februar 1848

Spät am Abend des 25. Februar. In der Nähe der Kathedrale Saints-Michel-et-Gudule saß Friedrich oben in seinem Zimmer neben dem Paravent auf einem Hocker und zog sich die Schnürstiefel an. »Ich bin so gespannt. Nein, das ist zu wenig. Aufgewühlt bin ich, aufgewühlt wie schon lange nicht mehr.« Er blickte zu Philippe Gigot, dem Freund und Sekretär des Kommunistischen Bundes, hinüber. »In Sizilien ging es los. Steuererhöhungen, Missernten, die Lebensmittelpreise steigen, und schon zündet der Funke. Das Volk will Reformen, geht einfach auf die Straße und fordert sie.« Im Sitzen steppte er mit den Stiefelabsätzen einen Trommelwirbel auf den Holzboden. »Nicht allein die kleinen Handwerker und Geschäftsleute, nein, auch die führenden sizilianischen Clans, die sind mit von der Partie. Stürzt den König! heißt es überall in Palermo. Barrikaden, Straßenkämpfe. Der Brand breitet sich über Italien aus, und im Nu ist der verhasste Bourbone vom Thron gestoßen.« Friedrich stülpte die Hosenbeine bis über die Stiefelschäfte. »Ist das nicht wunderbar?«

»Und wenn wir Glück haben«, Philippe Gigot breitete die Arme aus, »dann wird aus dem Feuer in Palermo ein Flächenbrand, der ganz Europa erfasst. Frankreich, Österreich, Preußen bis hin nach England.«

»Langsam, langsam«, dämpfte Friedrich das Schwärmen und erhob sich. »Dort sitzen die Monarchen noch viel zu sicher in ihren Schlössern. So schnell wird der Umsturz nicht kommen. Da muss erst der Adel gegen den König, der Bürger gegen den Adel, und erst dann kann die Masse der Arbeiter … Ach, hören wir auf, von der großen Revolution zu träumen, die ist noch lange nicht in Sicht. Aber …« Er griff nach der Rotweinflasche, hob fragend die Brauen, Philippe nickte, er schenkte ein. »Jetzt denken wir an Paris. Da pocht das Schicksal schon seit zwei Tagen an die richtigen Türen.« Engels reichte eines der Gläser dem Sekretär. »Wärmen wir uns von innen, beim Warten nachher auf dem Bahnhof wird es sicher kalt.«

Philippe trank, danach hob er das Glas, schaute durch den Rotwein zur flackernden Wandlampe. »Blut ist wohl auch geflossen.«

»Abgeschlachtet. Auf dem Boulevard des Capucines wahllos niedergemacht.« Friedrich schlang aus dem langen Wollschal eine Schlaufe. »Nur weil die Fackeln im Demonstrationszug zu sehr qualmten und die Soldaten vor dem Außenministerium sich dadurch bedroht fühlten, haben sie in die Menge gefeuert. Mehr als fünfzig Tote und wer weiß, wie viele Verletzte.« Er schwang die Schlaufe wie eine Galgenschlinge vor dem Gesicht. »Die unschuldigen Opfer hat allein Premierminister Guizot zu verantworten. Dieser Bluthund!« Sorgsam legte er sich den Schal um den Hals und dachte, Guizot, du hättest mehr verdient als nur deinen Rausschmiss, aufhängen hätte man dich sollen. Er nahm erneut einen Schluck aus dem Glas. »Einmal in Gang ist ein Aufruhr kaum noch zu bremsen. Wir haben das immer prophezeit, und dem Himmel sei Dank, dass wir recht behalten.«

Philippe trat zum Fenster, wischte an der Scheibe und spähte in die Nacht. »Ziemlich düster draußen.« Es seien kaum Sterne zu sehen. Der Mond sei nur noch halb und scheine blass durch die Wolken.

»Wir nehmen Blendlaternen mit. Wenigstens für unterwegs. Nachher im Bahnhof gibt es genug Licht.«

»Was ist mit Marx und Wilhelm Wolff?«

»Unser Lupus ist schon vorgegangen.« Friedrich steckte das Klappmesser in die Rocktasche, für gewöhnlich vertraute er auf seine Fäuste, in diesen unruhigen Zeiten aber wollte er nicht unbewaffnet in die Nacht hinaus. Der Stock diente zum Schlagen und Stechen, das Messer, wenn sich kein Ausweg mehr bot. »Was Karl betrifft. Er war gestern Nacht mit, heute will und muss er sich wohl der Familie widmen.« Friedrich griff nach Mantel und Hut. »Wir können los. Der Zug aus Paris wird gegen halb eins erwartet.«

In großen Schritten eilten sie an der Kathedrale vorbei, wegen des Kopfsteinpflasters öffneten sie die Blenden ihrer Laternen ganz, so kamen sie gut voran. Trotz der späten Stunde füllte sich nahe des Botanischen Gartens der Boulevard. Mehr und mehr Gestalten strebten auf den Nordbahnhof zu. Stimmen wurden lauter, Männern diskutierten, Frauen tuschelten, lachten. Der hell erleuchtete Bahnhof zog die Menschen aus allen Richtungen an. Vor dem Portal herrschte dichtes Gedränge. Geruch von gerösteten Maronen lockte viele zum Glutkessel des geschäftstüchtigen Verkäufers. Er nutzte nun schon seit einigen Nächten die Ungeduld der Bürger nach Neuigkeiten aus Paris und verdiente jetzt in den letzten Februartagen mehr als im ganzen vergangenen Winter.

Friedrich suchte in der Menge nach Wilhelm Wolff. »Wir hätten ein Signal verabreden sollen.«

»Am besten gleich ein rotes Tuch«, spaßte Gigot und setzte gleich obendrauf. »Aber im Dunkeln hilft die Farbe nicht viel.«

»Recht hast du«, stieg Friedrich mit ein, »da braucht es noch Größe und ein lautes Maul dazu.« Er formte den Handtrichter vor den Lippen und schrie über die Köpfe hinweg: »Lupus! Lupus!«

»Ich bin doch hier.« Gleichzeitig verspürte Friedrich einen leichten Schlag auf der Schulter, drehte sich um und sah ins lächelnde Gesicht des Freundes. »Möchtet ihr eine Marone?« Wilhelm Wolff hielt erst ihm, dann Philippe die Tüte hin. Beide bedienten sich. »Ich habe euch schon drüben vom Stand aus entdeckt.«

Lang gezogenes Pfeifen unterbrach alle Gespräche, erstickte den Lärm, der nach einem Atemzug neu aufbrandete. »Der Zug!« Die Menschen auf dem Vorplatz strömten, drängten neben dem Hauptgebäude auf den Bahnsteig.

»Vorwärts!«, befahl Friedrich, er kaute noch an der gerösteten Kastanie, ganz gleich, mit vollem Mund forderte er die Freunde auf: »Lauft weit nach draußen! Im letzten Waggon gibt es die Zeitungen.« Und stürmte selbst los, mit seiner Körpergröße war er vielen überlegen, dazu nutzte er noch Ellbogen und Stimme.

Die Lokomotive fauchte in den Kopfbahnhof, Wolken vernebelten den Bahnsteig, noch ein kurzer Pfiff. Der Nachtzug aus Paris hatte Brüssel pünktlich erreicht. Die Türen der vorderen Wagen schwangen auf, kaum jemand beachtete die aussteigenden Passagiere. Alle Augen starrten auf die Schiebetür des Frachtwaggons. Endlich fiel der Riegel, die Lade wurde aufgeschoben. Vier Knaben mit der Mütze der *La Réforme* auf dem Kopf standen neben hohen Zeitungsstapeln. »Vive la République!«, verkündeten sie wie aus einem Mund und reckten die Fäuste. »Vive la République!« Im Schein der Laternen waren ihre Gesichter kaum zu erkennen, doch die weit geöffneten Münder verrieten ihr Strahlen.

In Friedrich zersprang eine Hülle, heiß wurde ihm. Nein, bleibe ruhig. Die jungen Burschen übertreiben, wollen ihr Blatt verkaufen. Er sah, wie sie ein paar Schritt vor ihm vom Waggon herunter die Zeitungen gegen Geldstücke tauschten.

»Der König hat abgedankt.« – »Leute, kauft die *Réforme*« – »Der König ist nach England geflohen!« Was sind das für Nachrichten? Friedrich stand nur da. »Der königliche Thron ging in Flammen auf!«

Philippe trat zu ihm. »Was ist dir?« Er presste Friedrich eine Zeitung gegen die Brust. »Da, nimm! Das Volk von Paris hat es geschafft.«

Lupus tauchte auf. Seine Brille war verrutscht, es kümmerte ihn nicht. Er trat von einem Fuß auf den anderen. »So viel ich schon hab lesen können: Es gibt bereits eine provisorische Regierung. Ab sofort herrscht Pressefreiheit. Stellt euch das vor.«

»Kann ich nicht.« Jäh stieß Friedrich die rechte Faust in die linke Handfläche, kein Zweifel mehr. »Doch, ich kann es mir vorstellen. Das und noch viel mehr.« Er umarmte die beiden Freunde gleichzeitig, löste sich wieder. »Wartet, eine *Réforme* für Karl.« Er war schon unterwegs, mit einer weiteren Zeitung unter dem Arm kehrte er zurück. »Unser Marx würde vom Glauben abfallen, wenn er denn einen hätte.«

Ein Ruf mitten aus der Menge: »Für Brüssel!« Ein zweiter Ruf: »Für Belgien!«

Dann drei vorsichtige Stimmen: »Vive la République!« Nun wuchs schon ein leiser Chor heran: »Vive la République!«

»Hört ihr das?«, raunte Friedrich den Freunden zu. Philippe griff nach seinem Arm. »Der Funke? Ist er übergesprungen?«

»Ich weiß es nicht.«

Wilhelm Wolff trat näher an die Freunde heran. »Und wenn er nur Papier entflammt. So ist es ein Anfang.«

»Hört doch!« Friedrich zeigte in drei Richtungen. Von da, dort und da ertönte der Ruf jetzt auch, und als würde ein unsichtbarer Dirigent den Taktstock schwingen, hob die ganze Menge rund um den Nordbahnhof die Stimme: »Vive la République!«

Die Freunde standen Schulter an Schulter, stimmten mit ein. Erst nach einer guten Weile unterbrach Friedrich die feierliche Stimmung. »Jetzt heißt es, keine Zeit mehr zu verlieren.« Er vergab Aufträge: Lupus sollte in die Redaktion der *Deutschen Brüsseler Zeitung* gehen und Bornstedt alarmieren, Philippe musste so viele Mitglieder der Demokratischen Gesellschaft informieren, bis eine selbst laufende Nachrichtenstafette ausgelöst wurde. Außerdem sollte er für den Sonntag eine Versammlung vorbereiten. »Ich werde zu Karl laufen und ihn aus dem Bett scheuchen.«

# 44

Brüssel, Rue d'Orléans
Samstag, 26. Februar 1848, ein Uhr morgens

Kaum war Friedrich in die Rue d'Orléans eingebogen, sah er von Weitem die hell erleuchteten Fenster im zweiten Stock. Den Klingelzug darf ich nicht betätigen, sonst wecke ich die Kinder. Im Schein der Laterne suchte er nach kleinen Steinen und stellte sich mitten auf die Straße, geübt im Werfen traf er schon beim ersten Versuch. Keine Reaktion, erst nach dem dritten Wurf wurde oben das Fenster hochgeschoben. Der wirre Haarschopf erschien. »Was gibt es?« Friedrich beleuchtete sich das Gesicht. »Lass mich rein!«

Als hätte Karl mit ihm gerechnet, rief er gedämpft: »Sofort. Bin gleich unten.«

Nur halb öffnete er die Haustür und zog Friedrich in den dunklen Flur. »Ich habe Neuigkeiten«, raunte Karl.

»Wieso?«

»Warte, bis wir oben sind!«

Die Blendlaterne warf den Schatten der beiden Köpfe riesengroß an die Wand im Treppenhaus. Karl raffte den knöchellangen Hausmantel und nahm zwei Stufen zugleich. Wieso? Friedrich stieg ihm nach. Ich habe die jüngsten Nachrichten, die kannst du noch nicht erfahren haben. Oder sollte jemand schneller als ich hier gewesen sein? Oben in der engen Diele erkundigte er sich: »Nun sag, wer ...?«

»Still!« Karl warnte ihn mit erhobenem Finger. »Die Kleinen sind endlich eingeschlafen. Komm!« Er zog den Freund ins Studierzimmer. Dort saß Jenny neben dem kleinen Tisch, die Hände im Schoß gefaltet, ihre Wangen waren tränenfeucht, die Augen gerötet. »Lieber Fritz, schön, dass du noch so spät gekommen bist«, begrüßte sie ihn. »Ist es nicht wie ein Wunder?«

»Ein großes Glück, würde ich sagen. Seit wann wisst ihr ... ?«

»Seit heute, nein, wir haben ja schon Samstagmorgen.« Karl schwenkte die schon angebrochene Champagnerflasche. »Seit gestern Mittag. Und nun feiere mit uns, mein Freund!«

Mit dem vollen Glas in der Hand schüttelte Friedrich langsam den Kopf. »Ich dachte, ich käme mit den jüngsten Nachrichten. Wer zum Teufel konnte euch so früh informieren?«

»Der Brief kam mit der Post.« Nun wurde auch Karl stutzig. »Oder worüber sprechen wir?« Er ging zu Jenny und strich ihr übers Haar. »Unsere Geldsorgen sind verflogen.« Nach langem Betteln und Flehen habe seine Mutter endlich Erbarmen mit ihrem Sorgensohn gezeigt und ihm einen Teil des Erbes schon im Vorgriff ausbezahlt. Nach einer feierlichen Pause intonierte Karl wie ein Verkünder: »Und er soll haben 6000 feine Francs.«

In jähem Aufwallen umklammerte Jenny die behaarte Hand. »Und wir holen uns alles aus dem Pfandhaus zurück, nicht wahr, liebster Mohr? Mein Silber, die Bettwäsche, die Truhen und die Vasen.«

»Mehr noch«, übernahm Karl die Glücksliste. »Alle Schulden beim Metzger, Bäcker und Schuster werde ich heute noch bezahlen.« Er hob das Kinn. »Und wir werden dieses Drecksloch sofort verlassen.« Bis eine neue Bleibe gefunden sei, wollte die Familie eine große Wohnung im Hotel Bois Sauvage mieten. »Du siehst mein Weib oft weinen, lieber Fritz, doch dieses Mal sind es Tränen des Glücks.«

»Ich freue mich mit euch.« Friedrich verneigte sich leicht vor Jenny. »Und zwar so sehr, dass mir bald selbst die Augen feucht werden.« Er wandte sich an Karl und stieß das Glas an seins. »Das Jahr 1848 wird gut. Der Anfang ist vielversprechend. Denn zu eurem Goldsegen kommen meine Neuigkeiten: Vive la République.«

Karl stockte, trank nicht, er ließ das Glas sinken. »Was? Damit solltest du nicht scherzen.«

»Es ist wahr. In Paris singt das Volk, die Bürger feiern ihren Sieg. Hier, lies selbst.« Friedrich entfaltete die Zeitung und legte sie auf den niedrigen Tisch. Mit beiden Händen stützte sich Karl auf, er las, schnaufte dabei, endlich hob er wieder das Haupt. »Nicht zu glauben. Selbst das Oberhaus des französischen Parlaments ist aufgelöst. Und im neuen Parlament sitzen jetzt sogar reformbegeisterte Journalisten.« Nun stürzte er den Inhalt seines Glases hinunter, schenkte sich gleich erneut ein. »Keine Sklaverei mehr. Das allgemeine Wahlrecht für Männer. Was hat sich die provisorische Regierung nicht gleich alles auf die Schultern geladen!«

»Besser kann es doch kaum sein. Oder?« Friedrich verengte die Augen. »Du klingst so verhalten? Die Ereignisse in Paris sind doch zum Jubeln.«

»Den Champagner sind sie es wert. Keine Frage. Aber Jubel? Für uns?«

Langsam schüttelte Jenny den Kopf. »Ich verstehe dich nicht, Lieber. Die Bürger erheben sich, beseitigen den Adel. Davon haben wir so lange geträumt. Die Empörung beginnt.«

Friedrich setzte sich zu ihr. »Ganz meine Meinung. Jetzt bricht die neue Zeit an.«

Karl seufzte und nahm die *Réforme* vom Tisch. Lesend schritt er vor den beiden auf und ab. Nach einer Weile stopfte er die Zeitung in die Rocktasche. »Zu früh und zu schnell.« Er ballte die Hände zu Fäusten. »Was dort in Paris geschieht, mag der Anfang zur Wende sein. Mir aber kommt er zu früh, denn ohne meine Theorie, ohne meine Grundlagen zur Wirtschaft fehlt das Fundament.« Er warf sich in den Sessel. »Gott, verflucht. Hätte ich das Buch doch eher geschrieben!«

Um die gute Stimmung zu retten, bemühte sich Friedrich um einen leichten Ton. »Keine Sorge. Wir stehen doch mit in vorderster Linie der Demokratischen Gesellschaft. Wir halten Reden, schreiben Artikel. Wir werden uns in den kommenden Wochen aktiv an der Entwicklung beteiligen.«

Jenny streichelte den Arm ihres Mannes. »Und jetzt, da wir ohne Geldsorgen sind, kannst du außerdem noch in Ruhe arbeiten und dein Buch bald nachliefern.«

»Da fällt mir ein ...« Ruckartig setzte sich Karl auf. »Eine Blamage. Mein ... unser Ruf steht auf dem Spiel. Das Manifest.«

Friedrich hob die Schultern.

»Herrgott, denke nach!« Der Finger schnellte nach oben. »Wir prophezeien die grundlegende Veränderung der Gesellschaft bis hin zur Revolution, wir sagen, sie wird kommen, nicht heute, aber morgen oder in greifbarer Zukunft. Und jetzt ...« Er zerrte die Zeitung aus dem Rock und hieb sie sich aufs Knie. »Jetzt geht es schon los. Ohne uns. Und das Manifest ist nicht einmal im Druck. Ich höre schon das Gelächter von Weitling, Grün oder Proudhon.«

Jenny presste die Hand vor den Mund. Friedrich rieb die Knöchel aneinander. »Das ist wirklich übel.« Nach einer Weile hellte sich sein Gesicht auf. »Die Lösung ist einfach.«

Karl winkte ab. »Wir ziehen den Text zurück.«

»Im Gegenteil.« Friedrich stieß einen leisen Pfiff aus. »Wir ändern das Datum. Nur gut, dass der Text noch nicht gedruckt ist. Wir datieren den Erscheinungstermin zurück auf den 21. Februar. Und schon trifft unsere Prophezeiung zu.« Er begeisterte sich an dem Gedanken. »Ganz gleich, wann der Leser das Manifest in die Hände bekommt. Da steht schwarz auf weiß: 21. Februar 1848. Und wer hat den unausweichlichen Kampf vorausgesagt?« Er klatschte dem Freund Beifall. »Das war der große Karl Marx.«

Jenny strich Friedrich über den Arm. »Ach, Fritz, wo wären wir ohne dich!«

# 45

Brüssel, Alter Brüsseler Hof
Freitag, 3. März 1848, acht Uhr abends

Der Saal im Alten Brüsseler Hof fasste kaum den Andrang der Mitglieder. Vorn in der ersten Reihe saß Friedrich, nur mit Mühe vermochte er sich auf die Rede des Präsidenten der Demokratischen Gesellschaft zu konzentrieren. Der Stuhl rechts neben ihm war leer geblieben. Philippe Gigot auf seiner linken Seite blickte immer wieder über die Schulter zur Tür. Wo blieb Marx? Die Versammlung hatte um sieben Uhr begonnen. Seit letztem Sonntag trafen sich die Mitglieder jeden Abend hier, um über die neuesten Schikanen der Behörden in Brüssel zu diskutieren und mögliche, aber friedvolle Gegenmaßnahmen zu beschließen. Bisher war Marx stets einer der Ersten im Alten Hof gewesen, aber heute?

Friedrich neigte sich zu Philippe und flüsterte: »Vergessen hat er den Termin ganz sicher nicht.«

»Hoffentlich wollte er nicht die Abkürzung über die Grand-Place nehmen. Da gibt es an jedem Zugang zwei Kontrollstellen. Polizei und Militär. Vielleicht haben die ihn aufgehalten?«

»Karl ist nicht blöde.« Friedrich sah auf die Uhr. Nun schon eine Stunde zu spät? Wo bleibst du nur?

Er tippte Philippe auf den Arm. »Was ist mit Tedesco und Lupus?« Gigot war mit den beiden Freunden beim Aufruhr am letzten Sonntag vor dem Rathaus verhaftet und ins Untersuchungsgefängnis gebracht worden. Er selbst war am nächsten Tag wieder freigekommen, weil man ihm außer dem Absingen der Marseillaise kein Vergehen hatte nachweisen können. Bei den Freunden war die Polizei fündig geworden. Wilhelm Wolff hatte einen langen Dolch versteckt unter dem Rock getragen und Tedesco gar eine Pistole. »Die beiden sitzen noch im Amigo. Ich fürchte, sie wollen ihnen den Prozess machen.«

Vorn am Rednerpult hob Präsident Jottrand die Hand. »Dies sei allen deutschen Freunden gesagt, welche mit uns gemeinsam nach demokratischen Veränderungen streben. Auch wenn momentan die Regierung in einer schandbaren Verfolgungswelle versucht, euch aus dem Land zu treiben. Wir, die belgischen Demokraten, stehen wie Brüder unverrückt an eurer Seite.«

»Bravo!« Mit Klatschen und Rufen bewiesen die vielen Emigranten unter den Versammelten im Saal ihre Dankbarkeit. Auch Friedrich stimmte mit ein.

Während er dem Präsidenten mit erhobenen Händen Beifall klatschte, sagte er zu Philippe: »Die Leidtragenden sind hauptsächlich die kleinen Handwerker.« Deren Not wachse von Tag zu Tag. Nach der neuesten Verordnung müssten alle Ausländer, die keine Arbeit haben, das Land verlassen. »Und die Regierung hier geht verflucht geschickt vor.« Sie schüre den Fremdenhass, habe das Gerücht verbreiten lassen, die Unruhe im Land würde nur von Deutschen angezettelt, von Deutschen, die wegen schwerster Vergehen aus ihrem eigenen Lande verjagt worden wären. Und ebendiese Verbrecher versuchten nun, sich an die Spitze einer von ihnen skrupellos herbeigeführten belgischen Republik zu stellen.

Friedrich schnippte mit den Fingern. »Schon hebt sich das Angstgeschrei bei den Spießbürgern und Krämerseelen: Ausländer wollen unser schönes, glückliches Belgien in die Revolution, ins Elend stürzen.« Aus Furcht stelle kein Meister mehr einen deutschen Handwerker in seiner Werkstatt ein, oder falls er welche beschäftige, würde er sie entlassen. »Und die Folge ist: keine Arbeit, also weg mit dem Ausländer über die Grenze. Ein verflucht böses Spiel.«

»Du sagst es.« Karl Marx war gekommen, er schlug dem Freund leicht an den Oberarm und setzte sich neben ihn auf den freien Stuhl. Ohne das Gespräch zwischen den beiden verfolgt zu haben, bekräftigte er: »Es ist ein wahrhaft infames Spiel.« Er grüßte kurz mit der Hand den Präsidenten vorn am Rednerpult.

Friedrich roch den Schweiß, sah von der Seite die perlnasse Stirn, bemerkte das Zittern der Hände. »Ist etwas vorgefallen?«, raunte er ihm zu.

»Etwas?« Karl wischte sich den Nacken. »Die Ereignisse überschlagen sich.« Er zückte ein Schreiben aus der linken Rocktasche. »Hier, lies! Das kam heute Vormittag mit der Post.«

Friedrich nahm das Blatt, dabei sah er, wie vorn der Präsident ihnen ärgerliche Blicke zuwarf. Er stieß den Freund an. »Gehen wir nach draußen. Jottrand fühlt sich durch unser Flüstern gestört.«

Gigot sollte die Stellung halten. »Wir sind gleich wieder da«, versicherte ihm Friedrich, rasch verließen er und Karl halb gebückt die erste Reihe und schoben sich durch die stehenden Zuhörer. Draußen vor der Saaltür warf sich Karl in einen Sessel. »Himmel und Hölle treffen sich heute. Nun lies!«

Friedrich entfaltete das Blatt. Ein offizielles Schreiben aus Paris. »Minister?« Er blickte den Freund an. »Redakteur Ferdinand Floçon von der *Réforme* ist zum Minister in der neuen Regierung ernannt worden? Das ist unser Mann.« Erst überflog er stumm die Zeilen, musste dann doch zitieren: »Wackerer, aufrichtiger Marx, Tyrannenmacht hat Sie verbannt, das freie Frankreich öffnet Ihnen wieder die Tore …« Er ließ das Blatt sinken. »Endlich. Du bist erneut in Frankreich willkommen. Das ist doch wunderbar. Wieso stöhnst du und verziehst das Gesicht?«

»Weil …«, nun zückte Karl aus der rechten Tasche ein zweites Schreiben. »Dieser Wisch wurde mir gegen fünf Uhr durch einen Boten der Staatsanwaltschaft zugestellt.«

»Ein Ausweisungsbefehl?« Friedrich schnippte mit dem Finger gegen die wenigen Zeilen. »Das ist übel. Binnen vierundzwanzig Stunden musst du das Land verlassen. Davon sind schon drei verstrichen. Großer Gott, ihr seid doch gerade erst ins Bois Sauvage gezogen.«

»Du sagst es. Und zwar mit unsrem vollständigen Hausrat. Bettzeug, Silber, alles habe ich in der Pfandleihe wieder ausgelöst. Jenny ist verzweifelt.«

Friedrich hielt das Schreiben von Floçon in die Höhe, bemühte sich um Heiterkeit. »Glück im Unglück. Das Wohin ist keine Frage. Frankreich empfängt dich mit offenen Armen.«

»Und dort bin ich am Puls des Geschehens. Wo wir eigentlich auch hingehören.« Karl gelang ein bitteres Lachen. »An Tagen wie heute aber wäre mir ein festes Zuhause lieber. Wenigstens für Jenny und die Kinder.« Er trocknete sich mit dem Ärmel die Stirn. »Es bleibt nicht einmal Zeit für Sentimentalität. Bis morgen Nachmittag ist noch viel zu erledigen.« Er winkte den Freund näher, blickte sich nach Lauschern um und sagte hinter vorgehaltener Hand: »In jedem Fall müssen wir eine Geheimsitzung einberufen. Und zwar noch heute Nacht.« Gigot solle das Komitee des Kommunistischen Bundes verständigen. Aufgrund der Ereignisse auf dem Festland war vor wenigen Tagen vom Londoner Vorstand die Zentrale nach Brüssel in die Verantwortung von Marx und Engels übergeben worden. »Es liegt an uns zu entscheiden, was jetzt geschehen soll.«

Friedrich nickte und dachte, in keinem Fall geben wir die Macht im Bund wieder aus der Hand. »Da bleibt nur eine Möglichkeit.«

Marx zwinkerte ihm mit dem Auge zu. »Da bin ich deiner Meinung. Dennoch benötigen wir neben der Absegnung des Komitees eine unterschriebene Vollmacht.«

»Ich leite alles in die Wege.« Karl solle nach Hause gehen und seine Koffer packen. »Wir sehen uns dann später. Da fällt mir ein …« Friedrich senkte die Stimme, wollte wissen, ob die Vorstandsmitglieder über die Gesindetreppe zur Wohnung hinaufsteigen sollten. Karl winkte ab. »Es sind ja nur drei.« Sie könnten nacheinander getrost den Haupteingang nehmen. Wer wüsste schon, wen sie im Hotel aufsuchten? »Und bis morgen Nachmittag schert sich keiner mehr um mich.«

Freitag, 3. März, kurz vor Mitternacht

Die preußischen Agenten Schulz und Müller standen gegenüber dem Hotel Bois Sauvage in der Hofeinfahrt der Sattlerei. Die Kragen hochgeschlagen, die Zylinder bis in die Stirn gezogen, waren sie in der Dunkelheit nicht auszumachen. Hin und wieder hoben sie die Feldstecher und spähten hinauf zu den erleuchteten Fenstern im dritten Stockwerk. Der hagere Schulz sog den Speichel durch die Zahnlücke. »Und du bist sicher, dass sie in der Wohnung eine Geheimsitzung abhalten?«

»Unser Informant hat es aus erster Quelle.« Agent Müller ließ keinen Zweifel. »Bisher hat er sich noch nie geirrt.«

Und doch blieb eine Unsicherheit. Die Anzahl der Teilnehmer hatten die Agenten nicht herausfinden können. Zu viele Personen waren in den letzten beiden Stunden im Bois Sauvage aus und ein gegangen. »Mir erfrieren bald die Füße.« Agent Schulz trat von einem Bein aufs andere. »Wann sollen wir das Signal zum Losschlagen geben?«

»Noch nicht. Erst wenn unten im Schankraum das Licht gelöscht wird.«

In einer Nebenstraße auf der anderen Seite der Kathedrale stand Kommissar Daxbek mit zehn Polizisten bereit. Unentwegt zwirbelte er an seinem Schnurrbart, rückte an der Uniform oder richtete die Mütze. Seit Langem arbeitete er mit den preußischen Geheimen zusammen. Aufgrund deren Informationen hatte er schon manche Verhaftung durchgeführt und großes Lob seiner Vorgesetzten eingeheimst. Als Gegenleistung versorgte er die Agenten mit Lebensmitteln und Kleidung zum günstigen Preis, hin und wieder ermöglichte er ihnen auch den kostenlosen Besuch bei einer der Prostituierten der Stadt. Heute Nacht sollte ihm der große Schlag gelingen. Deutsche Republikaner, belgische Demokraten, radikale Umstürzler. Das Nest allen Übels sollte er ausheben. »Es wird für dich eine Beförderung geben«, hatten die Geheimen ihm versichert. »Nicht länger nur Kommissar, sondern Oberkommissar.« Daran glaubte Daxbek fest.

# 46

Brüssel, Hotel Bois Sauvage
Samstag, 4. März 1848, eine Stunde nach Mitternacht

Helene wickelte die silbernen Gabeln und Löffel jeweils zu zwölft in kleine Tücher und legte die Päckchen zu den schon verstauten Messern. Wie oft habe ich das Zeug schon aus- und wieder eingepackt? Ich mag es nicht zählen. Drüben im Arbeitszimmer saßen die Männer mit Herrn Karl und Herrn Friedrich beieinander. Nacheinander waren sie gekommen. »Niemand darf etwas von dieser Sitzung erfahren«, hatte Marx den Frauen eingeschärft. Helene sah zu Jenny hinüber. Die Baronesse saß vor dem Wäschekoffer, faltete die Tücher, dabei rollten ihr Tränen übers Gesicht. Arme Herrin, dachte sie, weine du nur. Vor ein paar Tagen hausten wir noch in der Rue d'Orléans, dann kam das Geld. Was war das für ein Schwung, mit dem wir hier ins Bois Sauvage gezogen sind. All die Unruhe in der Stadt war uns egal, gelacht haben wir wie schon lange nicht mehr, »Wir wohnen wieder wie Menschen«, hatte Frau Jenny gejubelt. Genau eine Woche hat das Glück gedauert. Dann kam die Ausweisung. Frau Jenny hat aufgeschluchzt und sich von Herrn Karl trösten lassen. Ich wusste nicht gleich, was der Befehl wirklich bedeutet, doch dann habe ich mitgeweint wegen der armen Kinder. Nicht lange, sie nickte zur Bestätigung, weil ja einer von uns beiden den Kopf behalten muss. Helene stand auf. »Möchten Sie einen Tee?«

»Rotwein wäre mir lieber«, seufzte Jenny. »Was meinst du?«

»Solange wir packen, ist Tee besser.«

Helene wartete die Zustimmung nicht ab und füllte den Becher mit heißem Hagebuttentee, gab zwei Löffel Honig dazu. »Das hilft dem Gemüt wieder auf die Beine.«

Die Glocke schlug an, gleichzeitig wurde hart an der Wohnungstür geklopft. Beide Frauen fuhren zusammen. Der Tee schwappte über den Tisch. »Wer?« Helene starrte in Richtung Flur. »So spät?«

Jenny presste die Fäuste gegen die Stirn. »Das Unglück hört nicht auf ... hört einfach nicht auf.«

Wieder läutete es, pochte es härter. Friedrich kam auf Stiefelsohlen in die Küche gelaufen. »Öffnet. Aber wer es auch ist, haltet ihn auf, bis wir fort sind.« Schon war er wieder verschwunden.

Jenny schüttelte den Kopf. »Ich kann nicht.«

»Ich gehe schon.« Helene wischte sich die Hände an der Schürze ab und reckte das Kinn. Beim dritten Klopfen öffnete sie die Tür einen Spalt, stellte gleich den Fuß dagegen, dass sie nicht weiter aufgehen konnte. »Wer wagt es, zu so später ...?« Sie stockte entsetzt. Vor ihr stand einer in Uniform und hinter ihm bewaffnete Polizisten, nicht zwei oder vier, eine Armee, sie füllte die Treppe hinunter bis zum Absatz.

»Gestatten, Kommissar Daxbek.« Im Namen des Königs und auf Befehl des Justizministers verlangte er sofortigen Zutritt in die Wohnung.

»Polizei?«, fragte Helene mit betont lauter Stimme, wiederholte: »Polizei!« Sie vernahm Geräusche aus dem Studierzimmer, laufende Schritte in Richtung Hintertür. »Können Sie sich ausweisen?«

»Weib!«, fuhr Daxbek sie an. »Meine Männer sind genügend Beweis für die Rechtmäßigkeit der Durchsuchung.«

Im Arbeitszimmer stand Friedrich vor Karl. »Ich bleibe.«

»Du verschwindest wie die anderen, und zwar sofort.«

»Zu zweit können wir mehr erreichen.«

»Erreichen? Darum geht es jetzt nicht. Denke nach. Ganz gleich, was sie wollen. Für den Kommunistischen Bund muss wenigstens einer von uns übrig bleiben.« Karl hob den Finger. »Ich wohne hier, also verschwindest du.«

Es blieb keine Zeit. Friedrich gab nach, drückte den Freund kurz an sich und huschte den anderen nach, hinaus in Richtung des schmalen Hinterausgangs und zur Wendeltreppe für das Hotelpersonal.

Karl setzte sich an den Tisch. Mit der Feder in der Hand beugte er sich über das Blatt vor ihm. Stiefelschritte durch den Flur, die Tür flog auf. »Keine Bewegung! Bleiben Sie, wo Sie sind.« Daxbek stellte sich vor, nannte als Grund der Razzia: »Dringender Verdacht auf Waffenverstecke.« Er hob die Hand und befahl über die Schulter seinen Männern: »Anfangen! Durchsucht jeden Winkel, jede Ecke.«

»Nicht das Schlafzimmer.« Jenny hatte sich gefasst, war nachgekommen und stellte sich kämpferisch vor den Inspektor. »Meine Kinder …«

»Danke für den Hinweis.« Die Schläue leuchtete Daxbek aus den Augen. »Gerade Kinderbetten sind ein beliebtes Versteck.« Er schob sie beiseite. »Da sehe ich doch höchstpersönlich nach.«

In der Küche brüllte einer der Polizisten auf. Er hatte mit dem Seitengewehr zwischen Helenes Töpfen herumgestochert, und dabei war ihr unversehens die Kanne aus der Hand gefallen. »Wie ungeschickt von mir.« Der Hagebuttentee hatte ihm Arm und Bein verbrüht. »Wenn es schlimm ist, kann ich Mehl draufstreuen«, bot sie besorgt an. Der Polizist aber humpelte nur stöhnend hinaus. Du Kerl bringst mir hier in meiner Küche nichts mehr durcheinander, drohte sie ihm stumm hinterher.

Gegen zwei Uhr brach Daxbek die Aktion ab. Keine Waffen, nichts Verdächtiges war gefunden worden. Allein aus dem Schlafzimmer drang das Weinen und Schreien der Kinder. Er baute sich vor Marx auf. »Her mit den Unterlagen.«

Karl hob nur leicht den Kopf. »An welche dachten Sie?«

»Welche, welche?«, äffte der Kommissar ihn nach. »An die frischen. Was da vor Ihnen liegt.«

Karl reichte ihm das Blatt, seine Hand zitterte leicht. »Nur eine unwichtige Notiz.«

Kurz überflog Daxbek die Zeilen. »Aha, unwichtig? Dies hier ist ein Beschluss, Herr Vizepräsident. Ihre Gesellschaft soll aufgelöst und nach Paris verlegt werden.« Sein Gesicht hellte sich auf. Zu guter Letzt würde die Razzia doch noch ein Erfolg. »Die Demokratische Gesellschaft verschwindet endlich aus Brüssel. Das ist für meine Vorgesetzten von höchster Wichtigkeit.«

Karl widersprach der falschen Schlussfolgerung nicht, das Zittern seiner Hände aber hörte auf.

Daxbek nahm Haltung an. »Doktor Karl Marx, im Namen des Königs verhafte ich Sie.«

»Nein!«, schrie Jenny auf. »Das dürfen Sie nicht.«

Mit einem Handschlenker befahl der Kommissar seinen Leuten, die Frau aus dem Raum zu schaffen.

Karl verschränkte die Arme. »Welchen Vergehens bin ich angeklagt?«

»Du Klugscheißer. Ich gebe dir gleich Vergehens«, fauchte Daxbek. »Glaubst wohl, mit deinem geschwollenem Gerede könntest du mich beeindrucken? Ich verhafte dich wegen fehlender gültiger Papiere.«

»Das ist doch lächerlich ...« Karl sah die drohende Faust und nahm sich zurück. »Verzeihen Sie, Kommissar. Ich bin ... ich verfüge über ordnungsgemäße Papiere. Außerdem besitze ich den belgischen Abschiebepass, welchen man mir vor wenigen Stunden zugestellt hat.«

»Alles gelogen.«

»Aber so erlauben Sie mir, Ihnen die Papiere zu zeigen.«

»Festnehmen!« Daxbek trat zwei Schritte zurück. »Und fesselt ihm die Hände auf den Rücken. So ein deutscher Aufrührer ist gefährlich.«

Kein Hut, allein den Mantel durfte der Gefangene mitnehmen. Sie führten ihn an den Frauen vorbei. »Verständigt Jottrand«, bat Karl.

»Maul halten«, befahl Daxbek und stieß ihn in den Flur hinaus.

Kaum war die Tür geschlossen, presste Jenny die Stirn dagegen. »Sie dürfen nicht ... Sie dürfen mir meinen Mohr nicht wegnehmen.« Kraftlos schlug sie die Fäuste ans Holz.

Helene stand neben ihr, wollte die Schultern streicheln, ließ es aber und faltete entschlossen die Hände. »Wir haben jetzt keine Zeit.«

Langsam schüttelte Jenny den Kopf. »Warum noch packen?«

»Das meine ich nicht.« Als die Baronesse aufschaute, setzte sie hinzu: »Fürs Weinen müssen wir uns später Zeit nehmen.« Helene nahm den Mantel vom Haken und legte ihn Jenny um. »Jetzt gilt es unsren Herrn Karl zu retten. Ihr müsst diesem Präsidenten Jottrand von der Verhaftung erzählen.« Sie entzündete die Blendlaterne. »Und zwar noch heute Nacht. Der wohnt nicht weit. Vielleicht kann der helfen.« Keine Ausrede, keine Schwäche erlaubte Helene, ihr Ton war ruhig, aber bestimmt. »Nehmt die breite Straße, da passiert Ihnen nichts.«

»Unser guter Engel«, flüsterte Jenny atemlos. »Ich ... ich werde alles in Bewegung setzen. Mich beeilen.«

»Fallen Sie mir nicht hin.« Helene öffnete die Wohnungstür.

»Gott befohlen, Frau Baronesse.« Jenny lief schon die Treppe hinunter, als sie ihr nachrief. »Ich achte auf unsere Kleinen und packe weiter.«

# 47

Brüssel, Hotel Bois Sauvage
Samstag, 4. März 1848, drei Stunden nach Mitternacht

Heftig schwankte die Blendlaterne, warf den Lichtschein vom Straßenpflaster mal rechts, mal links gegen die Hauswände, er näherte sich aus Richtung der Kathedrale dem Hotel Bois Sauvage. Philippe Gigot versuchte Jenny zu halten, sie lief vor ihm her, wankte, stürmte wieder einige Schritte, dabei schnaubte sie, schimpfte und fluchte vor sich hin. Philippe hatte nach seiner Flucht aus der Marx'schen Wohnung nahe des Hotels in der Dunkelheit die Abführung des Freundes beobachtet, und da Jenny wenig später herauskam, hatte er sich ihr als Begleiter angeboten.

Der Präsident der Demokratischen Gesellschaft war schon zu Bett gegangen. Im Schlafrock hatte er sich die Verhaftung schildern lassen und war empört. »Ohne belastende Beweise? Ein ungeheuerlicher Vorgang. Belgien ist ein freies Land. Außerdem ist es per Gesetz der Polizei verboten, eine Bürgerwohnung zwischen Sonnenuntergang und Sonnenaufgang zu betreten.« Als belgischer Anwalt hatte Jottrand versprochen, gleich bei Tagesanbruch im Rathaus Beschwerde einzulegen und die Freilassung zu fordern.

Trotz dieses Versprechens wühlte in Jenny die Angst. Den ganzen Rückweg über hatte sich Gigot bemüht, ihr ein wenig Mut einzuflößen. Vergeblich. Vor dem Haupteingang des Hotels standen zwei bewaffnete Polizisten. Ehe die ihre Gewehre anheben konnten, war Jenny bei ihnen, bedrängte sie. »Wo habt ihr meinen Mann hingebracht? Wo? Ich will es sofort wissen!« Einer der Polizisten stieß sie zurück. »Von wem sprechen Sie?«

Gleich drohte Jenny ihm mit der Faust. »Marx! Doktor Karl Marx.« Sie trat wieder einen Schritt auf ihn zu. »Ich bin seine Frau.«

Die Polizisten blickten sich an. Mit einem Lächeln verbeugte sich kurz der zweite Beamte. »Frau Marx? Das trifft sich gut. Wir haben auf Sie gewartet. Gerne führen wir Sie zu Ihrem Gatten. Wenn Sie uns bitte folgen wollen.« Auch ihr Begleiter dürfe natürlich mitkommen.

Samstag, 4. März
Rathaus, dreieinhalb Stunden nach Mitternacht

Das Erdgeschoss des Rathauses war noch hell erleuchtet. Kaum hatten die beiden Beamten mit Jenny und Gigot die Polizeistation betreten, als einer von ihnen im Zimmer des Vorgesetzten verschwand. Wenig später kam er in Begleitung von Kommissar Daxbek zurück. Der baute sich vor Jenny auf. »So schnell sehen wir uns wieder.«

»Wo ist mein Mann?«

»Ich stelle hier die Fragen.« Erneut glitzerte es in den Augen. »Darf ich Ihren Ausweis sehen?«

»Der liegt im Hotel.«

Daxbek schnalzte mit der Zunge. »Soso. Du treibst dich also nachts in unserem schönen Brüssel herum?«

Philippe Gigot hob die Hand. »Einspruch. Ich kenne die Dame.«

Blitzschnell schlug ihm Daxbek gegen den Unterarm, das schmerzhafte Aufstöhnen wartete er genüsslich ab, danach verlangte er seine Papiere zu sehen. Auch Gigot hatte sie nicht bei sich. »Verhaften!« Ohne Zögern wurde der Gefangene aus dem Raum geführt.

»Und nun zu dir, Täubchen!«

»Wie reden Sie mit mir?« Jenny wagte sich aufzubäumen. »Sie wissen wohl nicht, wen Sie vor sich haben?«

»Aber ja. Das Weib eines verdammten deutschen Aufwieglers.

Euch Ausländer müsste man allesamt mit der Peitsche über die Grenze jagen.«

»Ich bin Jenny von Westphalen, die Schwester des preußischen Regierungspräsidenten Ferdinand von Westphalen.«

Da lachte Daxbek und schlug sich auf den Oberschenkel. »Das wüsste ich. Denn mit den Preußen arbeiten wir gut zusammen.« Er schmeckte der Formulierung nach: »Schwester des Regierungspräsidenten Ferdinand von Westphalen.« Jäh wurde er ernst. Ein Wink für den Polizisten. »Verhaften. Wegen Landstreicherei und fehlender Papiere.« Er schnippte. »Werft sie zu den Nutten und Bettelweibern. Denen kann sie was vom Adel und den Preußen erzählen und morgen dann dem Untersuchungsrichter.«

Auch die letzte Kraft ließ nach. Jenny wankte, sank auf einen Stuhl und musste von zwei Wärterinnen in die Gemeinschaftszelle des Amigo geschleppt werden.

Samstag, 4. März, vier Uhr nachmittags
Eine Stunde vor Ablauf der Frist

Rechts neben dem Hauptportal zum Nordbahnhof stand Friedrich im Schutz der Säule und beobachtete den Vorplatz. War alles vorbereitet? Wilhelm Wolff war beim Morgengrauen schon zur Grenze abtransportiert worden. Viel Glück, lieber Lupus. Gegen zwei Uhr hatten sie Gigot und Jenny freigelassen. Sehr schnell waren am Vormittag von Jottrand die Gründe für ihre Verhaftung zerpflückt worden. Für Jenny hatte der Anwalt sogar die Abschiebung noch einen Tag herauszögern können. Karl allerdings sollte unter Bewachung vom Gefängnis sofort zum Bahnhof verbracht und bis zur Grenze eskortiert werden. Friedrich ging seinen Plan noch einmal durch und rieb sich das Kinn. Mehr konnte ich in der Kürze der Zeit nicht organisieren.

Die schwarze Kutsche bog von der Rue du Progrès auf den Platz ein. Friedrich hob die Hand. Wenig später verließ Jenny, rechts und links flankiert von Philippe Gigot und Stephan Born, das kleine Café gegenüber, und sie begaben sich rasch auf den Bahnsteig für die Abfahrten.

Ein Polizist stieg aus der Kutsche, reckte den Arm in den Fond und zog Karl Marx recht unsanft heraus, gleich folgte der zweite Beamte, stieß ihn in den Rücken. Mühsam richtete sich der Gefangene auf, zeigte seinen Wächtern die gefesselten Hände, hielt sie vors Gesicht, flehte mit ihnen.

Im Halbversteck an der Säule stöhnte Friedrich: »Nun bindet ihn endlich los. Er ist doch kein Gewaltverbrecher.« Als hätte er einen Befehl ausgesprochen, wurde Karl von den Fesseln befreit und durfte jetzt aufrecht zwischen seinen Wächtern den Kopfbahnhof betreten. Friedrich folgte ihnen auf den Bahnsteig. Der Zug stand schon bereit. Abschied, Versprechen, auch Tränen und Küsse erfüllten die Luft, Fahrgäste stiegen ein, Gepäck wurde verstaut. Im Vorbeigehen nickte Friedrich den Freunden und Jenny zu. Gleich überholte er die Polizisten und stellte sich ihnen in den Weg. »Darf ich mich von Doktor Marx verabschieden?«

Beide Beamte traten einen Schritt vor. Das sei nicht erlaubt. »Aber ich bitte Sie, meine Herren.« Friedrich zeigte ihnen die leeren Hände. »Ein Gruß, ein letztes Wort ...« Er lächelte gewinnend, dabei sah er, wie hinter den beiden Jenny ihrem Mann ein Lederbündel zusteckte. Gerührt sagte Karl viel zu laut: »Danke, mein Liebes ...«

Sofort warfen sich die Polizisten herum. Beide packten ihren Gefangenen, entrissen ihm das Bündel. Einer zückte die Pistole, bedrohte Jenny und ihre Begleiter. »Zurück! Und stehen bleiben!« Mit der freien Hand zerrte er Friedrich am Ärmel und stieß ihn zu den anderen. »Ein Überfall? Ihr wolltet unseren Gefangenen befreien? Das kommt euch teuer zu stehen.« Die ersten Neugierigen blieben stehen, wollten wissen, was vorgefallen war.

»Ein Missverständnis.« Friedrich sprach laut, wandte sich gleichzeitig an die Umstehenden. »Belgien ist ein freies Land. Es wird doch wohl erlaubt sein, einen Freund zu verabschieden.« Dafür erntete er zustimmendes Gemurmel, einer klatschte sogar. Der Ring verdichtete sich. Friedrich sah, wie die Polizisten unruhig wurden, sich umsahen, auf Unterstützung von Kollegen konnten sie nicht rechnen, sie waren allein. Er nutzte den Moment. »Niemand kann so grausam sein, der liebenden Gattin den Abschiedskuss zu verwehren.« Lautstark bestärkten ihn die umstehenden Frauen. Er hob zum nächsten Satz an, da beschwichtigte ihn einer der Polizisten. »Ruhig, der Herr! Bitte kein Aufsehen. Die Frau soll sich von ihrem

Mann verabschieden.« Er erlaubte dem Gefangenen, sich umzudrehen.

Derweil öffnete sein Kollege das Lederbündel, wühlte darin, zog nacheinander ein Hemd, Wurst und Brot, das Etui mit silbernen Schreibstiften und eine Bartschere heraus. Nachdem er den Wollschal befühlt hatte, brach er die Durchsuchung ab.

Jenny sah ihren Karl mit aufgerissenen Augen an. »Deine Stirn? Du bist verletzt. Wer hat dir das angetan?«

»Es ist nicht so schlimm, wie es aussieht.« Marx lächelte dünn. Er sei in die Zelle gestoßen worden, dabei gestolpert und unglücklich gegen die Pritsche gefallen. »Das heilt wieder.« Er umarmte sie, presste sie fest an sich. Jenny weinte, und er tröstete: »Morgen kommst du mit den Kindern nach.« Über ihre Schulter sprach er halblaut zu Friedrich: »Und du auch. Ich brauche dich.«

»So schnell es geht. Vorher regele ich mit Helene die Unterbringung für eure Sachen.«

Das erste Signal für die Abfahrt ertönte. Einer der Wächter wollte den Arm des Gefangenen packen, mit Blick auf die Zuschauer unterließ er es und mahnte nur: »Wir müssen einsteigen. Bitte Beeilung, der Herr!«

Noch ein Kuss und das Paar löste sich. Mit einem Mal aufgeschreckt, blickte Jenny ihren Karl an. »Das hätte ich beinah vergessen.« Rasch trat sie zu Stephan Born. »Gib ihn mir!« Stephan zog seinen Zylinder ab, und nach einem Schlag gegen den Unterarm löste sich ein zweiter Zylinder, den er über den ersten gestülpt hatte. Jenny reichte ihn ihrem Gatten. »Hier, mein Mohr. Du sollst nicht unbehütet reisen …« Sie konnte nicht weitersprechen, presste die Hand vor den Mund.

# 48

Manchester, Suppenküche
Mitte März 1848

Kein weißer Schnee. Die wabernde Qualmwolke über Manchester hatte die fallenden Flocken verdreckt, und nun bedeckten sie gräulich den Straßenmodder der Stadt. Obwohl es schon Mitte März war, wollte der harte Winter kein Ende nehmen. In der Armenküche Deansgate, Ecke Peter Street, standen beide Marys mit hochgekrempelten Kleidärmeln auf dem breiten, fußhohen Steg vor zwei Feuerstellen und rührten in riesigen Bottichen die Donnerstagsmahlzeit: eine Suppe aus erbettelten Reststücken der umliegenden Metzgereien, Gemüsespenden der Marktfrauen, angedickt mit Graupen und Buchweizengrütze.

Draußen vor dem Gebäude sammelten sich bereits die Hungrigen, bedrängten Marys jüngere Schwester Lizzy, um eintreten zu dürfen, geöffnet aber wurde erst beim Fünfuhrschlagen der nahe gelegenen Kirche.

»Geht mal zurück!« Tom, der zwölfjährige Bruder von Mary, zog beide Frauen an den Gürteln vom Steg herab und füllte Kohlebrocken nach. Seit die große Schwester mit ihrer Freundin die Armen bekochte und sich Schwester Lizzy draußen um Geduld und Ordnung bemühte, war Tom der Brandmeister und Kassenwart, er sorgte für Glut unter den Kesseln und hütete die Spendenbüchse. Mehr noch: Er trug längst schon einen zwar zerschlissenen, aber schwarzen Gehrock über den Hosenträgern. »Als Geschäftsmann muss ich gut daherkommen.« Aus diesem Grunde setzte er nicht nur bei seinen Einkaufstouren auch noch einen steifen Hut auf die wirren Haare. Mit großem Talent beschaffte er Holz und Kohle für wenig Geld bei den Eisenfabriken und Sägewerken. Jetzt betätigte er den Blasebalg, bis die Flammen die frische Kohle ergriffen. »Für heute wird es ausreichen.« Er ließ die Frauen zurück an die Kessel. »Ich fülle schon mal die Kohlenkästen für morgen auf.«

Mary sah ihrem Bruder nach, wie er den Saal durch die Hintertür zum Hof verließ. »Ein guter Junge.« Sie ballte eine Faust und lächelte. »Und das trotz unserer Eltern. Kaum zu glauben.«

Mary Harney tippte ihre Faust gegen die von Mary. »Ich denke, daran hast du großen Anteil.«

»Einer muss doch nach ihm schauen.«

Frau Harney griff nicht nach dem Rührlöffel, sondern zog einen Brief aus der Faltentasche ihres Rocks. »Nutzen wir die Zeit, solange Tom draußen ist.«

Mary pochte das Herz. »Für mich?«

»Leider nicht, Liebchen.«

Gleich erlosch das Feuer wieder. Warum schreibt er nicht? Den letzten Brief habe ich im Februar bekommen. Da hatten sie das *Manifest* gerade abgeschlossen. »Schreibt Julian denn, wie es Frederick geht?«

Am 6. März waren der Chartistenführer Harney und alle Londoner Führungsmitglieder des Kommunistischen Bundes nach Frankreich aufgebrochen, um der neuen Regierung Glückwünsche zu überbringen.

»Er erzählt nur von Marx, Jenny und den Kindern. Die sind wohl jetzt auch in Paris angekommen. Natürlich berichtet er hauptsächlich von den Aufregungen in der Stadt.«

Mary stocherte heftig in der Suppe. Ich verstehe das nicht. Karl ohne ihn? Hoffentlich ist Frederick nichts geschehen. »Entschuldige, dass ich mich über meinen Kerl so ärgere. Aber ich freue mich mit dir. Nun lies vor. Was schreibt Julian?«

Mit der einen Hand hielt Mary Harney das Rührholz, in der anderen die erste Seite des Briefes. »Meine über alles geliebte Blume Schottlands …« Sie verdrehte den Blick zur Decke. »Wenn er nicht immer so übertreiben würde, könnte ich ihm glauben.« Sie schlenkerte das Blatt über dem Bottich, als wollte sie mit der Schmeichelei den Geschmack der Suppe würzen. »Mein Leib ist in der Ferne, mein Herz aber blieb bei dir …«

Die Hintertür wurde aufgerissen, und Tom stürmte in den Saal. »Banditen! Verfluchtes Pack!« Im Lauf riss er den Hut vom Kopf und schlug auf ihn ein. Am Kohlenkasten griff er die Schaufel. »Aber ich werde es ihnen heimzahlen.«

»Halt!« Im Nu war Mary bei ihrem Bruder, schnappte seinen Rockärmel und riss ihm den Hut aus der Hand, gleich auch die Schaufel. »Ruhig, ganz ruhig. Was ist los? Wieso Banditen?« Tom standen die Wuttränen in den Augen. »Sie haben mir Holz und Kohlen geklaut.« Mary entbeulte den Hut und setzte ihn zurück auf den Haarschopf. »Das will ich sehen.« Sie musste laufen, um dem aufgebrachten Jungen folgen zu können.

»Da, sie haben die Kette mit dem Schloss rausgebrochen.«

Mary betrachtete den Schaden. Die Tür des Schuppens stand offen. Vom fein säuberlich gestapelten Holzstoß fehlte mehr als die Hälfte. Der Kohlenberg war zusammengeschrumpft. »Das ist wirklich schlimm.«

»Ich weiß genau, wer das war.« Die Diebe gehörten zu einer Bande. Junge Kerle, die in Manchester wüteten, die vor einer Woche des Nachts einige Armenhäuser angegriffen hatten. Kein politisches Ziel stand dahinter, die Jugendlichen zogen herum, randalierten aus Hass und blanker Zerstörungswut. Tom stieg auf einen Klotz und zog aus dem Spalt zwischen Querbalken und Dach sein Schnappmesser.

Mary schluckte, o nein. Bleibe ruhig, befahl sie sich. »Tom? Wozu benötigst du das Messer?«

»Ein Ire geht nicht unbewaffnet.«

Ohne Hast stellte sich Mary in die offene Schuppentür. »Gibt es denn was zu kämpfen?«

»Aber ja doch.« Tom zog die Nase hoch und spuckte auf den Boden. »Ich hole mir mein Holz und die Kohle wieder.«

»Wie viele sind es? Drei? Fünf? Oder gar zehn?«

»Ist mir egal.«

Nun hielt es Mary nicht länger. »Mir aber nicht«, fauchte sie. »Lass mich durch!«

»Du bleibst hier!«

Tom wollte an ihr vorbei, drückte, stieß, sie wich nicht zur Seite. Er hob die Faust. Ehe er schlagen konnte, schlug Mary zu, gab ihm eine heftige Ohrfeige, gleich umarmte sie ihn, drückte sein Gesicht an die Brust. »Verzeih, verzeih mir. Es ist die Angst. Verstehst du?« Sie ließ den Bruder los. Tom rieb sich die Wange. »Du hast vielleicht einen Schlag.« Der Zorn war aus dem Blick gewichen. »Hätte ich nicht gedacht.«

Mary traute der Wandlung noch nicht. »Keine irische Rache?«

»Deinetwegen verzichte ich«, sagte der Bruder großzügig, zum Beweis legte er das Messer zurück ins Versteck. Er zog den Hut tiefer in die Stirn. »Mal sehen, mit was für einem Geschäft wir den Schaden wieder ausgleichen können.«

»Dir fällt schon was ein.« Mary lachte erleichtert. »Thomas Burns, der Großkaufmann. So einer von denen wirst du mal. Da bin ich mir ganz sicher. Und jetzt komm, gleich geht es los.«

In der Halle war Mary Harney dabei, die Blechnäpfe auf die Theke vor den Kesseln zu stapeln. »Wo bleibt ihr denn?«

Mary stellte die Löffelkisten dazu, sah zu ihrem Bruder hinüber, der am Ende der hinteren Tischreihe die Spendenbüchse aufstellte, und erklärte halblaut: »Unser Tom wollte in den Krieg ziehen. Allein und gegen alle. Das musste ich verhindern.«

»In Paris scheint es ähnlich zuzugehen.« Frau Harney nahm den Brief wieder zur Hand. »Julian schreibt, dass sich viele deutsche Handwerker und Arbeiter zusammenschließen.« Sie suchte in den Zeilen. »Hier: Die Männer wollen eine Legion bilden, fragen nach Waffen, Kleidung und bitten um Spenden. Stell dir vor, sie wollen von Frankreich aus in Deutschland einmarschieren und dort eine

Republik errichten. Karl Marx ist außer sich. Er verurteilt die Aktion auf das Schärfste …«

Das Fünfuhrschlagen unterbrach Mary Harney, sie stopfte den Brief zurück in die Rocktasche. »Hier wird das nichts mit dem Vorlesen. Heute Abend nehmen wir uns Zeit.«

Die Außentür wurde aufgeschlossen. Lizzy schlüpfte durch den Spalt, rief nach draußen: »Warten! Gleich öffne ich.« Und drückte die Tür wieder ins Schloss. Sie lief zwischen den langen Tischen durch den Saal, dabei nahm sie die grüne Strickmütze ab, schüttelte die roten Haarlocken und lockerte den grünen Wollschal vor dem Kinn. »Heilige Mutter, ist das eine Kälte draußen«, schimpfte sie mit fester, leicht kehliger Stimme. »Ihr habt es schön warm.«

Mary sah ihrer Schwester entgegen. »Wieso lässt du die Leute nicht rein?«

»Weil ich mit dir reden muss.«

Frau Harney schob den letzten Napfstapel auf seinen Platz. »Ich ziehe mir derweil rasch eine andere Schürze an.«

»Ach was.« Lizzy lachte, zwischen den vollen Lippen blinkten die weißen Zähne. »Du kennst mich gut genug. Also bleib!«

»Schwester«, mahnte Mary, »da draußen frieren Menschen.«

»Deshalb komme ich ja.« Die Finger nestelten an den Mantelknöpfen. »Einer ist da draußen dabei …« Lizzy brach den Satz ab, beugte sich leicht vor. »Kann ich die nächsten Nächte mit in deinem Bett schlafen?«

Die große Schwester seufzte. »Hast du wieder einen aufgegabelt?«

»Sag das nicht so.« Im Braun der Augen flackerte es. »Er mich. O'Connor hat ihn zu mir geschickt. Gestern ist er von Irland reingekommen. Weil er übermorgen bei der Demonstration am St. Patrick's Day mitgehen will.« Die Hungrigen pochten an der Saaltür. Lizzy sprach schneller: »Ich hab versprochen, ihn zu verstecken. Wenigstens bis übermorgen.«

Kräftiger pochte und klopfte es. Mary fühlte sich von Lizzy überrannt. Wie oft schon hatte sie irische Freiheitskämpfer im Haus versteckt und damit sich und die größere Schwester in Gefahr gebracht. Stets sollte es das letzte Mal gewesen sein. Heute wollte Mary ihr dieses Versprechen erst gar nicht abnehmen, das Gedränge vor der Tür nahm bedenklich zu. »Also gut. Ich kann es ohnehin nicht ändern.«

Lizzy warf ihr einen Kuss zu. »Du bist die Beste.« Sie lief schon zurück, drehte sich noch mal um. »Sullivan O'Neal heißt er. Er bekommt auch eine Suppe. Ich zeig ihn dir gleich.«

Weit öffnete sie die Saaltür, empfing die Frauen, Kinder und Männer mit ausgebreiteten Armen. »Zwei Reihen. Jeder stellt sich an! Die Mütter nehmen die Kleinen an die Hand.« Lizzy ging langsam rückwärts, ordnete mit schwungvollen Bewegungen, kurzen Befehlen die Hereindrängenden, und bald schoben sich zwei Schlangen zu den dampfenden Kesseln hin.

Beide Köchinnen tauchten den Schöpfer ein und füllten die ersten Näpfe.

Scharfe Pfiffe gellten durch den Saal. Vier Polizisten standen im Eingang. »Keiner bewegt sich von der Stelle!« Die Menschen erstarrten, beide Marys ließen die Schöpfkellen sinken.

Zu zweit schritten die Uniformierten die Reihen ab, Frauen und Kinder, alte und gebrechliche Männer waren nicht von Interesse, sie musterten die Gesichter der jungen Burschen, lange, wortlos, und so mancher glaubte, seine Überprüfung sei vorüber, als die Polizisten den Schritt zurücktraten, und er musste nun die Mütze abnehmen, Namen und Wohnung angeben.

Es ist zu spät. Mary sah das Unheil auf sich zukommen. Dieser Sullivan steht doch mit in der Schlange. O Gott, Lizzy, was tust du uns nur an?

Ohne jemanden zu verhaften, gelangten die Uniformierten bis vor die Ausschanktheke. Einer lächelte mit schmalen Lippen. »Es sind Aufrührer in der Stadt. Wer sie unterstützt, macht sich strafbar.« Der Finger schnellte vor. »Und wenn ihr sie füttert, schließen wir euch die Küche. Für immer. Haben wir uns verstanden?« Er wartete die Antwort nicht ab und verließ mit seinen Männern den Saal.

Langsam löste sich die Spannung. Das Geklapper von Löffel und Blechnapf nahm zu, Gespräche, sogar Lachen flackerten auf. Mary winkte die Schwester zu sich auf den Steg hinter den Suppenkesseln. »Du hast mir einen Schreck eingejagt. Er ist gar nicht hier.«

Da kicherte Lizzy leise. »O doch.« Sie deutete mit dem Daumen zur linken Schlange. »Der Fünfte ist es.«

Mary zählte, glaubte es nicht und zählte erneut. An fünfter Stelle stützte sich ein verwahrloster Mann auf die Achselkrücke, den rechten Stiefel konnte er nur mit der Ferse aufsetzen, das Gesicht war aufgedunsen, der Hut beschmiert. »O armes Irland. Wie lange willst du seinetwegen in meinem Bett schlafen?«

Lizzy rundete die Lippen. »Vielleicht eine Nacht.«

»Nur eine?« Mary schaute noch mal hin. »Ich dachte, er bleibt länger?«

Der Krüppel war an der Reihe, ohne aufzuschauen, nahm er seine Suppe entgegen und humpelte zum Tisch hinüber.

»Aber, Schwester, mit dem ist nicht mehr viel anzufangen.«

»Du irrst dich.« Lizzy reckte sich zu Marys Ohr. »Was meinst du, wenn Sullivan erst mal die Krücke weglegt und die Stoffpolster aus dem Mund nimmt ...«

# 49

Paris, Champ de Mars
22. März 1848

»Eins! Zwei! Eins! Zwei!« Lauter noch als das Marschgebrüll des Haufens schrie der Ausbilder das Kommando über den Exerzierplatz. Es half nichts.

»Großer Gott!« Am Rande der Wiese schlug Friedrich die Hand gegen die Stirn und wandte sich zu Julian Harney: »Man kann kaum hinschauen.«

Das Mitzählen gelang den gut vierzig Männern. »Eins! Zwei!« Doch die Füße übernahmen keinen gemeinsamen Takt, immer wieder trat ein Hintermann dem Vordermann in die Hacken, stolperte der, so schlug er entweder seinem Nebenmann den Lauf des Holzgewehres gegen den Kopf, oder er stieß sich selbst den Schaft in den Magen. Jetzt fiel in der Mitte einer zu Boden, und gleich stürzten fünf weitere über ihn. Die Signalpfeife des Ausbilders stoppte den Marsch.

»Wenn es so weit ist«, in Friedrichs Stimme schwang etwas Bedauern mit, »dann werden sie genau auf diese Weise im Kugelhagel der Preußen oder der Württemberger fallen.«

»Meinst du, der Einmarsch in Deutschland ist ihnen wirklich ernst? Nicht nur diesen hier vorn.« Der Chefredakteur des *Northern Star* zeigte über das Marsfeld, dort übten mehr als zwanzig solcher Haufen das Marschieren. »Bei uns in England würden sie als untauglich nach Hause gejagt.«

»Ich bin zwar erst seit vorgestern in Paris. Von Karl Marx aber weiß ich, dass es der Legion todernst ist. Wobei ich beim Anblick dieser Truppen hier das Todernst wörtlich meine.« Er schüttelte den Kopf. »Und Mitschuld haben die guten Nachrichten. Sie geben diesem Wahnsinn den letzten Anstoß.«

Mit Friedrichs Ankunft am 20. März hatten beinahe zeitgleich die Meldungen aus Wien und Berlin die Metropole an der Seine erreicht: Aufstand. Revolution. In Österreich war Fürst Metternich, dieser erzkonservative verhasste Kanzler, vor den aufständischen Studenten und Arbeitern geflohen. Der habsburgische Thron wankte. In Berlin lösten Schüsse auf wehrlose Demonstranten die Unruhen aus. Barrikaden, Tote. Die Staatsmacht hatte dem Zorn des Volkes nichts mehr entgegenzusetzen und musste die Niederlage eingestehen. König Friedrich Wilhelm IV. musste um Verzeihung bitten und Freiheiten versprechen.

»Welch ein Jubel!« Friedrich ließ den Spazierstock ums Handgelenk wirbeln. »Ja, die Revolution flackert überall in Europa auf. Die Geschwindigkeit hat selbst Karl und mich überrascht. Auch wir planen, auch wir müssen jetzt handeln. Doch diese Kerle da sind Tischler, Schneider, sind einfache Handwerker, es sind arme verführte Schweine. Und sie werden in Deutschland von der Hand des großen Metzgers auch wie Schweine abgeschlachtet werden. Das prophezeie ich, allein schon von dem ersten Eindruck hier.«

Karl hatte Friedrich gebeten, die Legion in Augenschein zu nehmen. »Du bist der Fachmann. Ich will wissen, was diese Halunken Bornstedt und Herwegh auf die Beine gestellt haben.« Der Freund hätte im Gegensatz zu ihm gedient und seine Militärzeit im Range eines Bombardiers abgeschlossen. »Also schau dir die Truppe an.«

Friedrich zog Julian weiter. Sein Ziel war die lang gestreckte Reithalle am Ende des Exerziergeländes, dort, wo die Seine den großen Bogen durch die Stadt nimmt. In dieser Halle sollten die Schießübungen stattfinden.

Beim Eintritt empfing sie eine Luft aus Tabakqualm, vergoren mit Bierdunst. Hinter den fünf Schießplätzen standen die Männer in Gruppen beieinander, tranken und rauchten, diskutierten, schlugen sich auf die Schultern und lachten ausgelassen. Nur mit energischem Eingreifen gelang es den fünf Ausbildern, die nächsten Handwerker ans Gewehr zu kommandieren.

»Die Stimmung ist gut«, lachte Harney leise. »Vielleicht hätte ich meine rote Mütze aufsetzen sollen. Dann könnten wir gleich mitreden und die Welt erneuern.«

»Du hast recht.« Friedrich öffnete den Mantel. »Mehr als Spott hat diese Truppe nicht verdient.«

Die neuen Schützen standen endlich bereit. Von ihren Lehrern wurden die Handgriffe gezeigt, und jeder der Männer versuchte sein Glück.

Friedrich schnaufte vor sich hin. Der auf dem zweiten Platz schüttete zu viel Pulver in den Lauf, der ganz vorn musste wegen Trunkenheit dreimal den Ladestock ansetzen, und dann stampfte er die Kugel regelrecht in die Ladung.

»Anlegen!« Endlich bereit, knieten die Schützen, hoben die Flinte an die Schulter. »Feuer!«

Das Knallen unterbrach die Gespräche, für einen Moment blickten alle Legionäre zu den Zielscheiben. Die Papierbespannungen zeigten kein Loch, nicht einmal einen Schmauchfleck am Rand.

»Hundsmiserabel!«, entfuhr es Friedrich. Zu laut. Jeder hatte es gehört. Langsam drehten sich die Köpfe, wandten sich die Männer den beiden Eindringlingen zu.

Einer der Ausbilder wollte die jäh aufgeflackerte Spannung lösen. »Der Mann sagt die Wahrheit. Kein Schuss war gut.«

»Du hältst dein Maul«, fuhr ihn ein grob gebauter Legionär an. Er schnippte Friedrich. »Wieso wagt es ein Pinkel im Gehrock, sich hier einzumischen?«

Kurz schätzte Friedrich den Kerl ein. Mit etwas Glück würde ich mit dir fertig. Allerdings müssten sich die anderen zurückhalten. »Weil ihr einfach schlecht ausgebildet seid. Jeder in Paris weiß, was ihr vorhabt. Und ich sage euch, das ist Wahnsinn.«

»Wage es nicht.« Der Sprecher sah sich zu seinen Kameraden

um. »Wir fallen in Deutschland ein. Wir bringen die Revolution. Wir unterstützen unsere Brüder im Kampf. Und Tausende werden sich uns anschließen.«

Diese Einfalt ist nicht zu fassen, dachte Friedrich, mit solchen Sprüchen also haben euch Bornstedt und Herwegh für die Invasion geködert. Er wandte sich gleich an alle. »Glaubt ihr das wirklich?«

Die Männer klatschten, riefen: »Nieder mit den Unterdrückern. Freiheit für die Armen!« Der grob Gebaute brachte die Meute mit einer Armbewegung zum Schweigen. »Wer bist du?«

Ehe Friedrich antworten konnte, rief einer aus der Truppe: »Das ist dieser Engels. Ich kenne ihn von den Versammlungen auf der Île de la Cité. Das ist einer von den großen Klugscheißern.«

»So einer bist du also.« Der Kerl schob die Ärmel hoch. »Unser Führer Adalbert von Bornstedt sagt, dass wir jeden, der etwas gegen unsere Legion sagt, zum Teufel jagen sollen.«

Leicht zupfte Julian Harney den Freund am Mantelärmel und raunte: »Es ist höchste Zeit für einen raschen Rückzug.«

»Ganz ruhig.« Friedrich strich ihm über den Handrücken und trat einen Schritt vor. Er spürte, wie in ihm das Blut stieg. »Klugscheißer hat mich gerade einer von euch Halunken genannt. Also gut. Ich zeige euch, was ein Klugscheißer kann.« Er griff in die Westentasche und zog zwei Geldstücke heraus. »Ich biete eine Wette. Für eure Kriegskasse diese beiden Francs gegen zwei Glas Bier.«

Der Sprecher stemmte seine mächtigen Pranken in die Hüften. »Du hast schon verloren. Sag, wie du's haben willst.«

»Nicht mit Fäusten.« Friedrich konnte den überheblichen Ton nicht unterdrücken. »Klugscheißer wollen den anderen immer etwas beibringen. Deshalb werde ich schießen und nacheinander alle fünf Scheiben treffen.« Er wartete das höhnische Gelächter der Legionäre gelassen ab. »Ihr könnt das Bier schon mal einschenken.« Neben ihm seufzte Julian. »Keine gute Wette.« Mit gefurchter Stirn nahm er Mantel und Spazierstock in Verwahrung.

»Freue mich schon«, grinste der Handwerker. »Weil du dein Maul zu voll genommen hast.« Er schaffte Platz und begleitete Friedrich selbst zum ersten Schießboden. Der Ausbilder reichte ihm die Waffe und deutete auf Stock, Pulver und Blei, wortlos trat er zurück.

Für einen Moment schloss Friedrich die Lider. Erinnere dich, atme ruhig, und er öffnete die Augen. Wie kühl und glatt der Lauf war, das Pulver, seine Fingerkuppen fühlten das eingefettete Pflaster, mit dem die Kugel eingewickelt war, so glitt das Blei leicht hinein, noch zwei kurze Stöße mit dem Ladestock, und Friedrich setzte den Schaft an, spannte, vereinte Kimme und Korn mit dem Ziel und feuerte.

Oberhalb der Mitte klaffte ein Loch im Papier.

Die Zuschauer klatschten, so schnell, so leichthändig hatten sie noch keinen Schützen erlebt. Nach dem zweiten, ebenso sicheren Treffer vergaßen sie den Applaus, und als auch in der fünften Scheibe das aufgespannte Papier ein Loch zeigte, herrschte Stille in der Reithalle.

Friedrich reichte dem Ausbilder das Gewehr zurück. »Es zieht leicht nach oben. Sonst aber eine gute Waffe.«

Der grob Gebaute brachte ihm und Julian Harney das Bier. »Wusste ich nicht«, brummte er. »Aber so einen wie dich könnten wir brauchen.«

Friedrich, auch Julian tranken, ohne abzusetzen, sie reichten ihm die leeren Gläser zurück. Ein knappes Lächeln, und beide verließen wortlos den lang gestreckten Saal.

Erst als sie wieder die Straße entlang des Exerziergeländes erreichten, räusperte sich der Herausgeber des *Northern Star* und blickte den Freund von der Seite an. »Fünf Treffer? Du hast Glück gehabt. Die Sache hätte auch anders ausgehen können. Und neben dem Verlust des Geldes hätten wir uns sicher noch blutige Nasen geholt.«

»Glück?« Friedrich lachte auf. »Nein, mein Bester, das war Können.« Mit Schwung hob er den Spazierstock wie einen Degen und sprang mit dem rechten Bein vor in die Fechtstellung. Zweimal ließ er die Waffe durch die Luft pfeifen. »Ob nun Boxen oder mit dem Knüppel. Ich hätte den Muskelprotz zu Boden geschickt.« Wie gut fühlte sich diese Vorstellung an. Friedrich stand wieder und dehnte die Brust. »Beinah wünschte ich, es wäre so weit gekommen.« Als er Julians erschrecktes Gesicht sah, lenkte er ein: »Nein, ganz so war das nicht gemeint. Vorhin fühlte ich mich nur für einen Moment einige Jahre zurückversetzt. Erst die Militärzeit. Und dann das Studentenleben. Die Vorlesungen waren das eine, mit Faust und Degen gestalteten wir das andere.«

»Diese Seite von dir kannte ich bisher nicht.«

»Vorbei, vorbei.« Friedrich schritt jetzt wie ein Herr daher, klemmte sein Monokel ans Auge und versicherte in gepflegtem Plauderton: »Damit wir uns nicht falsch verstehen, verehrter Chefredakteur. Heute ist meine Waffe die Feder und das Papier mein Schlachtfeld.« Er brach ab und setzte locker hinzu: »Wie wäre es mit einer Zigarre?«

Beim Anzünden schützte Julian die Flamme mit der Hand gegen den Wind, als die Glut errungen war, blies er den Rauch in die Luft. »Da wir gerade vom Schreiben reden.« Seine Frau habe ihn im letzten Brief von Mary Burns Sorge berichtet, weil sie so lange nichts von Friedrich gehört habe, nicht einmal wisse, wo er sich aufhielte. »Meine Mary vermutet, dass du die Deine vernachlässigst. Wie sie dies mit ihren eigenen Worten ausdrückt, will ich dir ersparen.«

»So ist es nicht.« Friedrich fühlte die Hitze im Nacken. »Täglich denke ich an sie, nur die Ereignisse in den letzten Wochen ... kurz gesagt: Für einen Brief war keine Zeit.« Aber er wolle so bald wie möglich an Mary schreiben.

# 50

Paris, Hotelwohnung
28. März 1848

Helene hatte gut gekocht. Coq au Vin mit viel Zwiebeln und Knoblauch. Während Jenny und Karl gemeinsam die Kinder mit Vorlesen und Singen zu Bett brachten, ging Friedrich voraus ins Arbeitszimmer. Zurückgelehnt im Sessel schmeckte er dem Essen auf der Zunge nach. Ein Festmahl, obwohl es Mittwoch ist, dachte er, haben wir uns wohl verdient. Heute, am Abend des 28. März, haben wir unser Programm in siebzehn Thesen druckfertig formuliert, und dies nach nur zwei Tagen. *Forderungen der kommunistischen Partei in Deutschland.* Das Flugblatt wird unsere Posaune in Stadt und Land werden. Nur noch eine letzte Korrektur und dann gleich in die Druckerei. Der Meister hält sich die ganze Nacht bereit.

Helene kam herein, auf einem Tablett brachte sie frischen Kaffee und drei Becher. Während sie einschenkte, schüttelte sie den Kopf. »Dieses Tonzeug gefällt mir nicht. Auch die Küche ist schlecht eingerichtet.« Sie bemühte sich, leise zu sprechen, doch der Ärger musste heraus. »Überhaupt sind diese möblierten Wohnungen in Hotels ziemlich heruntergekommen. Und hier in Paris erst recht.« Sie stellte den Kaffee neben Friedrich ab. »Wie es aussieht, werden wir auf unser gutes Geschirr noch eine ganze Weile verzichten müssen.«

»Hat Jenny es dir gesagt?«

»Heute Mittag. Und ich glaube, sie wusste es schon länger.« Helene verschränkte die Hände unter dem Busen. »Das nenne ich Vertrauen.«

»Die Abreise war vielleicht schon eher geplant«, versuchte Friedrich zu besänftigen, »beschlossen aber haben wir sie erst gestern.« Er reckte sich und wollte nach ihrem Arm fassen. Kurz schlug ihm Helene auf den Handrücken. »Nicht schon wieder.«

Vor Schreck lachte Friedrich. »Verzeih, das hatte ich vergessen.« Gleich wurde er ernst. »Keiner von uns hat geahnt, dass sich in Deutschland so vieles so schnell ändern würde. Pressefreiheit und allgemeines Wahlrecht für Männer zum Greifen nah sind.«

Helene sah ihn an. »Und da dürft ihr zwei nicht fehlen.« Gleich verbesserte sie: »Ich meine, Sie und Herr Karl.« Sie setzte sich ihm gegenüber auf die Kante eines Sessels. »Mir geht es um die Kinder. Was ist das denn für ein Leben für die Kleinen? Kein Wunder, dass sie so oft krank sind.« Sie blickte zur Tür und sprach leiser: »Wie Schausteller ziehen wir von einer Stadt zur anderen. Das ist doch nichts für eine Familie. So ohne richtiges Zuhause.« Sie deutete mit dem Finger in Richtung Schlafzimmer. »Und Frau Jenny? Sie findet es sogar richtig, dass wir mit den Kleinen nach Trier zur Frau Baronin fahren. Wer weiß, für wie lange?«

»Bis sich die Lage etwas beruhigt hat und wir die Zeitung gegründet haben.«

»Und wo?«

»Wir hatten mal an Mainz oder Berlin gedacht.« Friedrich hob die Schultern. »Aber nach den jüngsten Ereignissen scheint mir jetzt Köln der bessere Standort zu sein.«

Helene erhob sich. »Dann heißt es für uns wieder umziehen.« Sie lächelte bitter. »Ist vielleicht doch besser, wenn das gute Geschirr sicher verpackt in Belgien lagert.«

Hinter ihr hatte sich die Tür geöffnet. »Was ist mit unsrem Geschirr?« Jenny kam mit Karl herein.

Um möglichen Zwist zu vermeiden, winkte Friedrich gleich ab. »Nichts ist zerbrochen, alles ist gut in Kisten verpackt. Wir haben nur etwas geplaudert.«

Da stemmte Helene die Hände in die Hüften. »Geplaudert? Mir war es ernst.«

Im Vorbeigehen tätschelte ihr Karl die Schulter. »Aber, aber. Was bringt unsren guten Geist denn so in Rage?« Jenny nahm sie am Arm und zog sie mit zur gepolsterten Bank neben dem Ofen. »Komm, setz dich zu uns. Heute war ein guter Tag, deshalb möchte ich, dass jeder zufrieden ist.«

Wenn ich jetzt losschreie, dann wachen die Kinder wieder auf, dachte Helene. Also halte dich zurück. »Zufrieden? Bei dem Drunter und Drüber da draußen in der Stadt. Das kann ich nicht. Und bei dem Durcheinander hier bei uns erst recht nicht.«

»Aber Lenchen …«

»Nein, Frau Jenny, lassen Sie mich es mal sagen.« Der Mut ließ das Herz pochen. Nur jetzt nicht heulen. Ein Blick an die Decke half, um die Tränen zurückzuhalten. »Was ich sagen muss, und jeder weiß, dass ich jeden hier liebe …« Sie schüttelte den Kopf. »So meine ich das mit der Liebe natürlich nicht und auch wieder doch.«

»Nur zu.« Das Familienoberhaupt räusperte sich energisch. »Bitte, Lene, worüber möchtest du mit uns sprechen?«

»Gerade Sie, Herr Karl, meine ich. Warum mussten wir allesamt erst nach Paris, und jetzt heißt es schon wieder packen? Wieso sind wir nicht gleich nach Deutschland rüber?«

»Weil die Umstände es so erfordern … Aber das verstehst du nicht.«

Mit einem Ruck beugte sich Helene vor. »Dann klären Sie mich gefälligst auf.« Ihr Ton nahm an Schärfe zu. »Schließlich arbeite ich und mache alles mit. Also entweder gehöre ich dazu oder …«

»Keinen Streit, bitte. Du hast recht, entschuldige.« Jenny blickte die Männer an. »Wir haben Lenchen nicht rechtzeitig in die Pläne eingeweiht. Das müssen wir sofort nachholen.«

Karl schlürfte noch einen Schluck Kaffee, setzte die Tasse ab und fuhr sich mit der Hand durch den Bart. »Also, es verhält sich so: Als in den letzten Februartagen die Unruhen hier in Paris ausbrachen, welche nach drei Tagen zu einer Republik führten …«

»Bitte, Karl«, unterbrach Friedrich. »Ich glaube nicht, dass Helene an einer Vorlesung interessiert ist. Sie will Antwort haben.«

Er wandte sich der Haushälterin zu. »Warum Paris? Weil wir glaubten, dass hier das Herz der Revolution pocht. Inzwischen wissen wir aber, dass auch in Deutschland, in unsrem Heimatland, der Aufruhr, die Empörung zunehmen. Dort werden wir dringend gebraucht.« Er erhob sich und nahm die Manuskriptseiten zur Hand. »Du willst unsere Pläne kennenlernen? Auf diesem Flugblatt stehen siebzehn Forderungen.« Sein Finger tippte auf die oberen Zeilen. »Und die erste lautet: Ganz Deutschland wird zu einer einigen, unteilbaren Republik erklärt. Darum geht es uns. Das wollen wir erreichen. Und zwar nicht, wie es diese Holzköpfe mit ihrer Legion versuchen wollen. Sondern unter anderem hiermit.« Friedrich wedelte mit den Blättern. Jetzt geriet er mehr und mehr in Begeisterung. Aus dem gerade gegründeten neuen Deutschen Arbeiterverein hätten sie bald vierhundert Männer bewegen können, wieder nach Deutschland in ihre Heimatorte zurückzukehren, und zwar jeder für sich und unauffällig. Dort sollten sie bei ihren Nachbarn die Revolution vorbereiten. »Verstehst du, Lene? Nicht gleich mit Säbel und Gewehr, sondern sie gründen überall Vereine und überzeugen die Mitglieder von unsrem *Manifest* und diesen siebzehn Forderungen der kommunistischen Partei.«

Oje, dachte Helene. »Und deshalb müssen Sie beide unbedingt auch dabei sein?«

Karl nickte. »Wir werden eine Zentrale für alle Vereine aufbauen.«

»Und was hat es mit der Zeitung auf sich?«

Da streichelte Jenny ihren Arm. »Sie ist wichtig. Durch die Presse können alle informiert werden. Und vom Schreiben verstehen die beiden was.«

»Also geht das Durcheinander jetzt erst richtig los.« Helene griff nach der Hand und drückte sie. »Inzwischen glaube ich auch, für die Kinder ist es gesünder, wenn wir erst mal nach Trier fahren.«

## 51

Mainz – Köln, Rheindampfer
Dienstag, 11. April 1848

Friedrich sah die weißen Fingerknöchel der Hände, so fest umschloss Karl die oberste Stange der Reling. Wie recht du hast, dachte er, die Sache in Mainz hatten wir uns anders vorgestellt. Beide Freunde standen am Heck des Rheindampfers *Concordia*. Seit der Abfahrt schwiegen sie, starrten zurück auf die Mauern und Hafengebäude. Erst als sich nach der lang gezogenen Flussbiegung auch die Dächer und Türme der Stadt im Morgendunst verloren, bemühte Friedrich einen Scherz. »Wenigstens haben wir in den Tagen gut gegessen. Und der Wein aus der Gegend kann sich durchaus mit den Franzosen messen.«

Karl löste den Griff und trommelte dicht vor dem Gesicht beide Fäuste gegeneinander. »Woran liegt es? Doch nicht an uns? Dieses Pack, diese Handwerker ... Wie nennst du sie? Ja, richtig. Diese Straubinger sind noch zu verblödet. Oder? Sage es!«

»Leider. So wie es jetzt aussieht, gebe ich dir recht. Sie haben bisher nicht verstanden, worum es wirklich geht.« Vereine hätten sie daheim gegründet, aber nur, um dort ihre eigenen Kümmerlichkeiten zu behandeln und nicht für die große Sache zu kämpfen.

»Dabei hat jeder unser *Manifest* im Rucksack. Und die erste These in den *Forderungen* sagt es doch: Ganz Deutschland wird zu einer einigen, unteilbaren Republik erklärt. Warum lesen diese Scheißkerle nicht?«

»Sie können lesen, verstehen aber nur, was sie interessiert. Vielleicht …« Friedrich brach ab und dachte, vielleicht wollen sie gar nicht an einer neuen Welt mitarbeiten. Unsere Idee ist ihnen egal. Schluss damit, befahl er sich. Nicht einmal denken sollst du so etwas.

Karl stieß ihm leicht in die Seite. »Nun? Rede weiter.«

Um Zeit zu gewinnen, leckte Friedrich den Zeigefinger an und glättete sich die Schnurrbarthälften. »In keinem Fall liegt es an uns.« Noch vor ihrer Ankunft in Mainz hätte Freund Lupus von dort aus zur Unterstützung ein Flugblatt *An alle Arbeiter Deutschlands* verbreiten lassen. Darin wären sie aufgefordert worden, Vereine zu gründen, eigene Kandidaten für ein künftiges Parlament aufzustellen und zu wählen. Vor allem aber müssten die Vereine sich untereinander verständigen und nach und nach ein großes Netz bilden, dessen Mittelpunkt Mainz sein sollte. »Bisher gab es kaum eine Reaktion, von Begeisterung ganz zu schweigen.« Friedrich rieb die Fingerkuppen aneinander. Wir haben die Lage in Deutschland falsch eingeschätzt, überlegte er, dies mag ein Fehler sein, aber eine Niederlage ist es für uns noch lange nicht. Zur Verwunderung von Marx zog er den Zylinder und verneigte sich zum Wasser hin, grüßte die Wellen, dann winkte er dem fliehenden Qualm des Schornsteins zu.

»Was zum Teufel soll das?«

»Ich verabschiede mich vom Projekt Mainz, weil es in Kürze vollends scheitern wird.«

»Kein Grund zur Albernheit.«

»Auch kein Grund für Trübsal.« Nun lachte Friedrich kurz auf. »Denn wir betreten in Köln ein neues Schlachtfeld. Unsere Gegner lassen schon aufmarschieren.«

Karls Miene erhellte sich langsam. »Wie ich diese militärische Vokabelei verachte.«

»Wo ist der Brief von Heinrich Bürgers?« Friedrich streckte ihm die Hand hin.

Vergeblich suchte Karl unter dem Mantel in seinen Rocktaschen. »Der ist bei unsrem Ernstl. Sicher liegt er mit dem Kopf drauf.«

Das Dampfschiff *Concordia* lag tief im Wasser. Die Fahrt von Mainz nach Köln war ausgebucht, dazu hatte die Schiffsbesatzung jeden Laderaum bis zum gerade noch Erlaubten vollgestopft. Die Freunde fanden Ernst Dronke, einen Journalisten und vertrauten Bruder im Kommunistischen Bund, ganz hinten im Aufenthaltsraum der Passagiere. Dort schlief er seinen Rausch in einer Ecke aus und nutzte die Reisetaschen, um etwas bequemer zu liegen.

»Was?«, schreckte Dronke hoch. »Sind wir schon da?« Er hatte gebeten, ihn erst kurz vor dem Halt in Koblenz zu wecken, dort wollte er aussteigen und für einige Tage die Eltern besuchen.

»Noch lange nicht.« Friedrich zog ihm Karls Tasche weg, und nach kurzem Wühlen war der Brief gefunden. Leicht patschte er dem Verkaterten auf die spärlichen Haare. »Schlaf weiter, Ernstl. Sonst kennt dich nachher deine Mutter nicht wieder.«

Die Freunde schlenderten nach vorn zum Bug des Dampfers. Obwohl die Aprilsonne hin und wieder durch die Wolken brach, blieb es wegen des Fahrtwindes recht kühl. Beide schlossen die Mäntel und zogen die Zylinder fester auf den Kopf. »Nur gut, dass uns Heinrich informiert hat.« Karl wedelte mit dem bräunlichen Kuvert. »Sonst hätte uns dieser kommunistische Rabbi tatsächlich übertölpelt.«

Kaum hatte Moses Hess erfahren, dass Marx und Engels sich mit dem Gedanken trügen, eine Zeitung zu gründen, und Köln als möglichen Sitz der Redaktion ins Auge fassten, war er in die Domstadt geeilt, um dort mit seinen Freunden den beiden inzwischen Verhassten zuvorzukommen.

»Und Hess will ausgerechnet die *Rheinische Zeitung* wieder aufleben lassen. Dieser Schweinehund!«, grollte Karl. »Meine alte Zeitung.« Er seufzte tief. »Ein Jammer, dass ich sie damals habe einstellen müssen.«

»Wir jammern nicht mehr«, ermahnte Friedrich. »Dazu fehlt uns die Zeit. Freund Bürgers schreibt, dass der Rabbi sich mit dem Armenarzt Andreas Gottschalk und Fritz Anneke, diesem ehemaligen Armeeoffizier, zusammengetan hat. Sie suchen schon nach Geldgebern. Dazu haben sie bereits eine Annonce in die *Kölnische Zeitung* gesetzt.«

»Von diesen Zwergen kann uns nur der Doktor wirklich gefährlich werden. Ich kenne ihn. Dieser jüdische Schlachtersohn flickt die Arbeitslosen zusammen oder träufelt ihnen Medizin ins zahnlose Maul. Und das für fast kein Honorar.«

»Recht edel, der Mann«, gab Friedrich widerstrebend zu.

»Papperlapapp, mein Freund!« Der Zeigefinger schnellte vor. »Kein Edelmut steckt dahinter, sondern Machtgier. So meine Einschätzung. Wie der Scheißhaufen die Fliegen, so schart er die Armen um sich. Es sollen jetzt schon ein paar Tausend in seinem Arbeiterverein sein.« Karl krallte die Hand um das Kuvert. »Vor Gottschalk müssen wir auf der Hut sein.« Ehe das Schreiben von Heinrich Bürgers vollends zerknüllt war, nahm es Friedrich mit schnellem Griff an sich. »Und wenn der Arzt noch so viele treue Anhänger hat, Mittellose helfen ihm bei einer Zeitung nicht weiter.« Er entfaltete den Brief und überflog die Zeilen. »Die Gründungsversammlung findet morgen Abend statt. Ich freue mich darauf.«

Karl schnaufte vor sich hin, dann sah er die nah ans Ufer gerückten Berghänge hinauf. Oben thronte eine stolze Burg. »Hin und wieder wünschte ich mir, dort zu wohnen, umgeben von Büchern und meiner Familie.«

»Karl Marx, der Schlossherr.« Was für ein Gedanke! Friedrich unterdrückte den Lacher. »Eine Voraussetzung hast du schon erfüllt. Immerhin ist Jenny eine Baronesse.«

# 52

Köln, Gürzenich
Mittwoch, 12. April 1848

Gegen fünf Uhr nachmittags hatte das Versteckspiel ein Ende. Begleitet von Heinrich Bürgers betraten Karl und Friedrich das frühere Café Royal in der Schildergasse, seit den Unruhen im März umbenannt in Stollwercks Deutsches Kaffeehaus. Hier war der Treffpunkt für Republikaner, Demokraten und Intellektuelle. Noch ehe sich Bürgers mit seinen Gästen am Tisch niederließ, erkannte einer der Anwesenden die beiden Begleiter. Schnell ging das Geflüster durch den Schankraum, und beim Bestellen des Bieres verließen drei Männer eilig das Kaffeehaus.

Bürgers raunte hinter vorgehaltener Hand: »Gefolgsleute von Gottschalk. Schätze, in einer Stunde weiß er von eurer Anwesenheit hier in Köln.«

Die Gründungsversammlung der neuen Zeitung sollte im größten und schönsten Feier- und Versammlungspalast der Stadt, im Gürzenich, stattfinden. Auf dem Weg dorthin tippte Friedrich dem Freund auf die Schulter. »Schau mal nach rechts und links.« An vielen Hauswänden, an Straßenecken und Türmen steckten Fahnen, nicht das Kölner Wappen, nicht der preußische Adler, dort flatterten die bislang verbotenen Nationalflaggen in schönstem Schwarz-Rot-Gold. Marx schmatzte zufrieden und bemängelte dann doch mit Augenzwinkern: »Die rote Fahne wäre mir noch lieber.«

Gleich wandte sich Bürgers an beide: »Da fällt mir ein ...« Seit er

Engels und Marx gestern vom Schiff abgeholt und sie so unauffällig wie möglich in seine Wohnung geführt hatte, seitdem waren sie von ihm auf den heutigen Abend vorbereitet worden. »Einen Punkt muss ich noch dringend erwähnen. Keine rote Fahne, das heißt, allein schon die Vokabeln Kommunismus oder Revolution, geschweige denn die Erwähnung des Kommunistischen Bundes, verschließen hier in Köln sofort die prallen Geldsäcke der Kaufherren und Bankiers.«

»Was ist mit Preußen?«, wollte Friedrich wissen.

»Unsere Kolonialherren?« Bürgers stieß einen trockenen Lacher aus. »Nur draufschlagen. Jeder gezielte Hieb kann Punkte bringen. Darin sind sich die echten Kölner einig, egal, woran sie sonst glauben.«

Am Haupteingang standen Herren mit hohen Zylindern und in schwarzen Gehröcken. Sie parlierten leise und gesetzt miteinander. Der Armenarzt dienerte sich mit Moses Hess eilfertig von einer Gruppe zur nächsten. »Willkommen. Bitte treten Sie doch ein.« Die Versammlung fände im ersten Stockwerk und dort im Raum neben dem Isabellensaal statt. Sehr mühsam ließ sich die Herde der Kölner Geldgrößen durch das Portal hineinkomplimentieren.

Kaum entdeckten die Gastgeber des Abends Heinrich Bürgers und dessen Begleiter, verloren sie ihr höfliches Lächeln. Mit eisiger Miene grüßte Andreas Gottschalk und wandte sich gleich an Marx: »Wie schön, mein Bester. Auf der Durchreise noch schnell einen Besuch an alter Wirkungsstätte? Und dann geht es weiter nach Trier?«

»Nach Trier über Köln? Das wäre ein Umweg.« Karl gab sich verwundert. »Und was sollte ich in meiner Heimatstadt?«

»Du musst dich für das Parlament aufstellen und wählen lassen. Die Nationalversammlung in Frankfurt braucht Männer wie dich.« Nun schnellte der Finger auf Engels zu. »Und du solltest dich im Tal der Wupper um ein Mandat bemühen.«

Moses Hess hob den Hut an, fuhr sich mit den Fingern durch die ondulierten Locken. »Damit helft ihr das Netzwerk unseres Bundes zu stärken.« Ängstlicher Zorn schwang in der Stimme mit. »Genau wie ihr es in den siebzehn Forderungen geschrieben habt.« Er setzte den Hut wieder auf, stierte Friedrich an, und seine rechte Hand glitt hinüber zur linken Innentasche des Gehrocks. In Friedrich schrillte die Stimme von Sibylle: »Rache.« Wollte Moses etwa …? Er trat einen Schritt zurück, gleichzeitig tastete er nach dem Klappmesser in seinem Mantel.

Hess aber zückte nur das Schnupftuch und betupfte hastig Nase und Mundwinkel. »Wann fahrt ihr weiter? Ihr fahrt doch?«

»Wir haben uns noch nicht entschlossen. Vielleicht morgen.« Friedrich schenkte ihm sein Lächeln. »Heute wollen wir den Abend mit euch genießen.«

Das Misstrauen ist gesät, stellte er fest, beide Herren wirken leicht unsicher. Nun ist es Zeit, den nächsten Schritt vorzubereiten. »Noch rasch eine Frage, ehe wir hineingehen. Sollen wir uns ganz nach vorn setzen oder wohin? Sagt nur frei, wie es euch das Angenehmste ist.«

»Weit weg«, entrutschte es Hess. »Ich meine, nach hinten …«

»Nein, das halte ich nicht für gut«, unterbrach ihn Gottschalk. »In die Mitte, vielleicht am Rand, dann haben wir uns gegenseitig im Blick.«

»Das wird sicher nicht falsch sein«, brummte Marx, schob sich an den beiden vorbei und schritt schon voraus.

Bald fünfunddreißig Bank- und Geschäftsherren hatten sich eingefunden. »Warte!« Ehe Karl sich setzen konnte, hielt ihn Friedrich fest. »Bleibe stehen«, flüsterte er. »Drehe dich den Leuten zu.« Er selbst bog die Arme hinter den Rücken und begann zu klatschen. Das Geräusch fiel auf, zog die Blicke an, der Verleger Marx wurde sehr rasch erkannt. Ihm gebührte wirklich ein Applaus. Was war die *Rheinische Zeitung* damals für ein unerschrockenes Blatt! Und die Artikel, wie scharfzüngig! Das Klatschen nahm zu, und in wenigen Augenblicken erfüllte Beifall den ganzen Raum.

»Nun winke dem Publikum kurz zu«, ordnete Friedrich an, wartete, und dann erst durfte sich der Freund setzen.

Marx beugte sich zu Bürgers auf seiner anderen Seite und murmelte: »Sie lieben mich immer noch.«

»Mit Recht«, versicherte der ihm. »Weil du der Beste bist.«

Das Vorspiel im Saal hatte Moses Hess stumm hinter dem Rednerpult ertragen müssen, nun eröffnete er mit rot glühenden Wangen die Versammlung. »Meine hochverehrten Herren und hochgeschätzten Freunde, ihr Liebhaber einer mutigen Presse.« Durch die neuen Freiheiten sei jetzt die Gelegenheit für Köln gekommen, endlich eine Zeitung zu gründen, in der alle Belange der Menschen und ihrer Stadt zur Sprache kämen. »Wir lassen die *Rheinische Zeitung* wieder aufleben.« Lange redete Hess, als die Zuhörer unruhig wurden und leise Unterhaltungen mit den Nachbarn begannen, rief er seinen Mitstreiter zu sich ans Pult. »Ich bin stolz und glücklich, Ihnen Doktor Andreas Gottschalk, den allseits beliebten Arzt der Armen wie auch der Vermögenden, als meinen Partner nennen zu dürfen.« Die Mienen der Bankiers und Geschäftsleute wurden säuerlich. Dieser Gottschalk hatte doch im März mit seiner Republikanerhorde das Rathaus erstürmt, eine Reform des Wahlrechts gefordert, dazu noch die Abschaffung des stehenden Heeres und Pressefreiheit gefordert. Dieser Unruhestifter. Beim Übergriff aufs Rathaus sprangen zwei Stadträte vor Angst aus dem Fenster und brachen sich die Beine. Und das waren Kölner. Wenn es zugereiste Preußen gewesen wären, ja dann … Aber der Kölner Fenstersturz hatte Opfer aus den eigenen Reihen gefordert. So weit sollte eine Aufregung nicht gehen, zu Recht gab es ein paar Wochen Kerker für ihn. Er war Jude, ist jetzt evangelisch, nun ja, sonst ist dieser Gottschalk durchaus ein Mensch, aber mit Vorsicht zu betrachten. Leicht stirnrunzelnd blickten die Geldgeber zum Rednerpult.

»Ihr, die Großen unserer geliebten Heimatstadt, Ihr großzügigen Förderer. Ich bin stolz, hier vor Ihnen zu stehen und das Programm der neuen Zeitung vorstellen zu dürfen.« Das Haar des Arztes hatte sich bis zur Mitte des Schädels zurückgezogen, Schweißpatina bedeckte Gesicht und hohe Stirn und gab dem ovalen Kopf das Aussehen eines glänzenden Eies. »Deshalb wird unser besonderes Augenmerk den sozialen Fragen gelten: Warum hungern Menschen in unserer wohlhabenden Stadt? Warum stinkt es in den Straßen? Warum gelingt es nicht, den Abfall gründlich zu beseitigen? Probleme des Alltags werden wir aufgreifen und anprangern, werte Spender. Es wird sich lohnen, für Köln und für unsere *Rheinische Zeitung* einzutreten.«

»Deshalb, verehrte Bankpräsidenten und Geschäftsleute ...«, elegant übernahm Moses Hess wieder das Wort. »Deshalb erfüllt uns den Wunsch und zeichnet großzügig die Aktien unserer *Rheinischen Zeitung*.«

Aus den hinteren Reihen kam ein Zwischenruf: »Wie viele Taler werden für die Gründung nötig sein?«

»Wir rechnen fest mit einem durchschlagenden Erfolg. Die Finanzierung muss also nur drei Monate überbrücken. Danach wird sich die Zeitung selbst tragen.« Moses Hess hob beide Arme. »Mit schon sechstausend Talern Gründungskapital werden wir im nächsten Monat starten können.«

Schweigen im Saal, die Herren rechneten, berieten sich flüsternd. Gottschalk und Hess standen steif am Rednerpult, jeder krallte eine Hand in den Holzrahmen.

Friedrich wartete, ließ die Spannung anwachsen. Schließlich tippte er dem Freund auf den Arm. »Jetzt!«

Karl schnaufte hörbar, als er sich erhob. »Scharlatane!« Alle Anwesenden schreckten zusammen, starrten auf den bärtigen, wildschopfigen Mann. Karl wies mit gestrecktem Arm auf die Redner. »Sehr genau haben euch die großherzigen Männer hier im Raum zugehört. Sie sind bereit, eine neue Zeitung mit ihrem Geld zu unterstützen. Doch ihr, ihr belügt sie. Nein, ich unterstelle euch keine Schamlosigkeit. Ihr belügt sie, weil ihr Unwissende seid, keine Ahnung und keine Erfahrung im Zeitungsgeschäft habt. Ihr ...«

»Karl Marx«, schrie Gottschalk dem Angreifer entgegen. »Ich verbiete dir das Wort! Dies hier ist unsere Veranstaltung.«

»Darum fühle ich mich gezwungen, jetzt einzugreifen ...« Nach einem Atemholen ergänzte Karl in trockenem Tonfall: »Ehe es zu spät ist.« Er wandte sich dem Publikum zu. »Wir hörten gerade die Summe von sechstausend Talern. Sie reichen gerade aus, um ein Wochenblättchen mit Versen der Laiendichter und Hauslehrer herauszugeben. Ich will Sie als erfahrene Geschäftsleute nicht mit näheren Umständen solch eines Küchenblattes quälen.« Die Zuhörer hingen gespannt an seinen Lippen. Ein Armschwenk bezog Moses und Gottschalk mit ein. »Es fehlt diesen Tapferen nicht an gutem Willen, nur eben haben sie keinen Realitätssinn. Es gibt schon die *Kölnische Zeitung* in der Stadt. Sehr erfolgreich, wenn es um die täglichen Nöte und Belange geht. Warum also noch ein Blatt mit gleichem Tenor gründen? Wir wollen eine Tageszeitung herausgeben, die landesweit gelesen wird. In ihr sollen die großen politischen Themen mutig angegangen werden. Von Köln aus soll Deutschlands Meinung gebildet werden, fortschrittlich, demokratisch und freiheitlich.« Applaus regte sich, wurde stärker, einige der Anwesenden standen auf, bald folgten alle. Mit Zurufen bestätigten sie das Gehörte.

Karl bat mit erhobenen Armen um Ruhe. Als die Herren wieder Platz genommen hatten und Stille eingekehrt war, fragte er: »Wir?« Er ließ eine Pause. »Sagte ich wir?« Dann griff er sich mit der Rechten ans Herz. »Ja, wir. Wir wollen mit ihnen allen gemeinsam solch eine Tageszeitung gründen. Und das Wir bedeutet: mit meinem Freund, dem großartigen Schriftsteller Engels. Er soll nun zu Ihnen sprechen.« Während er sich setzte, erhob sich Friedrich wie verabredet. »Nicht wir allein. Allen voran soll Heinrich Bürgers das Blatt leiten und uns als Redakteure führen. Wir erwählen uns Korrespondenten für das Ausland wie für das Innere. Es werden erprobte und kluge Journalisten sein.« Erneut brandete Applaus auf.

Vorn am Rednerpult hatten Hess und Gottschalk mit offenen Mündern das Geschehen verfolgt, jetzt sanken ihnen die Schultern, und beide kehrten als Verlierer auf ihre Plätze in der ersten Reihe zurück.

Marx wollte gleich nach vorn gehen, doch Friedrich hielt ihn fest. »Wir bleiben hier«, flüsterte er mit gesenktem Gesicht. »Hier bei Heinrich Bürgers, inmitten unserer Geldgeber.« Dann hob er wieder den Kopf und hielt fünf gespreizte Finger und den Daumen der anderen Hand hoch. »Nicht sechstausend, verehrte Herren. Unsere *Neue Rheinische Zeitung* wird das Drei- bis Fünffache als Anfangskapital benötigen. Doch erschrecken Sie nicht. Wir werden Geldgeber im ganzen Lande auftreiben. Sie aber sollen die Gründerväter Ihrer *Neuen Rheinischen Zeitung* werden, und deshalb sollen Sie auch die ersten Anteilscheine erwerben dürfen.«

Keiner der Bankpräsidenten und Unternehmer wollte zurückstehen. Moses Hess musste sogar seine vorbereiteten Formulare zur Zeichnung herausgeben, damit die Sieger des Abends und neuen Herren der Tageszeitung das erste Gründungskapital einsammeln konnten.

Ohne Gruß, die Mienen starr, verließen Andreas Gottschalk und Moses Hess den ersten Stock des Gürzenich. Als Bürgers mit Karl und Friedrich später die Stufen hinunterging, blieb er auf halber Treppe stehen. »Dreißigtausend? Bisher haben wir viertausend zusammen? Das wird noch ein langer Weg.«

»Keine Sorge«, sagte Friedrich. »Wir sind in Schwung. Erst richten wir Karl die Wohnung in der Apostelnstraße ein. Und übermorgen fahre ich nach Hause ins Tal der Wupper, dort werde ich den reichen Geldsäcken die Anteilscheine verkaufen und vor allem meinem Alten die Beteiligung an unserer Zeitung schmackhaft machen.«

Karl rieb unsichtbare Taler zwischen Fingern und Daumen. »Und nicht vergessen: Ich habe reichlich Zaster geerbt, und davon werde ich einen ganzen Batzen in meine Zeitung stecken.« Er stieß Bürgers leicht vor die Brust. »Also, keine Sorge, Heinrich. Wir schaffen das.«

# 53

Im Tal der Wupper, Barmen
Sonntag, 9. Mai 1848

Die Nachmittagssonne ließ den Garten leuchten, blutrot und gelb die Tulpen, dazwischen tiefblaue Veilchenkissen. Friedrich spazierte mit seiner Mutter den Kiesweg zwischen den Gemüse- und Blumenbeeten entlang. Elise Engels hatte sich bei dem Sohn untergehakt, fest und eng, als dürfe sie ihn nicht mehr verlieren. »So ist es gut, mein Junge.« Die füllige, leicht gebeugte Frau lächelte ein wenig. »Wenn wir schweigen und nur unsere Nähe spüren, dann blüht auch mein Herz wieder auf.«

»Aber Mama …« Nicht aufbrausen, befahl sich Friedrich und bemühte einen leichten Ton: »Willst du damit andeuten, dass, sobald ich den Mund öffne, Eisregen fällt oder ein Höllensturm losbricht?«

»Versündige dich nicht. Solche Sprüche sind des Teufels. Es wäre furchtbar, wenn sie wahr würden.«

Friedrich blies den Atem aus. Versuche erst gar nicht zu scherzen, sie nimmt jedes Wort ernst. »Komm, Mama. Setzen wir uns.« Er führte sie zur Bank neben dem violett blühenden Fliederbusch. Mit kurzem Griff raffte Frau Engels den dunklen Rock, nahm Platz und brachte gleich wieder Ordnung in die verrutschten Falten.

Friedrich blieb stehen. »Was, Mama, fürchtest du, fürchten die anderen? Ich bin jetzt bald drei Wochen hier. Ja, begrüßt haben mich alle. Inzwischen aber redet Onkel August kein Wort mehr mit mir, meine Geschwister gehen mir möglichst aus dem Weg.«

»Das weißt du nicht?« Sie sah auf. Ihre schwarze Schute mit dem gestärkten, weißen Rüschenkranz umrahmte das runde Gesicht. Kummer stand in ihrem Blick. »Glaubst du denn, es bleibt verborgen, wenn du Nachmittag für Nachmittag in die Versammlungslokale drüben in Elberfeld gehst? Der Sohn des ehrbaren Fabrikanten Engels wiegelt die Leute auf, heißt es. Nachbarinnen kommen zu mir. Dein Friedrich will die Männer zur Republik verführen.« Sie schüttelte den Kopf. »Das wollen wir hier in unsrem Wuppertal nicht. Wir stehen zu unsrem König Friedrich Wilhelm. Und einige behaupten sogar«, aus Furcht vor Lauschern senkte sie die Stimme, »du würdest offen den Kommunismus predigen.«

»Pure Verleumdung. Kein Wort ist mir hier vom Kommunismus über die Lippen gekommen. Ich werbe für unsere *Neue Rheinische Zeitung*, versuche die Anteilscheine zu verkaufen.« Friedrich schlug die Faust in die offene Linke. »Tag für Tag krieche ich in Barmen oder Elberfeld wie ein Bettler vor diesen fetten Freunden unserer Familie herum, erkläre, jammere und bitte. Und was habe ich erreicht? Almosen, Mama. Magere vierzehn Scheine à fünfzig Taler.« Er nahm ihre Hände, hielt sie fest. »Morgen reite ich zu Vater nach Engelskirchen. Hast du ihm mitgeteilt, dass ich komme? Und auch den Grund?«

»Setz dich zu mir, Junge.« Elise wartete, bis er neben ihr Platz genommen hatte. »Ich habe Vater deinen Besuch angekündigt. Er freut sich gewiss, dich nach so langer Zeit sehen zu können. Den Grund habe ich bewusst verschwiegen.«

»Aber er ist so wichtig ...«

»Junge«, unterbrach sie streng, »wenigstens für einen Moment soll dein Vater denken, dass du ihn aus reiner Sohnesliebe besuchst.« Ihre Lippen zitterten. »Und nicht nur aus Geldgier.«

»So bin ich nicht. Ich ehre Vater, wie es sich geziemt, liebe ihn auch ...« Friedrich presste den Rücken gegen die Banklehne. »Großer Gott, wäre mein Schwesterchen Marie doch hier. Sie scheint mir die Einzige aus der Familie zu sein, die mich versteht.«

»Kränke mich nicht. Auch mein Herz schlägt für dich. Weißt du, wie oft ich des Nachts wach im Bett liege, voller Sorge um dein Wohl?«

»Ich weiß, Mama, ich weiß.« Er schloss die Augen, ich gehöre hier nicht hin, diese Enge schnürt mir die Kehle zu, lähmt den Verstand. Kein Wunder, dass ich abends mit der Übersetzung des *Manifests* ins Englische so schwer vorankomme. Und morgen eine neue Welt! Bis unsere Gedanken hier ins Tal der Wupper vordringen, muss noch ein Wunder geschehen. Selbst die Idylle hier im Garten täuscht, dachte er. Vom Fabrikgelände gleich hinter dem dreistöckigen Prachthaus dröhnte das Stampfen und Fauchen der Maschinen herüber, die Luft war angefüllt mit dem leicht beißenden Geruch der Bleichwiesen am Ufer der Wupper.

Nach langem Schweigen sah ihn die Mutter von der Seite an. »Du erwähntest gerade deine Schwester Marie.«

»Wenn du auf ihren Mann abzielst …« Gleich fühlte sich Friedrich erneut angegriffen. »Emil hat aus reinem Interesse an unserer Zeitung einige Anteilscheine erworben.«

»Davon wollte ich nicht sprechen.« Elise legte die Hände im Schoß fest zusammen. »Bei meinem letzten Besuch in London berichtete ich Marie von meiner tiefen Sorge um dich. Sie versuchte mich zu trösten, indem sie mir von einer Frau erzählte, der du sehr nahestehen sollst.«

Friedrich richtete sich auf. Mary. Gleich pulste ihm das Blut in den Schläfen. O Liebste, das Tal der Wupper will ich dir ersparen. »Hat sie auch einen Namen erwähnt?«

»Leider nicht. Auch nichts über ihre Familie. Nur stamme sie wohl aus Irland.«

»Das ist richtig.« Er schwieg.

Die Mutter ließ nicht locker. »Erzähle mir, Junge. Was ist das für eine Frau?«

Als er nicht antwortete, drängte sie nach: »Ich möchte nur wissen, ob ihr in Sünde miteinander lebt?«

»Sünde?« Als Friedrich die Frage begriff, lachte er auf. »Was das angeht, kann ich dich beruhigen, Mama. Sie lebt in England, und ich versuche hier das Geld für meine Zeitung zusammenzubetteln. Für Sünde haben wir keine Gelegenheit.«

»Du weichst mir aus.«

»Ach, Mama.« Unvermittelt streichelte er ihr über den Arm, versuchte mit jungenhaftem Charme das Thema zu meistern. »Du kennst mich zu gut. Schon als Schulbub konnte ich nichts vor dir verbergen. Was Vater mit dem Stock nicht gelang, das hattest du mit sanften Worten und einigen Zuckerkringeln im Nu aus mir herausgelockt.« Er drehte sich zum Fliederbusch und brach einen Zweig ab. Nachdenklich betrachtete er die violetten Blüten, ließ sie hin und her schaukeln. »Doch bitte lasse mir noch eine Weile das Geheimnis um diese Frau. Wenn es so weit ist und ich mit ihr ganz im Reinen bin, sollst du es gleich erfahren. Das verspreche ich.« Er steckte flüchtig die Nase in die Dolde und reichte ihr den Zweig. »Rieche nur, wie der Flieder duftet.«

Die Mutter nahm ihn, schüttelte leicht den Kopf. »Hast du es vergessen, Junge? Bei uns in Barmen haben es die Blumen schwer mit ihrem Duft. Der Gestank in der Luft ist zu stark. Erst drinnen können sie sich entfalten.« Elise erhob sich. »Eigentlich hatte ich vor, den Vater mit deiner Irin zu überraschen, so als Freude, dass du auf einen guten Weg gelangt bist. Nun bin ich froh, dass ich gewartet habe.«

»Bitte …«

»Ich werde weiter warten.« Sie rieb mit dem Finger einen Fleck von seinem Rockärmel. »Nun lass uns ins Haus zurück!« Während sie auf das geschieferte Prachthaus mit den hohen Fenstern und dem Treppenaufgang zuschritten, erinnerte sie Friedrich, dass er morgen auf seinem Ritt nach Engelskirchen neben den eigenen Sachen auch Geschäftsunterlagen für den Vater in den Satteltaschen mitnehmen müsste. »Ich werde meinem Friedrich in der Nacht noch schreiben. Den Brief steckst du bitte nicht in die Gepäcktaschen, sondern bewahre ihn in deinem Rock, so bleibt er trocken, und …« Sie lächelte ein wenig. »Und er bringt dem Vater auch etwas Wärme von dir mit. Ja, Wärme zwischen dir und Vater, die wünsche ich mir so sehr.«

# 54

Im Tal der Agger, Engelskirchen
Montag, 10. Mai 1848

Ehe Friedrich abstieg, zückte er die Taschenuhr. Nur fünf Stunden. Von Barmen bis hier zum Fabrikgelände. Er nickte zufrieden. Und zwar, ohne das Pferd zu treiben. Eine gute Zeit. »Ich habe das Reiten nicht verlernt.« Er schwang sich aus dem Sattel und tätschelte den Hals des Braunen. »Dann sorge ich mal für Wasser und Heu.« Im lang gestreckten Stall übergab er einem Knecht das Pferd, im Wohnhaus nebenan ließ er sein Gepäck ins Gästezimmer bringen und erkundigte sich nach dem Vater. »Der Herr ist draußen beim Wasserrad.«

Aus den beiden hohen Schloten stieg dunkler Rauch, je näher Friedrich kam, umso lauter wurde das Fauchen der Dampfmaschinen. Riesige Fabrikhallen standen dicht am Ufer der Agger, dahinter erstreckten sich über die leichte Anhöhe hin die gemauerten Unterkünfte der Arbeiter. Unterhalb des Staukanals entdeckte er den Vater.

Friedrich Engels senior stand in Mantel und Stiefeln breitbeinig mitten auf dem Eisensteg, der quer über das schnelle Wasser führte. Das Schaufelrad bewegte sich nicht. An der Achse arbeiteten zwei Männer. Stricke, die am Geländer des Übergangs befestigt waren, sicherten sie. Friedrich senior bemerkte den Sohn, winkte ihm kurz. »Warte! Gleich sind wir fertig.«

Einer der Männer setzte einen langen Eisenkeil an, der andere richtete sich, so gut er konnte, auf und trieb mit wuchtigen Schlägen den Bolzen in die Achsaufhängung. Noch ein letzter Schlag ... Weit holte der Mann aus, der Schwung nach hinten war zu gewaltig, der Stand der Füße zu glitschig; rücklings, mit einem Aufschrei stürzte der Arbeiter ins strudelnde Wasser, tauchte unter; weil der Strick ihn hielt, kam er wieder an die Oberfläche, er zappelte, fluchte; Wasser überspülte ihn, beim Auftauchen schrie er um Hilfe.

Sein Kollege wand sich hastig durchs Schaufelrad, versuchte, auf der anderen Seite über die Achsstange ans Ufer zu kommen. Friedrich senior bückte sich und zerrte an dem verknoteten Halteseil, die Strömung war zu stark, er vermochte den Hilflosen nicht heranzuziehen.

In wenigen Sätzen hatte Friedrich den Eisensteg erreicht, kniete nieder, mit beiden Händen packte er vor den Händen des Vaters den Strick. »Zusammen«, kommandierte er. »Und jetzt!« Beide Engels stemmten sich zurück. »Jetzt du.« Nun griff der Vater vor die Fäuste des Sohnes, und wieder ein Stück, der nächste Wechsel gelang ohne Kommando. Bald hing der Verunglückte vom Strick gehalten mit dem Oberkörper aus dem Wasser unter dem Eisensteg. Er hustete und spuckte. Zusammen mit dem Kollegen hievten ihn Vater und Sohn auf den Rand des Staukanals. »Danke, gnädiger Herr«, keuchte der Gerettete. »Das hätte schiefgehen können.«

»Bedanke dich auch bei meinem Sohn. Ohne ihn wäre es kaum gelungen.«

Aus dem ersten Dankgefühl heraus wollte der Durchnässte die Hand des Juniors ergreifen, besann sich und nahm den Arm zurück. »Danke auch.«

»Du solltest aus den nassen Sachen raus.« Friedrich bemühte einen Scherz. »Sonst war die Rettung umsonst. Beim Tod durch Lungenentzündung hätten wir dann doch einen tüchtigen Mann verloren.«

Verlegen grinste der Arbeiter, stieß den Kollegen an, und beide eilten in Richtung Siedlung davon. Friedrich senior sah ihnen nach. »Ich hätte dem Kerl auch meinen Mantel anbieten können.«

Hast du aber nicht, dachte Friedrich, sagte jedoch nur: »Ich denke, ihm wird sicher geholfen werden.«

Da fühlte er einen leichten Schlag auf dem Rücken. »Gott zum Gruße, mein Sohn. Wie ich soeben mit Freude erleben durfte, bist du trotz allem anderen sehr tüchtig geblieben, wenn es ums Zupacken geht.«

Überhöre jede Spitze, ermahnte sich Friedrich, denke an dein Ziel. »Ich freue mich, Vater, dich nach so langer Zeit gesund wiederzusehen.«

Auf dem Rückweg blieb der Fabrikherr bei der Maschinenhalle stehen und gab dem Technikmeister noch Anweisungen. Das Schaufelrad solle jetzt getestet werden. »Wenn es leicht läuft und das Getriebe mitspielt, dann können wir ab morgen endlich wieder mit Dampfmaschine und Rad zugleich arbeiten.«

Während sie weitergingen, schlug Engels senior die rechte Mantelhälfte nach hinten und stopfte die Rechte in die Rocktasche. »Die allgemeine Unruhe im Land hat nicht nur unserer Produktion in Barmen geschadet, selbst hier im Bergischen Land gab es einige Störenfriede.« Die langen angegrauten Koteletten zuckten, dann ein schneller vorwurfsvoller Blick zum Sohn. »Das Wasserrad hat jedenfalls nicht von selbst den Dienst eingestellt.«

Fühle dich nicht angesprochen. »Sabotage? Gibt es Verdächtige?«

»Nicht namentlich, aber ... Nun gut.« Der linke Zeigefinger schnellte hoch. »Ich und auch deine Mutter waren sehr in Sorge, als die Zeitung von den Protesten in Köln und Düsseldorf berichtete. All das, was du hier siehst, habe ich Jahr um Jahr mit größter Aufopferung errichtet.« Er wies zu den Fabrikhallen, den Lagerhäusern, den Schloten und dem großen Bauplatz hinüber, dort sollte demnächst eine standesgemäße Villa entstehen. »Gott segnete den Tüchtigen. Und mit einem Mal droht uns Aufruhr und mehr.«

»Die Arbeiter und Handwerker fordern nur ihre Rechte ein ...«

»Still! Nicht vor mir.« Gleich suchte der Vater etwas Abstand von seinem Sohn, und Friedrich biss sich auf die Unterlippe. Du wolltest doch nicht ...

Erst nach einer Weile, sie hatten das Wohnhaus fast erreicht, begann der Vater neu: »Wie geht es meiner Elise? Ist das Beinleiden wieder besser?«

»Mir kam Mutter recht gesund vor. Über ein schmerzendes Bein hat sie nicht geklagt.«

An der Tür reichte Friedrich senior dem Sohn die Hand. »Wir sehen uns beim Abendbrot. Wie es sich trifft, habe ich schon letzte Woche meinen Kompagnon Peter Ermen für heute zum Essen und zum Cognac danach eingeladen. Die Brüder Ermen sind dir ja keine Fremden.«

»Ganz sicher nicht.« Friedrich erinnerte sich an seine Lehrzeit in Manchester. Dort führten Peter und Gottfried Ermen als Partner des Vaters die Garnfabrik mit harter Hand. »Die Herren waren nicht immer zufrieden mit mir.«

»Weil du zu viel in der Bibliothek hocktest«, der Seufzer wurde von einem Lächeln gemildert, »statt dich im Kontor nützlich zu machen.«

»So mag es gewesen sein«, pflichtete ihm Friedrich um des Friedens willen bei. »Ich ziehe mich dann ins Zimmer zurück. Nach dem langen Ritt wird mir ein Waschlappen gute Dienste leisten.« Er wandte sich zum Gehen, der Brief fiel ihm ein, er nahm ihn aus der Innentasche und reichte ihn dem Vater. »Mama hat ihn mir für dich mitgegeben. Ich durfte ihn nicht zur anderen Post legen, sondern musste ihn bei mir tragen.« Den Grund erwähnte er nicht.

Friedrich senior drückte einen Kuss auf das Kuvert. »Meine Elise.« Er winkte dem Sohn. »Wir sehen uns beim Abendbrot. Sechs Uhr.«

Eine halbe Stunde vor der Zeit stand Friedrich am Fenster der Gästekammer und schaute über dem Tal der sinkenden Sonne zu. Er war für das Essen bereits umgezogen, ein frisches Hemd, der gesäuberte Gehrock und ein gebügeltes Halstuch. Die Mutter hatte mit aller Strenge dafür gesorgt, dass er diese Kleidungsstücke mit ins Gepäck nahm. »Vater soll seinen Sohn ordentlich und gut in Schuss wiedersehen. Das gehört sich so in unserer Familie.«

Kein Gong ertönte. Friedrich ließ die Taschenuhr aufspringen. Gleich sechs? Es war üblich im Hause Engels, dass fünf Minuten vor Beginn einer Mahlzeit der Gong durch den Treppenflur schallte und jeden nachlässigen Trödler vor dem Zuspätkommen warnte. Kann mir nicht vorstellen, dass Vater hier in Engelskirchen etwas an dieser Gewohnheit geändert hat. Friedrich verzog die Lippen. Er kann und wird sich nie ändern. Eilig verließ er die Dachstube und nahm beim Hinunterlaufen zwei Treppenstufen zugleich. Die Esszimmertür stand halb offen. Er richtete noch mal den Rock und trat ein.

Der Tisch war für drei Personen gedeckt, in der Mitte lag ein Brotlaib neben dem irdenen Buttertopf, umgeben von geräucherten Forellen, Schinkenrollen und Käsestücken. Besteck und Teller schimmerten im Licht der Wandlampen. Der Vater saß steif am Kopfende, knapp wies er auf seine linke Seite. »Nimm Platz, Sohn!«

Friedrich gehorchte, und obwohl er die Kühle spürte, bemerkte er betont locker: »Partner Ermen scheint wohl kein Freund von Pünktlichkeit zu sein.«

Mit der flachen Hand hieb Friedrich senior auf die Tischplatte, Gläser und Teller sprangen, klirrten. »Peter Ermen hält viel von Pünktlichkeit. Nur hält er nichts von dir.«

»Ist er so nachtragend? Meine Zeit in Manchester ist doch längst Vergangenheit?«

»Nein, Sohn. Ihm geht es um den heutigen Friedrich Engels, den Revolutionär, den Agitator, den kommunistischen Aufwiegler.« Der Vater atmete, bemühte sich um einen gefassten Ton: »Als ich ihm vor einer Stunde im Kontor begegnete und erzählte, dass du mit uns zu Tisch sitzen würdest, da wich die gesunde Farbe aus seinem Gesicht. Er bat mich um Verständnis, aber unter diesen Umständen wolle er die Einladung nicht wahrnehmen.«

»Dieser scheinheilige Geldsack.« Friedrich presste unter der Tischplatte die Fäuste aneinander. Durch ihn ist die Stimmung nun vollends verdorben. Sein Blick fiel auf die Weinkaraffe. Vielleicht? »Darf ich einschenken?«

Mit kurzer Geste willigte der Vater ein, stieß aber nicht mit ihm an. Beide Männer tranken für sich. Friedrich senior setzte das Glas ab. »Im Brief deiner Mutter las ich, dass du ein Anliegen hast. Nun heraus damit!«

Mama, damit hilfst du mir weiter, dachte Friedrich, so rasch hätte ich das Thema nicht anschneiden können. »Wir wollen in Köln eine Zeitung herausgeben, das heißt neu beleben, und dazu benötigen wir Kapital.«

»Wer ist wir?«

Rasch zählte Friedrich auf, nannte Schapper, Moll, Bürgers und andere. Erst ganz zum Schluss erwähnte er Karl Marx. Bei dem Namen fuhr ein Zucken über das Gesicht des Vaters. »Genug, nicht weiter! Dieser Mensch allein trägt Schuld an deinem Verderben.«

»Aber so höre dir doch wenigstens an, mit welchen Inhalten unsere Zeitung sich beschäftigen wird.«

»Nichts will ich davon hören, weil ich auch ohne deine Erläuterung weiß, was das für ein Blatt wird.« Der Zeigefinger drohte zur Decke. »Ist die *Kölnische Zeitung* nicht schon übel genug? Ein Ausbund von Wühlerei! Und jetzt kommst du mit deinem elenden Marx, und ihr wollt den Lesern noch mehr Unrat vorsetzen. Nein, Sohn, niemals gebe ich auch nur einen Taler für eure Zeitung, eher noch schicke ich euch tausend Kartätschenkugeln auf den Hals.«

»Vater!«, schrie Friedrich. »Wir sind keine Strauchdiebe! Auch keine Brunnenvergifter!«

Sie starrten sich an, keiner senkte den Blick. Schließlich griff der Vater zum Glas und stieß es an Friedrichs Glas, sagte beherrscht: »Und dennoch bist du mein Sohn.« Er beugte sich leicht vor. »Höre meinen Rat, Junge. Gehe nach Amerika und verlasse den Weg, den du bisher gegangen bist. Ich habe dir eine hervorragende Ausbildung angedeihen lassen. Bei deinen Fähigkeiten und Kenntnissen wirst du sehr rasch in einem Handelshaus eine Stellung finden.«

Friedrich sah ihn an und dachte, du willst mich wegwischen wie einen lästigen Fleck auf dem Spiegel. Beim Hineinschauen beschmutzt er dein Fabrikantengesicht. »Ich bleibe, weil ich hier gebraucht werde.« Er stand auf. »Und zwar bei der *Neuen Rheinischen Zeitung* in Köln. Mit oder ohne deine Hilfe. Gute Nacht, Vater.« Er wandte sich zur Tür.

»Willst du nichts essen?«

»Danke, mir ist der Hunger vergangen.«

»Friedrich, komm zurück! Das ist ein Befehl.«

Die Schärfe in der Stimme zwang den Sohn zum Gehorsam. Friedrich kehrte um, die Fäuste versteckte er auf dem Rücken. »Versuche nicht, mich zu demütigen.«

Friedrich senior zog den Brief aus der Rocktasche, entfaltete das Blatt und legte es vor sich hin. »Was ich jetzt tue, ist nicht in meinem Sinne.« Der Zeigefinger tippte auf die Zeilen. »Es ist der innige Wunsch deiner Mutter. Ihr Herz schlägt lauter für dich, als es das meine aufgrund deines Lebenswandels noch kann.«

»Bitte, Vater, keine neuen Ratschläge. Erspare dir die Worte. Ich habe verstanden ...«

»Besser, du schweigst«, unterbrach Friedrich senior und zog ein zweites Blatt aus dem Rock. »Deine Mutter hofft, dich nicht ganz an diesen Marx und seine Konsorten zu verlieren, sie hofft wohl auf ein Wunder. Deshalb bittet Elise mich, dir einen Neuanfang in Köln zu ermöglichen. Hier nimm!«

Dem ersten Blick glaubte Friedrich nicht, beim nochmaligen Hinschauen hatte sich die Summe nicht verändert. Er spürte, wie ihm Hitze über Brust und Rücken wallte. Fünfhundert Taler, ein Vielfaches mehr als die übliche monatliche Zuwendung. »Vater, nun beschämst du mich doch.« Ohne dass es ihm bewusst wurde, setzte er hinzu: »Verzeih die harten Worte!«

Daraufhin hob der Senior die Brauen, musste sich räuspern. »Dieser Wechsel ist nur für deine privaten Bedürfnisse bestimmt wie Miete, Kleidung und Nahrung. Und keinesfalls für dieses Blatt oder andere Agitationen. Ich wage es, mich auf dich zu verlassen.« Er wies zur Tür. »Und nun gute Nacht, mein Sohn.«

Später am Abend saß Friedrich oben in der Dachstube. Zwei Kerzen flackerten vor ihm auf dem Tisch. Weil ihr Licht nicht genügte, drehte er noch den Docht der Wandlampe höher. Er glättete den Papierbogen, tunkte den Federkiel ein und strich die Tinte am Fassrand ab.

»Engelskirchen, in der Nacht zum 13. Mai

Liebe Mary, Du meine Liebste,
endlich finde ich Zeit, Dir zu schreiben.«

Er berichtete ihr in ausführlichen Bildern von den letzten Tagen in Paris, von der Reise über Mainz nach Köln und dass er und Marx nun planten, die *Neue Rheinische Zeitung* herauszugeben.

»Endlich haben wir beruflich nun die Stellung erreicht, welche unseren wahren Fähigkeiten entspricht. Wir sind Redakteure, wir können und müssen schreiben.« Er zählte die brennenden Themen im Lande auf. Danach wischte er mit dem Federkamm nachdenklich über den Kinnbart, ehe er den Kiel erneut eintunkte.
»Alles wird sich für uns beide bald zum Guten wenden. Stell Dir vor, ich habe der Mutter von Dir erzählt. Nun bist Du nicht nur meiner geliebten Schwester Marie in London ein Begriff – sie bedauert es sehr, dass sie Dich noch nicht persönlich kennengelernt hat –, sondern auch meine Familie weiß von Dir. Sobald unsere Zeitung sich weit verbreitet hat, sie sich gut selbst trägt und uns Redakteuren ein bequemes Auskommen bietet, dann, meine Geliebte, dann werde ich Dich bitten, nach Köln zu kommen. Und wenn Du mich immer noch liebst, darf ich dich in meine Arme schließen, und wir lassen nie mehr voneinander …«

## 55

Köln, In der Höhle 14
Samstag, 16. September 1848

Waschen oder Kölnisch Wasser? Friedrich stand in seiner Wohnung vor dem Spiegel. Der Tag in der Redaktion war hektisch gewesen, und dies bei der schlechten Luft in den neuen Räumen nahe des Heumarkts. Viel Zeit bis zur Krisenbesprechung bleibt mir nicht. Karl geht sicher erst gar nicht nach Hause zu Jenny und den Kindern. »Um fünf will ich alle hier versammelt sehen und die Lage diskutieren.« Dieser schwitzende Diktator, er bleibt zwischen Schreibtischen und Druckerpressen und riecht aus allen Poren. Wenigstens ich will nicht stinken.

Friedrich nahm die Flasche, träufelte ein wenig vom Duftwasser in die Handmulde. Erst sorgte er für den Bart, dann fürs Haar, erneut schenkte er ein und bedachte nacheinander die Achselhöhlen. Das sollte genügen. Er beugte die Nase über die Flasche und schmunzelte. Bei seiner ersten Bekanntschaft mit dem Eau de Cologne hatte er es auch zum Gurgeln benutzt. »Wie kann solch ein frischer, belebender Duft nur so scheußlich schmecken?« Er fuhr sich mit dem Kamm durchs Haar und streifte den Gehrock wieder über. Mit dem Zylinder in der Hand grüßte er sein Spiegelbild. »Herr Redakteur. Auf geht's! Der haarige Despot wartet nicht gern.« Mit elegantem Tanzschritt verließ er seine Bleibe. Zwei Zimmer, sogar eine eigene Küche. Die Wohnung In der Höhle 14 bei dem Papiergroßhändler Plasmann war ein wahrhafter Glücksfall.

Sie lag nicht weit vom Redaktionssitz und gleichzeitig dicht bei der Behausung der Marxens in der Cäcilienstraße. Dorthin war Karl gezogen, als Jenny mit den Kindern und Helene Anfang Juni aus Trier in die Domstadt gekommen war. Wie hatte Frau Baronesse ihren gut besoldeten Redakteur en chef umschwärmt. Eintausendfünfhundert Taler Jahresgehalt. Friedrich schlug mit der flachen Hand aufs Treppengeländer. O Jenny, dein Strahlen schimmert inzwischen nur noch, wenn du aber wirklich wüsstest, wie es um unsere Zeitung steht … Nein, genug. Er wollte dem Gedanken jetzt keinen Raum zum Weiterwuchern geben.

Im Erdgeschoss stand die Tür zum Kontor des Papierhändlers offen. Herr Plasmann stützte sich mit beiden Händen am Stehschreibpult ab. Den Zwicker auf der Nase beugte er sich über eine Zeitung, als Friedrich vorbeiging, sah er auf und rief: »Herr Engels, haben Sie einen Moment für mich?«

»Aber gern.«

Nun tippte der Hausherr auf das Blatt. »Ich möchte es immer wieder sagen. Ein Wort würde genügen: wunderbar. Ihre *Neue Rheinische* ist die beste Zeitung weit und breit, da kann die *Kölnische* nicht mithalten.«

»Da danke ich sehr für das Kompliment. Ich werde es an meine Mitstreiter weitergeben.«

Plasmann nahm den Zwicker ab und beschrieb über seinem spärlichen Kopfhaar einen Heiligenschein. »Der Meister aber sind Sie. Jeden Nachmittag warte ich ungeduldig, bis mir der Bote die Ausgabe für den nächsten Tag bringt. Und als Erstes lese ich ihren Ritter Schnapphahnski.«

Friedrich hob die Hand, doch der Begeisterte hatten den Zwicker schon wieder vor den Augen. »Allein, wie es schon wieder anfängt. Hier: …« Er hob die Stimme: »Es ging Herrn Schnapphahnski wie den jungen Katzen, die sechsmal aus der Dachrinne in die Straße hinunterpurzeln können, ohne sich den Hals zu brechen. Unser Ritter besaß wirklich vor allem andern die Eigenschaft, dass er ein unbeschreiblich zähes Leben hat.« Plasmann nickte. »Hinunterpurzeln, allein schon bei diesem Wort sehe ich die Kleinen förmlich durch die Luft strampeln, ehe sie unten aufschlagen. Ich bin begeistert.«

Friedrich lächelte leicht gequält. »Leider ist die Geschichte nicht von mir.«

»Nicht? Und ich war fest überzeugt, seit ich die erste Folge ... Dass mein Mieter ...« Rasch überwand der Großhändler seine Enttäuschung. »Egal, Sie gehören zu der *Neuen Rheinischen*, und nur das zählt.« Er trat zum Wandregal und ergriff eine Flasche. »Einen Kleinen auf den Weg?« Friedrich blieb keine Zeit, sich zu entscheiden, schon war eingeschenkt. Der Schluck brannte die Kehle hinunter.

»Wissen Sie, bevor ich all die furchtbaren Nachrichten lese, muss ich was zum Vergnügen haben. Wenn der Kölner gar nichts mehr zum Lachen hat, dann steht es wirklich schlecht. Und deshalb freue ich mich immer auf den Schnapphahnski.«

»Bei all den Unruhen hier in der Stadt und im ganzen Land kann ich nur sagen: Gottlob ist der Roman meines Kollegen Weerth dick genug. Es wird also noch viele Folgen von den Abenteuern unseres Ritters geben.«

Plasmann hob die Flasche, auf einem Bein könne man nicht stehen, doch Friedrich lehnte ab, er müsse noch arbeiten. »Für die nächste Ausgabe.« Der Hausherr genehmigte sich den zweiten Zinnbecher und wollte wissen, für welche Rubrik sein Mieter zuständig wäre.

»Politik, über das Parlament in Frankfurt oder Berlin. Über Revolution und Krieg.«

»Frankreich? Paris?« Plasmann atmete schneller. »Die furchtbare Sache da im Juni? Großer Gott ...«

Friedrich nickte.

»Du großer Gott, die Artikel habe ich gelesen.« Plasmann presste sich den Zinnbecher gegen die Stirn. »Mit Kanonen haben sie auf einfache Arbeiter und Handwerker geschossen, auch auf Frauen und Kinder. Die eigene Nationalgarde! Richtig zerfetzt wurden die Leute und überall nur noch Blut. Das habe ich gelesen und bis heute nicht ... Ach, und die beiden schönen Mädchen auf den Barrikaden.

Eine greift sich die Fahne und steigt über die umgestürzten Wagen, über die Fässer und geht auf die Bewaffneten zu. Gleich zwanzig haben gefeuert und die junge Frau erschossen. Und weil sie tot dalag, hat ihre Freundin mit Steinen nach der Nationalgarde geworfen. So lange, bis sie auch von Kugeln getroffen wurde.« Plasmann hielt inne. »Diese Artikel habe ich nicht vergessen. Ich glaube, beide Mädchen waren blond. Oder?«

Friedrich verspürte Stolz, weil seine Texte solch einen Eindruck hinterlassen hatten, ernst nickte er. »Auch ich erinnere mich genau an diese Junirevolution, das Volk fühlte sich von der Regierung um alle Versprechungen betrogen, es war eine Revolution der Verzweiflung.« Er hob leicht die Achseln. »Ob die jungen Heldinnen nun blondes Haar hatten, ich weiß es nicht mehr.«

»Ich glaub, sie waren blond.« Plasmann schenkte sich zum dritten Mal ein, schüttelte sich, als der Schluck genommen war. »Gott bewahre unser Köln. Dass hier bei uns so was nicht auch passiert.«

»Ich fürchte, wir stehen kurz davor.«

»Nein. Mit Kanonen? Und alles brennt?«

»Wer weiß? Die Stimmung draußen ist aufgeheizt genug.«

Als wäre die Gefahr schon vor dem Haus, zog Plasmann den Kopf ein, ging zum Fenster und schloss es mit einem schnellen Ruck. »Wollen hoffen, dass es so wird wie bei uns im Juni. Erinnern Sie sich? Drüben am Alter Markt. Da flogen Steine, die Polizisten hatten am Anfang nichts zu lachen … Wollen Sie nicht doch noch einen Kleinen?«

Friedrich gab nach, und während er mit seinem Vermieter anstieß, dachte er: Auch wenn ich etwas zu spät komme, wir alle in der Redaktion sollten uns etwas mehr um die Sichtweise der Bürger bemühen. »Die Lage im Juni war nicht ungefährlich …«

»Aber kein richtiges Blut. Sicher, der eine oder andere hatte 'n Loch im Kopf oder 'ne kaputte Nase. Und dann, als sie den Doktor Gottschalk mit seinen Freunden verhaftet hatten, war's ja auch schnell vorbei. Ich mein, der Doktor will ja nur Gutes für die Arbeiter, ist auch schade, dass der jetzt sitzt. Aber nur bloß kein Aufruhr, sage ich immer, der ist schlecht fürs Geschäft und …« Nun hob Plasmann den Becher. »Und fürs Leben, Herr Engels. Hab ich recht?«

»Nicht ganz.« Friedrich trank aus. »Kommen Sie doch morgen mit nach Worringen. Dort findet eine große Protestkundgebung statt. Alle sind eingeladen, alle Kölner und alle, die drum herum wohnen. Nicht nur Arbeiter und Handwerker, auch die Bauern …«

»Jesses, Jesses«, unterbrach Plasmann, wiegte den Kopf hin und her. »Sie sagten Arbeiter? Da fängt das Problem schon an. Ich bin Unternehmer, wenn hier in Köln bekannt wird, dass ich mit den Arbeitern … Jesses, da verliere ich wichtige Kunden.«

»Uns von der *Neuen Rheinischen* sicher nicht.«

»Ihr seid ja auch gebildete Männer.«

Friedrich lachte leise und ließ die Taschenuhr aufspringen. »Nun muss ich wirklich gehen. Danke für den Schnaps.«

»Aber gern.« Plasmann tippte mit dem Finger auf die Zeitung. »Und danke für Ritter Schnapphahnski, mit dem würde ich mich auch gern mal unterhalten.«

# 56

Köln, Unter Hutmacher 17
Samstag, 16. September 1848

Mit langen Schritten verließ Friedrich die schmalen Gassen und bog in die Martinstraße ein. Abrupt blieb er stehen. Fluchen, Gebrüll. Frauen drängten sich eng an die Hauswand. Vor ihnen standen ihre Männer zum Schutz und drohten mit den Fäusten zur Straßenmitte hin. Dort torkelten vier preußische Soldaten umeinander. Gerade streckte einer von ihnen die Hand in Richtung einer Kölnerin und ging auf sie zu. »Du da, komm her. Ich zeig dir, was ein echter Kerl ist.« Ehe der Ehemann begriff, schlug ihm der Soldat ins Gesicht und stieß ihn beiseite. »Aus dem Weg, Memme.« Die Augen stierten auf die Entsetzte. »Ich will dich.« Nun griffen die umstehenden Bürger ein. Zu dritt hielten sie den Betrunkenen am Rock fest, der stolperte und rief im Hinstürzen: »Angriff!«

Und als er auf dem Boden lag, lallte er: »Ich schlage euch alle tot.«

Seine Kameraden zogen die Säbel, drehten sich um sich selbst, suchten nach dem Feind. Sofort wichen die Bürger zurück, nahmen ihre Frauen und zerrten sie aus dem Gefahrenbereich. Nahe der Gassenecke, an der Friedrich stand, glaubten sie sich sicher und stießen aus übervollem Herzen schlimmste Verwünschungen gegen die preußischen Besatzer und ihre betrunkenen Handlanger aus. Friedrich sah die Not in den Gesichtern der Frauen, sah den Zorn der Männer. Neu gereizt durch die Flüche richtete wieder einer der Soldaten seinen Säbel in Richtung der Kölner. »Ihr Memmen! Eure

Weiber sind alles billige Huren.« Da bückte sich der mutigste von den Bürgern nach einem Stein.

Ohne lange zu überlegen, trat Friedrich dazwischen, stemmte die Fäuste in die Seiten. »Achtung!«, brüllte er in schärfstem Kasernenton. Die Betrunkenen fuhren zusammen, steckten die Säbel zurück, versuchten sich zu ordnen.

»Haltung!«, schnauzte Friedrich sie an. »Wird's bald!«

Nach einigem Hin-und-her-Tappen standen die Soldaten zwei und zwei hintereinander.

»Abmarsch!«

Dieser Ton steckte den Kerlen tief in Fleisch und Blut. Sie marschierten, so aufrecht es ihnen möglich war, in Richtung Cäcilienstraße davon.

»Bravo, Herr Redakteur!«, verneigten sich die Männer, ihre Damen klatschten. »Wie kühn und selbstlos.«

Friedrich winkte ab. »Als Mitglied der Bürgerwehr war es nur meine Pflicht.« Er trat näher. »Es ist wirklich eine Schande, wie sich die Preußen hier in der Stadt aufführen. Höchste Zeit, dass dieses 27. Rüpelregiment endlich aus unserer Stadt abgezogen wird.« Damit lüftete er leicht den Zylinder und ging weiter in Richtung Heumarkt.

Kaum war er außer Sichtweite der Geretteten, lockerte er den Hemdkragen. Das hätte auch schiefgehen können. Nach wenigen Schritten schmunzelte er bei der Erinnerung an seine Militärzeit. Wäre ich vorhin in meiner blauen Uniform mit den roten Streifen am Schauplatz erschienen, dann hätte ich als Offizier diese Halunken bis in die Kaserne vor mir hergetrieben und ihnen eine gehörige Strafe besorgt.

Die neue Adresse des Verlagsgebäudes lautete Unter Hutmacher 17. Die Druckerei befand sich im Parterre. Friedrich stieg eilig die Stiege hinauf zum ersten Stock, schon auf der Treppe hörte er Karls Stimme. »Was ihr da vorhabt, ist ein verfluchter Wahnsinn, nur Hohlköpfe …«

»Wo ist ein Hohlkopf?«, unterbrach ihn Friedrich schon in der

Tür und spielte den Überraschten. »Ich sehe hier nur tüchtige Männer. Da sind Schapper, Moll, Bürgers, Dronke und unser Lupus.« Eine Verbeugung zum Kopfende des Tisches. »Und natürlich unser Redakteur en chef.«

»Du bist zu spät.« Sichtlich verblüfft vom Auftritt des Freundes hatte Marx etwas von der Gereiztheit verloren. »Wieso?«

»Als Mitglied der Bürgerwehr musste ich gerade Köln gegen die unflätigen Übergriffe der preußischen Besatzer schützen.«

Dafür erntete er ein allgemeines Hohngelächter der Redakteursrunde. »Gleich ganz Köln.« – »Sehr bescheiden.«

Marx schlug mit der flachen Hand auf den Tisch. »Ruhe, bitte.« Ein kurzer Fingerzeig auf Engels. »Du und deine Miliz. Sorgst du inzwischen selbst für den Inhalt deiner Artikel?« Er ließ Friedrich keine Zeit zu antworten. »Zurück zu morgen und dieser unseligen Protestveranstaltung bei Worringen. Dort hinzugehen oder sogar zu reden halte ich für Mitglieder unserer Redaktion für falsch und unsinnig.«

Karl Schapper hob den Arm. »Weiß ich nicht. Wir gehören alle dem gewählten Sicherheitsausschuss an, und der hat zusammen mit dem Arbeiterverein die Versammlung einberufen. Da können wir doch nicht einfach fehlen?«

»Ich sehe das auch so.« Moll faltete die für einen Uhrmacher so erstaunlich großen Hände. »In der letzten Woche bin ich zusammen mit Bürgers durch die Dörfer gezogen, wir haben als echte Kölner bei den Bauern für die Kundgebung getrommelt. Jetzt wollen wir auch dabei sein.«

Marx schnaufte, er warf Dronke, noch bevor er ihn fragte, einen vernichtenden Blick zu. »Und du, Ernstl? Du stimmst den schlauen Kollegen zu?«

Der stets bemühte, dennoch blasse Journalist hob entschuldigend die Schultern und nickte dann.

»Dachte ich mir. Pfui über dich.« Marx sah Friedrich an. »Jetzt du. Ich weiß, alle sind von dir hinter meinem Rücken eingeseift worden.«

»So würde ich das nicht nennen.« Die Vorbereitungen hätten schon in Karls Abwesenheit begonnen. »Du warst noch in Hamburg auf Abonnentenfang, als wir uns entschieden haben.«

»Du bist mir ein großartiger Stellvertreter. Kaum bin ich aus dem Haus …«

Nun schlug Friedrich auf den Tisch. »Herrgott!« Leiser fuhr er fort: »Der bist du nicht. Also hör auf zu nörgeln. Sage endlich, warum du unsere Teilnahme für falsch hältst.«

»Wir sollten uns ruhiger verhalten. Jetzt, da die alten Kräfte zurückschlagen und es überall in Deutschland gärt, in Frankfurt, in Berlin, auch hier in Köln, müssen wir diplomatischer werden. Nicht nur in unsren Artikeln, auch in unsrem Verhalten.«

Friedrich vergaß für einen Moment, den Mund zu schließen. »Aber Karl! Das Gegenteil ist richtig. Wir können nicht weiter nur schwätzen. Jetzt ist keine Zeit mehr nur für Theorien.« Jeder von ihnen müsste selbst, ja persönlich, Flagge zeigen. »Ich habe mich vorhin auf der Straße den Soldaten entgegengestellt. Das meine ich. Gib den Preußen keinen Raum, sonst geht alles bisher Erreichte wieder ganz verloren.«

Mit einem Ruck erhob sich Marx, hinter ihm wackelte der Stuhl, schlug aber nicht zu Boden. »Und ich bleibe dabei. Lasst euch warnen. Hütet euch vor Provokationen. Das Volk ist längst nicht stark genug für einen Putsch.« Er zwang sich zu einem Lächeln. »Dennoch viel Glück für morgen!« Ein kurzes Fingerschnipsen beendete die Konferenz. »Und nun wieder an die Arbeit. Auch morgen soll es die *NRhZ* geben.«

Während die Redakteure an ihre Schreibtische zurückkehrten, wandte er sich zu Friedrich. »Ich muss mit dir reden. Allein.«

Er stieg vor Friedrich her die Treppe hinunter. In der Druckerei herrschte Stille. Es waren noch mehr als zwei Stunden, ehe Meister und Gesellen die Pressen für die neue Ausgabe anwarfen. »Hier sind wir ungestört«, begann Marx. »Ich wollte …«

»Du kannst mich nicht umstimmen. Nicht in dieser Sache.«

»Um Worringen geht es mir jetzt nicht. Ich halte eure Beteiligung für falsch, und damit basta.« Ehe ihn Friedrich warnen konnte, strich Karl über die Rollen des Transportbandes, und während er sich daraufhin den schwarzen Staub mit einem Tuch abreiben musste, sagte er: »Es gibt noch einen Grund, warum ich für Zurückhaltung plädiere. Uns laufen die Abonnenten weg. Und selbst von denen, die bleiben, haben bisher weniger als die Hälfte das Geld für die Aktien eingezahlt.« Auf seiner Bettltour im Norden habe er nur dreihundert Taler einwerben können. »Du ahnst nicht, wie diese Geizkragen in Hamburg auf ihren Geldsäcken hocken.«

»Das wird dort nicht anders sein als drüben bei meinem Alten in Barmen oder Elberfeld.«

»Damit komme ich zum Punkt.« Karl raufte die immer noch angeschmutzten Finger durch den Bart. »Wir müssen bald zuschießen. Ich werde den Abschlag auf mein Erbe als Darlehen investieren müssen.« Er plante, den gesamten großen Rest einzusetzen und damit die Druckmaschine zu bezahlen. So könnten sie Raten und Zinsen sparen.

»Alles?« Friedrich schüttelte den Kopf. »Hast du das mit Jenny besprochen?«

»Noch nicht.« Karl winkte ab. »Sie muss es nicht sofort wissen. Ich bin sicher, die Flaute wird bald vorbei sein. Schließlich wird unsere Zeitung landauf, landab gelesen.«

»Nur bezahlen die Abonnenten nicht.«

»Das werden sie aber.« Leicht stieß Karl dem Freund mit der Faust gegen die Brust. »Was ist mit dir? Dein Alter hat dir einen schönen Batzen abgetreten?«

Ich habe verstanden, dachte Friedrich, wir ziehen an einem Strang. Wenn du alles einsetzt, will ich nicht nachstehen. Er rechnete: Von den Fünfhundert waren bisher nur wenig für Miete und den Lebensunterhalt verbraucht. »Ich gebe vierhundert Taler. Dann bleiben mir noch dreißig und das Gehalt.« Er versuchte es mit einem Scherz. »Damit sollte ich über die momentane Dürre kommen.«

# 57

Worringen, Fühlinger Heide
Sonntag, 17. September 1848

Ein erfrischender warmer Morgen. Von Osten her strahlte die Sonne, erhellte die Stümpfe des Doms und den Baukran, flutete ihr Licht über den Rhein und das Hafengebiet unterhalb vom Heumarkt. Mehr und mehr Männer drängten zu den Anlegestellen. Auf Befehl des preußischen Stadtkommandanten versuchte die Polizei zu kontrollieren, durch langatmige Befragungen den Strom zu behindern. Der Ansturm aber wurde stärker, es kamen hundert, zweihundert, Arbeiter, Handwerker, in Scharen wagten sich auch die Armen der Stadt auf den Kai, und der Strom nahm noch zu, ehe die Beamten hinweggespült wurden, gaben sie auf und brachten sich in Sicherheit.

Vier Frachtschiffe lagen bereit, ihre hohen Schornsteine qualmten. Die gemeinsame Abfahrt war für zehn Uhr angekündigt. Genau eine halbe Stunde zuvor verließ Friedrich mit den fünf Kollegen das Zeitungsgebäude. Bis auf Dronke und Lupus trug jeder von ihnen ein in Papier gewickeltes und fest mit Kordel verschnürtes Paket unter dem Arm.

In der Markmannsgasse trennten sich die Journalisten und mischten sich unterschiedlich rasch ins Geschiebe der Menge. Um nicht noch größer zu erscheinen, nahm Friedrich den Zylinder ab, verstohlen sah er sich nach Uniformierten um. Keine Polizei, keine Soldaten. Er spürte Blicke, die ihn verfolgten. Waren es Geheime oder nur Leser, die ihn erkannten? Ganz gleich, gehe weiter. Er beschleunigte den Schritt. Sein Ziel war der vorderste Frachter. Endlich, ohne angehalten zu werden, hatte er das Fallreep erreicht. Passagier für Passagier stieg einzeln über den Holzsteg an Bord. Jetzt nicht hasten. Hier bist du für jeden gut sichtbar. Als wäre es sein Proviantbeutel für den Tag, schlenkerte er das Paket locker an der Hand, sah sich um, grüßte sogar noch lächelnd die Männer in der Schlange hinter ihm. Friedrich blieb nicht an der Reling stehen, sondern fragte sich gleich zum Kapitän durch. »Wie viele Passagiere können mit?«

Wenn alle Frachtflächen genutzt wären, dann dürften es gut zweihundert sein. Der Kapitän paffte einige Male an seiner Pfeife, ehe er hinzufügte: »Setzen sollte sich besser keiner.« Er nickte, bat Friedrich, sich einen Stehplatz zu suchen. Er selbst übernahm das Ruder und ließ das Horn zweimal blasen. Von den drei Schwesterschiffen erschallte sofort die Antwort. Friedrich schob sich bis zum Bug vor. Prüfend spähte er übers Hafengelände. Der Kai hatte sich geleert, einige Frauen trugen Kinder auf dem Arm und winkten ihren Männern zu, als gelte es Abschied für lange Zeit zu nehmen.

Ein halbe Stunde wird die Fahrt bis Worringen dauern, schätzte Friedrich. Jäh verengte er die Augen. Preußen. Drüben, durch die Pforte der Markmannsgasse, näherte sich ein Trupp. Er fasste das Paket fester. Schikane, sie wollen uns hindern, rechtzeitig zur Kundgebung zu gelangen. Auch von anderen Passagieren waren die Soldaten entdeckt worden. Einzelne Rufe wurden laut: »Abfahren!« Gleich schallte es im Chor von allen vier Schiffen: »Abfahren!«

Wenn es galt, den Preußen eins auszuwischen, dann handelten Kölner Kapitäne und Mannschaften in ungewohnter Schnelligkeit. Die Schiffshörner überdröhnten die Befehle des preußischen Offiziers. Auf jedem Boot hieß es: »Anker lichten!« – »Leinen los.« Kaum war der letzte Matrose an Bord, rauschten die Schaufelräder, und die kleine Flotte legte ab. Unter Gejohle aus bald tausend Kehlen und Schmährufen für die Soldaten am Ufer nahmen die Schiffe Fahrt auf.

Friedrich stieg bis zur Bugspitze hinauf. »Freunde! Brüder!« Er wartete, bis alle im vorderen Teil des Schiffes zu ihm hochschauten. Mit schnellen Griffen öffnete er das Paket und zog an zwei Kordeln ein flammend rotes Tuch heraus. Gleich bauschte es der Fahrtwind, er reckte die Arme, ließ es über dem Kopf flattern. »Unsere Fahne! Seht ihr?« Damit befestigte er das Tuch an der Bugstange.

Hinter ihm trat unvermittelt Schweigen ein. Er drehte sich um, sah in furchtsame Gesichter. »Keine Angst, Freunde.« Er wies mit gestrecktem Arm zu den nachfolgenden Schiffen. »Da, schaut euch nur um.«

An jedem Bug flatterte die rote Fahne. Auch wenn sie als Hoheitszeichen bei Strafe verboten war, wenigstens einmal gezeigt werden sollte sie. Welch ein Gefühl, Friedrich dehnte die Brust. Der mit den Kollegen vereinbarte Plan hatte funktioniert. »Brüder, heute ist unser Tag, und kein Preuße wird uns hindern. Auf nach Worringen!«

Niemand hatte es geahnt, weder die Führer der Demokratischen Gesellschaft noch die des Kölner Arbeitervereins. Bis zum Mittag hatten sich gut achttausend Menschen auf der Fühlinger Heide bei Worringen eingefunden. Nicht nur aus Köln und dem näheren Umland, sie waren aus Düsseldorf, Neuss und sogar aus Krefeld zur Kundgebung gepilgert. Auf einer erhöhten, aus rohen Holzbalken und Brettern gezimmerten Plattform befand sich, für alle gut sichtbar, das Rednerpult, rechts und links flankiert mit schwarz-rot-goldenen Tüchern, und vor dem Podium selbst prangte bis zum Boden fallend erneut die rote Fahne.

Karl Schapper bestieg als Erster die Tribüne, setzte das blecherne Sprachrohr an und begrüßte die Menge. Mit dreifachem Hochruf wurde er zum Präsidenten der Kundgebung erkoren.

Friedrich sprach lange, er beschwor insbesondere die Bewohner Kölns, sich auf harte Auseinandersetzungen mit den preußischen Besatzern einzustellen, dann wandte er sich wieder an alle: »Arbeiter, Bauern, ihr Brüder. Unterstützt das Parlament in Frankfurt!

Seid bereit, ihr Reichsbürger! Steht mit eurem Gut und Blut fest zu Deutschland.« Mit Jubel, Klatschen und Winken feierten die Teilnehmer seine Rede. Er bedankte sich mit erhobenen Händen, beklatschte nun seinerseits das stürmische Publikum. Solch eine Zustimmung, er spürte das Herzpochen bis hinauf in die Schläfen. Wie gering ist doch das größte Lob für einen meiner geschriebenen Texte im Vergleich zu diesen glühenden Gesichtern, diesen strahlenden Augen. Gerade wollte er die Bühne verlassen, als Schapper die Stufen hinaufsprang, sich bei ihm unterhakte und ihn beinah gewaltsam zurück ans Pult zog. Ehe Friedrich fragen konnte, griff der große, wuchtige Mann nach dem Sprachrohr: »Freunde! Brüder!« Er atmete heftig, wartete, bis sich der Lärm etwas gelegt hatte, dann rief er mit machtvoller Stimme: »Es lebe die Republik!« Und nach dem nächsten Atemzug: »Es lebe die rote Republik!«

Jäh legte sich Stille über die Fühlinger Heide.

Friedrich presste die Fäuste gegeneinander. Großer Gott, niemand hier ist darauf vorbereitet. »Was tust du da?«

»Endlich das Richtige«, zischte Schapper durch die Zähne und hob erneut das Sprachrohr. »Es lebe die rote Republik!«

Ein Echo, erst leise, dann immer lauter. Vor der Tribüne nahmen die Männer ihre Hüte ab, die Geste setzte sich fort, bald standen achttausend Menschen barhäuptig da. »Es lebe die Republik!« Nicht nur ein Ruf, bis in den Nachmittag sangen sie sich gegenseitig in die Herzen: »Es lebe die rote Republik!«

# 58

Köln, In der Höhle 14
25. September 1848

Lärm unten im Hausflur? Friedrich schreckte aus dem Schlaf, horchte. Es war kein Traum. Lautes Stimmengefecht. Rufe. Er blickte auf die Uhr. Erst fünfzehn Minuten nach sieben am Morgen? Vermieter Plasmann öffnete sein Kontor erst um acht? Und doch schallte dessen Stimme die Treppe herauf. Die zweite Stimme gehörte ...

Schon schlug eine Faust gegen die Wohnungstür. »Aufmachen, Friedrich, so öffne doch!«

Er sprang aus dem Bett, warf sich im Laufen den Morgenmantel über und entriegelte das Schloss. Vor ihm stand Ernst Dronke, atemlos, die Augen weit aufgerissen. »Verhaftungen. Weg, nur schnell weg ...«

»Ruhig, ganz ruhig.« Friedrich fasste den Kollegen fest an beiden Schultern. »Was ist los?«

Hinter dem Zitternden hob der Vermieter die Hände. »Das habe ich ihm auch gesagt: Ruhig, guter Mann. Wer ist verhaftet worden?, hab ich gefragt. Aber Jesses, nichts war aus ihm herauszubekommen.«

Dronke fasste sich, trat dicht an Friedrich heran. »Es ist vorbei mit uns. Sie suchen uns.« Vorhin wäre Karl Schapper in Fesseln aus dem Haus geschleift worden. Sechs Bewaffnete hätten ihn geholt. »Ich hab es von der Straße aus beobachtet.« Kurz danach sei eine

Mannschaft der Stadtpolizei aufmarschiert. Schapper hätte »Willkür« geschrien, auf die Preußen geflucht. Bei dem Lärm wären die Nachbarn aus den Häusern gekommen, hätten die Polizisten bedroht und Auskunft verlangt. »Da musste der Kommissar den Befehl des Stadtkommandanten vorlesen.«

Das ohnehin schon blasse Gesicht verlor noch mehr an Farbe. »Hochverrat«, kaum gehorchte Dronke die Stimme. »Anklage wegen Anstiftung und Komplott zum Umsturz der Regierung.« Dronke rieb sich den Hals, als würge ihn schon der Strick. »Und das alles wegen unserer Kundgebung in Worringen.«

Der Kommissar habe Trupps eingeteilt und sie zu den Wohnungen von Wolff, Moll und Weerth ausgeschickt. »Als ich wenig später auch meinen und deinen Namen hörte, bin ich erst zu mir, hab ein paar Sachen geholt, dann bin ich zu dir.«

»Verflucht, das ist übel. Wie viel Zeit bleibt uns noch?«

»Vielleicht eine Stunde. Die Polizisten kommen nicht rasch weiter, weil sich ihnen überall die Leute in den Weg stellen.«

Friedrich stürmte zurück in die Wohnung, warf sich in seine Kleider, raffte das Nötigste zusammen, Hemd, Hose, Schreibzeug, Messer ... Während er alles in die Ledertasche stopfte, flehte ihn Dronke an: »Geh nicht allein, bitte!«

»Was denkst du von mir?« Von seinen Büchern und Schriften wählte er nur das *Manifest* aus. »Aber wenn du mit mir gehen willst, höre sofort auf zu jammern.«

Mit dem Geldbeutel in der Hand trat er zu Plasmann. »In jedem Fall möchte ich die Wohnung behalten. Ich denke, ich bin bald zurück.« Jetzt gelang ihm nicht nur ein ehrlicher Blick, sondern sogar ein Lächeln. »Und wenn nicht ... Sie kennen ja meine Familie in Barmen. Oder soll ich einen Vorschuss auf die Miete geben?«

»Um Gottes willen! Die Taler werden Sie jetzt brauchen. Ihr Herr Vater ist doch im ganzen Rheinland bekannt als Ehrenmann. Mit dem komme ich schon zurecht, wenn's nötig ist.«

Friedrich nickte dankbar und dachte, möge es nie zu einer Begegnung von dir mit meinem Vater kommen. »Wir müssen aus der

Stadt sein, ehe die Torwachen von unserer Flucht verständigt werden.«

»Schaffen wir das?« Mit fahrigen Händen nahm sich Ernst Dronke ein Glas Wasser, verschüttete die Hälfte, den Rest trank er in gierigen Zügen. »Ich halte es kaum aus.«

»Verflucht«, herrschte ihn Friedrich an. »Reiß dich zusammen!«

Er schob ihn vor sich her aus der Wohnung. Herr Plasmann lief hinter den beiden die Treppe hinunter. »Jesses, ich hab's.«

Unten im Flur nahm Dronke sein Bündel, und Friedrich bat den Vermieter, draußen auf der Gasse nachzusehen. Plasmann schüttelt den Kopf. »Nicht nötig. Ich hab's.« Er wies zur Hoftür. »Ich liefere heute Papier zur Abtei in Brauweiler.« Der Wagen sei gestern schon beladen worden. »Die Fuhre kann sofort los. Der Kutscher ist mein Schwager. Da könnt ihr als Knechte mit.« Rasch führte er sie in die Lagerhalle, sie mussten sich Arbeitskittel über die Kleidung streifen und statt der Zylinder schlichte Kappen aufsetzen.

Plasmann öffnete selbst das Tor. Außerhalb der Stadtmauern, auf halbem Weg nach Brauweiler, könnten sie absteigen und sich dann bis zum Bahnhof Belvedere durchschlagen. »Viel Glück!«

Nur ein kurzer Dank. Die Zeit drängte, der Schwager schnalzte, der Kaltblüter trottete los. Von der Schildergasse her wollte ein Trupp Bewaffneter in die Gasse einbiegen. Es war zu eng. Bereitwillig warteten die Polizisten, bis das Fuhrwerk an ihnen vorbeiholperte. Einige winkten zum Kutscher und den Knechten hinauf, dann stürmten sie in die Höhlengasse bis zum Haus Nummer 14.

Dort fegte der Papierhändler Plasmann äußerst gründlich den Flur und schob den Schmutz mit dem Besen aus der Haustür.

»Wohnt hier der Redakteur Engels?«

»Das ist mein Mieter.« Plasmann kehrte in großer Ruhe weiter.

Der Truppführer musste mit einem Kurzschritt dem Besen ausweichen. »Wo ist die Wohnung?«

»Oben.« Als wollte er den Beweis führen, hob Plasmann den Besen und fegte Spinnweben aus einer Ecke der Flurdecke.

»Herr!«, schnauzte der Polizist. »Unterbrechen Sie sofort die Arbeit, und geben Sie mir vernünftig Auskunft!«

»Was versteht ihr Preußendiener schon von Vernunft?« Ehe ein Streit wegen absichtlicher Behinderung entbrannte, stützte sich Plasmann auf den Besenstiel. »Nichts für ungut. Mein Mieter ist nicht da.« Der Polizist wollte sich selbst davon überzeugen. »Einverstanden. Aber nur drei von euch gehen mit rein. Ich habe die Treppe gerade sauber.«

Mit gezogenem Säbel kontrollierte der Offizier die Wohnung und kam sehr rasch mit der Eskorte zurück. »Wann haben Sie den Redakteur zuletzt gesehen?«

Plasmann kratzte sich im spärlichen Haar. »Gestern. Ja, es muss gestern gewesen sein. Ja, ich meine, er wollte wohl verreisen.«

»Wohin?«

»Ich denke, nach Barmen, nach Hause.« Nun winkte Plasmann den Beamten näher. »Im Vertrauen, die Mutter sorgt sich rührend um ihn. Denkt immer, er isst zu wenig. Und auch die Kleidung … Um sie nicht zu enttäuschen, fährt Herr Engels häufiger nach Barmen.« Der Truppführer hörte schon nicht mehr hin, dennoch setzte der Hausherr hinzu: »Sie wissen ja, wie Mütter nun mal so sind.«

»Wir kommen wieder«, drohte ihm der Offizier, er wandte sich an seine Männer. Zwei mussten Posten vor dem Haus Nummer 14 beziehen und auf weitere Befehle warten. Sollte der Gesuchte auftauchen, so hätten sie ihn sofort zu verhaften. Den anderen befahl er: »Abmarsch!«

Erst nachdem Herr Plasmann die Haustür geschlossen hatte, lächelte er vor sich hin. »Das hat meinen neuen Knechten etwas Zeit gebracht.« Im Kontor blieb er vor dem Schrank stehen, in dem die Branntweinflasche wartete. Einen Moment zögerte er, schüttelte dann den Kopf. »Ist noch zu früh.« Diese Feststellung entlockte ihm einen Seufzer, und er schlug die Rechnungsbücher auf.

Am späten Nachmittag brachte der Bote die neue Ausgabe der *NRhZ*. Gegen seine Gewohnheit suchte Herr Plasmann erst nach einer Meldung über die Verhaftungen, wurde aber nicht fündig.

»Kann auch nicht sein. Die Preußenhandlanger haben ja erst heute Morgen zugeschlagen.«

Er blätterte nach der Fortsetzung seines Ritterromans. Da vernahm er Kommandostimmen auf der Gasse. Sollte etwa sein Mieter zurückgekommen und den Wachposten in die Hände gefallen sein? Sofort verließ er das Kontor und riss die Haustür auf. Kein Redakteur. Dafür entfernten sich die Posten mit zwei weiteren Polizisten.

»Was gibt es?«, rief ihnen Plasmann nach.

Einer drehte sich um. »Barrikaden! Sie verschanzen den Alter Markt. Jetzt wird es ernst. Besser, Sie halten sich fern.«

»Jesses.« Plasmann ging ins Haus zurück. Ohne Zögern öffnete er den Schrank, der erste Schnaps war gegen den Schreck, beim zweiten wurden in ihm die Zeitungsberichte seines Mieters über die Barrikadenkämpfe vom Juniaufstand in Paris wieder lebendig. »Großer Gott, bewahre unser Köln!« Er stellte den Zinnbecher ab, griff nach Hut und dunklem Umhang. Er wollte, musste sich selbst überzeugen, in welche Gefahr seine Vaterstadt geraten war.

Schreien, Fluchen, Getöse, je näher Plasmann dem Alter Markt kam, umso lauter wurde die Stadt. Bürger rannten an ihm vorbei, schleppten Holzbalken, Türen; in der Martinstraße stemmten junge Kerle Pflastersteine heraus und fuhren sie in der Schubkarre weg. Hier war kein Durchkommen mehr. Plasmann versuchte es an anderen Stellen. Erst über die Kleine Budengasse gelang es ihm, ein Stück weit hinunter zum Alter Markt vorzudringen.

Einige Bürger hatten sich im Schutz einer Hausecke einen Beobachtungsplatz gesichert. Plasmann stieg hinter ihnen auf eine niedrige Mauer, von hier aus konnte er die ganze Marktfläche übersehen. In der Mitte war eine Bühne aufgebaut, doch kein Redner stand dort. Rundherum lagen zerbrochene Flaschen, einige Hüte und Stöcke. Jede Straßeneinmündung aber war verbarrikadiert, dort sah er Männer mit Flinten und Spießen. Plasmann tippte einem Zuschauer vor ihm auf die Schulter. »Wen verteidigen die? Auf dem Platz ist doch gar keiner.«

»Vorhin bei der Kundgebung war es noch voll.« Der Mann kaute an einem Zigarrenstumpf, dabei schob er ihn von einem Mundwinkel in den anderen. Drei der verhafteten Redakteure wären von den Bürgern gewaltsam der Polizei wieder entrissen worden. Einer von denen sei ja gleichzeitig der Führer der Kölner Arbeiterbewegung, der Joseph Moll, und der hätte es trotz Haftbefehl gewagt, auf der Kundgebung zu reden. Bis einer von hinten gerufen hätte: Das Militär rückt an. »Da hieß es gleich: Barrikaden.« Der Mann spuckte den Kausud auf den Boden. »Fast alle, die da waren, haben ›Barrikaden‹ geschrien, und dann sind die meisten weggelaufen.« Mit dem Daumen deutete er zu den Männern an den Hindernissen aus Karren, Fässern und Balken. »Die da noch stehen, warten auf die Preußen.« Er zündete sich den Zigarrenrest an. »Und ich will gucken, was passiert.«

Nach einer Stunde ging Plasmann ins nahe Wirtshaus und brachte zwei Krüge randvoll mit Bier nach draußen, er stieß mit seinem neuen Bekannten an. »Die Preußen lassen sich Zeit.«

Feuer loderten auf dem Alter Markt, sie brannten nieder, ohne dass sich ein Feind den Barrikaden näherte. Zwei Stunden vor Mitternacht gaben die Verteidiger von Müdigkeit überwältigt auf, ließen die Barrikaden ohne Schutz zurück und schlurften nach Hause.

»Glück gehabt«, lächelte Herr Plasmann, als er leicht angetrunken nach Hause ging, drei Krüge Bier anstatt Blutvergießen. »Wir in Köln haben es besser als die in Paris.«

Im Morgengrauen kamen die Soldaten des 27. Regiments, sie fanden die Barrikaden verwaist vor. Der Stadtkommandant ließ auf den wichtigsten Plätzen der Stadt Kanonen auffahren. Wenig später verkündeten Plakate überall in Köln den Belagerungszustand.

Ein jeder, der folgende Maßregeln missachtet,
wird vor das Kriegsgericht gestellt:

- Alle Vereine zu politischen und sozialen Zwecken sind verboten.
- Alle Versammlungen auf Straßen oder Plätzen mit mehr als zwanzig Personen bei Tag und zehn Personen des Abends und in der Nacht sind untersagt.
- Alle Wirtshäuser müssen um zehn Uhr abends schließen.
- Alle Waffen müssen bis fünf Uhr am nächsten Tag abgeliefert werden.
- Die *Neue Rheinische Zeitung*, die *Zeitung des Arbeitervereins zu Köln*, die neue *Kölnische Zeitung* und *Der Wächter am Rhein* sind bis auf Weiteres verboten.

»Jesses.« Herr Plasmann schüttelte bekümmert den Kopf. »Kein Ritter Schnapphahnski mehr. Dann steht es wirklich schlimm um uns.«

## 59

London, 5 Springfield Terrace
Oktober 1848

»Es freit ein wilder Wassermann in der Burg wohl überm See …« Im Kinderzimmer der Villa sang Marie leise vor sich hin, während sie ihr Töchterchen Klein Marie aus dem warmen Wasser hob und auf dem Wickeltisch abtrocknete. »Des Königs Tochter muss er han. Die schöne, junge Lilofee …«

Leise öffnete sich die Tür, und ihr Hausmädchen trat herein. »Madam. Vielleicht ist es unwichtig, aber sie geht nun schon zum dritten Mal vorbei.«

»Aber Claire, du Gute. Wie soll ich das beurteilen? Wenn ich nicht einmal weiß, von wem du sprichst.« Die Mutter streckte die Hand aus. »Reiche mir bitte die Puderdose.« Ohne die Umsorgung der Einjährigen zu unterbrechen, ermunterte sie das Hausmädchen. »Nun? Wer geht vorbei?«

»Diese Frau. Von der Küche aus habe ich sie vorn auf unserer Straße gesehen. Und sie hat keinen Schirm, obwohl es doch regnet. Als sie beim ersten Mal vorbeiging, habe ich nur hingeguckt. Dann ist sie von der anderen Seite her vorbeigegangen. Und kurz danach wieder umgekehrt. Da habe ich gedacht, vielleicht eine Diebin? Aber so sieht sie nicht aus. Ich weiß es eben nicht.«

Die mit Emil Blank verheiratete Schwester von Friedrich küsste ihre Jüngste auf den nackten Bauch. »Und heute werden wir das blaue Kleidchen anziehen.«

Klein Marie kicherte, als gefiele ihr die Kleiderwahl, und die Mutter küsste erneut den Bauch.

Neben dem Wickeltisch verschränkte Claire die Hände. »Was ist nun mit dieser Fremden?«

»Unwichtig. Also geh wieder an die Arbeit. Nein, erst sage Frau Ruth oben Bescheid, dass ich ihr gleich auch noch unseren Liebling bringe.« Bei dem schlechten Wetter dürfe Sohn Emil nicht zum Spielen in den Garten. Die Amme müsse heute beide Kinder im Zimmer beschäftigen. Weil Claire immer noch unschlüssig dastand, versicherte ihr die Herrin: »Diese Frau geht spazieren, das kann ihr niemand verbieten.«

»Hin und her? Und beim Regen nur mit der Schute?«

»Du Quälgeist.« Marie lachte. »Also gut, sobald ich Klein Marie nach oben gebracht habe, komme ich zu dir.«

Eine gute Viertelstunde später stand sie in der Küche und schenkte sich vom verdünnten Holundersirup ein.

»Da kommt sie wieder.« Claire zog die Gardine etwas beiseite. Marie spähte nach draußen. Die Fremde ging sehr langsam, sie trug einen dunkelgrünen Umhang, das braunrote Haar quoll unter der Kopfbedeckung hervor und fiel bis über die Schultern. In Höhe des gepflasterten Wegs zur Haustür verzögerte sie den Schritt, sah herüber, für einen Moment schien sie zum Eingang zu wollen und ging dann doch weiter.

»Das meine ich, Madam.« Claire tippte mit dem Finger auf die Scheibe. »Da stimmt doch was nicht mit der Frau.«

»Bitte, sei einen Moment still«, winkte Marie nachdenklich ab. »Dieses Gesicht? Irgendwo habe ich es schon mal gesehen …« Mit einem Mal schlug sie sich gegen Stirn. »Großer Gott, ich glaube, ich weiß es.« Sie fasste das Hausmädchen an der Schulter. »Schau auf die Uhr. Merke dir, wie lange es dauert, bis sie wiederkommt! Ich bin gleich zurück.« Mit schnellem Griff raffte sie den Rock und eilte die Treppe hinauf in ihr Schlafzimmer. Der schlanke Sekretär stand zwischen den beiden Fenstern. Marie zog die rechte Schublade über der Schreibplatte auf und blätterte im Stapel mit Briefen und Fotos der Familie, sie fand das Blatt und starrte auf die Skizze. Diese Augen, der Mund? »Ich bin mir fast sicher«, flüsterte sie und lief mit dem Bild hinunter in die Küche. »Ist sie wieder vorbeigekommen?«

Claire schüttelte den Kopf. »In den letzten fünf Minuten nicht. Aber auch sonst hat es immer etwas länger … Da.« Sie winkte ihrer Herrin. »Da kommt sie.«

Beide traten dicht ans Fenster. Marie hielt das Blatt so, dass auch ihr Hausmädchen die Zeichnung im Blick hatte. Als die Fremde den Schritt verlangsamte und zum Eingang schaute, zitterte Maries Hand vor Erregung. »Was sagst du?«

Claire staunte. »Genau die Frau von dem Bild.«

»Mein ich auch.« Marie zog das Mädchen mit in den Flur. »Den Mantel, rasch.« Vor dem Spiegel wollte sie den Hut aufsetzen. Zu umständlich, sie warf ihn beiseite und strich einmal mit den Händen das dunkle Haar vom Mittelscheitel nach beiden Seiten glatt. »Gib mir den Schirm!«

»Und was ist mit Stiefeln? Es ist nass.«

»Keine Zeit.« Marie stand schon im geöffneten Portal und spannte den Schirm auf. »Warte hier. Ich hoffe, wir haben uns nicht geirrt.« Sie eilte den Zuweg hinunter bis zur Straße. Die Fremde hatte bereits das Nachbargrundstück hinter sich gelassen. Nicht laufen und doch schneller gehen, vor dem übernächsten Anwesen war sie dicht heran, hob leicht den Schirm und wünschte einen guten Tag, während sie die Fremde überholte. Kurz trafen sich die Blicke. Nach drei Schritten blieb Marie stehen und drehte sich um. »Entschuldigung. Darf ich fragen, lautet Ihr Name vielleicht Mary? Mary Burns?«

Die Angesprochene wich einen Schritt zurück. »So heiße ich. Woher wissen Sie …?«

»Ach, da bin ich aber froh.« Gleich nahm Marie sie mit unter den Schirm. »Ich bin Friedrichs Schwester. Sie haben bestimmt von mir gehört, ich bin die, die mit Emil Blank verheiratet ist.«

»Also Marie. Aber gewiss, Frederick erzählte sehr gern von Ihnen. Ich bin vorhin schon an Ihrem schönen Haus vorbeigegangen.«

»Und ich habe Sie vom Fenster aus gesehen.«

»Aber woher wussten Sie, dass ich es bin?«

»Weil mein Bruder, abgesehen von so viel anderem, gut mit dem Stift umgehen kann.« Sie zog das eingerollte Blatt aus der Manteltasche. Mary betrachtete ihr Bild, dachte, o Frederick, wie schön, du hast mich, ohne dass ich dabei war, gemalt, nur aus deinem Herzen, und gab mit einem Anflug von Scherz die Zeichnung zurück. »Er hat geschmeichelt.«

»Was stehen wir hier im Regen?« Marie lud Mary ein, mit ins Haus zu kommen. »Beim Tee lässt sich mein Brüderchen besser verkraften.« Darüber mussten beide Frauen lachen.

Es schlug gerade elf, als sie die Eingangshalle betraten. Mary bewunderte den vollen dunklen Ton der hohen Standuhr, das Schwingen des Pendels. »Von ihr hat Frederick auch geschwärmt.«

»Schade nur, dass Sie uns damals nicht besucht haben.«

Sofort fühlte Mary wieder die Enge. »Ich hatte meine Gründe.«

»Entschuldigen Sie«, lenkte Marie gleich ein. Sie überließ ihrem Hausmädchen den durchnässten Umhang und die Schute. »Bringe bitte erst ein Handtuch und meine große Wollstola in den Salon. Danach serviere uns Tee und etwas Süßes.« Sie blickte den Gast an. »Gebäck mit Schokolade oder Creme?« Sie wartete die Antwort nicht ab und entschied: »Also von beidem.«

Wenig später saßen die Frauen über Eck am kleinen Glastisch mit Blick in den herbstlichen Garten. Mary trug einen gelben Turban und um die Schultern den wärmenden Schal. »Etwas peinlich ist es mir schon.« Mary zupfte an den Wollfransen. »Bestimmt sehe ich aus wie eine Vogelscheuche.«

»Mit diesen Augen? Das wird dir nicht gelingen.« Davon überzeugt setzte Marie hinzu: »Ganz gleich, was du trägst.« Jetzt erst merkte sie die persönliche Anrede und entschuldigte sich, doch Mary bat: »Bleiben wir dabei. So fällt mir das Fragen leichter.«

Claire kam in den Salon. »Der Tee, Madam.« Sie stellte das Silbertablett auf den Glastisch und wollte einschenken. Da griff Mary noch vor ihr nach der Kanne. »Lass nur!«

»Was?« Erschreckt richtete sich das Hausmädchen auf. »Habe ich etwas falsch gemacht?«

»Aber nein.« Mary begriff die Reaktion nicht, lächelte freundlich. »Du musst mich nicht bedienen.«

»Aber …« Kaum konnte Claire das Weinen unterdrücken. »Aber ich will doch gerne servieren. Das ist meine Arbeit.«

»Verzeih!« Kaum hatte Mary die Kanne abgestellt, als das Mädchen nach ihr griff, den Tee einschenkte, die Gebäckschale zurechtrückte und die Hausherrin fragte: »Ist es recht so, Madam?«

»Danke.«

Im Sturmschritt floh Claire aus dem Salon. Mary sah ihr nach. »Da habe ich wohl etwas angerichtet? Ich wollte nur helfen.«

»Das Mädchen ist sehr tüchtig«, glättete Marie die Situation. »Außerdem sehr aufmerksam. Sonst wärst du mir entkommen.« Kurz schilderte sie den Hergang bis zur Begegnung mit Mary. »Und jetzt, da du tatsächlich hier sitzt, bin ich Claire doppelt dankbar.« Sie schwieg mit einem Mal, rührte nur in ihrer Tasse.

Das Geplauder ist vorbei, dachte Mary, sie sah die Erwartung in Maries Blick, spürte sie. Wie soll ich anfangen? Besser, du beschimpfst ihn nicht. Schließlich ist sie seine Schwester. Obwohl er tausend Flüche verdient hat, dieser … Nein, ganz ruhig. Mary nahm einen Schluck Tee. »Ich bin voriges Jahr nicht zu dir gekommen, weil Frederick mich nicht begleitet hat. Und allein wollte ich nicht … Aber heute musste ich allein herkommen …« Was stotterst du hier rum? Mary setzte die Tasse ab. »Ich weiß nicht mehr, woran ich bin. Im Mai hat Frederick mir einen schönen Brief geschrieben. Er hat mit Karl Marx eine Zeitung in Köln gegründet. Und sobald der Erfolg sich einstellt, wollte er mich holen. Und jetzt haben wir schon Oktober, und nichts lässt dieser …«, rechtzeitig unterdrückte sie das Schimpfwort, »dieser Kerl von sich hören.« Mary zog den Brief aus der Faltentasche ihres Rocks. »Lies am besten selbst.«

Rasch überflog Marie die Zeilen und schüttelte bekümmert den Kopf. »Dieser …« Auch sie nahm sich zurück, stattdessen sagte sie: »Bevor ich weiter über Fritz spreche, möchte ich betonen, dass ich ihn liebe. Nicht wie du, aber er ist mir der liebste von all meinen Brüdern. So, nachdem wir das geklärt haben, muss ich dir erzählen, was mir Mutter über Köln und dieses Zeitungsprojekt geschrieben hat.« Während sie vom Kummer berichtete, den ihr Bruder der Familie bereitete, griff sie unbewusst nach dem silbernen Teelöffel, ließ ihn mitsprechen, fuchtelte, wippte mit ihm. »Schließlich gab es eine Großkundgebung nah bei Köln. Und unser Herr Friedrich musste natürlich die Hauptrede halten. Er und seine Freunde sprachen nicht als Kommunisten, weil das zu gefährlich war, aber sie sprachen unter der roten Fahne, was auf dasselbe rauskommt.« Marie schlug sich den Löffel in die Handfläche. »Diese Männer!«

Mary hatte mit klopfendem Herzen zugehört. Ich kenne dich, Frederick, wenn du von deiner Sache begeistert bist, wie sehr du dich von ihr hinreißen lässt. »Er ist ein guter Redner. Gewiss hingen die Zuhörer an seinen Lippen.« Sie sah das zornige Gesicht der Schwester, und Zweifel befiel sie. »Es war doch ein Erfolg? Oder?«

»Erfolg? Ganz gewiss. Nur ging er nach hinten los.«

»Ich verstehe nicht.«

»Ach, du Ärmste.« Marie legte den Löffel zurück und rückte entschlossen mit dem Sessel neben ihren Gast. »Darf ich?« Sie nahm Marys Hand: »Wie kalt sie immer noch ist.«

»Kein Wunder.« Mary seufzte. »Er hat mir so zuversichtlich geschrieben. Und jetzt scheint es nicht gut zu verlaufen.«

»Es ist schlimmer.« Marie rieb die Finger zwischen ihren Händen. »Mutter schrieb, dass Fritz danach wegen Hochverrats angeklagt wurde. Gottlob, konnte er rechtzeitig fliehen. Die Zeitung aber wurde sofort verboten. So sieht es aus.«

Jeder Satz schmerzte wie ein Stich. Nach einer Weile sagte Mary leise: »Welch eine Enttäuschung für ihn.« Sie atmete und setzte hinzu: »Auch für uns beide.«

Wortlos erhob sich Marie und zog einen Zeitungsabschnitt aus dem Notizständer auf dem Kaminsims. »Hier. Diese Meldung hat Mutter beim Frühstück in der *Kölnischen* lesen müssen.«

Mary nahm das Blatt, sah den mit roter Tinte markierten Text und mühte sich, das erste Wort zu entziffern. Freundin Mary Harney hatte ihr neben der gemeinsamen Arbeit in der Armenküche ein wenig Lesen und Schreiben beigebracht. Endlich ergaben die Buchstaben ein Wort, sie mochte es kaum aussprechen. »Steckbrief.« Entschlossen reichte sie der Schwester die Notiz zurück. »Ehe ich holpere und herumstottere, sage ich es besser gleich: Ich kann nicht lesen, noch nicht.« Und weil sie sich mit einem Mal schämte, schimpfte sie: »Von Kind auf musste ich arbeiten. Da war keine Zeit für Schule. Verdammt, ich bin nicht so aufgewachsen wie Frederick oder du. Ich hatte es nicht einmal so gut wie dein Hausmädchen …« Sie brach ab. »Verzeih, ich jammere sonst nie. Die Enttäuschung ist nur hochgekommen.«

»Ich wäre gerne deine Freundin«, sagte Marie still und sah sie an. Mary gab ihr den Blick zurück. Wie warm deine Augen sind, dachte sie. Als beide lächelten, brachte die Schwester den Abschnitt zurück zum Kamin.

»Warte bitte«, hielt Mary sie auf. »Lies mir die Beschreibung vor. Vielleicht passt sie nicht.«

»Leider doch.« Marie las Alter, Größe und die Farbe des Haars und der Augenbrauen vor. »Stirn: gewöhnlich; Augen: grau; Nase und Mund: proportioniert; Zähne: gut; Bart: braun; Kinn und Gesicht: oval; Gesichtsfarbe: gesund; Statur: schlank.«

»Das ist Frederick«, flüsterte Mary. »Wie furchtbar! Mit der Beschreibung wird ihn jeder erkennen.« Sie blickte erschreckt auf. »Du sagtest, er ist auf der Flucht. Weißt du, wo er ist? Oder wissen es vielleicht die Eltern?«

»Inzwischen erscheint die *NRhZ* wieder. Dort hat Vater erfahren, dass Friedrich erst nach Belgien geflohen ist. Zusammen mit einem Kollegen.« In Brüssel seien beide verhaftet und sofort mit dem Zug nach Frankreich abgeschoben worden. Sie seien in Paris angekommen, dort hätten sie sich getrennt. »Mehr Informationen gibt es nicht. Von da an verliert sich jede Spur von Fritz.«

Mary faltete die Hände, ihre Knöchel wurden weiß. »Vielleicht wollte er von dort zu mir nach Manchester?«

»Ich weiß es nicht.«

Mary ließ das Bild entstehen. »Er wollte zu mir, und unterwegs haben sie ihn wieder aufgehalten? So wird es sein.«

»Vielleicht.« Marie schenkte für beide frischen Tee ein. »Wie ich meinen Bruder kenne, wird er sich durchschlagen und, sobald er kann, melden. Entweder bei diesem Karl Marx oder, wenn er Geld braucht, bei den Eltern. Wir müssen warten.«

Mary erinnerte sich, dass sie immer noch den Turban trug, sie wickelte ihn ab und lockerte das Haar mit beiden Händen. »Ich bin froh, dass du mir nachgelaufen bist.« Sie lächelte bitter. »Zusammen sorgt es sich leichter. Auch wenn ich ihn manchmal …« Sie musste nicht weitersprechen, Marie hatte verstanden. Die Frauen nickten sich zu, und beide nahmen sich ein Gebäck mit Schokolade aus der Schale.

# 60

Auxerre, Weingut
Mitte Oktober 1848

Blut? Friedrich blieb stehen, die Landstraße vor ihm führte in sanften Windungen weiter zum Stadttor. Hier linker Hand aber mündete ein gepflasterter Weg. Er kam oben vom Hügel, gehörte zu dem mit Kastanienbäumen umstandenen Gehöft. Und in der Rinne quoll, begleitet von Mückenschwärmen, eine schwärzlich rote Flüssigkeit, sie verbreitete sich träge vor seinen Stiefeln, versickerte in den Mulden der Straße. Schal dumpfer Geruch stieg aus dem Rinnsal und wurde durch die Wärme der Nachmittagssonne noch verstärkt. Geschah dort ein grausames Blutbad? Waren es Hinrichtungen? Friedrich sah mit makabrem Schmunzeln schon die moderne mit Dampf betriebene Guillotine vor sich, wie die Schneide auf- und niederfuhr und Kopf nach Kopf von den Rümpfen der Bauern trennte. Er lüftete den breitgeränderten Strohhut und fuhr sich durchs verschwitzte Haar. Nach sechs Stunden Wanderung treibt die Fantasie ihr Spiel mit dir. Aber dennoch, Auge und Nase irrten sich nicht. In der Rinne fließt Blut. Oder?

Er tunkte den Zeigefinger ein, roch, und weil er sich nicht glaubte, nahm er die Zunge zu Hilfe. Die Flüssigkeit war Rotwein. Nun halluzinierst du doch, ermahnte er sich, Rotwein wäre noch schlimmer als das Blut dieser starrköpfigen, borniertes Bauern, die niemals für eine Revolution zu gewinnen sind. Sie empören sich nur, wenn es an ihren Besitz geht. Alles, was außerhalb der Enge ihres Dorfes geschieht, bleibt im trüben Dunst der Unwissenheit. Und Städter oder gar die Arbeiter sind für sie Schmarotzer auf ihre Kosten. Hier im Rinnsal so nahe bei Auxerre aber floss unzweifelhaft Rotwein. Friedrich verließ die Straße und ging zwischen den Weinbergen hinauf. Er wollte, musste die wundersame Quelle finden.

Anfang Oktober hatte er Paris in Richtung Süden verlassen. Seitdem war er auf der Wanderschaft. Paris? Dort gab es keine gelassene Heiterkeit, keinen Gesang mehr. Diese Königin der Städte Europas, sie war während der Kämpfe im letzten Juni erwürgt worden, und zerfetzt von General Cavaignacs Granaten starben mit ihr fünfzehntausend Arbeiter, die nichts anderes wollten, als ihre Familie ernähren und selbstbewusst in einer Republik leben. »Ich konnte nicht länger in diesem toten Paris bleiben«, flüsterte Friedrich. »Ich musste fort.« Ohne Pass, deshalb stets in der Furcht, kontrolliert zu werden, und nur mit wenig Geld im Beutel, hatte er sich bei strahlendem Oktoberwetter zu Fuß aufgemacht, und weil er zuweilen bei einem Fuhrwerk hinten aufsitzen durfte, war er gut vorangekommen.

Rechts und links von ihm leuchtete, so weit der Blick über Täler und Höhen reichte, das Goldrot des herbstlichen Weinlaubs. Und beugte er sich zu einem Rebstock, so sah er blaue üppige Trauben schimmern wie geschliffene Achate. »Kein Zweifel. Ich bin in Burgund, mitten im Meer des Reichtums.« Je näher er dem Gehöft kam, umso rascher floss neben ihm der Rotwein durch die Wegrinne. »Und es müssen doch die gefürchteten Blutsäufer am Werk sein, welche das Lebenselixier vergeuden, nur ihnen traue ich solch ein Verbrechen zu.«

Beide Flügel des hohen Tors standen weit offen. Im Hof sah er drei Gestalten in blutroten Hemden. Der Dickbauchige mit dem schwarzen Kinnbart gab Befehle, und die beiden Jüngeren schoben ein großes Weinfass auf einem Karren bis in die Hofmitte. Sie warteten ab. Langsam streckte der Henker den Arm, ruckartig senkte er den Daumen, das Urteil war gefällt. Jeder Knecht schwang einen großen Holzhammer, und Hieb nach Hieb schlugen sie den Stopfen aus dem Spundloch. Rot! Im roten Strahl spritzte der Wein heraus.

»Erbarmen!«, rief Friedrich den Grausamen zu. Als der Dickbauchige sich umwandte, nahm er den Sonnenhut ab und setzte hinzu: »Gott zum Gruße. Darf ich näher kommen?«

Ein freundlicher Wink lud ihn ein.

»Warum diese Vergeudung?«

Der Dickbauchige ging nicht auf die Frage ein. »Ich bin Philippe, der Patron.« Er klopfte am Fass die Asche aus seiner Pfeife. »Alle Weinberge ringsum gehören zu meinem Besitz.«

Derweil ergoss sich das Blut in die Rinne. Mit Wehmut sah es Friedrich davonfließen. »Ist der Wein vergoren?«

»Das gibt es auf unsrem Gut nicht.« Patron Philippe hob die Brauen. Er sei Winzer, auch sein Vater und Großvater waren Winzer, und sein Sohn würde ihn als Winzer beerben. »Unsere Fässer sind aus gutem Eichenholz.« Er schnippte einem seiner Knechte, und der füllte einen Becher am Spundloch und brachte ihn. »Koste, Fremder«, forderte ihn der Patron auf, »und überzeuge dich selbst.«

Friedrich nahm einige Schlucke. »Welch eine warme Glut«, staunte er, und sein Unverständnis wuchs weiter. »Warum schüttest du diesen kostbaren Saft einfach weg?«

»Wer stellt mir diese Frage?« Scharf musterte ihn der Gutsherr und begann frischen Tabak in die Pfeife zu stopfen. »Erst will ich wissen, wer du bist.«

»Oh, ich?« Wenn er so fragt, dann gib acht, warnte die Glocke, tarne dich. Um Zeit zu gewinnen, nahm Friedrich noch einen Schluck. »Ich bin der durstige Künstler Ferdinand auf Wanderschaft. Komme aus Paris.« Die Leichtigkeit in der Stimme kam nicht an.

»Ich sehe keine Fidel.«

»Kein Musiker. Zeichner, das sind auch Künstler.«

Inzwischen war das Fass ausgelaufen, die Knechte stapelten es zu den leeren Fässern vor dem befahrbaren Kellerzugang. »Noch drei!«, rief ihnen der Patron zu, ruhig paffte er die ersten Züge, dann deutete er mit dem Pfeifenstiel auf Friedrich. »Du bist Deutscher, das höre ich am Akzent. Aus Paris also kommst du?« Mit einem schnellen Schritt stand der Patron direkt vor ihm. »Solltest du einer von diesen verfluchten Teilern sein, so gnade dir Gott.«

»Teilern?«

»Man erzählt bei uns in Auxerre, viele Deutsche hätten sich diesen Banditen angeschlossen. Gemeinsam hätten sie den Aufstand angezettelt.« Sie planten alles Eigentum zu teilen, Grund und Boden, einfach alles wollten sie teilen. »Nur mit Mühe hat unsere Regierung dieses Pack zersprengt. Aber nun treiben sich viele von ihnen im Land herum.«

Bin ich hier in eine Falle getappt? Angelockt vom Rotwein? Friedrich presste den Sonnenhut ans Herz. »Ich gehöre nicht zu diesen Teilern. Ich bin der Zeichner Ferdinand. Mein Instrument ist der Stift.«

Auf dem Karren waren alle Vorbereitungen für die nächste Fasshinrichtung getroffen. Patron Philippe senkte den Daumen, und seine Knechte verrichteten ihr grausames Werk.

Mit sonderbarem Lächeln auf den Lippen wandte er sich wieder Friedrich zu. »Ein Vorschlag. Entweder du trinkst aus und verlässt sofort mein Gut, was sage ich, am besten gleich unsere ganze Gegend. Und ich vergesse, dass du hier warst.«

Hochnäsiger Fettsack, du willst mich wie einen Hund davonjagen. »Oder?«

»Oder du beweist mir, dass du bist, was du sagst.«

»Was habe ich davon?«

»Sei mein Gast.« Patron Philippe bot Speis und Trank und ein gemachtes Bett für die Nacht. »Außerdem kannst du nachher mit uns auf dem Wagen zum Weinfest nach Auxerre fahren.«

Was will ich mehr?, dachte Friedrich und sagte: »Ich trete den Beweis gleich hier an.« Er verlangte nach Stuhl und Tisch im Schatten der entleerten Fässer, nahm Blatt und Stift aus der Reisetasche und bat den Patron, sich zwei Schritt entfernt vor ihm hinzustellen.

Die Augenhöhlen mit den buschigen Brauen, die kräftige Nase, der Mundstrich, die Proportionen stimmten, nun ergänzte Friedrich die Gesichtsform, dazu das Haar mit Kappe. Was gebe ich ihm für einen Ausdruck? Ich werde sein Gast sein, also etwas Güte in den Blick und ein großzügiges Lächeln. Er überreichte dem Gutsherrn das Porträt und lehnte sich zurück.

Patron Philippe staunte sein Konterfei an. »Das ist echt. So sehe ich wirklich aus.« Er ging zu den Blutsknechten, hielt ihnen das Blatt hin. »Schaut nur. Wir haben einen wahren Künstler zu Gast.« Im gleichem Atemzug befahl er, das nächste Fass an die Rinne zu schaffen. Gleich kehrte er zu Friedrich zurück. »Das muss ich meiner Lisette zeigen. Sie wird Augen machen.«

»Patron? Darf ich erst erfahren, warum du …?« Friedrich deutete auf den Rotweinbach. »Ich verstehe es nicht.«

»Ökonomie, mein Freund.« Milde lächelte der Gutsherr. »Wie sollte ein Künstler auch davon etwas verstehen? Aber ich erkläre es dir in einfachen Worten. Was dort wegfließt, ist der Wein vom Vorjahr, der 47er. Warum?« Die Ernte in diesem Jahr würde fast dreimal so reich ausfallen und die Qualität noch um vieles besser sein als im Vorjahr. »Ich verknappe mit dem Ausschütten meinen 47er und kann so für ihn einen höheren Preis fürs abgefüllte Fässchen erzielen, und gleichzeitig schaffe ich Leerraum für die Riesenernte.« Er deutete auf die schon ausgelaufenen großen Fässer. »Und glaube mir, diese werden nicht ausreichen. Erst wenn ich vierzig von denen bereitstehen habe, wird der Vorrat genügen.« Er schlug Friedrich leicht auf die Schulter. »Spekulation gehört nun mal zum Weingeschäft. Aber davon verstehst du nichts.«

»Das ist wahr.« So offenherzig es Friedrich vermochte, sah er den Großwinzer an. »Ich trinke lieber.«

»Das sollst du heute Abend zur Genüge.« Mit Blick auf das Porträt kam Philippe noch ein Gedanke. »Wir nehmen Tisch und Stuhl mit. Der Bürgermeister ist ein guter Freund von mir. Wir postieren dich gleich vors Rathaus. Und da zeichnest du die Leute und …«, von seiner Idee begeistert rieb Patron Philippe die Kuppen von Daumen und Zeigefinger, »dein Geschäft blüht. So geht es, mein Freund. Und nun will ich kurz zu meiner Lisette.« Nach wenigen Schritten dreht er sich nochmals um. »Wenn meine Knechte mit dem nächsten Fass so weit sind, gib du ihnen das Kommando. Sie brauchen es, sonst zerschlagen sie mir noch das Spundloch.«

## 61

Auxerre, Weinfest
Mitte Oktober 1848

Musik lockte zum Fest. Mit leichtem Schritt umtanzte der Fidler seinen Kumpan mit dem Akkordeon. Über ihnen bauschte sich der Löwe von Auxerre, auch an allen Ecken des Rathausplatzes wehte leichter Wind die Fahnen mit dem Stadtwappen, er ließ den Duft nach Käsekrapfen aus den riesigen Pfannen aufsteigen, und wer Hunger hatte, hielt es nicht lange ohne diesen Leckerbissen aus. Das Gedränge der Menschen an den Bratstellen nahm zu. Ob dort nun Magd oder Bürgersfrau, ob Herr oder Knecht, Friedrich vermochte sie von seinem Tisch aus nicht zu unterscheiden. Das schönste Blutrot färbte Blusen und Hemden. Heute zum Hochfest der Weinlese soll es kein Oben oder Unten geben, dachte er, wenigstens nicht in der Kleidung. Selbst ich mit meinem vom Patron Philippe geliehenen roten und viel zu großen Hemd gehöre heute zu diesen Leuten.

Nicht genug des Farbenrausches, rundum hingen lange rote Tücher aus den Fenstern, bedeckten Tore und Türen, selbst von den obersten Stufen der Treppen wellten sich rote Teppiche hinab. Ach, Karl, wenn du dies doch sehen könntest. Beim ersten Anblick würdest du glauben, dass hier die rote Republik ihre Geburtsstunde feiert. Den zweiten Blick auf die wahre Gesinnung dieser satten Weinbauern erspare ich dir besser.

»Monsieur?« Die helle Stimme riss Friedrich aus den Gedanken.

Eine schlank gewachsene junge Frau stand vor ihm, einige Schritte hinter ihr tuschelten drei weitere Mädchen miteinander. Welch heitere Anmut, dachte er, ja, weg mit Köln, Flucht und Paris, hier gehöre ich hin. Er nahm einen tiefen Schluck aus dem Krug, dann lächelte er. »Mein schönes Kind?«

»Monsieur? Ich ... Also, Patron Philippe meinte, dass Sie ein Bild von mir ...« Sie hob etwas ratlos die Hände. »So einfach malen können.«

»Zeichnen. Ich zeichne. Doch erst lasse mich schauen.« Friedrich nahm den Stift und streckte den Arm. Über die Spitze betrachtete er das Gesicht, wanderte tiefer bis zum Ausschnitt der roten Bluse, dort verweilte er und runzelte die Stirn.

»Monsieur? Was ist?« Sie wollte helfen und reckte den Busen.

»So ist es richtig.« Friedrich nickte zustimmend und ließ den Stift in der Hand wippen. »Du bist als Modell sehr geeignet.«

»Danke, Monsieur.«

Als Preis nannte er zwei Sous für ein Porträt bis zur Taille. Sie wollte im Voraus bezahlen, großzügig lehnte er ab. »Bleibe nur genau in dieser Haltung!«

Rasch schickte sie über die Schulter einen triumphierenden Blick zu den Freundinnen, dann stand sie unbeweglich da, bis der Künstler nach wenigen Minuten sein Werk vollendet hatte. »Wie wunderbar«, flüsterte sie, bezahlte und trug das Blatt auf beiden Händen zu den Freundinnen. Es dauerte nicht lange, und alle drei meldeten sich für ein Porträt bei ihm an. Friedrich ließ die Hände kraftlos sinken. »Mit leerem Magen kann ich nicht weiterarbeiten.« Kaum gesagt, schwärmten die Schönen aus. Zwei kehrten mit randvollen Weinkrügen zurück. »Der Beste aus Vaters Keller.« Die dritte brachte braun gesottene Käsekrapfen auf einem Holzbrett. »Nach Mutters Geheimrezept zubereitet.«

Mit Rehaugen schauten sie ihm beim Essen zu, jeder Biss, jeder Schluck entzückte sie. Ein Künstler aus Paris zu Gast in Auxerre. Welch seltenes Ereignis.

Und Friedrich zelebrierte das Zeichnen, ließ die Damen sich vorbeugen, drehen, den Hut abnehmen und das Haar lösen. Er trank und trank, lachte und fertigte vom nächsten Modell eine Skizze an, die das Gesicht getreu wiedergab, darunter zeigte er den Hals ohne Kette und zwei nackte Brüste. Die junge Frau errötete: »Woher wissen Sie …?«

»Nur ein Scherz«, beschwichtigte Friedrich, mit wenigen Strichen war die Bluse übergestreift. »Was drunter ist, bleibt unser Geheimnis«, versprach er.

Während er das dritte Porträt noch schwungvoll mit Girlanden umrandete, stand mit einem Mal ein untersetzter Mann in schwarzer Uniform neben dem Tisch. Polizei! Friedrich hielt inne, umkrampfte den Stift. Verrat, durchfuhr es ihn, Gott verflucht, ich bin verraten worden. Vom Schreck ernüchtert, musste er sich zwingen, die letzten Blüten zu ergänzen. »Hier nimm!« Kaum gelang ihm ein dünnes Lächeln. Den Dank des Mädchens erwiderte er nur mit kurzem Nicken.

Wohl zu Ehren des Festes trug der Gendarm eine breite rote Schärpe über der rechten Schulter bis schräg hinunter zur linken Hüfte. Laut räusperte er sich. »Polizeipräfekt Renoir. Ich benötige eine persönliche Auskunft.«

»Aber gewiss, nur habe ich nichts bei mir.« Friedrich zerrte an dem roten Hemd. »Mein Gepäck ist oben auf dem Weingut von Patron Philippe.«

»Das ist mir bekannt.« Der Präfekt blickte kurz zu den fröhlich zechenden Frauen und Männern an den langen Tischreihen hinüber und beugte sich vor. »Auch alte Weiber?« Als er den fragenden Blick sah, ergänzte er vertraulich: »Ich mein, nicht nur die jungen Dinger?«

»Ich verstehe nicht.«

Nun deutete Gendarm Renoir auf den Stift. »So ein Bild?«

Mit der Erleichterung kehrte auch der beginnende Rausch zurück. »Aber gewiss, bei mir gibt es keine Altersgrenze.«

»Wenn das so ist …« Stramm richtete sich der Präfekt auf. »Kein neuer Kunde mehr. Verstanden?«

War es ein Spiel? Friedrich verengte die Augen. Nichts im Gesicht des Gendarmen deutete auf einen Scherz. So bestätigte er den Befehl erst mit Anlegen der rechten Hand an die Stirn, danach griff er zum Wein und prostete dem Gesetzeshüter zu.

Wortlos drehte Renoir sich um, schritt zu den Tischen. Bald schon kehrte er mit einer breithüftigen, in wallendem Rot gekleideten Frau zurück. Ein überladener Hut verdeckte das Gesicht. Weil ihr Schritt bereits weinunsicher war, zog der Kavalier sie an der Hand hinter sich her bis vor den Künstler. »Das ist meine Simone. Sie geht doch noch?«

Friedrich zwang sich, ernst zu bleiben. »Ohne Hut könnte ich mehr sagen.« Renoir wollte zugreifen, da schlug ihm Simone auf die Hand. »Meine Frisur.« Damit nahm sie mit beiden Händen behutsam den mit Blumen besetzten Kopfputz ab. »Voilà, Monsieur.« Ein überfüttertes, rundes Gesicht. Die übermäßigen Wangen erdrückten beinah die Augen, unter dem breiten Mund quoll ein Doppelkinn und versteckte den Hals.

Ohne die Miene zu verändern, nickte Friedrich. »Sehr ansprechend.«

Das Lob erleichterte den Präfekten und versetzte Simones Leib in leichte Schwingungen. »Monsieur l'artiste? Soll ich tanzen? Oder auf und ab schreiten?«

»Ein ruhige Pose würde mir genügen.«

»Schade«, seufzte sie und brachte sich in Stellung.

Friedrich setzte den Stift an. Besser, du verdirbst es dir nicht mit der Obrigkeit, ermahnte er sich nach den ersten Strichen und nahm ein zweites Blatt. Wenig später übergab er sein Werk dem Auftraggeber. Renoir starrte, staunte, fasste den Anblick nicht. »Ist das meine …?« Er sah näher hin, kaum gerundete Wangen, Augen mit lieblichem Blick, der Mund leicht geöffnet, und ein Grübchen zierte das Kinn. »Es ist …« Da schnappte ihm Simone das Blatt aus der Hand und betrachtete die Zeichnung. »Oh … Natürlich bin ich das. Und wie genau getroffen. Das kommt in der Schlafstube übers Bett.« Ein Schnippen für ihren Gatten. Er solle bezahlen, dann das Bild sofort nach Hause tragen. »Zerknittere es nicht!«

Sie setzte den Hut wieder auf und näherte sich Friedrich. »Monsieur l'artiste, solch ein Werk muss gefeiert werden.« Sie fasste nach seinem Arm. »Kommen Sie mit an unsren Tisch. Meine Freundinnen werden von Ihnen begeistert sein.« Sie zog ihn von seinem Platz hoch und hakte sich bei ihm ein. »Halten und führen Sie mich!«

Friedrich konnte sich nicht wehren. Der Prunktisch der Honoratioren von Auxerre war viel zu weit von den jungen Frauen, von Tanzboden, Fidel und Akkordeon entfernt. Schade, dachte er, wie gern würde ich mit ihnen dort plaudern oder irgendwo versteckt im Grase liegen. »Heben wir das Glas«, drängte sich die Frau des Präfekten vor sein Gedankenbild. »Trinken wir auf unsren Monsieur l'artiste.«

Als der Mond stieg, rollte der Pferdewagen mit Patron Philippe und seiner Lisette, seinem Gesinde und dem Gast wieder in den Hof des Weinguts ein. Friedrich wankte in die Kammer, ohne die Kleider abzulegen, fiel er aufs Bett. Früh am nächsten Morgen weckten ihn Sonnenstrahlen, die durchs Fenster fielen. Vielleicht war ich doch mit den Winzermädchen im Gras, überlegte er im Halbschlaf, zutrauen würde ich es mir. Damit drehte er sich auf die andere Seite und schlief noch mal ein.

# 62

Bern, Postgasse 43
7. Januar 1849

Kalt war es in Bern. Der Brunnen in der Postgasse hatte über Nacht einen langen Eisbart bekommen. Friedrich nahm es im Vorbeigehen wahr. Wenn es weiter so friert, muss ich den Vermieter um mehr Holz und Kohle für den Ofen bitten. Die neueste *Berner* und die *Nationalzeitung* unter dem Arm, rieb er sich die verfrorenen Hände und eilte mit großen Schritten durch den Laubengang bis vor zur Einmündung des Antoniergässchens. Ich hätte mir von Mutters Geld auch noch Handschuhe besorgen sollen, dachte er, während er durch den Flur des Eckhauses Nummer 43 über den Hof zum Hinterhaus ging. Mütter? Mit Logik ist ihnen nicht beizukommen. Und der meinen erst recht nicht. Er schüttelte den Kopf. Als ich Ende Oktober nach meiner Wanderung endlich in Genf gelandet war, hatte ich mich nicht nur bei Karl, sondern auch bei ihr gemeldet. Nichts benötigte ich dringender als Geld und meinen Pass. Den schickte mir Karl und dazu sogar einige Taler. Seit Mutter wieder regelmäßig meine neueste Adresse von mir erhält, beschimpft sie mich in all ihren Briefen, von Genf angefangen über Lausanne und Neuenburg bis hier nach Bern, wegen meines verruchten Lebenswandels. Mein Ruf in Barmen sei so schlecht, dass selbst die Nachbarn nicht mehr wagten, mit ihr oder Vater über Politik zu sprechen. Und dennoch legt sie mir im selben Atemzug zwölf Napoléon d'Or bei und bittet mich besorgt, einen warmen

Überziehrock, wollene Unterhosen und eine Nachtjacke zu kaufen. »Ach, Mutter«, flüsterte er. »Mal ärgere ich mich über dich, mal bin ich dankbar.« Er stieg die schmale Treppe hinauf. »Besser, ich versuche erst gar nicht, dich zu verstehen.« Oben im Dachgeschoss gelangte er durch einen schmalen, düsteren und verwinkelten Flur zu seiner Behausung. Er hatte nicht abgeschlossen. Warum auch? Bis hier oben verirrte sich nicht einmal ein Dieb. Sein Domizil bestand aus zwei Räumen mit schräger Decke, kleinen Fenstern in den Dachgauben und je einem Ofen. Die Zwischenräume der Holzwände waren mit Stroh und Lehm gestopft. Friedrich hängte den Überziehrock an den Haken. In seinem Wohn- und Arbeitszimmer stellte er als Erstes den Wasserkessel auf die Ofenplatte. Später wollte er sich einen Tee zubereiten. Mit den neuen Gazetten in der Hand folgte er dem Pfad zwischen alten Zeitungen, leeren und noch verschlossenen Weinflaschen, den Stapeln an Manuskripten bis hin zu seinem Schreibtisch. Die Fläche für Feder, Tinte und Papier war beschränkt, den meisten Platz nahmen geöffnete Briefe, Tabak und Pfeifen ein.

Er sank auf den Stuhl, sah die Überschriften der *Berner* und der *Nationalen* an, wollte die Artikel dazu mit einem Mal nicht lesen, stattdessen ließ er die Blätter zwischen den Knien zu Boden fallen. »Mein Gott, was tue ich hier in der Schweiz?« Da draußen verändert sich die Welt, droht womöglich ganz aus den Fugen zu geraten. Konterrevolution. Die alten Mächte schlagen brutal zurück, und ich hocke hier tatenlos herum, während in Wien die kaiserlichen Truppen einen Aufstand blutig beendet haben, in Berlin die neue Regierung im Auftrag des Königs alles daransetzt, die Revolution zu liquidieren, die mühsam errungenen Freiheiten wieder einzukassieren. Sie haben die Nationalversammlung aufgelöst. Auch wenn die Abgeordneten sich mehr durch Geschwätz und Zögern hervorgetan haben, so sind sie doch die Vertreter des Volkes, und kein König hat das Recht, sie auseinanderzujagen.

Das Wasser siedete. Gefangen von den Gedanken erhob sich Friedrich und schüttete den Tee auf. Bald verbreitete sich der Duft nach Minze in der Kammer. »Und in Köln lebt unsere Zeitung wieder.« Marx schickte ihm in unregelmäßigen Abständen die Ausgaben der *NRhZ*. Auf der Post die Sendung in Empfang zu nehmen war ein wahrer Lichtblick in diesen düsteren Tagen der Einsamkeit. »Und wie mutig Karl geworden ist«, schmunzelte Friedrich. »Jetzt beteiligt er sich sogar am Steuerboykott gegen die Preußen.« Er bückte sich, suchte im Stapel die Ausgabe vom 17. November. Immer wieder hatte er sich den Artikel zur Ermunterung des Gemütes durchgelesen. Die Schlagzeile: KEINE STEUERN MEHR!!! Er überflog den ersten Abschnitt über die gewaltsame Vertreibung der Nationalversammlung aus dem Rathaus bis hin zu deren einstimmigem Beschluss der Steuerverweigerung:

»Das Ministerium Brandenburg ist nicht berechtigt, über Staatsgelder zu verfügen und Steuern zu erheben, solange die Nationalversammlung nicht in Berlin ihre Sitzungen frei fortsetzen kann. Dieser Beschluss tritt mit dem 17. November in Kraft.
Nationalversammlung vom 15. November«

Und die *NRhZ* erläuterte den Beschluss für ihre Leser:

»Von dem heutigen Tage an sind also die Steuern aufgehoben!!! Die Steuereinzahlung ist Hochverrat, die Steuerverweigerung erste Pflicht des Bürgers.
Geschrieben von Karl Marx.«

»Bravo, mein Freund.« Friedrich ballte die Faust. »Das hättest du im Sommer noch nicht so scharf formuliert. Und gleich lässt du in den Tagen darauf für die Rheinprovinz einen Extraaufruf zur Steuerverweigerung folgen. Ja, bravo.« Einen Atemzug später warf er die Zeitungen zurück auf den Stapel. »O verflucht. In Köln ist Kampf. Und ich bin nicht dabei.« Mit fahrigen Fingern goss er den Becher zu drei Vierteln mit Minztee voll, das letzte Viertel füllte er mit

Branntwein auf und kehrte an den Schreibtisch zurück. »Oder soll ich nicht dabei sein? Gibt es doch eine Intrige gegen mich?« Dieser Zweifel war ihm in den vergangenen Wochen immer wieder gekommen. Angefangen hatte die Verunsicherung durch den Brief der Mutter. Friedrich wühlte in dem Blätterstapel vor ihm und nahm das Schreiben von ihr zur Hand. Er überflog die Zeilen, zitierte dann mit leiser Stimme: »Nun muss ich Dir noch sagen, dass wir aus sicherer Quelle erfahren haben, dass die Redakteure der *NRhZ* erklärt haben, wenn Du auch zurückkämest, so würden sie Dich nicht mehr zum Mitredakteur annehmen, sie wollten Dich nicht wiederhaben. Du siehst nun, wie Deine Freunde sind und was Du von ihnen zu halten hast ...«

Unvermittelt knisterte und kratzte es in der Wand. »Verfluchte Mäuse!« Er sprang auf, stieg über die Flaschen und schlug mit beiden flachen Händen heftig gegen die Holzbretter. »Verschwindet!« Sofort kehrte wieder Stille ein. Bisher hatte er noch nie eine dieser Mitbewohnerinnen zu Gesicht bekommen, wusste aber, insbesondere durch deren nächtlichen Lärm, dass sie um ihn waren, und weil sie die aufgestellte Falle klug vermieden, blieb ihm nichts anderes übrig, als sie machtlos zu erdulden.

Die Behauptung der Mutter aber hatte er gleich an Karl weitergegeben und postwendend Antwort erhalten: »... dass ich einen Augenblick Dich im Stich hätte lassen können, ist reine Fantasie. Du verbleibst stets mein Intimus wie ich hoffentlich der Deine.«

Friedrich nahm einige Schlucke, wenigstens sie wärmten die Brust. »Karl, ich glaube dir«, flüsterte er. »Aber ...« Aus anderer Quelle hatte er vom Besuch Hermann Ewerbecks in Köln gehört. Im Auftrag von Moses Hess habe der fette Doktor lange mit dem Redakteur en chef gesprochen. Es ging um die mögliche Mitarbeit der beiden, und gleichzeitig habe Ewerbeck dringend vor Engels gewarnt. Allein durch ihn hätte es immer wieder große Konflikte in der Sektion Paris wie auch in der Redaktion gegeben. »Du hast hoffentlich das wetterwendige Schwein mit Arschtritten aus dem Zimmer gejagt.« Friedrich spielte mit dem kleinen Blatt, auf dem er seinen letzten Brief an den Freund entworfen hatte. Warum hast du mir noch nicht geantwortet? Soll ich hier verkümmern? Dabei habe ich so scherzhaft wie möglich formuliert: »Wie ist's? Kann ich jetzt nach Gottschalks und Annekes Freisprechung noch nicht bald zurück?«, las er. »Die preußischen Hunde müssen doch jetzt bald die Lust verlieren, sich mit den Geschworenen einzulassen. Wie gesagt, wenn genügend Grund vorhanden, dass kein Untersuchungsarrest für mich zu befürchten ist, komme ich sofort. Nachher können sie mich meinetwegen vor zehntausend Jurys stellen, aber im Untersuchungsarrest kann man nicht rauchen, und da gehe ich nicht hinein ...« Er schnippte mit dem Finger gegen das Papier. »Früher hättest du mir doppelt ironisch geantwortet. Und zwar postwendend.« Er leerte den Becher, sah sich in seinem Zimmer um, sah die Unordnung, spürte, wie Stricke ihm die Brust einschnürten. Mit einer heftigen Armbewegung schob er Briefe, Zettel und Pfeifen beiseite. Ein Teil fiel auf den Boden, es kümmerte ihn nicht. »Ganz gleich, was mich in Köln erwartet. Hier bleibe ich nicht länger.«

Er wollte dem Freund noch einmal schreiben. Seine Rückkehr aber würde er nicht ankündigen. Er tunkte die Feder ein.

»Lieber Marx, nachdem ich mich jetzt von den Strapazen und Abenteuern meines mehrwöchigen sündhaften Lebenswandels erholt habe, fühle ich das Bedürfnis, wieder zu arbeiten ...«

Die Sätze flossen ihm aus der Hand.

»... Wenn in dieser lausigen Schweiz nur irgendetwas vorfiele, um drüber schreiben zu können. Aber lauter Lokaldreck der lausigsten Art. ... Aber ich denke immer, ich kann bald zurück. Dies faule Hocken im Ausland, wo man doch nichts Ordentliches tun kann und ganz außer der Bewegung steht, ist scheußlich unerträglich. Ich komme bald zur Einsicht, dass es selbst im Untersuchungsarrest in Köln besser ist als in der freien Schweiz. Selbst in dem uns aufgezwungenen Preußen ist man freier als in der freien Schweiz. Jeder Spießbürger hier ist zugleich ein Spitzel und Denunziant ...«

Schwungvoll setzte er am Ende des Briefes hinzu:

»Grüße die ganze Gesellschaft.
Dein E.«

# 63

Köln, Cäcilienstraße 7
6. Februar 1849

Weißer Bauer von d2 auf d4. Nach dem Eröffnungszug rückte Helene den Küchenstuhl näher an den Tisch. Friedrich schnippte mit den Fingern einmal über seine Bauernreihe, ehe er den schwarzen Landmann von d7 auf d5 schickte. Ohne Zögern setzte Helene den nächsten Weißen von e2 auf e4, und Friedrich konterte mit dem Zug von e7 auf e5.

»Da wären wir«, schmunzelte sie und nahm einen Schluck vom Apfelmost.

»Ich staune.« Er legte Tabakbeutel und Pfeife auf den Tisch. »Als du mich vorhin zu einer Schachpartie aufgefordert hast, dachte ich, Lenchen hat sich etwas Neues ausgedacht, nur um meine neugierigen Hände besser im Blick zu haben.« Sie ging auf die alte Sache zwischen ihnen ein und drohte mit dem Finger. Gleich beschwichtigte er: »Nur ein Scherz. Aber ich staune ernsthaft. Nie hätte ich gedacht, dass du wirklich mit mir spielen wolltest.«

»Um das Warten abzukürzen. Der Abend hat gerade erst begonnen. Wer weiß, wie lange die beiden im Arbeitszimmer hocken und an der Rede feilen.« Helene ließ eines ihrer Pferde vorspringen. »Herr Karl hat es mir beigebracht. Sie wissen ja, zur Entspannung spielt er gerne. Und weil Sie auf der Flucht waren und weil Frau Jenny nichts für Schach oder Dame übrighat, kam er auf die Idee, mich zu unterrichten. Seitdem sitzen wir hier oft noch bis spät in die Nacht.« Sie schmunzelte weiter vor sich hin. »Und das nicht immer zu seiner Freude.«

Er verstand nicht.

»Sie wissen doch, Karl kann nicht …«, gleich verbesserte sie: »Ich wollte sagen, Herr Karl kann schlecht verlieren.«

»Und du gewinnst gegen ihn?«

Ein rascher Blick zur Tür, dann kicherte sie leise. »Oft genug.«

Friedrichs schwarzes Pferd sprang von g8 auf f6. Er lehnte sich zurück und stopfte die Pfeife. Langsam drehte Helene den Becher auf der Tischplatte, die Falte auf der Stirn vertiefte sich. »Was wird morgen? Wie wird der Prozess ausgehen?«

Er hob die Schultern. »Das kann niemand vorhersagen. Der Gerichtspräsident sowie die Staatsanwaltschaft sind Handlanger der Preußen, also gegen uns.« Angeklagt waren Marx und Engels. Sie hätten im vergangenen Jahr den Staatsanwalt Zweiffel in der *NRhZ* beleidigt und Verleumdungen gegen einige Gendarmen veröffentlicht. »Weil wir den Preußen mit unserer täglichen Kritik zu gefährlich werden, nehmen sie jetzt diesen Artikel als Vorwand, um uns auszuschalten.« Und sollten sie damit keinen Erfolg haben, so würde es übermorgen im zweiten Prozess erneut versucht. Dann ginge es darum, dass die *NRhZ* den Aufruf zur Steuerverweigerung unterstützt habe. »Unsere einzige Chance sehe ich bei den Geschworenen. Sie sind zwar gegen unsere Zeitung, aber immerhin Kölner Geschäftsleute.«

Helene schaute ihm nachdenklich zu, wie er die Pfeife entzündete. »Kann es denn gefährlich für uns werden? Ich mein, Frau Jenny ist schon seit Tagen unruhig. Und heute ist sie schon ein paarmal ins Schlafzimmer geflüchtet, weil die Kinder ihre Tränen nicht sehen sollten.«

Was soll ich nur sagen?, überlegte Friedrich. Wirklich beruhigen kann ich nicht. Wenn es auf Hochverrat hinausgeht, dann blüht uns Kerker oder sogar Schlimmeres. »Ganz große Sorgen sollten wir uns nicht machen«, sagte er vorsichtig. »Weil wir uns gut vorbereitet haben.« Er wies auf die Mappe neben seinem Überziehrock.

»Meine Verteidigungsrede ist fertig. Und ich denke, Karl wird auch bald so weit sein.«

Helene nickte. »Und ich werde dazu morgen noch eine Kerze anzünden. Das scheint mir nötig zu sein.« Sie beugte sich wieder über das Schachbrett und schickte einen Läufer ins Feld.

Unmittelbar nach der zweiten Partie, Friedrich war froh, wenigstens diese gewonnen zu haben, öffnete sich die Tür der Studierstube. Schweiß perlte auf Karls Stirn. »Ich glaube, ich habe alles bedacht.« Er paffte einige Male an der Zigarre. Die Qualmwolke umnebelte hinter ihm den Kopf seiner Frau, als sie heftig hustete, drehte er sich erstaunt um. »Oder? Gerade eben noch warst du mit jedem meiner Punkte einverstanden.«

»Bin ich nach wie vor, Liebster.« Jenny hielt in der einen Hand ein halb volles Rotweinglas, mit der anderen wischte sie sich die Augenwinkel. »Deine Zigarre bringt mich zum Weinen.« Sie ging leicht unsicher zum Tisch und stützte sich an der Kante ab. »Fritz, wie gut, dass du mein Schwarzwäldchen morgen nicht im Stich lässt.«

Er bemerkte den angetrunkenen Zustand und bot ihr seinen Platz an. »Karl und ich sind gleichermaßen betroffen. Wir müssen zusammen kämpfen. Aber auch sonst wäre ich immer an seiner Seite.«

»Scheußlich lange warst du weg.« Sie leerte den Wein in einem Zug. »Gut, dass du wieder bei uns bist.« Ein Wink für Helene. »Du Gute, bitte schenke mir noch mal ein.« Mit erneut gefülltem Glas wandte sie sich an die Männer. »Und wenn ihr beide in der Todeszelle sitzt ...« Die Stimme versagte. »Der Gedanke allein«, flüsterte sie, »der bringt mich fast um.«

»Aber, Frau Jenny, wir wollen den Teufel nicht an die Wand malen.« Helene nahm ihr sanft den Wein aus der Hand und schob ihr den Becher mit Apfelmost hin. »Jetzt trinken Sie erst mal davon.« Ein Nicken zu den Männern. »Wenn die Herren noch etwas zu besprechen haben. Wir Damen bleiben gern allein hier sitzen.«

»Danke!« Marx strich ihr über die Schulter. »Du bist unser Fels in der Brandung.« Er bemerkte Friedrichs Blick und wandte sich ungewohnt rasch vom Tisch ab. »An sich haben wir unsre Taktik für morgen klar verabredet. Zur Sicherheit aber sollten wir die Reden kurz vergleichen.« Auf dem Weg hinaus stieß er dem Freund gegen die Brust. »Was zögerst du?«

Friedrich blieb ernst, nahm seine Mappe und folgte ihm.

Das Zehnuhrschlagen von den Kirchtürmen Kölns war längst verklungen, als die Freunde das Arbeitszimmer wieder verließen. Helene saß allein am Küchentisch und flickte an einem Hemdchen des kleinen Musch, des zweijährigen Stammhalters des Hauses Marx. Seine Mutter war schon zu Bett gegangen.

»Ich bin zuversichtlich. Jetzt aber …« Friedrich dehnte ausgiebig die Schultern. »Jetzt muss ich nach Hause und schlafen.« Während er den warmen Rock überstreifte, sah er Karl an. »Du solltest dich auch hinlegen. Frisch und ausgeruht haben wir bessere Chancen.«

»Ich bin zu aufgewühlt.« Der Freund zog eine neue Zigarre aus dem Lederetui. »Bevor ich zu Bett gehe, spiele ich mit Lenchen noch eine Partie Schach.« Er leckte das Deckblatt an und biss die Spitze ab, erst wollte er sie in der Rocktasche verschwinden lassen, aber auf Helenes Blick hin brachte er den Tabakrest zum Abfallkübel.

Friedrich nutzte die Gelegenheit und beugte sich rasch zu ihr. »Besser, du lässt ihn heute Abend gewinnen, dann ist er gut eingestimmt für morgen.«

Sie zwinkerte ihm zu und wünschte einen sicheren Heimweg.

# 64

Köln, Schwurgerichtssaal
7. Februar 1849

Im großen Schwurgerichtssaal am Appellhof stand die Luft. In den dicht besetzten Zuschauerreihen nestelten die Herren an ihren steifen Kragen, die Damen versuchten sich mit schnellem Fächerwedeln etwas Kühlung zu verschaffen. Dr. Karl Marx verlas schon seit gut 40 Minuten seine Verteidigungsrede.

»… Der preußische Despotismus dagegen stellt mir in dem Beamten ein höheres, geheiligtes Wesen gegenüber. Sein Beamtencharakter ist mit ihm verwachsen wie die Weihe mit dem katholischen Priester. Der preußische Beamte bleibt für den preußischen Laien, das heißt Nichtbeamten, stets Priester …« Die durchdringende Stimme des Dreißigjährigen kannte kein Hoch und Tief, keine Abwechslung, sie hämmerte in hartem Schlag die Paragrafen des Code pénal auf den Richtertisch und an die Balustrade, hinter der die sieben Geschworenen saßen. Marx zerschlug mit peinlichster Gründlichkeit einen Anklagepunkt nach dem anderen. Und sah er einen der Geschworenen an, so senkte der gleich den Blick, schon aus Furcht, dieser wildbärtige und wortmächtige Angeklagte könnte mit einem Mal hinzuspringen und ihn auffordern, das soeben Gesagte zu wiederholen.

»… Es folgt dies aus dem Unterschiede, den der Code pénal zwischen Beleidigung und Verleumdung zieht. Sie finden diese Unterscheidung genau gezeichnet im Artikel 375. … Was gehört also zur

Verleumdung? ... Was zur Beleidigung? Wenn ich sage: Sie haben einen silbernen Löffel gestohlen, so verleumde ich Sie im Sinne des Code pénal. Wenn ich dagegen sage: Sie sind ein Dieb. Sie haben Diebesgelüste, so beleidige ich Sie ...«

Friedrich beobachtete von der Anklagebank aus seit einer Weile schon, wie die drei Staatsanwälte die Köpfe duckten, Notizen schrieben und sie bald darauf wieder ausstrichen. Sehr gut, Karl, dachte er, du bist nicht nur brillant in der Gegenbeweisführung, sondern auch penetrant genug, ihnen ihre eigenen Waffen um die Ohren zu schlagen. Und schau den Richter und die Beisitzer an, ihre Gesichter sind leblos geworden, dürften sie die Augen schließen, so hättest du ihnen jetzt schon Totenmasken angeredet.

»... Es wird Herrn Zweiffel also eine ganz bestimmte Äußerung zur Last gelegt. Wenn also einer der beiden Artikel 222 und 367 anwendbar wäre, so könnte es nicht Artikel 222, der Beleidigungsartikel, sondern nur Artikel 367, der Verleumdungsartikel, sein ...«

Als Marx vom direkten Vorwurf gegen die *NRhZ* auf die allgemeine Bedrohung der Presse überging, verschränkte Friedrich die Arme vor der Brust. Mit der verdeckten Hand zog er langsam seine Uhr an der Kette aus der Innentasche und ließ sie im Schutz des Rockärmels aufspringen. Nun näherte sich die Redezeit der vollen Stunde. In nur 60 Minuten, mein Freund, hast du die Geschworenen und alle Zuschauer hier im Saal gefügig gemacht, jetzt wird es gleich an mir liegen, sie zu unseren Gefolgsleuten zu machen.

Marx presste die rechte Hand aufs Herz und setzte zum Finale an: »Ich für meine Person versichere Ihnen, meine Herren, ich verfolge lieber die großen Weltbegebenheiten, ich analysiere lieber den Gang der Geschichte, als dass ich mich mit Lokalgötzen, mit Gendarmen und Staatsanwaltschaft herumschlage. So groß sich diese Herren in ihrer eigenen Einbildung auch dünken mögen, sie sind nichts, durchaus nichts in den riesenhaften Kämpfen der Gegenwart. Ich betrachte es als ein wahres Opfer, wenn wir uns entschließen, mit diesen Gegnern eine Lanze zu brechen. Aber es ist die Pflicht der Presse, für die Unterdrückten in ihrer nächsten Umgebung aufzutreten … Die Presse muss sich entschließen, gegen diesen einen Gendarm, diesen Staatsanwalt, diesen Landrat in die Schranken zu treten … Die erste Pflicht der Presse aber ist es auch, alle Grundlagen des bestehenden politischen Zustandes zu unterwühlen!«

»Bravo!« Aus den Zuschauerreihen brandete Beifall auf. Viele erhoben sich von den Plätzen, klatschten. Und jedes Bravo war für Richter und Staatsanwälte ein Peitschenhieb. In den Gesichtern einiger Geschworener aber glaubte Friedrich sogar ein Lächeln zu entdecken. Während er mit seinem Manuskript nach vorn zur Schranke ging, begegnete er dem Freund. Sie sprachen nichts, sahen sich nur fest an und nickten.

Ruhe kehrte wieder ein. Friedrich wartete. Am Richtertisch flüsterten die Herren noch miteinander, endlich gab ihm der Präsident mit einem Wink die Erlaubnis zu beginnen.

»Meine Herren Geschworenen! Der vorige Redner hat hauptsächlich die Anklage auf Beleidigung des Oberstaatsanwaltes, Herrn Zweiffel, ins Auge gefasst; erlauben Sie mir jetzt, Ihre Aufmerksamkeit auf die Beschuldigung der Verleumdung gegen die Gendarmen zu richten.« Friedrich blieb nicht stehen, er verließ den Platz und näherte sich der Geschworenenbank. »Meine Herren! Das öffentliche Ministerium hat Ihnen seine Interpretation der infrage kommenden Gesetzesstellen gegeben und Sie aufgefordert, uns daraufhin für schuldig zu erklären.« Er sah von einem Gesicht zum nächsten. »Bei Ihnen, meine Herren Geschworenen, wird es doch wohl hauptsächlich darauf ankommen, ob die Wahrheit der fraglichen Tatsachen erwiesen ist.«

In fast freundschaftlichem Ton erinnerte er daran, dass Geschworene die Gesetze so auslegen, wie es ihr gesunder Menschenverstand gebietet. Dafür erntete er Zustimmung in allen Mienen. »Das Ministerium hat versucht, den Beweis der Wahrheit durch den Artikel 370 zu entkräften. Sehen wir uns daher den fraglichen Zeitungsbericht an, um zu prüfen, ob die Beschuldigungen tatsächlich erwiesen sind.« Er kehrte zur Schranke zurück und entfaltete eine

Seite der *NRhZ*, hielt sie mit beiden Händen und schritt so lesend in die Mitte des Freiraums. »Morgens, zwischen sechs und sieben Uhr, betraten sechs bis sieben Gendarmen Annekes Wohnung, misshandelten sofort auf dem Hausflur das Dienstmädchen ...«

Flüche und empörte Rufe aus dem Publikum unterbrachen ihn. Er wartete geduldig, bis die Richterglocke wieder für Ruhe gesorgt hatte.

»... misshandelten sofort auf dem Hausflur das Dienstmädchen und schlichen leise die Treppe hinauf. Drei blieben im Vorzimmer stehen, vier drangen ins Schlafzimmer, wo Anneke und seine hochschwangere Frau schliefen. Von diesen vier Säulen der Gerechtigkeit wankte die eine mehr oder minder, zu so guter Stunde schon angefüllt mit dem Geist, dem Wasser des wahren Lebens, dem gebrannten Wasser.« Zur Verdeutlichung hob Friedrich mehrmals ein imaginäres Glas an die Lippen und leerte es mit heftigem Kopfruck. Die Lacher im Publikum zeigten ihm, dass er verstanden worden war, und er zitierte weiter aus der Zeitung: »Anneke frug, was man wolle. Er solle mitgehen!, lautete die lakonische Antwort. Anneke bat, wenigstens seine kranke Frau zu schonen und ins Vorzimmer zu gehen. Die Herren erklären, das Schlafzimmer nicht verlassen zu wollen, treiben Anneke an, sich rasch anzukleiden, und erlauben ihm nicht einmal, mit seiner Frau zu sprechen ...« Im bitter klagenden Ton las er nun von den Brutalitäten der Gendarmen, wie sie die Glastür zertrümmerten, den Verhafteten die Treppe hinunterstießen. Bei diesen Schilderungen ballten viele der Zuhörer die Fäuste. Von da an spürte Friedrich Satz für Satz die wachsende Zuneigung, die Geschworenen hingen an seinen Lippen. Zum Höhepunkt und Schluss seiner Verteidigungsrede trat er wieder dicht vor sie hin. »Kurz und gut: Sie, meine Herren Geschworenen, haben in diesem Augenblick über die Pressefreiheit in der Rheinprovinz zu entscheiden. Wenn es der Presse verboten sein soll, das, was sich unter ihren Augen ereignet, zu berichten ... Wenn sie bei jeder verfänglichen Tatsache erst warten soll, bis ein gerichtliches Urteil vorliegt ... Wenn die Presse in die Alternative gesetzt wird, entweder die Ereignisse zu verfälschen oder ganz zu schweigen … Dann, meine Herren, hört die Pressefreiheit auf. Und wenn Sie das wollen, so sprechen Sie Ihr Schuldig über uns aus.« Er verneigte sich und durchquerte gemessenen Schritts den Freiraum.

Noch herrschte Stille im großen Saal des Schwurgerichts. Erst als er sich auf der Anklagebank niederließ, begann der Applaus des Publikums. »Pressefreiheit!«, skandierten die Zuschauer. »Freiheit für die Journalisten!«

Nach kurzer Beratung kehrten die Geschworenen zurück. Ihr einstimmiges Nichtschuldig zwang den obersten Richter dazu, die Anklage fallen zu lassen und die Beschuldigten freizusprechen.

Als auch der Prozess wegen Unterstützung der Steuerverweigerung am nächsten Tag aufgrund der messerscharfen Verteidigung des Redakteur en chef mit einem Freispruch endete, war sich Helene sicher. »Ganz gleich, wie gut die Männer auch geredet haben. Ohne meine Kerze wären die Prozesse nicht so glücklich für uns ausgegangen.«

# 65

Im Tal der Wupper, Elberfeld
11. Mai 1849

Zwei Munitionskisten. Friedrich ließ sie gleich neben dem Eingang der Bierhalle von seinen Helfern abstellen. »Danke, Männer. Wartet draußen!« Sein Ton war knapp, doch freundlich. Mit sicherem Schritt näherte er sich dem weiter hinten im Raum von schmalen Tischen notdürftig abgegrenzten Büro des Elberfelder Sicherheitsausschusses. Die beiden Diensthabenden hatten der Aktion an der Tür kaum Beachtung geschenkt, als aber der große Mann so rasch und direkt auf sie zukam, erhoben sie sich von den Stühlen, stellten sich eng nebeneinander, den Mund halb offen sahen sie ihm entgegen.

Friedrich grüßte mit Tippen der rechten Hand an die Hutkrempe. »Offizier Engels meldet sich zur Stelle. Wer leitet die Militärkommission?«

Nach heftigem Räuspern trat einer der Männer auf ihn zu. Die enorme Nase war gedunsen, von blauroter Farbe, und der Schnauzbart hing über der Oberlippe. »Wir leiten zusammen. Wenigstens zwei vom Ausschuss müssen es sein.« Er hob die Hand. »Gestatten, Hühnerbein, Friedhelm. Was führt Sie zu uns?«

»Ich biete meine Hilfe, meine Unterstützung im Kampf gegen die Preußen an.« Der gestreckte Finger deutete auf den anderen Herrn. Er musste nicht fragen, schon meldete der: »Troost, Sebastian, hier aus Elberfeld.« Ein blasses Gesicht mit tief liegenden Augen.

»Wir sind uns der ernsten Lage bewusst? Oder?« Die Männer nickten zögerlich. Also habt ihr keine Ahnung, was da draußen vor sich geht, dachte Friedrich und begann im Schulmeisterton: »Darf ich kurz erinnern …?« Am 28. März habe die Nationalversammlung in Frankfurt eine Verfassung für ganz Deutschland verabschiedet und dem König die Kaiserkrone angeboten. Wilhelm IV. aber habe sie voller Verachtung abgelehnt. Diese sogenannte Krone sei nichts als ein Hundehalsband, mit dem man ihn ans Volk und die Revolution ketten wolle. »Was nun die Lage für uns alle verschlimmert, ist, dass der König die neue Reichsverfassung nicht anerkennt. Weil aber …«

»Mein Herr«, unterbrach Friedhelm Hühnerbein den Redeschwall. »Wer, sagten Sie, sind Sie?«

»Friedrich Engels.«

»Ach, der Sohn von …?« Sebastian Troost deutete in Richtung Barmen.

»Das ist mein Vater.«

»Und dann sind Sie der rote Redakteur aus Köln?« Das Gesicht gewann an Farbe. »Welch eine Ehre. Sie verstehen was von Revolution, habe ich gehört.«

Friedrich neigte leicht den Kopf. »In aller Bescheidenheit: nicht nur. Ich bin vor allem Stratege.«

Mit einem Mal eifrig, lud ihn Herr Hühnerbein ein, im bescheidenen Büro Platz zu nehmen. Er und sein Kollege rückten ihre Stühle näher, wollten von ihm wissen, in welcher Absicht er zu ihnen ins Tal der Wupper gekommen sei. Um das beginnende Vertrauen nicht zu gefährden, log Friedrich ohne Zögern: »Als mein Kölner Sicherheitsausschuss von den mutigen Protesten in Elberfeld hörte, hat er mich zur Unterstützung entsandt. Die preußischen Truppen sind unterwegs, und sie werden ins Tal der Wupper einfallen …«

Ein lauter Stoß, die Eingangstür schwang auf. Ein Herr mit schief sitzendem Zylinder stürmte herein. »Wo sind sie?« Dann hatte er die Munitionskisten entdeckt, gleich bückte er sich, warf von einer den Deckel beiseite und griff hinein. »Patronen. Herrgott, wie gut.« Er prüfte einige am Fensterlicht. »Und nicht verrostet. Wie gut.« Rasch näherte er sich dem Büro. »Wem haben wir den Segen zu verdanken?«

Herr Hühnerbein lief ihm entgegen, flüsterte, deutete auf den Gast, und der Zylinder wurde gerade gerückt, der Rock gestrafft und die Hand weit ausgestreckt. »Willkommen, Herr Engels. Meine Wenigkeit ist Klaus Riotte, ich gehöre zum oberen Rat des Sicherheitsausschusses.«

Oberer Rat? Ich dachte, alle Mitglieder wären gleich. Friedrich erwiderte den Gruß mit Handschlag.

Riotte stemmte die Fäuste in die Hüften. »Als ich hörte, dass wir Munition bekommen haben, da musste ich gleich herkommen. Und jetzt bin ich hier.« Er lachte über seinen Scherz, dabei schlug schaler Geruch nach Bier und Schnaps aus seinem Schlund, dass Friedrich unauffällig einen Schritt zurücktrat. »Die Patronen sind als mein Einstand zu betrachten.« Er furchte die Stirn. »Ich habe gerade davon gesprochen. Jetzt, da sich die Bürgerwehr nicht von den Preußen einkleiden lässt, sondern sich verweigert, viele Teile sich sogar auf unsere Seite stellen, wird es nötig sein, die Verteidigung militärisch zu organisieren.«

Sebastian Troost nickte eifrig und erläuterte dem Kollegen: »Die Kölner schicken uns Herrn Engels, weil er wirklich Ahnung hat.«

»Rot.« Allein das Aussprechen der Farbe plagte Riotte, er zog den Zylinder ab und kratzte sich am Hinterkopf. »Rot wird hier bei uns nicht gern gesehen.«

»Fürchten Sie nichts.« Friedrich gelang ein Lächeln, dazu ein ehrlicher Blick. »Ich möchte mich nur mit militärischen Dingen befassen. Jeder politische Einfluss liegt mir fern.« Er legte die Rechte aufs Herz, blickte in die Runde. »Meine Herren, ich bin Kind des Bergischen Landes. Ich halte es für eine Ehrensache, bei der ersten bewaffneten Erhebung des bergischen Volkes hier vor Ort zu sein, mit euch zu kämpfen.«

»Amen«, raunte Friedhelm Hühnerbein und rieb sich ergriffen die knollige Nase.

»Einverstanden.« Riotte besiegelte den Pakt mit einem Handschlag. Welcher Aufgabenbereich würde dem Berater zusagen? Friedrich entschied sich für den Barrikadenbau, und Sebastian Troost setzte die Vollmacht auf:

> »Die militärische Kommission des Sicherheitsausschusses beauftragt hiermit den Herrn Friedrich Engels, sämtliche Barrikaden der Stadt zu inspizieren und die Befestigungen zu vervollständigen. Sämtliche Posten auf den Barrikaden werden hiermit ersucht, denselben zu unterstützen, wo es nottut.
> Elberfeld, 11. Mai 1849 (gez. Hühnerbein, Troost)«

Als Friedrich mit der Vollmacht in der Tasche wenig später die Bierhalle verließ, schien ihm die Mailuft trotz des üblen Fabrikgestanks milder geworden zu sein. Unvermittelt kam ihm Mary in den Sinn. Ach, Liebste, könntest du mich hier sehen. Ich bin nicht länger nur ein Schreiber. Jetzt endlich wird gehandelt. Hier werde ich gebraucht. Er nickte sich selbst zu. »Wenn ich dir später alles erkläre«, flüsterte er, »dann wirst du mich ganz sicher verstehen.«

Und Friedrich nahm seine Trillerpfeife aus dem Rock. Als Erstes berief er sich aus den Reihen der untätig herumlungernden Arbeiter einen zum Adjutanten, wenig später hatte er bereits den ersten Pioniertrupp zusammengestellt. »Folgt mir!«

Hauptmann Engels begutachtete jede Befestigung an den wichtigsten Ausgängen der Stadt. Und nichts, weder der Aufbau noch die betrunkenen Posten, fanden Gnade vor seiner Kritik. »Was für eine himmelschreiende Schlamperei!« Er ließ Balken, Fässer und Steine abtragen und nach seinen Vorgaben wieder errichten. »Die Barrikade muss sich spitz dem Feind entgegenrecken. So haben unsere Kanonen ein breiteres Schussfeld, und die Kugeln der Preußen prallen an den Schrägen ab.«

Am Abend des zweiten Tages begleitete ihn Adjutant Peter nach der Besprechung mit dem Oberkommandierenden Mirbach zum Quartier in der Nähe der Bierhalle. »Herr Offizier«, der junge Mann sah zu ihm auf. »Ich will es Ihnen verraten. Alle, die ich kenne, und auch die anderen, die von Solingen und auch die von den Freikorps, wir sind froh, dass Sie bei uns sind und hier Ordnung schaffen.«

Für einen Moment schloss Friedrich die Augen, dann schlug er dem jungen Mann leicht auf die Schulter. »Das ist ein schöner Verrat. Danke, Junge.« Vor seinem Quartier reichte er ihm die Hand. »Morgen bestücken wir die Barrikade auf der Haspeler Brücke mit Kanonen. Egal, dass es Sonntag ist. Der Krieg kennt keinen Feiertag.«

Peter strahlte übers flaumbärtige Gesicht. »Und morgen gibt es eine Überraschung. Da zeigen wir uns. Aber das verrate ich nicht.«

Im Morgengrauen des 13. Mai huschten kleine Trupps junger Kerle von einer Barrikade zur nächsten, kurz verhandelten sie mit den Wachposten. Einer stieg über die Fässer und umgekippten Wagen zum höchsten Punkt. Gleich darauf sprang er wieder hinunter und rannte mit den Freunden weiter.

Bei Sonnenaufgang marschierte Friedrich an der Spitze der Pioniereinheit zur Haspeler Brücke. Schon von Weitem verengte er die Brauen, beim Näherkommen wurde die Vermutung zur Gewissheit. Die rote Fahne, das Tuch flatterte und leuchtete im Sonnenlicht. Großer Gott, dachte er, sie haben die schwarz-rot-goldene durch unsere ersetzt. Das nenne ich einen wahren Festtagsschmuck.

Er winkte seinen Adjutanten zu sich. »Wessen Idee ist das?«

»Einige von uns waren letztes Jahr in Worringen dabei. Sie haben für die Republik mitgesungen. Von denen kam der Vorschlag.« Peter rieb sich die Hände. »Und sobald wir die Preußen aus unsrem Tal verjagt haben, wollen wir auch für die Republik singen. Und deshalb weht ab heute auf allen Barrikaden von Elberfeld die rote Fahne.«

»Ihr zeigt Mut«, lobte Friedrich. »Jetzt bringen wir noch die kleinen Kanonen an beiden Flanken in Stellung, dann ist die Haspeler Brücke vor jedem Feind gesichert.«

Auf Handwagen wurden die Geschütze herangeschafft. Es mussten Balken und Steine neu geschichtet werden. Friedrich stieg über die Barrikade, ging ein Stück weiter, um von Barmer Seite aus die Wehrhaftigkeit zu überprüfen.

Da hörte er seinen Namen und gleich darauf: »Sohn!« Die Stimme des Vaters, sie bebte vor Zorn.

Langsam wandte sich Friedrich um. Eine drohende Statue. Am Aufgang der Brücke stand Friedrich Engels senior, die Füße breit gestellt, angetan mit dem hohen Zylinder und dem hellgrauen, leichten Mantel, die Rechte auf den Silberknauf des Stocks gestützt.

»Gott zum Gruße, Vater.«

»Du bist es nicht wert, den Namen des Herrn im Munde zu führen.«

Die Verachtung traf die ungeschützte Brust. Friedrich musste gegen den Stich anatmen, vermochte nichts zu erwidern.

Friedrich senior setzte nach: »Was tust du hier? Es ist Sonntag. Ich bin auf dem Weg zur Kirche, während du mit deinen Kumpanen den heiligen Feiertag schändest.«

Das Blut kehrte zurück. »Ich erfülle hier meine Pflicht. Elberfeld muss gegen den Angriff der Preußen gesichert werden. Unsere Notlage gebietet es, auch am Sonntag zu arbeiten.«

»Notlage? Wo, Sohn? Wo sind die Angreifer? Ich kann sie nicht …« Der Senior sah sich spöttisch um, sah nach oben und entdeckte die Fahne. Er hob den Stock wie ein Schwert. »Dort! Dort zeigst du dein wahres Fratzengesicht.« Als er vor zwei Tagen unterrichtet wurde, dass sein Sohn sich am anderen Ufer der Wupper unter die Revolutionäre von Elberfeld gemischt habe, da ahnte und fürchtete er schon, dass Friedrich sich als Wolf im Schafspelz bei dem aufständischen Mob angedient hätte. »Aber jetzt ist es offenbar.« Er stieß immer wieder mit der Stockspitze nach der Fahne. »Du bist im Kommunismus verkommen. Ich habe meinen ärgsten Feind am Busen genährt.«

Friedrich ging zwei Schritte auf den Vater zu. »Ich bin weder dein noch der Feind meiner Familie. Nur unsere …«

»Wenn das wahr wäre, dann hättest du nach der Rückkehr aus der Schweiz deine verdorbenen Freunde in Köln gelassen und wärst uns zu Hilfe geeilt.« Der Stock pfiff durch die Luft. Seinen Fabriken drohe Gefahr. Er habe eine bewaffnete Miliz ausrüsten müssen, die jetzt in Engelskirchen alle Gebäude und die Produktion schütze. »Und nicht mein ältester Sohn befehligt die Männer. Nein, für diesen Dienst muss der unerfahrene Bruder herhalten.« Nun geriet die Stimme in höchste Rage. »Mein Ältester baut Barrikaden für Elberfeld! Dies aber, dies nur als Deckmantel für seinen wahren Kampf.« Der Senior vollführte einen waagerechten Schlag durch die Luft, unwillkürlich wich Friedrich mit dem Kopf zurück und dachte im ersten Moment, so also willst du mich hinrichten, der Vater aber blickte hoch, meinte wohl das rote Tuch. »Niemals werde ich erlauben, dass im Tal der Wupper die rote Republik ausgerufen wird. Niemals.« Er wandte sich ab, nach wenigen Schritten drehte er sich nochmals um. »Und glaube mir, Sohn, ich habe mächtige Freunde, und zwar auf beiden Seiten der Wupper.«

Friedrich Engels senior ging hoch erhobenen Hauptes davon. Die Kirchenglocken begannen zu läuten.

»Herr Offizier?« Unbemerkt von Friedrich war Peter über die Barrikade gestiegen und stand jetzt mit einem Gewehr unter dem Arm hinter ihm. »Ich hab gehört, was der feine Kerl gerade gegen uns gesagt hat. Soll ich ihm eins aufbrennen?«

»Untersteh dich!« Sofort nahm Friedrich die Waffe an sich. »Das ist mein Vater.«

# 66

Im Tal der Wupper, Elberfeld
14. Mai 1849

Am nächsten Morgen fand auf dem Engelnberg der Generalappell statt. Friedrich ließ die verfügbaren Trupps antreten. Zum Entsetzen des Oberkommandierenden Mirbach bestand die ganze bewaffnete Macht, auf die Verlass war, nur aus siebenhundert Mann. »Wo sind die anderen? Es waren in der vergangenen Woche noch weit mehr als zweitausend.«

»Wir haben es in erster Linie mit Feigheit zu tun.« Friedrich verschränkte die Hände hinter dem Rücken, während er dem General Bericht erstattete. Agenten der Preußen hätten in den Zeltlagern das Gerücht von furchtbarsten Kettenstrafen für alle, die sich am Kampf beteiligten, verbreitet. Vor Grauen wären daraufhin viele Männer geflüchtet. »Außerdem schaden uns die Herren Fabrikanten.« Stirnrunzelnd sah der General den Hauptmann an. »Sie sind doch selbst Sohn eines dieser Herren.«

»Das ist wahr. Dennoch muss ich deren Verhalten nicht gutheißen. Und da nehme ich meinen Vater nicht aus.« Die Gewehre, welche der Ausschuss morgens unter den einfachen Handlangern und Tagelöhnern verteile, würden diese schon abends an die Bourgeoisie verkauft haben. »Die Fabrikanten lassen durch ihre Mittelsmänner hohe Preise zahlen. Weil sie selbst die Waffen benötigen, um eigne Schutztruppen auszurüsten.«

»Ich will, dass diese Machenschaften unterbunden werden. Und zwar sofort. Wer bei solch einem Geschäft ertappt wird, soll hart bestraft werden.«

»Ich habe verstanden«, sagte Friedrich und dachte an den Vater. Sei froh, Alter, dass du deine Truppe schon beisammenhast, sonst müsste ich ... Den Gedanken führte er nicht zu Ende.

Auf dem Rückweg vom Engelnberg trat ihm unvermittelt Advokat Höchster, auch ein Mitglied des Sicherheitsausschusses, in den Weg. »Darf ich mich anschließen?« Er wartete die Zustimmung nicht ab, kam sofort zur Sache. »Nach allgemeinem Beschluss fordern wir Sie auf, Elberfeld umgehend zu verlassen.«

Wie nach einer Ohrfeige schüttelte Friedrich den Kopf. »Ich verstehe nicht.«

»Nichts ist gegen Ihr Betragen einzuwenden. Sie haben für Elberfeld großartige Dienste geleistet. Die gute Bürgerschaft aber ist durch Sie in große Aufregung versetzt worden.«

Friedrich spürte den Griff nach seiner Kehle. »Gutes Betragen soll große Aufregung verursachen? Das widerspricht sich.«

»Ihre Anwesenheit hat die Elberfelder Bürgerschaft in höchstem Maße alarmiert. Seit gestern fürchtet sie, dass jeden Augenblick die rote Republik proklamiert wird. Deshalb wird verlangt, dass Sie sich unverzüglich aus der Stadt entfernen.«

O verfluchter Vater. Das ist dein Werk. Aber du hast dich verrechnet, meine Anhänger werden mich nicht gehen lassen. Der Achtundzwanzigjährige sah Herrn Höchster mit schmalem Lächeln an. »Selbstverständlich möchte ich mich nicht aufdrängen. Allerdings will ich auch meinen Posten hier nicht einfach wie ein feiger Hund räumen. Aus diesem Grunde verlange ich die Entlassung schwarz auf weiß. Und zwar vom gesamten Sicherheitsausschuss unterzeichnet.«

Ohne jede Regung nickte der Advokat. »Ich melde mich bei Ihnen. Bis dahin wünsche ich einen guten Tag.«

Schon gegen Mittag klopfte er an der Unterkunft und überreichte Friedrich ein Schreiben. »Das sollte genügen.«

»Beschluss: Der Bürger Friedrich Engels von Barmen, zuletzt in

Köln wohnhaft, wird unter voller Anerkennung seiner in hiesiger Stadt bisher erwiesenen Tätigkeit ersucht, das Weichbild der hiesigen Gemeinde noch heute zu verlassen, ehe seine Anwesenheit zu Missverständnissen über den Charakter der Bewegung Anlass geben könnte.«

Friedrich griff nach dem letzten Strohhalm. »Ich kann der Aufforderung nur Folge leisten, wenn General Mirbach es mir befiehlt. Er ist mein Weisungsberechtigter, und ich darf nicht eher von meinem Posten weichen, bis Mirbach mich entlässt.«

Kühl sah ihn Höchster an. »Wie Sie wünschen.«

Während der Nacht fand Friedrich kaum zur Ruhe, im Halbschlaf sah er sich als Junge vor dem Vater stehen, der hatte die versteckten Ritterromane hinten im Regal gefunden. »Wie oft habe ich dir verboten, solch einen Schund zu lesen?«

»Aber ich liebe Siegfried, den Drachentöter.«

Nach einigen Stockhieben befahl der Vater: »Sei gottesfürchtig, mein Sohn, und gehorche.«

Advokat Höchster brachte in den ersten Vormittagsstunden die von General Mirbach unterzeichnete Entlassung. »Damit Sie es auch wirklich glauben, haben wir den Beschluss auf Plakaten in ganz Elberfeld aushängen lassen.« Er nickte befriedigt und ging.

Nein, es durfte nicht vorbei sein. Friedrich schlug sich die Faust gegen die Stirn. Es ist vorbei. Eine Niederlage. In qualvollem Zorn stöhnte er auf. »Nicht so, verflucht. Nicht so.« Eine halbe Stunde ging er in seinem Quartier auf und ab. Dann öffnete er die Tür und rief nach seinem Adjutanten. »Sattle die Pferde. Wir haben einen Geheimauftrag. Ich benötige 30 Mann. Wer von deinen Kameraden reiten kann, soll sich bereit machen.«

Peter strahlte. »Wohin geht es?«

»Das erfährst du, wenn wir unterwegs sind.« Friedrich drohte ihm mit der Trillerpfeife. »Beweg dich, sonst … Aufbruch in einer Stunde.«

Hoch zu Ross, bewaffnet mit Säbel und Pistolen, führte er den Reitertrupp an, erst als sie die Stadtgrenze in Richtung Nordwesten verlassen hatten, wandte sich Friedrich wieder an seinen Adjutanten. »Unser Ziel ist Gräfrath.«

»Und dann?« Die Ungeduld übertrug sich auf das Pferd, kaum konnte es Peter im Zaum halten.

»Gib die Auskunft an die Männer weiter! Das Nähere erfahrt ihr, wenn wir vor Ort sind.«

Unweit des Zeughauses von Gräfrath ließ Friedrich auf einem durch Sträucher vor Blicken geschützten Wiesenstück absitzen. »Wir statten dem Waffenlager einen Besuch ab.« Schon zogen einige der Draufgänger ihre Pistolen. »Lasst stecken«, fuhr der Kommandant sie an. »Keiner schießt ohne meinen Befehl.« In knappen Worten erläuterte er seinen Plan, verteilte die Aufgabe. »Und los geht es!«

Fünf Männer näherten sich unauffällig den Seiten- und Hintereingängen. Durch Handzeichen signalisierte einer dem anderen den Vollzug, der Letzte gab den Wink an die Einheit weiter. Friedrich schickte den Haupttrupp los. Zwanzig Bewaffnete nahmen rechts und links der Zufahrt Aufstellung, und ehe die beiden Wachposten begriffen, stand Friedrich mit gespannter Pistole vor ihnen. »Es muss kein Blut fließen.« Neben ihm zog nun auch Peter seine Waffe.

Der nächste Befehl klang fast wie eine freundliche Aufforderung. »Gehen wir hinein.« Drinnen mussten die Wachen ihre Bajonettgewehre auf den Boden legen und sich dann mit dem Gesicht zur Wand stellen, die Hände im Nacken verschränkt. »Wer sich rührt, ist tot.«

Adjutant Peter winkte den Kameraden an der Auffahrt. Schnellen Schritts kamen sie ins Zeughaus. Die Tür der Waffenkammer stand weit offen. Jeder stopfte sich den Rucksack mit Munition voll, nahm in den einen Arm drei Gewehre, auf den anderen lud er sich Uniformhosen und Jacken der Bürgerwehr. »Abrücken.« Der Überfall hatte nicht länger als zehn Minuten gedauert. Ohne Alarm und Zwischenfall gelangten die Diebe mit ihrer Beute wieder auf dem Wiesenplatz an. Erst hier lachten sie, priesen und bestaunten sie ihren Hauptmann.

Friedrich dankte mit erhobenen Händen. »Bravo, Männer. Ihr habt Disziplin gezeigt, dafür mein Lob an alle.« Sie sollten Waffen, Munition und Uniformen in den mitgeführten Säcken verstauen. »Jedes einzelne Stück wird erst bei der Militärkommission des Sicherheitsausschusses abgeliefert. Dann verlangt nach dem, was ihr benötigt.«

Friedrich nahm seinen Adjutanten beiseite. »Wir müssen uns jetzt verabschieden.«

»Was?« Peter weitete die Augen. »Sie kommen nicht mit? Warum?«

»Jetzt ist keine Zeit für Erklärungen.« Das Entsetzen des Jungen wärmte das Herz. »Nur so viel: Die Mächtigen in Elberfeld wollen mich nicht mehr.«

»Aber niemand ist bei uns so beliebt ...«

»Nicht weiter, mein Freund. Vielleicht treffen wir uns irgendwo wieder.« Friedrich fasste ihn an der Schulter. »Du übernimmst. Führe die Männer sicher zurück.« Er schob Peter vor den Trupp. »Ab sofort hat mein Adjutant das Kommando! Viel Glück, Männer!«

Aufrecht stieg Friedrich in den Sattel, grüßte kurz mit gestreckter Hand an der Hutkrempe und ritt nach Südwesten in Richtung Rhein davon.

## 67

Bingen, Mäuseturm
Ende Mai 1849

Wellen schwappten. Schnell floss der Rhein, drängte sich nach der Biegung in die Enge zwischen den schroff ansteigenden Weinbergen.

»Sind da Mäuse drin?« Klein Jenny, die fünfjährige und älteste Tochter der Marxens, wies mit dem Ärmchen hinüber zum schmalen, hohen Turm auf der Flussinsel.

»Ich glaube schon.« Helene zog das Mädchen am Jackenkragen etwas vom Ufer weg. »Sicher aber auch Ratten.«

»Und warum heißt der Turm nur Mäuseturm?«

»Weil er nun mal so genannt wird.« Helene wollte das Kind nicht mit der furchtbaren Sage vom geizigen Bischof, der zum Schluss von den Mäusen gefressen wurde, erschrecken. Bei der lebhaften Fantasie Klein Jennys würden ihr im Traum sonst Hunderte dieser Biester ins Bett schlüpfen.

»Aber warum heißt er nicht Rattenturm?«

»Weil Mäuse netter sind. Und nun Schluss mit der Fragerei.« Helene nahm die Neugierige bei der Hand und ging mit ihr über die flachen Kieselsteine zur blühenden Obstwiese hinüber. Dort saß Frau Jenny im Gras auf ihrem ausgebreiteten Mantel und las in der roten Zeitung. Neben ihr hockte Musch im geliehenen Handwagen, von der Sonne gewärmt kaute er in sich versunken an seiner Beißwurzel. Tochter Laura tappte um die Mutter herum, rupfte Gänseblümchen und häufelte sie auf dem Tuch, mit dem der Proviantkorb abgedeckt war.

Helene seufzte. Was für ein friedliches Bild. Und doch sind wir schon wieder heimatlos. Sie blickte das Ufer entlang. Ein gutes Stück weiter unten schritten Karl und Herr Fritz. Sie schienen heftig zu diskutieren, mal drehten sie sich zueinander, mal ging der eine schneller, dann fuchtelte der andere mit den Armen und holte ihn wieder ein.

Ihr Männer, ihr könnt einfach keine Ruhe geben. Innerhalb von 24 Stunden musstet ihr Köln Hals über Kopf verlassen. Das war am 19. Mai. Karl, weil ihm sonst die Abschiebung durch die Polizei drohte. Und Herr Fritz, weil er wegen eines Raubüberfalls bei Elberfeld per Steckbrief in ganz Preußen gesucht wurde. Also haben wir Frauen unser schönes Silber wieder ins Pfandhaus gebracht, die Möbel und alles andere untergestellt und sind mit dem Schiff hier nach Bingen zum vereinbarten Treffpunkt. Gut acht Tage mussten wir in der Pension auf euch warten. Frau Jenny ist fast gestorben vor Angst, während ihr in Frankfurt, Karlsruhe und sonst wo wart. Und als ihr dann gestern auch noch ganz munter erzählt habt, dass ihr zwischendurch sogar zwei Nächte im Gefängnis verbracht habt, da konnte ich die Tränen meiner armen Frau Jenny verstehen. Helene schüttelte den Kopf. Und jetzt schmiedet ihr dahinten schon wieder neue Pläne. Während sie mit Klein Jenny den Lagerplatz unter den Obstbäumen erreichte, machten die Freunde am Ende der Wiesen kehrt und kamen unvermindert heftig gestikulierend zurück.

Sorgsam legte Helene das Tuch mitsamt der Gänseblümchenernte neben den Korb.

»Wer möchte einen Zuckerkringel?« Gleich war Laura zur Stelle und strahlte. Ihre größere Schwester streckte nur die Hand aus und drehte das Gesicht zur Mutter. »Essen Mäuse auch Kringel?«

Jenny ließ die ganz in Rot gedruckte letzte Ausgabe der *NRhZ* sinken. »Mäuse? Hier gibt es keine Mäuse.«

»Wohl. Da drüben im Turm.«

Erst jetzt kehrte die Mutter aus ihren Gedanken zurück. »Hab keine Angst, die kommen nicht rüber.«

»Aber warum?«

Energisch fasste Helene die kleine Schulter. »Mama geht es nicht so gut.«

Laura stellte sich vor die Schwester, mit vollem Mund erklärte sie ihr altklug: »Mama bekommt ein Kind.«

»Das weiß ich. Aber ...« Ehe sich Klein Jenny versah, stopfte ihr Helene den Kringel zur Hälfte in den Mund. »Genug jetzt.« Sie beugte sich zu der blassen Frau. »Möchten Sie etwas essen? Oder Saft?«

Jenny lehnte ab. »Heute verspüre ich keinen Appetit.« Sie strich über den noch kaum vorgewölbten Bauch. »Seltsam«, sie lächelte ein wenig. »Der Kleine da drinnen ist mit seinen vier Monaten recht rücksichtsvoll. Er weiß wohl schon, dass wir äußerst knapp bei Kasse sind, und verzichtet auf den Heißhunger der letzten Wochen.«

»Der wird nicht gefragt.« Helene goss kühlen Tee ein und reichte ihr den Becher. »Trinken Sie, sonst verdurstet ihr beide mir noch.«

Vor den Männern erreichte ihr Zigarrenqualm den Lagerplatz. »Wir können nicht aufgeben.« Die Stimme Friedrichs drängte. »Trotz der Niederlage in Elberfeld, trotz der Untätigkeit des Parlaments in Frankfurt, trotz all dieser gottverdammten Unfähigkeit um uns herum müssen wir unsren Kampf weiterführen.«

»Wir werden unsere Artikel in anderen Blättern ...«

»Nicht nur schreiben. Die Leser glauben uns nicht mehr, wenn wir uns nicht auch im bewaffneten Kampf beweisen.« Friedrich schlug dem Freund auf die Schulter. »Sobald sich die passende Gelegenheit bietet, und zwar bei Ausbruch der Kriegshandlungen, sollten wir die einzige Stellung einnehmen, welche die *NRhZ* einnehmen kann, nämlich die des Soldaten. Wenigstens einer von uns muss mit in den Krieg, weil ...«

»Nein!«, schrie Jenny dazwischen. Beide Männer fuhren herum. Sie erhob sich etwas schwerfällig. »Wehe dir!« Sie stampfte auf Friedrich zu, dabei rollte sie einige Blätter der Zeitung in den Händen und drohte ihm damit. »Du überredest meinen Mann zu nichts, aber auch zu gar nichts. Von wegen Krieg!« Sie funkelte ihn, dann Karl an. »Habt ihr nicht endlich genug? In Brüssel, in Paris, jetzt in Köln, überall scheitern wir. Alles habe ich ertragen und mitgetragen. Und immerhin leben wir noch.« Sie stieß mit der Rolle nach Friedrich. »Und jetzt willst du meinen Mann zum Krieg verführen?«

»So ist es nicht gemeint. Ich …«

»Jetzt rede ich«, unterbrach sie, klammerte beide Hände um den Papierstab. »Wie kannst du es wagen? Du verstehst viel von Waffen. Karl kann weder mit einem Säbel umgehen, geschweige denn eine Flinte bedienen. Schon am ersten Tag würde er fallen.« Sofort schossen ihr Tränen aus den Augen. Sie bemühte sich, das Weinen zu unterdrücken, und setzte mit erstickter Stimme hinzu: »Was wird dann aus unserer Familie? Habt ihr daran schon mal gedacht?« Sie wandte sich Karl zu, schlug ihm ohne Kraft die flache Hand mehrmals gegen die Brust. »Unser ganzes Geld hast du in die Zeitung gesteckt. Und nun gibt es sie nicht mehr. Das hier …« Sie entrollte die Blätter. »Das hier ist der Rest. Ich habe vorhin noch mal das Gedicht von Freiligrath auf der ersten Seite durchgelesen. Vorher fand ich es ergreifend. Jetzt aber höhnt es mich an. Hier, allein schon diese Zeilen.« Sie wischte sich die Augen und las:

»Wenn die letzte Krone wie Glas zerbricht,
In des Kampfes Wettern und Flammen,
Wenn das Volk sein letztes ›Schuldig!‹ spricht,
Dann stehen wir wieder zusammen!
Mit dem Wort, mit dem Schwert …«

Sie brach ab und schüttelte heftig den Kopf. »So darf es nicht sein. Nicht mit dem Schwert. Nicht du.«

Karl umfasste ihre Schulter. »Davon ist auch nie die Rede gewesen. Du hast Fritz falsch verstanden. Für uns, mein Liebes, bleibt es so, wie wir es gestern besprochen haben.« Jenny und Helene würden vorerst mit den Kindern zur Baronin nach Trier reisen. Marx hatte sich ein Mandat des demokratischen Zentralausschusses besorgt, damit wollte er nach Paris, um dort die deutsche revolutionäre Partei zu vertreten, und so bald wie möglich die Familie nachholen. Er deutete auf den Freund. »Unser Fritz bleibt in der Pfalz. Er wird von Kaiserslautern aus über den Aufstand der Revolutionäre schreiben, und sollte es wirklich losgehen, dann will er mitkämpfen.«

Jenny sah Friedrich an. »Ist das die Wahrheit?«

Er rieb sich das bärtige Kinn. Natürlich wollte ich, dass Karl mit mir geht. Wie wütend wir vorhin darum gestritten haben, behalte ich besser für mich. Auch dass ich glaube, ein Gefecht mit den Preußen ist weniger gefährlich, als sich im brodelnden Kessel von Paris zu behaupten. So sagte er: »Es ist die Wahrheit. Hier in Bingen trennen wir uns. Ich alleine gehe nach Kaiserslautern.«

# 68

Im Tal der Murg, nahe Rastatt
29. Juni 1849

Friedrich lachte nicht mit. Der gesamte Divisionsstab der badisch-pfälzischen Armee saß im Hotel Elisabethenquelle beim Mittagstisch. Unter den Generälen hier im Hauptquartier bei Rotenfels herrschte gute Stimmung. Nach dem üppigen Essen übertrumpften sich zotige Witze und steigerten das Gelächter. Am Wein beteilige ich mich gerne, dachte Friedrich, auch schmecken die Zigarren, aber jeder Spaß ist mir in den letzten drei Wochen gründlich vergällt worden.

Er blickte zur Seite. Auch sein Vorgesetzter, Oberst August Willich, fand sichtlich kein Gefallen am schlüpfrigen Geschwätz oder den schamlos erfundenen Heldentaten seiner Kameraden. Da reden sie von Siegen, von geschickten Gefechtstaktiken und haben in Wahrheit nur Niederlagen erlitten. Versteinert saß Willich da, selbst der mächtige Bart bewegte sich nicht.

Wie gut kann ich ihn verstehen. Friedrich nahm einen tiefen Zug und blies den Rauch zur Decke. Seit ich in Kaiserslautern zu ihm ging, er mich zu seinem Adjutanten ernannte und wir uns mit dem Freikorps der Armee angeschlossen haben, seit Beginn der Kämpfe sind wir nur auf der Flucht. Inzwischen haben uns die Preußen längst aus der Pfalz vertrieben. Wir sind über den Rhein geflohen, haben geglaubt, mit den Badischen zusammen könnten wir etwas gegen die Übermacht ausrichten. Was für ein Irrtum. Die badischen

Truppen sind ebenso untauglich und schlecht ausgerüstet wie die unseren. Und nun sitzen wir hier eingeschlossen von drei Seiten an der Grenze zum neutralen Württemberg in der Falle, und die Oberbefehlshaber lassen es sich gut gehen.

»Den Kampf gestern hat ein einziger Schütze von uns entschieden.« General Mercy grinste schon im Voraus. »Und zwar mit seinem kolossalen Standrohr.« Nachdem der erhoffte Doppelsinn angekommen war, schilderte er wahrheitsgemäß weiter: »Der Kerl besitzt eine wahre tragbare Kanone. Mit der hat er gestern auf gut 900 Schritt einen preußischen Offizier vom Pferd geschossen. Daraufhin machte dessen Kompanie sofort rechtsum und marschierte in den Wald zurück.«

Die Tür wurde aufgestoßen. Ein junger Freischärler stürmte herein, nach einigen Schritten erst besann er sich und nahm Haltung an. »Melder Peter!« Über das hochrote, flaumbärtige Gesicht lief der Schweiß. »Die Preußen! Es ist dringend!«

Ehe einer der Kriegsherren dem Kundschafter eine Rüge erteilen konnte, erhob sich Friedrich. Gleich lief Peter auf ihn zu. »Herr Offizier …«

»Warte.« Friedrich wandte sich an die Runde. »Entschuldigen Sie sein unmilitärisches Auftreten. Dieser junge Mann war in Elberfeld mein Adjutant. Wir begegneten uns erst vor drei Tagen in Karlsruhe wieder, deshalb lässt sein Auftreten noch zu wünschen übrig.« Er wandte sich an Peter: »Was gibt es?«

»Die Preußen. Ich hab gesehen, wie sie Stellung beziehen. Drüben bei Bischweier.« Wie zur Bestätigung setzte in einiger Entfernung das Grollen und Wummern der Kanonen ein. »Da, sie fangen an.«

»Bischweier?« General Mercy legte die Zigarre in den Aschenbecher. »Der Ort verbindet die Division Oborski mit der unseren. Bischweier ist unbedingt zu halten.«

»Ich rate ab!« Willich schlug mit der Faust auf den Tisch. »Der Lärm dort drüben ist reine Ablenkung. Die Gefahr droht genau in entgegengesetzter Richtung bei Gernsbach. Wir müssen hier in Rotenfels unsere Truppen bereithalten.«

»Aber, August Willich, du weißt doch, wie es geht: Sobald unsere Bataillone angegriffen werden und keiner kommt ihnen gleich in Masse zu Hilfe, dann wird sofort Verrat geschrien, und alles reißt aus.« Mercy blickte die übrigen Kameraden an. »Deshalb müssen wir die Verbindung zur Division Oborski unbedingt sichern. Habe ich Ihr Einverständnis, meine Herren?«

Bis auf Willich und Friedrich nickten alle in der Runde.

Mercy erhob sich zur vollen Größe: »Damit ergeht der Befehl: Alle Truppen nach Bischweier. Der Ort muss vor den Preußen geschützt werden.«

Befehl war Befehl.

Im Wechsel von Schritt und Laufschritt ließ Friedrich die Schützenkompanie auf der Straße entlang des rechten Murgufers in Richtung Bischweier marschieren. Er und Willich begleiteten den Trupp zu Pferd. Kundschafter Peter war mal vorn bei den Offizieren, dann ließ er sich mit seinem Gaul zurückfallen, wachsam beobachtete er das unübersichtliche Gelände neben der Straße.

Sie kamen rasch voran. Nach einer halben Stunde bellten Schüsse. Drüben aus den Sträuchern am Ende der lang gestreckten Obstwiesen blitzte das Mündungsfeuer, Pulverdampf stieg auf. »Verteilen!«, befahl Friedrich. »Gebt Sperrfeuer.«

Die Kolonne zerstreute sich, viele der Männer hetzten in die Wiesen, suchten Stellung hinter den Obstbäumen, andere rannten in die ansteigenden Weinfelder, das Laub gab ihnen notdürftige Deckung. Sie schossen mit ihren Musketen, mussten aufrecht stehen, benötigten Armfreiheit zum Nachladen. Pulver, Blei und Ladestock, dann gaben sie erst den zweiten Schuss ab, und bis zum dritten dauerte es wieder.

Oberst Willich überließ Friedrich das Kommando. »Haltet die Linie!« Er selbst ritt zurück. Der Hauptteil seines Korps sollte zur Verstärkung nachrücken. Friedrich wählte für sich, Peter und die Pferde einen Heuschober aus. Von hier war es ihm möglich, seine Männer und auch den Feind zu beobachten.

Ohne Pause feuerten die Preußen, ehe Friedrichs Scharfschützen einen Schuss abgaben, blitzte es längst dreimal aus den Sträuchern. Die Kugeln schlugen in die Baumstämme ein, Rinde splitterte, und Äste knickten.

Nicht weit vom Heuschober schrie einer der Männer gellend auf, warf die Arme hoch und stürzte nach hinten. »O Gott!«, rief Peter entsetzt. Sofort griff ihn Friedrich am Kragen. »Gott hat jetzt keine Zeit. Lauf geduckt zu ihm. Wenn er noch lebt, sag ihm, wir holen ihn später. Aber bring seine Ausrüstung her.«

Peter huschte aus der Deckung, als Kugeln in seiner Nähe einschlugen, robbte er durchs Gras bis hin zu dem Getroffenen. Der Mann war tot. Mit dessen Gewehr, Pulversack, Stock und zehn Kugeln gelangte er wieder hinter dem Heuschober an.

»Ich übernehme seinen Platz«, knurrte Friedrich. Im Handumdrehen hatte er die Muskete geladen. »Herr Offizier, bitte. Ihr könnt da nicht rausgehen.«

»So gut schießen die Kerle nicht. Halt du unsere Gäule still.«

Friedrich schob sich, eng an die Seitenwand des Schobers gepresst, ein Stück weit nach vorn, trat jäh ins Freie, feuerte und zog sich sofort zurück. Nachladen und wieder schoss er auf das Gebüsch, aus dem ohne Unterlass weißer Pulverdampf stieg. Jetzt hatte der Feind seine Position ausgemacht. Die Kugeln schlugen in die Bretter, zerfetzten eine Dachecke. Kaum konnte Peter die Pferde halten. »Warum schießen die Preußen schneller als wir? Warum, verflucht?«

»Weil sie im Liegen von hinten nachladen können. Die Preußen haben die neuen Gewehre. Wir mit unsren alten Büchsen und den Ladestöcken sind da viel zu langsam.«

Geschützdonner auf der linken Murgseite. »Das sind unsere.« Friedrich füllte Pulver in den Lauf. »Na endlich.«

Die Kugeln aber flogen über die Barriere aus Sträuchern hinweg. »Wenn die Herren Artilleristen jetzt auch noch etwas genauer zielten«, spottete er bitter. »Dann, ja dann gewinnen wir die Schlacht.«

Hornsignale hinter der feindlichen Linie, nicht nur eins, gleich mehrere Hornisten bliesen zum Angriff. Da tauchten auch schon Reiter auf, gleich dahinter eine starke Kolonne. Und an ihren Flanken rollten große Kanonen. Der Feind ist fünffach überlegen, dachte Friedrich, nach wenigen Augenblicken schüttelte er den Kopf. Nein, wir sind zehnfach unterlegen.

Der erste Scharfschütze verließ seine Position hinter dem Obstbaum und flüchtete zu den Weinhängen hinauf, dann waren es zwei, die trotz des Kugelhagels davonrannten.

»Hiergeblieben!«, schrie Friedrich. »Keiner verlässt seinen Platz!« Doch als hätte er genau das Gegenteil befohlen, war keiner der Männer mehr zu halten, sie hasteten, stolperten, suchten kopflos das Weite.

Die Preußen stießen die Lunten ins Pulver, und ihre Kanonen brüllten. Die Eisenkugeln schlugen Breschen in die heranmarschierenden Einheiten der badisch-pfälzischen Armee. Das Geschrei der Verwundeten übertönte bald das Knallen der Gewehre.

Auf der Hügelkette, bevor es hoch ins Gebirge ging, entdeckte Friedrich die Fahne des Willich'schen Korps. Sehr schlau, mein Oberst. Da oben sind wir aus dem Kreuzfeuer raus. Da können wir uns neu aufstellen und wieder angreifen. Er rückte Peter die Mütze zurecht. »Du hältst dich gut, Junge.«

»Ich wollt, ich wär wie Sie.«

»Untersteh dich!« Er griff in die Mähne seines Pferdes. »Ich reite hinauf zu Willich. Die Linien von General Mercy ziehen sich im Murgtal langsam in Richtung Rotenfels zurück. Mit der Verfolgung lassen sich die Preußen jetzt Zeit. Du schaust dich um. Dahinten im Wäldchen oder bei den Bauernhäusern. Falls du noch einen von uns entdeckst, dann schicke ihn zur Höhe rauf.«

Noch hatte Friedrich das Willich'sche Korps nicht erreicht, als oben vom Gebirge aus Artilleriefeuer einsetzte. »Diese hinterhältigen Schweine«, fluchte er. »Jetzt werden sie uns aufreiben.« Ohne Skrupel waren die Preußen ins neutrale Württemberg eingedrungen und schossen den Freiheitsarmeen nun auch ins Rückgrat.

»Herr Offizier!«

Friedrich wandte sich im Sattel um, von weiter unten hetzte Peter sein Pferd direkt den Hügel hinauf. »Ein Freund ...« Er zügelte sein Pferd neben ihm. »Ich habe einen gefunden. Er liegt ... und ist verwundet.«

»Schweig!«, herrschte ihn Friedrich an. »Erst sammelst du dich, dann gibst du Meldung.« Der Junge nickte, schluckte einige Male. »Vor dem Bauernhaus habe ich den Mann liegen sehen. Ein großer Mann, einer von den unsren.« Erst habe er gedacht, der Freischärler wäre tot. Doch beim Näherkommen habe er gesehen, dass der Kamerad die Hände immer wieder in den Boden krallte und sich so langsam weiter zum Haus hin zog. »Er hatte schon keine Stiefel mehr an, keine Waffen, keinen Gürtel mehr. Da wusste ich, dass die Preußen ihn schon gefleddert und dann einfachen liegen gelassen haben.«

Darin sind wir nicht viel besser, dachte Friedrich und fragte: »Freund? Kenne ich den Verwundeten?«

»Ich hab mich hingekniet und gut Freund gesagt. Da hat er mich angesehen, und ich hab gesehen, dass Blut am ganzen Bauch ist. Als ich ihm dann sagte, welches Korps und wer mein Offizier wär, da hat er gelächelt und Freund Engels gesagt, und noch: Richte ihm aus: Moll, Joseph hält die Stellung, bis Engels kommt.«

Joseph Moll, der Uhrmacher aus Köln, der Gefährte auf dem langen Weg. »Führe mich!« Friedrich wendete den Gaul und folgte seinem Kundschafter den Hang hinunter. Hinter ihnen, von den Seiten und jenseits der Murg, von überall her dröhnte Geschützfeuer. Sie zügelten die Pferde nicht, ungefährdet erreichten sie das Bauernhaus. Der Hof war leer. Vor dem Eingang sprang Friedrich aus dem Sattel. »Ist Moll drinnen?«

»Das habe ich nicht geschafft. Er war mir zu schwer. Deshalb ...« Peter zeigte zur Hundehütte. »Bis dahinter habe ich ihn gezogen. Damit ihn keiner entdeckt.«

Friedrich fand den Freund, kniete sich zu ihm. »Joseph.«

»Fritz?« Die verklebten Lider öffneten sich zu einem Spalt. »Fritz, du bist gekommen.«

Unterhalb des Nabels hatte die Kugel den Bauch aufgerissen. Blut quoll aus der Wunde, schwärzlicher Brei aus Dreck und Blut bedeckte den ganzen Unterleib. »Der Feldscher flickt dich wieder zusammen«, versprach Friedrich und wusste, dass er log. »Wir bringen dich hier weg.«

»Nachher. Bleib nur ganz nah.«

Friedrich setzte sich und bettete den Kopf auf seinen Oberschenkel. »Geht es so?«

»Danke, viel besser. Weißt du, Mercy hat unsren Flügel zu weit vorgeschickt. Im Hohlweg haben sie uns aufgelauert …« Moll rang nach Atem. »Und da …« Er brach ab. »Durst. Hast du …?«

Friedrich sah zu Peter auf. Er musste nichts sagen, der Junge rannte zu den Pferden und brachte die Wasserflasche. Nur drei Schluck, dann hustete Moll, keuchte, bis der erneute Schmerz etwas nachließ. »Wie spät ist es?«

Friedrich öffnete die Taschenuhr. »Kurz vor sieben am Abend.« Er spürte, wie Moll ihm die Hand tätschelte. »Sie läuft also immer noch.« Und nach einer Pause fuhr er fort: »Für mich wird es jetzt zu spät.«

»Nein, bleib, du hast noch Zeit«, versicherte Friedrich. »Es ist noch hell.«

»Bring mich zurück …« Die Stimme wurde schwächer. Friedrich musste sich über die Lippen beugen. »Ja, Köln … nach Hause.« Der Kopf sank zur Seite. Stille, bis das eigene Herz weiterschlug. Und Friedrich schloss dem Freund behutsam die Lider, ließ die Hand auf den Augen liegen. Joseph Moll, du Uhrmacher aus Köln. Du treuer, unermüdlicher Freund. Du hast an unserer Seite für den Arbeiterverein gekämpft. In London, in Paris. Die Preußen wollten dich verhaften, und das ausgerechnet in deiner Heimatstadt, doch deine Kölner haben dich befreit. Friedrich spürte, wie ihm Tränen über die Wangen liefen. Und nun hast du dich in diesem unsinnigen, unseligen Krieg für die Reichsverfassung geopfert. Unsere Revolution? Nein, mein Freund, nicht mehr. Mit dir ist heute auch die große Revolution endgültig gestorben.

»Herr Offizier?«

Friedrich blickte zu dem Jungen auf. »Was gibt es?«

»Hornsignale. Das sind die vom Feind. Sie kommen näher. Wir dürfen hier nicht bleiben.«

»Du hast recht. Es geht weiter. Hilf mir.« Gemeinsam zogen sie den Leichnam in die Sträucher hinter der Hundehütte und stiegen in die Sättel. »Ohne Halt rauf zur Höhe!« Friedrich gab seinem Gaul die Sporen.

# 69

Manchester, Suppenküche
Mitte Juli 1849

Den Saal aufgeräumt haben wir, dachte Mary, jetzt noch im Hof spülen, und dann soll mir Tom ein kühles Bier besorgen. Sie fühlte sich erleichtert. Kochen und Ausgabe der Suppe hatten mithilfe einiger Frauen aus der Kirchengemeinde nach anfänglichen Schwierigkeiten doch noch gut funktioniert. Ab heute stand ihre Freundin Mary Harney für eine Woche der Armenküche nicht zur Verfügung. Sie war nach Schottland gefahren, um in Mauchline die alten Eltern zu besuchen.

Mary trocknete sich mit dem Ärmel die verschwitzte Stirn. Bei dieser Sommerhitze über dem Feuer die Suppe rühren, da kommt mir eine Stunde wie drei Stunden vor. Sie trat in den Hof hinaus. Während ihr Bruder noch die beiden großen Kochkessel mit Wasser füllte, versenkten die Helferinnen in den anderen bereits ganze Stapel von leer gegessenen Blechnäpfen und warfen die Löffel hinterher. Mary nahm zwei Bürsten und verteilte die Aufgaben. »Ich reinige. Und du …« Sie gab eine der Bürsten weiter. »Du spülst im rechten Kessel klar.« Sie wies auf die Leine, dort hingen einige weiße Tücher. »Du trocknest und legst das Geschirr sortiert in die Körbe.«

Sie blickte den Bruder an. Der Dreizehnjährige wehrte gleich ab. »Ich habe zu tun.« Er hielt die Spendenbüchse hoch. »Ich mache die Kasse.« Damit hockte er sich vor dem Schuppen auf einen Holzklotz, geübt rückte er sich einen zweiten höheren als Tisch heran, spannte einmal mit den Daumen die Hosenträger und öffnete sein Abrechnungsheft.

Mary krempelte die Ärmel des Kittelkleides hoch, tauchte Hände und Bürste ins Wasser, und ein Napf nach dem anderen wanderte in den Kessel nebenan, dann ins Tuch und kurz darauf getrocknet in den Korb. Bald schon schmunzelte sie über den glatten Ablauf: »In einer Fabrik klappt es auch nicht besser.«

Hinter ihrem Rücken klopfte jemand gegen Holz. »Entschuldigung. Könnte ich …?«

»Das Essen ist vorbei, gute Frau«, fuhr Mary dazwischen, ohne die Arbeit zu unterbrechen. »Wir öffnen nachmittags um fünf Uhr und schließen um sieben.«

»Aber die Saaltür stand noch offen.«

»Weil wir lüften müssen.«

»Schwester.« Tom war zum Kessel gekommen. »Pst.« Sie blickte hoch, sein Finger warnte sie verstohlen. »Da ist jemand anderes.«

Mit der Bürste in der Hand wandte sich Mary um. »Nein?« Sie glaubte es nicht, wusste es dann, sie streckte beide Arme. »Marie, du bist es wirklich.« Jetzt fiel ihr die Bürste auf. »Ach, verzeih.« Mit Schwung warf sie den borstigen Spülhelfer zurück in den Kessel und rieb die Hände am Kittel ab. »Willkommen!«

»Ach, Mary. Was habe ich nach dir gesucht.« Die Frauen umarmten sich herzlich. Mein Kittel, er fiel Mary zu spät ein, gleich löste sie sich. »Vorsicht, nass. Ich bin noch im Suppendress.« Sie bewunderte das hellgrüne Sommercape der Freundin. Wie gut passten die glatten schwarzen Haare dazu. »So eine feine Dame verirrt sich selten in unsere Gegend.«

»Spotte nicht«, lächelte Friedrichs Schwester. »Wenn ich dein Aussehen hätte, dann müsste ich mich nicht so rausputzen.«

»Genug.« Mary hob beide Hände. »Schluss mit den Komplimenten.« Sie stellte den Helferinnen Marie vor und verpflichtete Tom, den Platz am Spülkessel einzunehmen. »Dazu bin ich nicht da«, sträubte er sich.

»Ich kann helfen.« Marie löste schon die Schlaufe ihres Capes. »Zusammen sind wir rasch fertig.«

»Nicht«, bat Mary und zog Tom am Hosenträger vor den Kessel. »Du irischer Holzkopf. Heute wird auch gespült. Dein Rechnungsbuch kann warten. Verstanden?«

Er sah den Blick der Schwester und sträubte sich nicht länger.

»Noch kann ich nicht hier weg.« Mary nahm den Arm der Freundin. »Setzen wir uns solange drüben hin.« Erst nach Beendigung der Spülarbeiten könnte sie sich umziehen und die Halle abschließen.

Hinter den schon gesäuberten Feuerstellen nahmen sie in der abgetrennten Kammer für die Mitarbeiterinnen am schmalen Tisch Platz. Mary bot Wasser aus der Karaffe an. »Wenn du magst, können wir nachher gegenüber in der Schenke ein Bier trinken.«

»Ich habe den ganzen Abend Zeit.« Kurz schilderte Marie Blank, dass sie von London hergekommen sei, um der Fabrik des Vaters einen Besuch abzustatten. Ehemann Emil habe ihr irgend so ein Schriftstück, welches besser nicht mit der Post geschickt werden sollte, für die Herren Ermen zum Unterzeichnen mitgegeben. »Aber das war nur ein Vorwand. Ohne Nützliches zu erledigen, hätte Emil mich nicht alleine reisen lassen.« Marie beugte sich über den Tisch und nahm Marys Hände. »Ich wollte dich unbedingt wiedersehen, wollte sehen, wie du lebst, und natürlich auch deine Suppenküche kennenlernen. Außerdem ...« Sie sprach nicht weiter, ihre Augen verdunkelten sich.

Mary wartete, fragte dann doch nach einer Weile: »Außerdem?«

»Ich habe Angst, es könnte dich schmerzen, wenn ich daran rühre.«

»Du meinst Frederick?«

Gleich presste Marie die Hände fester. »Weißt du etwas?«

»Aber ja. Er hat mir geschrieben.«

»Wann? Wie lange ist das her?«

»Anfang Juni.«

Ein Lächeln glitt über das Gesicht der Schwester. »Dann weißt du mehr als wir. Weder die Eltern noch ich haben nach Auflösung der Zeitungsredaktion in Köln etwas über Friedrichs Verbleib erfahren.«

Mary ging zu ihrem Beutel und kam mit dem Brief zurück, etwas beschämt gestand sie: »Den letzten trage ich immer bei mir.«

»Ach, du musst dich nicht entschuldigen. Wenn ich so einen Kerl wie meinen Bruder hätte, dann würde ich das genauso tun.«

Mary tippte auf das Datum. »Er ist vom 10. Juni und stammt aus Kaiserslautern.«

»Kaiserslautern? Und was schreibt er? Entschuldige. Natürlich meine ich nur, was er über seine Situation sagt.«

Mary hob das Blatt. »Meine Geliebte …« Sie sah auf. »Ich überspringe das, was jetzt da über uns steht.« Sie suchte mit dem Finger den neuen Absatz. »Hier beschreibt er so seltsame Dinge: Mein Liebes, stell dir vor. Die neue Zentralverwaltung ist in der Fruchthalle von Kaiserslautern eingerichtet. Da geht es höchst gemütlich zu. Man gähnt und schwatzt und erzählt sich schlechte Witze … Oder diese Stelle: ›Als Waffen ließ man im ganzen Land Sensen schmieden.‹ Was für ein Irrsinn. Die jungen Rekruten sollen wohl mit Sensen gegen die preußischen Kanonen und Zündnadelgewehre marschieren. Es wird wahrlich Zeit, dass ich diese lasche, militärische Organisation verbessere und straffe. Von Homburg aus …«

»Warte«, unterbrach Marie und staunte Mary an. »Was ist mit dir geschehen? Ein Wunder? Du liest mir vor, als hättest du nie Schwierigkeiten mit den Buchstaben gehabt.«

Mary spürte, wie ihr das Blut in die Wangen stieg. »Das ist kein Wunder. Noch nicht, vielleicht aber bald.« Weil Frederick so selten schrieb, habe sie sich von Mary Harney den Brief so lange vorlesen lassen, bis sie ihn auswendig wusste. »Und wenn ich draufschaue, dann kann ich die Buchstaben schon erkennen.«

»Großartig.« Friedrichs Schwester applaudierte ihr leise. »Aber nun weiter.«

Mary wiederholte: »… verbessere und straffe. Von Homburg aus rücken die Preußen näher, und damit bekommt die Sache für mich eine interessante Wendung. Meine Geliebte, jetzt habe ich endlich

Gelegenheit, ein gutes Stück Kriegsschule durchzumachen. Das darf ich nicht versäumen. Ich hoffe, du wirst mich verstehen. Die *Neue Rheinische Zeitung* muss einfach auch in der badisch-pfälzischen Armee vertreten sein! Morgen schnalle ich mir das Schlachtschwert um und gehe zu Oberst Willich.« Mary ließ das Blatt sinken. »So ganz verstehe ich ihn nicht, weil er begeistert ist wie ein Junge. Unsere irischen Kämpfer berichten immer nur düster und schrecklich vom Krieg. Aber dann sage ich mir, ganz sicher ist dieser Feldzug da auf dem Festland etwas anderes, eben …«

»Falsch, falsch«, flüsterte Marie. Das Blut war ihr aus dem Gesicht gewichen, sie faltete die Hände. »Also ist Friedrich mittendrin. Wie schrecklich.«

Eine Faust. Mary spürte sie in ihrem Magen wachsen. »Gibt es Nachrichten von diesem Feldzug?«

Stumm nickte Marie, sagte dann: »Mein Emil hat einige deutsche Zeitungen abonniert. Und alle schreiben sie, dass die Armee der Freischärler vernichtend geschlagen und aufgerieben wurde. Nur wenige sollen überlebt haben.«

Mary atmete gegen den Schreck. »Und Frederick?«

»Namen wurden nicht genannt. Es waren die ersten Berichte von dieser entscheidenden Schlacht da unten im Süden.«

Es durfte nicht sein. In Mary regte sich Widerstand. »Du sagst, es gibt Überlebende?«

»Du hast recht.« Marie versuchte zu lächeln. »Daran sollten wir glauben. Was bleibt uns sonst?«

Die Tür schwang auf. »Wir sind längst fertig.« Aufgrund des warmen Sommerabends hatte sich Tom den zerschlissenen schwarzen Gehrock nur über die Schultern gelegt. »Wie lange dauert es noch?«

»Kannst du nicht klopfen?«, fuhr ihn Mary an.

»Ich wollte ja nur fragen.«

»Schon gut«, winkte sie ab und dachte, mir ist jetzt wahrlich nicht nach Streit.

»Herr Tom«, mit ernster Miene wandte sich Marie an ihn. »Wie ich hörte, führen Sie das Kassenbuch?«

Bei dieser höflichen Anrede straffte der Dreizehnjährige den Rücken. »So ist es, aber ich habe auch die Feuer unter mir, bin auch für Kohle und Holz zuständig.«

Marie öffnete ihre Handtasche und entnahm einen Geldschein. »Leider ist es mir nicht vergönnt, selbst solch eine Suppenküche zu eröffnen. Aus diesem Grunde möchte ich eure Arbeit für die Armen unterstützen.« Sie überreichte die Spende dem völlig verdutzten Jungen. Als er den Schein besah, rundete er die Augen. »Zwanzig Pfund? Das halt ich nicht aus. Das ... Danke.« Er dienerte, wollte höflich sein. »Und kommen Sie bald wieder.« Damit zog er sich eilig zurück.

Beide Frauen sahen ihm nach. »Wenigstens einer ist heute glücklich«, seufzte Friedrichs Schwester.

»Du bist sehr großzügig.« Mary berührte ihre Hand. »Dein Bruder, mein Liebster. Was habe ich in London zu dir gesagt? Zusammen sorgt es sich leichter. Ich bin so froh, dass du gekommen bist.«

# 70

Mittelmeer, Seefahrt von Genua nach London
21. Oktober 1849

»Wind von Nordnordost«, notierte Friedrich unter seine Skizze von der spanischen Küste vor Granada.
»Wellengang: mäßig. Himmel: blau, vereinzelte Wolken. Temperatur: angenehm.«

Er saß auf der schmalen Bank hinter dem Steuerhaus des Schoners *Cornish Diamond*. Hier im Schatten durfte er mit Erlaubnis von Kapitän Stevens während des Tages schreiben und zeichnen.

Vor 14 Tagen war Friedrich nach einer mühseligen Fahrt, ab der Schweizer Grenze sogar unter Zwangsbegleitung der Carabinieri, in Genua an Bord des großen Zweimastseglers gegangen. Immer noch empfand er das sanfte Wiegen des Schiffes als Belohnung für die Strapazen, Gefahren und Entbehrungen der drei zurückliegenden Monate. Auf der *Cornish Diamond* bin ich weder der verhasste Kommunist noch der fanatische Freischärler und Revolutionär. Für die Mitreisenden wie auch die Besatzung bin ich ein geachteter deutscher Schriftsteller, nicht mehr und nicht weniger. Seine Mundwinkel zuckten leicht. Laut Passagierliste werde ich als Preuße geführt. Selbst der Versuchung, mich deswegen zu entschuldigen, habe ich widerstanden. Er betrachtete seine Skizze, fügte vorne noch einige Felsen der Landzunge bei und verstärkte mit schnellen Strichen das gewaltige Gebirge der Sierra Nevada. »Das ist der Eintrag für heute.« Seit Beginn der Reise führte er sein persönliches Bordbuch.

»Ich möchte mir auf dieser Fahrt nautische Kenntnisse aneignen«, hatte er beim ersten gemeinsamen Mahl mit Kapitän Stevens geäußert. »Und ich würde mich freuen, wenn ich auf Ihre Hilfe rechnen darf.«

Das wettergegerbte Gesicht des Seemannes verzog keine Miene. »Ich dachte, ein Schriftsteller schreibt Gedichte oder schöne Verse für Gesänge?«

»Solche gibt es auch, nur bezeichnet man sie meist als Dichter.« Friedrich hatte jegliche politische Gesinnung verborgen und sich um Bescheidenheit im Ton bemüht: »Ich hingegen beschäftige mich in meinen Schriften mit den unterschiedlichsten Themen. Wohl weil mein Interesse so breit gestreut ist, möchte ich die Gelegenheit nicht versäumen, für eine Weile Ihr Schüler in Sachen Seemannskunst zu sein.«

Da leuchtete das faltige Gesicht auf. So viel Achtung von einem studierten Mann war Kapitän Stevens noch nicht entgegengebracht worden. »Es wird mir eine Freude sein.«

Friedrich hatte ihn gewonnen. Für sein Bordtagebuch bekam er jede nötige Information, lernte die Besegelung vom Außenklüver bis hin zum Großsegel auseinanderhalten, mit Sextant und Kompass den Kurs bestimmen, und überdies erhielt er auf Order des Kapitäns manch köstliche Extraration aus der Kajüte. Das sommerlich warme Wetter verwöhnte zusätzlich. Auch für Wein und Tabak war gesorgt.

So wohl habe ich mich lange nicht mehr gefühlt. Niemand verfolgt mich, kein Kanonendonner mehr. Ich war noch Flüchtling, bis ich in Genua die mich begleitenden Carabinieri aus eigener Tasche bezahlt hatte und an Bord ging, und werde wieder Flüchtling sein, wenn ich in London anlange. In diesen vier bis fünf Wochen auf See aber bin ich frei. Oder losgelöst? Friedrich nahm einen Schluck vom Roten. Nicht losgelöst, aber ich habe die Freiheit, mir die Pflichten selbst einzuteilen.

Er beugte sich zu seiner Ledertasche, nahm einen Stapel eng beschriebener Blätter und klemmte sie unter den Bügel des Schreibbrettes. Nach seinem Tagesplan für heute sollte nun die Ausarbeitung und Korrektur des Berichts über den badisch-pfälzischen Krieg folgen, um den ihn Marx in einem seiner letzten Briefe aus Paris gebeten hatte. »Karl. Wie mag es dir in London ergehen? Ob Jenny mit Helene und den Kindern noch in Frankreich ist? Oder hast du sie schon nachkommen lassen?« In Gedanken zeichnete er Helene wie ein Zugtier eingespannt vor einem Karren, auf dem die hochschwangere Jenny stand, und hinter ihr drängten sich ängstlich die beiden Mädchen und der kleine Musch. »Es ist schon hart für euch«, flüsterte er. »Köln, dann Trier, dann Paris und jetzt London? Und dann noch schwanger …« Er schüttelte den Kopf. »Ich gestehe es nur ungern, aber an diesem eurem Elend sind nicht nur die Preußen, die Bourgeois und die Reichsverfassung schuld, sondern auch …« Mit einem Ruck sah er zum geblähten Segeltuch auf. »Nein, Schluss mit der Larmoyanz. Sie bringt dich nicht weiter. An die Arbeit!«

Er blätterte durch die bereits korrigierten Seiten. Genau hatte er nach der verlorenen Schlacht bei Gernsbach seine Flucht mit den Überlebenden des Willich'schen Korps beschrieben. Die Bilder ihrer tapferen und letztlich doch vergeblichen Gegenwehr im Schwarzwald stiegen wieder vor ihm auf. Bei dem vorzeitigen, feigen Rückzug der Generalität in die Schweiz sprang ihm die Zornesfalte auf die Stirn. »Die feinen Herren brachten sich in Sicherheit, während wir die letzten Stellungen halten mussten und einige von uns noch sinnlos ihr Leben ließen.«

Nun las er sich selbst den Text leise vor: »Man dachte erst an uns, als man selbst auf neutralem Boden war. Wir marschierten durch Lottstetten bis an die Grenze, biwakierten die Nacht noch auf deutschem Boden und betraten dann als die Letzten der badisch-pfälzischen Armee das Schweizer Gebiet.« Er hielt inne. Ein wichtiges Detail fehlte bei dem Grenzübertritt. Friedrich schrieb es zwischen den Zeilen dazu und las erneut: »… biwakierten die Nacht noch auf deutschem Boden, schossen am Morgen des 12. Juli unsere Gewehre ab und betraten dann als die Letzten der badisch-pfälzischen Armee das Schweizer Gebiet.« Er nahm seine bereits angerauchte, kalte Pfeife aus der Rocktasche und entzündete sie erneut. »Diese Schweiz. Mit dem Vater war ich vor Jahren auf einer Geschäftsreise dort.« Er rechnete: »21 war ich und in den Augen meines Alten noch hoffnungsvoller junger Kaufmann.« Er paffte einige Züge. Mein zweiter Aufenthalt fand letztes Jahr nach der Wanderung durch Frankreich in Bern statt. »Das waren schreckliche Wochen.« Und dieses Jahr war ich zum dritten Mal dort, von Juli bis Ende September. Die Schweizer Behörden haben unser Korps als Flüchtlingstrupp quer durchs Land marschieren lassen, um uns in Vevey notdürftig unterzubringen. Und bei jedem Besuch hat sich mein Eindruck von diesem Volk nicht verbessert. Im Gegenteil.

»Doch Lob sei dem guten Mütterchen.« Elise Engels zu Ehren grüßte Friedrich mit dem Pfeifenstiel zur Sonne. Sie hatte ihm schon nach seinem ersten Bettelbrief ohne Wissen des Vaters aus ihrem kleinen Privatschatz zwei Wilhelm d'Or gesandt. Mit diesen Goldstücken war Friedrich in der Lage, sich in Lausanne einzuquartieren und schließlich den Pass wie auch die Zwangsbegleitung durch Carabinieri bis nach Genua zu finanzieren. »Und nun geht es nach London.«

Marx hatte ihm dringend zu diesem Schritt geraten. Erstens wolle er dort die *NRhZ* neu in Form einer politischen Revue herausgeben, und dazu benötige er seine Mitarbeit. Und er wisse auch schon, wo Gelder aufzutreiben wären. Zweitens schrieb er, es ginge um die Sicherheit des Freundes: »Die Preußen würden Dich doppelt erschießen: einmal wegen Baden, zum anderen wegen Elberfeld. Und überhaupt, was sollst Du in der Schweiz, wo Du nichts tun kannst?« Friedrich legte die Pfeife auf das Tablett neben die Rotweinflasche. »Das sind Gründe genug, mein Freund.«

»Apfelsinen?« Ohne dass ihn Friedrich gehört hatte, stand der Küchenjunge mit einem Korb leuchtender Orangen neben ihm. »Mit einem Gruß vom Kapitän.« Friedrich nahm sich zwei heraus. »Sag Mister Stevens meinen herzlichen Dank.«

Er sah dem Jungen nach, dann betrachtete er die Früchte. In jeder Handmulde hielt er eine Orange. Mit einem Mal lächelte er …

# 71

London, 4 Anderson Street
Sonntag, 24. März 1850, zwölf Uhr mittags

Ehe die Milch kochte, verdünnte Helene sie mit derselben Menge an Wasser. Sonst reicht es nicht für unsere drei, dachte sie, wartete das erneute Sieden ab und rührte das Gemisch aus Hirse und Weizenschrot in den Topf. Hinter ihr am Küchentisch malten die beiden Mädchen rote und grüne Fratzen auf die Rückseiten alter Schmierblätter des Vaters, und Musch bemühte sich, mit blauer Kreide die Gebilde der Schwestern nachzumalen.

Aus dem Schlafzimmer drang das Wimmern des vier Monate alten Föxchens. Bald nach der Geburt hatte der jüngste Sohn zu kränkeln begonnen. Helene seufzte. Wir haben nichts zum Zusetzen, etwas, was den Kleinen stärken könnte. Eine Amme wäre gut, aber für die fehlt das Geld. Seit wir in London sind, geht es mit uns bergab, und seit diese verfluchte neue Zeitungsrevue sich in Deutschland nicht verkauft, geht der Absturz noch schneller. Also stillt Frau Jenny selbst, und das ist für sie nicht gut und für den Kleinen auch nicht. Der Brei im Topf verdickte sich, und Helene gab einige Löffel Kirschsirup als Süße dazu.

Im Schlafzimmer brach das leise Jammern ab. Die drei am Tisch horchten. Die Stille blieb, und Klein Jenny erklärte den Jüngeren weise: »Jetzt trinkt er.«

Bald setzte leises Stöhnen der Mutter ein. Um die Kinder nicht zu beunruhigen, summte Helene dagegen an, sie wusste vom Blut in der Milch, wusste von den Rücken- und Brustschmerzen, die während des Stillens heftiger wurden.

»Alle Stifte und Gespensterfratzen beiseite.« Sie brachte den Topf zum Tisch und schöpfte Brei in die Näpfe. »Erst schnuppern.« Die drei Nasen beugten sich darüber, sogen den Duft auf. Nach dem »Hmm« durften die Kinder essen.

Das Gebet vor einer Mahlzeit hielten Karl und auch Frau Jenny für überflüssig und sollte den Kindern nicht beigebracht werden. Weil Helene anderer Meinung war, hatte sie stellvertretend diesen Schnuppermoment als Besinnung eingeführt. Als sie sah, dass der Brei schmeckte, ging sie zum Fenster hinüber, mit dem Schürzenzipfel wischte sie über die vom Kochdunst beschlagene Scheibe, runzelte die Stirn und beugte das Gesicht vor, um besser zu sehen. Draußen näherte sich entschlossenen Schritts die Verwalterin Mrs Preston der Haustür, dichtauf folgten ihr zwei Männer in langen dunklen Mänteln. Das sind keine Geheimen, überlegte Helene, die sind schon am Morgen hinter Karl her, als er mit dem jungen Konrad Schramm zur Versammlung in die Windmill Street aufgebrochen war. Unsere Spione sind immer dieselben, aber die beiden da vorn habe ich noch nicht gesehen. Heute ist Sonntag? Zu wem mag die Preston wollen? Als Antwort pochte es heftig an der Wohnungstür. Gleich wollte Klein Jenny hinlaufen. »Du bleibst sitzen«, befahl Helene und schloss die Geschwister mit ein: »Ihr drei esst weiter. Verstanden?«

Sie öffnete. Die Verwalterin grüßte mit kurzem Nicken. »Wo ist Frau Marx?«

»Meine Herrin ist im Moment verhindert. Sie stillt gerade das Kind.«

»So lange kann ich nicht warten.«

Sofort stellte sich Helene breit in die Tür. »Vielleicht kann ich helfen?«

Die hagere Frau maß sie von Kopf bis Fuß. »Sicher, wenn du mir die restliche Miete geben kannst. Her mit fünf Pfund. Und ich bin schon wieder weg.«

Die Forderung verschlug Helene die Sprache. So viel?

Im Schlafzimmer begann Föxchen zu schreien. Kurz darauf trat Jenny mit einem blutbeschmierten Stofffetzen in der Hand heraus und reichte ihn Helene. »Gib bitte das Stilltuch ins Wasser.« Ohne zu lächeln, wandte sie sich an die Verwalterin. »Ich hörte drüben in der Schlafstube, was Sie von uns verlangen. Und denke, dass hier ein Irrtum vorliegt.«

»Kein Irrtum. Ich will die Miete für die letzte Woche haben. Und zwar sofort.«

»Aber wir hatten mit dem Hausbesitzer ausgemacht ...«

»Ich kassiere wie immer. Also zahle endlich, sonst ...«

»Bitte.« Jenny faltete die Hände. »Ich habe das Geld nicht. Mein Mann ist unterwegs.«

»Ausländerpack. Euch sollte man allesamt zur Hölle schicken.« Mrs Preston winkte ihren Begleitern. »Ich habe die Gerichtsvollzieher gleich mitgebracht.« Die Beamten zückten kurz ihre Marken, drückten Jenny beiseite und drangen in die Wohnung ein. Der eine überprüfte die Küche. »Drei Kinder und die Magd.« Der andere schnippte ihr. Sie solle den Säugling nehmen und sich mit an den Küchentisch setzen. Noch einmal wandte sich Jenny an Mrs Preston. »Bitte. In der Stube liegen Manuskriptseiten meines Mannes. Er hat lange daran gearbeitet. Bitte nehmen Sie uns diese nicht weg.«

»Papier?« Die Verwalterin lachte verächtlich. »Dafür zahlt mir keiner einen Penny. Was soll ich also damit?«

»Danke.« Jenny rollten Tränen über die Wangen. »Das ist freundlich von Ihnen.« Verloren setzte sie sich mit Föxchen zu Helene und ihren Kindern.

»Keiner rührt sich.« Die Pfänder arbeiteten schnell, markierten und notierten außer dem Mobiliar des Hausbesitzers jede Lampe, jede Vase, auch das Bettzeug, trugen alle Wäsche, die Kleider, selbst die Wiege Föxchens im Flur zusammen. Als sie Puppen, Kreisel und Holzspielzeug der Kinder dazustellten, weinten Musch und Laura, dann hielt einer von ihnen die Blockflöte in der Hand. »Das ist meine!«, schrie Klein Jenny auf.

»Jetzt nicht mehr«, grinste der Kerl. Da warf sich das Mädchen schluchzend an Helenes Brust.

Die Verwalterin besprach sich kurz mit den Gerichtsvollziehern und stellte sich vor Jenny hin. »Ihr habt zwei Stunden Zeit zu zahlen. Danach wird das ganze Zeug abtransportiert.«

Helene sah, dass ihre Baronesse nicht antworten konnte, deshalb hob sie die Hand. »Die Zeit ist zu knapp. Gebt uns die Chance, etwas von den Sachen zu verkaufen. Und wo sollen wir jetzt hin?« Um alles zu regeln, müsste erst der Herr nach Hause kommen. Und das könnte Abend werden. »Bitte lasst uns Zeit bis morgen.«

»Verkaufen?« Mrs Preston besah sich die aufgestapelten Gegenstände, fasste einiges mit spitzen Fingern an, legte es zurück und schüttelte den Kopf. »Wertloses Zeug.« Sie kam wieder zum Küchentisch. »Also gut. Frist bis morgen. Besser, ihr findet jemanden, der sich für den Plunder interessiert.«

Sonntag, 24. März, neun Uhr abends

Ganz gleich, wie viel Bier wir getrunken haben, sagte sich Friedrich, als er mit Karl und Konrad Schramm leicht schwankend das Haus Nummer 4 in der Anderson Street erreicht hatte, in diesem Fall habe ich recht. Wir haben gefordert, dass sich das ganze Proletariat bewaffnen soll.

»Mein Konrad.« Im matten Schein der Gaslaterne schlug Marx seinem begeisterten Bewunderer und Mitarbeiter an der neuen politischen Revue mehrmals auf die Schulter. »Konrad, mein Konrad.« Bierschwer gehorchte ihm die Zunge nicht mehr aufs Wort. »Hier trennen sich jetzt unsere Wege. Du verschwindest, und ich werde diesem …«, seine andere Hand stützte sich auf Friedrichs Schulter, »diesem Ungläubigen noch eben die Wahrheit vor Augen führen.«

Konrad sah von einem zum anderen, mit leuchtendem Blick drückte er sich die rechte Faust aufs Herz. »Danke, dass ich mit an eurem Tisch sitzen durfte. Danke. Bis morgen dann.« Beseelt eilte er davon.

Marx sah ihm geschmeichelt nach. »Ehrlicher Mann. Nicht so hinterfotzig wie Schapper und dein Willich. Wie die sich mit einem Mal aufführen … ekelhaft.«

»Protest!« Friedrich hob den Finger. »Willich ist nicht mein … Er war mein Oberst, und gut war er da. Aber jetzt ist er nicht mehr mein Mann.«

»Schon gut, schon gut.« Karl zog den Freund am Mantelärmel. »Komm noch mit rein. Keine Bewaffnung fordern wir, ich beweise es dir an unsrem Manuskript.«

Er rührte noch mit dem Schlüssel am Schloss der Wohnungstür, das Loch zu finden war schwierig, als Helene öffnete, strahlte er sie an. »Du hast auf uns gewartet, wie schön.«

Wortlos trat sie beiseite. Friedrich sah den Berg der Habseligkeiten. »Großer Gott.« Er griff sich ins Haar, zerrte an einer Strähne, der Schmerz bewies ihm, dass es kein Rauschbild, dass es Realität war. »Wer hat …? Was ist geschehen?«

Jetzt nahm auch Karl die Situation wahr. Langsam bückte er sich nach der Blockflöte. »Sie gehört meinem Liebling.« Die Trunkenheit wich, vorwurfsvoll sah er Helene an. »Warum hast du nicht aufgeräumt? Wo ist Jenny?«

»Im Bett. Erst lagen die Matratzen auch hier. Aber ich hab sie wieder ins Schlafzimmer gebracht.«

»Aber wieso liegt hier …?«

»Still.« Helene wollte Karl zwei Finger auf die Lippen legen. Als sie Friedrichs erstaunten Blick bemerkte, unterließ sie es und berührte nur seine Schulter. »Leise. Ich bin froh, dass endlich alle schlafen. Kommt mit in die Küche!« Dort berichtete sie und schimpfte zum Schluss: »Ihr Männer! Während über uns hier das Unglück hereinstürzt, geht ihr ins Wirtshaus und versauft unsren letzten Penny.«

»Aber Lenchen.« Karl tätschelte ihre Hand. »Nicht den letzten, zwei sind noch da.« Zornig wandte sie sich ab. Er überging es, behielt den munteren Ton bei: »Und weil ihr das Manuskript vor diesen Geiern gerettet habt, besteht noch alle Hoffnung.« Er winkte Friedrich. »Komm, ich will jetzt den Beweis.«

Helene drohte ihnen mit der Faust nach. »Saufbolde. Was muss denn noch geschehen, bis ihr merkt, wohin ihr gekommen seid?«

Im Arbeitszimmer nahm Friedrich die Seiten zur Hand und blätterte. »Ich kenne die Stelle genau, denn sie stammt von mir.« Er und Karl schrieben gemeinsam in Form einer Ansprache den Märzbericht der Zentralbehörde an den Bund der Kommunisten. Hierin arbeiteten sie die deutsche Revolution der beiden vergangenen Jahre auf und forderten vor allem eine selbstständige proletarische Bewegung. »Da steht es. Und zwar bei unsren Vorschlägen für das Proletariat ist es der Punkt zwei. Es geht um die endlich besiegte reaktionäre Partei. Ich zitiere …« Er trat näher an die verbliebene, weil zum Mietinventar gehörende Lampe heran. »Um aber dieser Partei energisch und drohend entgegentreten zu können, müssen die Arbeiter bewaffnet und organisiert sein. Die Bewaffnung des ganzen Proletariats mit Flinten, Büchsen, Geschützen und Munition muss sofort durchgesetzt werden …« Friedrich ließ das Manuskript sinken. »Also hatte ich recht.«

»Ich weiß.« Der Freund lockerte den Kragen und kratzte sich in den herauskräuselnden Haaren. »Die Prüfung war ein Scherz, nur eine Bierlaune.«

»Ich fasse es nicht.« Friedrich warf die Seiten zurück auf den Tisch und dachte, du selbstherrlicher Kerl. Eine Niederlage kommt für dich nicht infrage. Wenn ich nicht deine guten Seiten kennen würde, müsste ich mich jetzt ärgern.

Marx schien die Gedanken zu erraten. »Verzeih! Ich weiß, für Scherze ist es jetzt wahrlich ein schlechter Zeitpunkt.« Er ging schon zur Tür. »Auf mich wartet Ärger genug.«

Helene saß mit gefalteten Händen am Küchentisch vor der brennenden Kerze. Als die Männer eintraten, sah sie nicht auf. »Ich weiß, ihr haltet beide nichts vom Frommsein. Deshalb mache ich das für uns alle. Wenn wir morgen rausmüssen, muss es ja weitergehen.«

Karl sah den Freund erschreckt an. »Das stimmt. Diese Konsequenz habe ich noch gar nicht bedacht.« Er rieb sich die Stirn. »Was tun?«

»Vor allem muss eine neue Bleibe für euch her. Darum musst du dich morgen als Erstes bemühen.« Friedrich beugte sich zu Helene. »Auch ich werde mich umhören. Wir finden schon einen Platz, wo ihr unterkommt.«

Sie sah ihn an. »Ach, Herr Fritz. Das kann ich erst glauben, wenn es wahr ist.«

Friedrich verabschiedete sich. Er wollte zurück zum German Hotel am Leicester Square. Im Flur hielt ihn Karl auf. »Warte!« Er bückte sich und nahm die Ledertasche mit dem Schachspiel aus dem gestapelten Hausrat. »Es ist zwar alles notiert, aber wir dürfen, sollen sogar von den Einzelteilen so viele wie möglich zu Geld machen. Also …« Er hielt die Tasche hoch. »Kaufe sie mir ab!«

Friedrich verstand, er klaubte einige Münzen aus der Rocktasche. »Mehr als acht Pennys kann ich nicht geben.«

»Das Geschäft gilt.« Sie tauschten Geld gegen Ware. Karl nickte zufrieden. »Und sobald wir wieder sesshaft sind, überlässt du mir das Spiel als Dauerleihgabe.«

»Das dachte ich mir.« Friedrich grüßte Helene und verließ die Wohnung. Auf dem Flur hörte er noch, wie Karl zu Helene sagte: »Dann müssen wir heute eben auf unser Schach verzichten.« Für einen Moment runzelte er die Stirn, dann wischte er den Gedanken beiseite.

# 72

London, 4 Anderson Street
Montag, 25. März 1850, zehn Uhr vormittags

In einer Stunde wollte der jüdische Trödler kommen. Früh war Helene schon zu seinem Laden gelaufen und hatte den alten Mann überredet, die Habe ihrer Herrschaft persönlich vor Ort anzuschauen.

Nieselregen drückte den Qualm der Schornsteine in die Anderson Street. Der Gestank biss in Augen und Nasen. Das Gerücht von der Vertreibung der Marxens war inzwischen rasch von einem Geschäft im Viertel zum anderen geeilt. Als Erster erreichte der Apotheker die Nummer 4, er pochte und präsentierte die nicht bezahlten Rechnungen. Da das Familienoberhaupt unterwegs auf Wohnungssuche war, Frau Jenny sich vor Scham und Schwäche mit Föxchen und den drei Geschwistern in die Stube zurückgezogen hatte, blieb nur noch Helene als Bollwerk übrig. »Bitte haben Sie Geduld bis heute Mittag.«

Der Zweite war der Fleischer, kurz darauf stand gleichzeitig mit dem Bäcker auch der Milchmann vor der Tür. Insgesamt beliefen sich bei den Kaufleuten die Schulden auf dreieinhalb Pfund. »Bitte gedulden Sie sich noch eine Weile.« Mit wenig Zuversicht im Herzen versuchte Helene überzeugend zu wirken. »Sobald wir unsere Sachen verkauft haben, werden wir die Rechnungen begleichen.«

Endlich hielt der Eselkarren des Gebrauchtwarenhändlers vor dem Haus. Der schmächtige, leicht vorgebeugte Trödler prüfte mit seinem Gehilfen jedes Stück, notierte ... und stockte bei den Spielsachen. »Wie viele Kinder gehören zur Familie?«

Helene hob vier Finger. »Eins davon ist noch ein Säugling.«

Da nahm der alte Mann die Brille ab. »Diese verfluchten Gerichtspfänder. Kein Herz im Leib. Schnell, junges Ding, sammle die schönsten Teile für die Kleinen in den Korb. Ich kaufe sie für drei Shillinge und schenke sie ihnen zurück.«

Ohne es verhindern zu können, weinte Helene, während sie Holzpferdchen, Flöte und anderes Lieblingsspielzeug wieder heraussuchte.

Nach gut einer Stunde zählte der Trödler die Einzelposten zusammen. Er bot neun Pfund für den gesamten Hausstand. Neun Pfund, welch ein Glück. Im ersten Moment dachte Helene daran, den alten Mann zu umarmen, doch sie wollte ihn nicht erschrecken. »Ich gebe rasch meiner Herrin Bescheid.«

Wenig später kehrte sie aus der Studierstube zurück. »Frau Baronesse lässt Ihnen für Ihre Großzügigkeit danken.« Kurz zögerte Helene und setzte dann ohne Auftrag noch hinzu: »Außerdem soll ich sie entschuldigen, weil sie es Ihnen nicht selbst sagt.«

»Junges Ding«, der Trödler sah ihr prüfend in die Augen, »du liebst also deine Herrin. Gut. Doch was ist mit ihr? Ist sie krank oder scheut sie sich vor dem alten Salomon?«

Das Blut schoss Helene ins Gesicht. »Ihr ist nicht wohl ... und von dem anderen kommt wohl ein bisschen dazu.«

»Ja, ja. So ist das nun mal in meinem Geschäft.« Während er ihr das abgezählte Geld in die Hand drückte, setzte er hinzu: »Die Guten verstecken sich am liebsten vor mir, und die anderen streiten und feilschen.« Dann gab er seinem Gehilfen einen Klaps auf die Wange. »Lade alles auf. Und spute dich, Junge. Unser Eselchen mag das schlechte Wetter nicht.«

Am frühen Nachmittag waren die Schulden bei den Kaufleuten beglichen, fast alle Habseligkeiten der Familie aus der Wohnung geschafft und auf dem Karren verstaut worden. Als letzte Teile legte der Gehilfe noch die eckigen Matratzenstücke obenauf. Er war gerade dabei, die Schutzplane darüberzulegen, als Trillerpfeifen ertönten. Im Laufschritt näherten sich zwei Polizisten. In einigem Abstand keuchte ihnen ein bauchiger Herr hinterher.

»Stopp!« Und wieder gellten die Pfiffe. »Zurücktreten!« Die Beamten stießen den Gehilfen beiseite.

Empört trat der Trödler auf sie zu. »Wer hat Sie befugt? Was gibt Ihnen das Recht …?«

»Halt's Maul, Knoblauchfresser!« Beide Polizisten hoben ihre Schlagstöcke. »Verdacht auf Diebstahl. Die ganze Ware ist vorläufig beschlagnahmt.«

»Wer wagt so etwas zu behaupten?«

»Ich.« Der Dickbauchige war heran. »Ich bin Mister Edwards.« Er schnappte nach Luft. »Mir gehört dieses Wohnhaus.« Er deutete auf den Karren. »Wie oft bin ich von dem Ausländerpack schon bestohlen worden. Aber dieses Mal bin ich rechtzeitig zur Stelle.« Er behauptete, dass sich unter den verkauften Sachen auch Dinge aus seinem Besitz befänden, Teile, die zur Einrichtung der Wohnung gehörten. Die Polizisten gaben Mister Edwards recht und ließen den Karren an Ort und Stelle entladen und die Habe der Familie Marx am Straßenrand vor dem Haus Nummer 4 ausbreiten.

Angelockt durch den Lärm der Trillerpfeifen näherten sich Neugierige aus der Nachbarschaft. Erst war es nur ein Dutzend, schnell aber wurden es mehr und mehr, bald waren es hundert, und die Menge wuchs weiter an. Helene stand gekrümmt neben dem alten Trödler. Sie hörte das Schwatzen, das Gelächter. Jetzt wird es ein Volksfest, dachte sie. Und wir sind die Clowns.

Da entdeckte sie Karl, er schob sich mit rudernden Armen durch die Leute bis zu ihr vor. »Gilt der Mob etwa uns?«

»Nur uns. Aber sorg dich nicht, deine Frau und die Kinder sind noch drinnen in Sicherheit.« Helene bemühte sich, tapfer zu sein, nicht zu weinen, als sie ihm kurz vom geglückten Verkauf berichtete. »Wir können unsere Schulden bezahlen. Aber jetzt behauptet Mister Edwards, wir hätten ihn bestohlen, und lässt alle Sachen vor den Leuten ausbreiten.« Helene fühlte, wie Schwäche sie überkam, sie wollte sich anlehnen, wenigstens für einen Moment. »Rede du mit ihm.«

Karl raufte mit den Fingern im Bart. »Protest halte ich zu diesem Zeitpunkt für gefährlich. Ein falsches Wort kann genügen, und der Mob fällt womöglich über uns her.« Er wandte sich zum Haus. »Beobachte du weiter. Ich sehe mal nach Jenny und den Kindern.«

»Aber, Karl? Weißt du, wohin wir gehen können?«

»Noch nicht.« Er winkte kurz und entschwand im Haus.

»Heilige Mutter«, flüsterte Helene. »Steh uns bei!« Sie bekreuzigte sich.

Endlich. Nichts vom Eigentum des Hausbesitzers fand sich unter den Sachen. Gleich lief Helene in die Wohnung zurück.

Die Polizisten hoben ohne jede Regung die Beschlagnahme wieder auf, der Gehilfe sollte den Karren erneut beladen, und schlenderten davon.

Friedrich begegnete ihnen, als er in die Anderson Street einbog, gleichzeitig sah er den Menschenauflauf in Höhe des Hauses Nummer 4. »Ein Unglück?«, erkundigte er sich. Einer der Polizisten winkte ab. »Mal wieder Mieterstreit mit den Ausländern?«

Friedrich ging schneller. Weiter vorn holperte der hoch beladene Eselkarren davon. Die Menge hatte sich geteilt, eine Gasse bis zur offenen Haustür gebildet. Im freien Gang stand breitbeinig Mister Edwards. »Raus! Raus mit euch!«

Im Halbdunkel des Flurs erkannte Friedrich die Kinder. Klein Jenny hielt Musch und Laura an der Hand. Sie wagten sich keinen Schritt vor.

»Raus! Na, wird's bald.«

Friedrich stürmte durch die Gasse, im Vorbeilaufen rempelte er den Hausbesitzer, der stolperte, wäre beinah gestürzt. »Bitte um Verzeihung«, rief Friedrich über die Schulter. »Ich habe Sie nicht gesehen.«

Dafür erntete er großes Gelächter bei den Gaffern. Im Flur strich er den Kindern übers Haar. »Keine Angst, wartet! Gleich gehen wir los.«

In der Wohnung standen Karl und Jenny eng beieinander. Sie weinte nicht mehr, sah Friedrich voller Trauer entgegen. »Du bist uns noch geblieben. Danke.«

Karl schnaufte. »Wir überlegen noch, wohin. Eine Wohnung war nicht aufzutreiben. Ich denke, wir sollten erst einmal zur Zentrale in die Windmill Street.«

»Nicht nötig.« Friedrich hob die Tasche mit den Manuskripten an. »Ihr kommt mit mir ins German Hotel. Dort haben sie zwei Zimmer für euch frei.«

»Wunderbar«, flüsterte Jenny. »Wunderbar.«

Helene stieß einen Seufzer aus, gleich brachte sie der Mutter den in Decken eingehüllten Säugling. »Unser Föxchen wird nicht frieren. So weit ist der Weg nicht.«

Karl ging mit Klein Jenny an der Hand voraus, ihm folgten Jenny und Helene, beide trugen einen Sohn auf dem Arm, und Friedrich hatte sich Laura als kleine Reiterin auf die Schultern gesetzt. Unvermittelt kam ihm Mary in den Sinn, und er schämte sich. O Liebes, gut, dass du uns so nicht sehen kannst. Karl und ich haben es wirklich nicht weit gebracht. In meinem Brief konnte ich dir nur schreiben, dass ich lebe und jetzt in England Fuß fassen möchte. Außer dass ich lebe, ist mir auch hier noch nichts gelungen. Ob du noch Geduld hast …?

Draußen waren Gelächter und Geschwatze zu hören, kaum trat die Familie ins Freie, legte sich Schweigen über die Menge. Selbst der Hausbesitzer wich zur Seite, als die Marxens an ihm vorbeizogen. Erst am Ende der Anderson Street gab es keine Gaffer mehr.

# 73

London, Windmill Street
Ende August 1850

»Du bist ein infamer Lügner«, zischte August Willich, die zitternden Lippen ließen den Bart erbeben, er starrte Marx über den Tisch an, und der Bleistift zwischen seinen Fäusten zerbrach. »Wenn du deine unverschämten Anschuldigungen nicht zurücknimmst, dann bist du für mich auf ewig ein Lügner.«

Im engen Sitzungszimmer der Zentralbehörde des Kommunistischen Bundes wurde es still. Tabakqualm und Bierdunst verschlimmerten die Augusthitze, das Atmen fiel schwer. Friedrich sah in die Gesichter der übrigen sieben Vorstandsmitglieder. Bis auf Konrad Schramm, den glühenden Verehrer von Karl, der mit den Zähnen malmte, blieben die Mienen unbewegt.

Marx rundete die Lippen und zog sie ruckartig zu einem Grinsen zurück. »Die Wahrheit einfach verdrehen? So leichtfertig kann ich mit diesem wertvollen Gut nicht verfahren. Wer erstens behauptet, die nächste Revolution werde die große kommunistische Revolution sein, den muss ich als kommunistischen Träumer bezeichnen. Zum Zweiten: Du bezeichnest uns als Journalisten und Halbgelehrte, in deren Augen die Arbeiter nichts als Nullen wären, die nur an Wert gewännen, wenn wir an erster Stelle stünden.« Marx bedachte seinen Gegner mit einem Blick voller Mitleid. »Du gehst sogar noch weiter und behauptest, dass, sobald die Arbeiter uns den blinden Gehorsam verweigern, wir sie als Esel, Schwämme und

Pack bezeichnen.« Ein langer Seufzer folgte. »Ich denke, du solltest zuerst diese frechen Behauptungen zurücknehmen, ehe ich über den Lügner weiter nachdenke.«

Willich stützte sich mit den Fäusten auf und erhob sich halb. »Ich weiß die Mehrheit unserer Mitglieder hinter mir, weiß auch, dass meine Äußerung die ehrliche Meinung aller ist. Nein, du Unverehrtester, ich stehe auf der Seite der Rechtschaffenen und erwarte deine Entschuldigung.« Er ließ sich auf den Stuhl zurückfallen.

»Dann will ich mir den Willich ...«, Marx erfreute sich einen Atemzug lang an seinem Wortspiel, »noch etwas näher betrachten. Unter uns, meine hier versammelten Freunde, sein biedermännisch edles Unteroffiziersgehabe ist reine Sittenheuchelei. In Wahrheit liegt der Bursche den ganzen Tag in der Kneipe, wo er gratis konsumiert und als Bezahlung die Gäste mit seinen revolutions-zukunftslüsternen Phrasen unterhält, an die er selbst nicht mehr glaubt.« Nur Friedrich, Konrad Schramm und zwei der Mitglieder wagten ein zustimmendes Nicken.

Willich lief rot an, vom Rand des Bartes hinauf zur Stirn über den halb nackten Schädel bis in den Haaransatz hinein. »Muss ich den großartigen Denker daran erinnern, dass die Summen, die er sich aus der Flüchtlingskasse angeblich geliehen hat, ich betone angeblich, immer noch nicht zurückgezahlt wurden?«

Friedrich sah, dass Karl jäh die Augen zusammenkniff. Verflucht, der Stich hat ihn getroffen. Obwohl Willich lügt, denn Karl hat die 30 Pfund, die er sich vor langer Zeit vom Ausschuss geliehen hatte, längst zurückgezahlt.

»Ich!«, brüllte Marx auf. »Bei meiner Ehre, ich greife niemals in fremde Kassen.« Er stieß den Finger in Richtung seines Gegners. »Dein ganzer Kommunismus besteht darin, die deutschen Auswanderer zu einer Revolutionsanleihe zu überreden, mit der für die Revolution in Deutschland agiert werden soll. Rückzahlung nach dem Sieg. Lachhaft. Die Leichtgläubigen sind in Amerika, und du und deine Freunde, ihr steckt das Geld in eure Taschen. Wie nennt man solche Personen? Schmarotzer der übelsten Sorte? Oder findet sich gar eine treffendere Bezeichnung?«

Willich schleuderte die Hälften des zerbrochenen Bleistifts vor Marx auf die Tischplatte. »Hundsfott!« Eins der Hölzer blieb beim Aufspringen in dessen Bart stecken. »Lügner! Ich fordere dich zum Duell! Die Wahl der Waffen überlasse ich dir.«

Großer Gott! Friedrich hielt den Atem an. Neben ihm zitterte Konrad Schramm vor Zorn am ganzen Leib. Den übrigen Mitgliedern des Vorstands sank das Kinn.

Marx zupfte das Bruchstück aus seinem Bart und schnippte es in Richtung Willich zurück. »Mit solchen Offizierspäßchen gebe ich mich nicht ab.«

»Dann bist du nicht nur ein Hundsfott, nicht nur ein Lügner, sondern auch ein Feigling!«

»Herr!« Konrad Schramm hielt es nicht länger auf dem Stuhl. Ehe er aber ein nächstes Wort sagen konnte, sprang Friedrich ebenfalls auf. »Warte!« Er packte ihn an der Schulter, zog ihn zur Tür, stieß ihn auf den Flur. Draußen befahl er: »Schau mich an. Du sollst mir in die Augen sehen.« Völlig von der Schnelligkeit des großen Mannes überrascht, gehorchte Konrad. »Der Schuft hat Karl beleidigt. Warum hinderst du mich …?«

»Weil ich weiß, was du vorhast.« Friedrich näherte sich dem Gesicht. »Ehe du dich blind ins Unglück stürzt, sollst du wissen: Oberst Willich ist ein übler Bursche, darin stimme ich mit Karl überein, als Soldat aber, und dies sage ich dir als Warnung, ist er geübt in jeder Waffe.«

»Danke, du meinst es gut. Aber …«, Konrad drohte mit der Faust in Richtung Sitzungszimmer, »dieser Willich hat unsren Karl zutiefst beleidigt. Das muss gesühnt werden. Und ich will …« Er wich Friedrich aus und stürmte zurück in den Raum. Vor Willich baute er sich auf: »Kanaille! Elende Kanaille! Ich fordere dich auf Pistolen. Und wenn du dich weigerst, dann spucke ich dir ins Gesicht.«

Kühl betrachtete der Oberst seinen Herausforderer. »Du willst die Kugel? Gut, du sollst sie haben. Ich werde mich mit dir schießen.«

# 74

London, British Museum
12. September 1850

Der Abend war warm, die Sonne hing im Westen noch über den Dächern. Friedrich saß auf den Stufen vor dem weiten Innenhof zur Bibliothek des Museums, mit den Unterarmen auf den Knien blickte er vor sich hin. Wo blieb Karl? Drinnen im Lesesaal musste doch längst der Gong ertönt sein? Seit es dem Freund im Juni auf Fürsprache eines in London angesehenen Bürgers gelungen war, einen der begehrten Sitzplätze in der Bibliothek zu erlangen, floh er, sooft er nur konnte, aus der neuen winzigen Wohnung hierher und verbrachte, weg von der Enge und den täglichen Sorgen um die nackte Existenz, den Tag mit seinen Studien.

Wie gerne würde auch ich ... Zwei Tauben näherten sich seinen Füßen. Sie sahen ihn erwartungsvoll an. Weil auch nach einer Weile kein Brotbrocken für sie abfiel, flatterten sie davon. Wenn ich mir auch einen Platz im Lesesaal ...? Er schüttelte den Kopf, wir könnten wieder zusammen studieren, gut, bald aber wären auch die letzten erbettelten Pence für Brot, Miete und Milch ausgegeben, kein Tabak, kein Wein. Jennys Reise vor wenigen Wochen zum reichen Onkel Philips nach Holland hatte auch keinen Shilling erbracht. Wieder eine zerstörte Hoffnung. Friedrich rieb sich die Stirn, konnte die steile Falte nicht glätten. Ich muss mit ihm reden. Und jetzt, da das verfluchte Unglück noch hinzukommt, wird eine Entscheidung immer dringender.

Der Schlag auf die Schulter ließ Friedrich zusammenfahren. »Dir geht es gut.« Karl intonierte wie ein Dichter die Überschrift seines neuen Poems: »Der Träumer in der Abendsonne.« Er wechselte den Tonfall. »Während ich den ganzen Tag in dieser vollgestopften, muffigen Lesebude verbringen musste.«

Er zog Friedrich am Arm hoch. »Ich habe mir noch mal die alten Herren Adam Smith und David Ricardo vorgeknöpft. Schlaue Köpfe, aber fatal in ihren Folgerungen. Es gibt bessere, aber auch die genügen nicht. Wir brauchen eine wissenschaftliche Grundlage, wir müssen wissen, nach welchen Gesetzen sich das Kapital bewegt. Weißt du noch? Wir beide saßen in Manchester ...«

»Karl«, unterbrach ihn Friedrich und deutete mit dem Daumen zurück zum Eingang der Bibliothek. »Deine Ratte folgt dir auf den Fersen. Und meine beiden langweilen sich unten an der Straße. Komm, lass uns drüben in den Anlagen vom Russell Square eine geschützte Bank suchen. Damit wir ungestört sind.«

Karl stutzte, nickte dann zögerlich. »Einverstanden.« Auf dem kurzen Weg sah er den Freund von der Seite an. »So ernst?«

»Gleich. Wenn wir allein sind.« Friedrich wählte für sie eine Bank in der Nische einer dichten Hecke aus stacheligen Ilexsträuchern. »Hier belauscht uns sicher niemand. Setz dich doch!«

»So feierlich?« Nun furchte auch Marx die Stirn. »Ist etwas mit den Kindern?«

»Denen ist nichts zugestoßen.« Friedrich blieb stehen, stellte einen Fuß auf die Bankkante. »Wohl aber unsrem Konrad.«

Karl sank zurück. »Das Duell. Ist er ...?«

»Eine Kugel in den Kopf.«

»Verflucht, verflucht«, flüsterte Karl. »Dieser verdammte Willich. Wir haben es geahnt, aber ...«

»Ich hätte es verhindern müssen.« Friedrich zerrte am Aufschlag seines Rocks. »Ich hatte ihn mir draußen im Flur vorgeknöpft, ihn gewarnt. Da hätte ich ihn nicht zurückgehen lassen dürfen. Hätte ihn wegschicken müssen. Aber dann ...« Er sah den Freund an und beendete den Satz nicht.

Karl begriff und räusperte sich heftig. »Willich wäre weiter auf mich losgegangen. Und wer weiß?« Leise folgerte er weiter: »Demnach hat sich unser Konrad für mich geopfert.«

»So krass würde ich es nicht sagen.«

»Doch, verflucht. Doch. Aber woher, um Himmels willen, weißt du es? Das Duell muss meines Wissens erst gestern stattgefunden haben. Und zwar drüben auf dem Festland, in Ostende.«

»Ich weiß es seit knapp zwei Stunden.« Weil er mit Karl sprechen wollte, habe er erst bei Jenny und Helene vorbeigeschaut. »Da saßen beide am Tisch und weinten.« Kurz zuvor sei Willichs Sekundant in die Wohnung gekommen. Nach einer steifen Verbeugung habe er pflichtschuldig Bericht erstatten wollen. Weil das Duellieren in England bei Todesstrafe untersagt sei, wären die Kontrahenten per Schiff nach Belgien gereist. In Ostende aber hätte es wegen des Besuches eines deutschen Prinzen von Polizisten nur so gewimmelt, so wären sie mit der Eisenbahn weiter nach Antwerpen gefahren und hätten dort endlich einen geeigneten Platz für das Duell gefunden. »Konrad hat nicht getroffen. Danach muss Willich ihn mit einem Kopfschuss niedergestreckt haben.« Friedrich ließ sich neben dem Freund auf der Bank nieder. »Willich und der Sekundant sind sofort per Zug zurück nach Ostende und haben dort noch rechtzeitig das Schiff bekommen.«

Nach einer Weile schüttelte Karl den Kopf. »Was für eine verfluchte Scheiße! Im Bund gibt es kein Vorwärts mehr, da zerhacken wir uns bei jeder Sitzung schlimmer. Und jetzt noch das. Ach, ich habe das Ganze so satt.«

Ob nun der richtige Zeitpunkt ist? Friedrich fühlte nach dem Brief in seiner Rocktasche, nahm ihn aber nicht heraus. Ganz gleich, zu einer Schreckensmeldung passt auch noch eine zweite. »Ich werde London verlassen, und zwar bald.«

Neben ihm erstarrte der Körper, setzte das Atmen aus. »Meinetwegen?«

»Unseretwegen.«

Karl schnaufte eine Weile, fuhr sich in den Bart. »Willst du mich gefälligst aufklären?«

»Die politischen Gründe hast du vorhin schon selbst aufgeführt. Jetzt zähle noch den tragischen Verlust unseres Konrads dazu. Vor alledem aber kommt noch das elendige Hungerleben. Und da unser Journal ganz sicher eine Pleite wird, bist du mit deiner Familie am Ende. Ich selbst kann mich irgendwie durchschlagen, ich schreibe für das neue Blatt von Julian Harney. Du weißt, es ist nicht neu, er hat den *Northern Star* nur umbenannt. Auch andere Zeitungen nehmen meine Artikel …«

»So ist das also.« Langsam zückte Karl das Schnupftuch und trocknete sich die Stirn, wischte den Nacken unter dem Kragen. »Du fliegst davon und lässt mich in der Scheiße alleine sitzen. Das hätte ich nie gedacht.«

»Herrgott, dann denke es auch nicht.« Friedrich hieb sich mit beiden Fäusten auf die Knie. »Bist du wirklich so verblödet? Weißt du nach all unsren Jahren immer noch nicht, wer ich bin?«

»So hat es den Anschein.« Auch Karl ballte die Faust. »Wohin? Raus damit.«

»In die Fabrik. Zu meinem Alten.« Der Kloß war heraus, Friedrich spürte die Erleichterung bis in den Magen.

»Nein.« Der Freund zerwühlte sich den Bart. »Wie kommst du auf diese absurde Idee?«

»Ich sagte schon, unseretwegen. Wenigstens einer von uns beiden muss endlich Geld verdienen. Du bist ohne Zweifel genial, besitzt aber, verzeih mir, keine Disziplin.« Ein Anflug von Lächeln zuckte in Friedrichs Mundwinkeln. »Ich halte mich ebenso für recht befähigt, verfüge darüber hinaus noch über ein großes Quantum an Pflichtbewusstsein.«

»Du solltest dich auf dem Jahrmarkt anpreisen.«

»Spotte nicht!« Friedrich erhob sich und ging vor der Bank hin und her. »Denn ich habe vor, dort Geld zu verdienen und, soweit ich kann, dich und deine Familie zu unterstützen.«

Erst blickte Karl ihn betroffen an, dann mit einem Mal schirmte er die Augen ab. Friedrich glaubte Tränen unter der Hand heraus über die Wangen sickern zu sehen. »Das willst du?« Die Stimme gehorchte nicht, erst ein überlauter Räusperer bezwang die Rührung. Karl rieb die feuchte Hand am Rock ab.

»Dort im Tal der Wupper erwartet dich die Höhle des Löwen. Dein Alter würde dich fressen. Nein, so wie du in vergangener Zeit mit ihm umgesprungen bist, wird er dich erst gar nicht nehmen.«

»Persönlich muss er dies auch nicht. Denn ich gehe in die Fabrik nach Manchester.«

»Aha.« Karl fand zur Ironie zurück. »Heißt die Fabrik etwa Burns, Mary and Burns?«

»So das Schicksal mir verzeiht, hoffe ich neben Ermen & Engels auch noch bei ihr anstellig zu werden.«

Karl klatschte kurz in die Hände. »Ehe wir uns weiter verstricken. Sind dies nur Träumereien, oder gibt es schon erste konkrete Schritte?«

Friedrich zog den Brief aus der Tasche. »Mehr als das. Mein Entschluss stand im April fest, als ihr bereits nach einer Woche aus dem German Hotel wieder verschwinden musstet und in diesem Zweizimmer-Loch in der Deanstreet gelandet seid.« Den Sommer über habe er bei seinem Vater für gut Wetter und Frieden gesorgt, indem er in langen Briefen seine Abkehr vom Kommunismus und den Freunden bekundete und außerdem die Absicht äußerte, wieder in die Kaufmannschaft zurückzukehren. Darüber zeigte sich der Vater erfreut, wollte den Sohn weiter finanzieren, ihn aber zur Sicherheit in Kalkutta bei Geschäftspartnern unterbringen, möglichst weit fort von den kommunistischen Versuchern. »Dies aber war nicht in meinem Sinne. Ich musste mit Ausreden taktieren.« Nicht genug. In Schwager Emil und seiner Schwester habe er feste Verbündete und sogar Fürsprecher gefunden. »Glaube mir, an der kleinen Marie ist wirklich eine große Diplomatin verloren gegangen. Ihr haben wir es zu verdanken, dass mein Alter schließlich für Manchester eingewilligt hat.« Er hob den Brief als Beweisstück und steckte ihn, ohne daraus zu zitieren, zurück.

»Welch heller Streif am Horizont.« Karl lehnte sich zurück. »Dann sollten wir auch hier und jetzt eine nächste Entscheidung fällen.« Allen, welche die unaufgeklärten Massen in sinnlose militärische Aufstände treiben wollten, müsse das Handwerk gelegt werden. »Oder das Maul gestopft.« Genüsslich würgte er einen unsichtbaren Aufwiegler mit den Händen. »Ich denke da an Willich und Konsorten. Nicht einmal für eine bürgerlich demokratische Revolution ist der Zeitpunkt gekommen. Unsere These gilt nach wie vor, mein Freund. Das Kapital muss erst seine eigenen Totengräber selbst erschaffen.« Die Aussicht auf eine proletarische Revolution sei in weite Ferne gerückt. Den Arbeitern hier in England zum Beispiel ginge es nicht mehr schlecht genug. Sie würden von der Bourgeoisie angefüttert, die Wohnungen verbesserten sich, es gäbe ausreichend Kleidung. »Erst wenn die Verhältnisse sich allgemein wieder verschlechtern, wird es Empörung geben.« Karl schnippte mit den Fingern. »Und bis dahin will ich nicht mit dieser vergifteten Stimmung hier im Bund meine wertvolle Zeit vergeuden.« Er wies zur Bibliothek hinüber. »Ich will dort drüben lesen und studieren, damit ich mit meinem ökonomischen Werk weiterkomme.«

»Sollen wir austreten?«

»Aber nein. Unsere Feinde würden jubeln. Unsere wenigen Anhänger würden uns steinigen. Und damit haben wir die Lösung. Schon auf der nächsten Sitzung verlege ich als Präsident die Bundeszentrale zurück nach Köln. Damit ist sie weit genug weg von London. Und Willich mit Schapper und seinen Genossen können gerne hier in ihrem Sumpf weiterwühlen, aber ohne uns.«

# 75

London, 64 Deanstreet
13. September 1850, gegen acht Uhr am Abend

In der Küche gab es nicht genügend Platz. Jenny musste mit Helene und den Kindern samt allen Spielsachen in die Schlafstube ausweichen. Karl hatte durch Friedrich ihre verbliebenen drei Vertrauten im Komitee zu einer geheimen Besprechung zu sich nach Hause eingeladen. Es waren der Schuhmacher Heinrich Bauer und Lupus, die beiden Freunde aus der Kölner Zeit, sowie Eccarius, ein Schneider.

Jeder wusste vom tragischen Ausgang des Duells. Die Stimmung war gedrückt. Wortlos ließ Friedrich die Rotweinflasche herumgehen. Nachdem sich alle eingeschenkt hatten, bat Karl: »Ehe die Sitzung beginnt, lasst uns mit einem Moment der Stille und dem ersten Schluck unseres Freundes Konrad Schramm gedenken.« Die Männer erhoben sich, schlugen den Blick nieder und setzten nach kurzer Einkehr das Glas an die Lippen. Anschließend nahmen sie wieder Platz.

»Gib mir den Entwurf!« Karl zog Friedrich das Blatt aus der Hand. »Freunde, bevor wir uns morgen in der Windmill Street bei der Versammlung treffen …«

Im Flur schlug mehrmals die Türglocke an. Karl runzelte die Stirn, als er Helenes »Ich komme ja schon« hörte, fuhr er fort: »Wollte ich euch heute über den wichtigsten Tagungspunkt vorinformieren …«

Draußen schrie Helene auf, gleich setzte sie hinzu: »Heilige Mutter, steh mir bei!«

Lachen. Eine Männerstimme sagte: »Aber Lenchen, was schaust du mich so entgeistert an? Ich bin's. Wo sind die anderen?«

Die Küchentür schwang auf, Helene presste sich kreidebleich mit dem Rücken ans Holz und ließ den Mann vorbei. »Herr Schramm«, flüsterte sie ihm nach.

»Da bin ich.« Eine weiße Binde um den Kopf, darunter Augen und Mund, die lachten. »Schaut mich nicht an wie einen Geist.«

»Das ist nicht so einfach.« Friedrich gelang der erste Scherz. »Schließlich haben wir gerade deiner als Toten gedacht.«

Nun begriffen auch die übrigen Männer am Tisch. Jubel, Glückwünsche, Schulterklopfen lösten die Aufregung. Als Friedrich nach dem wahren Hergang fragte, wurde er von Helene unterbrochen. »Warten Sie bitte. Alle haben wir geweint, auch die Kinder. Jetzt wollen alle auch das Wunder hören.« Sie lief hinaus und kehrte mit Jenny und den Kleinen zurück.

Konrad Schramm berichtete zunächst von seinem Fehlschuss, ließ danach eine bedeutungsvolle Pause. »Dann hob Willich seine Pistole. Nie werde ich den Anblick der Mündung vergessen. Ich dachte, so also endet dein Leben.«

Vor Angst und Mitleid heulte Klein Jenny los. Gleich kauerte sich Helene zu ihr und drückte sie an den Busen. Sie sah zu dem Totgeglaubten auf. »Nicht so schlimm ausschmücken. Sagen Sie bitte einfach, was passiert ist.«

Konrad hob die Achseln. »Also, ganz einfach.« Er habe einen Streifschuss am Kopf abbekommen, sei ohnmächtig geworden. Als er wieder zu sich kam, hatte der Arzt ihn schon verbunden. »Mein Sekundant brachte mich zum Schiff. Und da bin ich wieder.«

Keine Sitzung mehr, stattdessen legten alle zusammen und schickten Helene zum Kaufmann, um Wein und Zigarren zu besorgen.

Spät am Abend stieß Friedrich mit Karl an und raunte ihm ins Ohr: »Die Entscheidung ist gefallen.«

»So ist es.« Der Freund nickte. »Wunder hin oder her.«

# 76

Manchester, Suppenküche
Mitte Dezember 1850

Tom trug die Leiter nach draußen und lehnte sie über dem Hauptausgang an den Querbalken direkt unter die große Öllaterne. Ihr Licht spiegelte sich in den beiden leise im Wind klingelnden Girlanden. Sein Adventsschmuck für die Suppenküche, sein ganzer Stolz! Aus feinem Blech hatte er jeden Stern ausgesägt, selbst mit Silber- und Goldbronze gestrichen und an Ringen zu zwei Ketten verbunden. »So freut sich unsere Kundschaft nicht nur aufs Essen, sondern auch auf Weihnachten.« Schwester Mary hatte ihm zum Dank die Haare zerwuschelt und ihm obendrein blitzschnell einen Kuss gegeben, den allerdings hatte sich der Dreizehnjährige sofort von der Stirn abgewischt. Für heute war die Essensausgabe beendet. Tom ging einige Schritte zurück in den Saal. »Beeilt euch ein bisschen. Ihr müsst mir die Leiter halten.«

Die beiden Marys standen voreinander, unterbrachen kurz das Ansummen, und die Schwester rief über die Schulter: »Geduld, der Herr. Die Damen sind gleich so weit.« Sie wandte sich wieder der Freundin zu. »Also wir nehmen die schmalzige Melodie und ziehen das letzte Wort möglichst in die Länge.«

Die Frau von Julian Harney schmunzelte kopfschüttelnd. »Armer Robert Burns. Wie sagst du zu ihm? Namensvetter-Vorfahrendichter. So wie wir mit seinen schönen Gedichten umgehen, würde er sich noch im Grab die Ohren zuhalten.«

Mary gab den Einsatz, und beide Frauen sangen voller Inbrunst, während sie wiegend in Richtung Ausgang schritten:

»O wäre mein Liebchen das Röslein rot
Dort oben auf felsiger Mauer,
Und ich, ich fiel ihr, ein Tropfen Tau,
In den Busen mit wonnigem Schauer.«

»Das ist ja scheußlich«, empfing sie Tom und erntete vergnügtes Lachen der beiden. »Jetzt haltet gut fest!«

»Lass die Sterne doch einfach hängen.« Mary wischte dem Bruder einige Holzspäne vom Rockärmel. »Warum machst du dir jeden Abend die Mühe?«

»Ich hab's dir schon gesagt ...« Er betonte jedes Wort: »Weil sie mir sonst geklaut werden.« Keine Diskussion mehr, er stellte den Fuß auf die erste Sprosse, und eilig packte jede Mary nah einem der Holme an. Während Tom unter der Lampe die Girlanden von den Haken nahm, zwinkerte Mary der Freundin zu. »Noch eine Strophe?«

»Aber leise, sonst fällt er uns noch runter.« Mary Harney sang schon los:

»Wie wollt ich ...«,

Mary fiel mit ein,

»weich gebettet, die Nacht
Durchwachen im Taumel der Liebe,
Eh mich aus duftiger Lagerstatt
Der Strahl der Sonne vertriebe.«

»Hilfe, aufhören!«, rief Tom oben auf der Leiter. »Erbarmen.« Damit löschte er die Ölflamme und kehrte, beide Sternengirlanden um den Hals gelegt, wieder zur Erde zurück. »Geht schon rüber ins Gasthaus. Ich räume noch die Sterne und die Leiter weg.«

»Vergiss nicht abzuschließen«, ermahnte die Schwester und hakte sich bei Mary Harney ein. Der White Swan befand sich auf der anderen Seite der Deansgate. Nach wenigen Schritten blieb Mary getroffen stehen. »Frederick?«, flüsterte sie. Im hellen Licht der Straßenlaterne stand er. Sie löste sich von der Freundin, setzte wie auf einem schwankenden Balken einen Fuß vor den anderen, stockte. »Frederick.«

Er kam auf sie zu, riss den Hut vom Kopf, behielt ihn und seinen Stock in den Händen, so breitete er beide Arme und schloss sie fest an die Brust. »Mary, meine Mary.«

Sie spürte die Kraft, gleichzeitig überflutete eine heiße Woge ihren Rücken. Sie presste das Gesicht an ihn. Dieser Geruch, wie gut. So lange nicht … und doch so vertraut … Endlich, endlich.

»Was ist denn hier los?« Die Stimme von Tom.

»Da haben sich zwei wiedergefunden.« Die Stimme der Freundin. »Stören wir nicht. Komm, sei mein Galan. Führe mich ins Gasthaus!«

Geht nur … alles soll uns loslassen, versinken, und nur wir bleiben. Mit geschlossenen Lidern umschlang sie seinen Hals, fand die Lippen, küsste ihn. Ein Sturm erwachte, nahm beide mit, außer Atem wachte Mary auf, sah ins Licht seiner Augen. »Du hast lange auf dich warten lassen.«

Er streichelte ihre Wangen. »Zu lange?«

»Ich bin mir nicht sicher.« Dabei lächelte sie ein wenig. »Man hat mir erzählt, dass du schon seit einigen Wochen hier in Manchester bist.«

»Verzeih.« Er habe sich zunächst in der Firma einfinden müssen. »Die ersten Tage waren sehr schwierig für mich. Aber jetzt hab ich meinen Platz. Und bin sofort zu dir.«

»Sofort? Ach, Frederick.« Mary löste sich aus seinen Armen. »Wir werden noch viel zu sprechen haben. Vielleicht später am Abend. Jetzt aber muss ich zu Mary Harney. Sie fährt morgen zurück zu ihrem kranken Mann. Wir wollten noch einen Glühwein zusammen trinken. Wenn du magst, begleite mich.«

Der Gastraum war gut besucht. Den Tisch hinten in der Ecke, gleich neben dem Ofen, hatte der Wirt wie stets für die Frauen der Armenküche reserviert. Lange schon genossen beide Marys und ihre Helferinnen wie auch Tom und Schwester Lizzy großes Ansehen im Viertel. Kaum nahm Mary heute das Hallo und das freundliche Winken der Gäste wahr. Wie soll ich die Zeit, bis wir nachher allein sind, überstehen?

Während die Freundin mit leiser Stimme Frederick ausführlich von ihrem Julian erzählte, vom Geschwür neben der Luftröhre, dass der Arme kaum noch atmen konnte, hörte Mary kaum zu, dachte an sein Knie, mit dem er unter dem Tisch das ihre berührte, streichelte und drückte.

»Zweimal haben die Ärzte gestochen, zweimal den Herd nicht getroffen. Inzwischen aber ist er über den Berg. Allerdings darf er noch nicht sprechen.« Mary Harney tippte Friedrich leicht auf den Handrücken. »Wie du Julian kennst, ist das die höchste Strafe für ihn.« Pflichtschuldig sagte er: »Allerdings.«

Nun versuchte sie, ihn und die Freundin zu erheitern. »Stellt euch vor, mein sonst so wortgewaltiger, kaum zu bändigender Ehemann liegt dort in den Kissen, muss schweigen und trägt die rote Jakobinermütze als schützenden Kopfwärmer.«

Da kein Lachen zu gewinnen war, faltete sie die Hände auf dem Tisch und sah beide an. »Denkt bitte nicht, ich sei gekränkt. Ich kann euch gut verstehen. Ihr müsst und wollt jetzt allein sein.«

»Aber nein«, Mary fasste ihren Arm. »Es ist doch dein letzter Abend.«

»Nur für dieses Mal. In drei Wochen bin ich schon wieder da.« Sie stupste Tom leicht an der Schulter. »Junger Herr, darf ich stören?«

»Warum?« Tom sah von seinem Abrechnungsheft auf. Er hatte sich kaum für das Gespräch interessiert, hatte an seinem Glühwein genippt und eifrig Zahlen eingetragen. »Ich arbeite.«

»Könntest du mich zu meiner Pension begleiten?«

Seine Miene war für die Schwester Alarmzeichen genug, ehe er etwas erwidern konnte, sagte sie zu ihm: »Das machst du gerne, nicht wahr?« Sie blickte Friedrich an. »Und wir gehen auch. Hier können wir uns ohnehin nicht gut unterhalten.«

Tom klappte das Heft zu, verstaute es sorgsam in der Innentasche des Rocks. »Also meinetwegen.«

Draußen vor dem White Swan verabschiedete er sich von Friedrich und setzte weltmännisch hinzu: »Wünsche gute Geschäfte. Das sage ich so von Kaufmann zu Kaufmann.«

»Danke, mein Freund«, ging Friedrich ernst darauf ein. »Es wäre mir eine Freude, wenn ich dich in meinem Kontor bei Ermen & Engels gelegentlich begrüßen könnte.«

»Ehrlich?«

»Wenn ich es sage.«

»O Mister.« Mit einem Strahlen kehrte das Jungenhafte zurück. »Keine Sorge, Mister. Auf mich müssen Sie nicht lange warten.« Als er mit der Frau von Julian Harney davonging, drehte er sich noch zweimal um.

Mary schlug den Mantelkragen hoch, lächelnd hakte sie sich bei Friedrich unter. »Da hast du im Nu ein Herz gewonnen.«

Schweigend gingen sie eng nebeneinanderher. Wie oft habe ich mir vorgestellt, wir wanderten so aus dem Morgen, durch den Tag und in die Nacht hinein. Ach, Frederick, du bist mir nicht fremd geworden.

Erst nachdem sie die Deansgate hinter sich gelassen hatten und in kleinere Straßen eingebogen waren, fragte er: »Und deins? Habe ich dein Herz verloren?«

Sei auf der Hut, warnte sich Mary, du warst lange genug unglücklich. »Ich habe, so gut ich konnte, darauf achtgegeben. Nein, es ist nicht verloren. Ich weiß, wo mein Herz ist.«

Vor dem kleinen Haus in der Daniel Street spürte Mary das harte Pochen bis in die Schläfen. Du musst stark sein. Sie schloss die Türe auf. Gleich umarmte er sie, drängte mit ihr in den Flur. »Liebste, o wie habe ich dich vermisst.« Er küsste sie, fasste ihren Rücken, streichelte über die Brüste. »Wie habe ich diesen Moment herbeigesehnt.« Mary gab sich einen Seufzer lang seiner Leidenschaft hin, dann aber löste sie sich. »Ich kann nicht.«

Er glaubte an ein Spiel und versuchte ihren Nacken zu küssen. »Nicht, Frederick, bitte.«

Er ließ die Arme sinken. »Also habe ich dich doch verloren?«

»Nein.« Sie sah ihn an. »Ich habe gewartet, gehofft …«

»Dann ist jetzt doch alles gut.«

»Für dich mag es so sein. Mir aber fehlt noch so viel.« Mary drehte die Flurlampe etwas höher, das Licht sollte ihr helfen. »Meine Liebe zu dir ist geblieben. Und nichts wünsche ich mir mehr als unsere Nähe … Nein, bitte bleibe dort stehen und höre mir zu.« Mary legte eine Hand auf ihr Herz. »Ich habe den Glauben an dich verloren.« Sie erinnerte ihn, wie er sie aus Brüssel einfach weggeschickt habe, zählte all seine Versprechungen in den Briefen auf, nichts davon habe er gehalten. »Ich ertrage keine Enttäuschungen mehr, sonst zerbricht mir das Herz. Du darfst mich besuchen, mit mir spazieren gehen und sprechen. Doch mehr nicht.« Sie deutete auf die Stubentür. »Dahinein möchte ich erst mit dir, wenn ich wieder fest an dich glauben kann.«

Sichtlich betroffen rieb sich Friedrich die Stirn. »Aber nun bin ich hier in Manchester, arbeite in Vaters Fabrik. Warum zweifelst du?«

»Ich glaube dir, dass du im Moment ernsthaft bei deinem Vater arbeiten willst, weil, wie ich gehört habe, die Partei gegen dich und Karl ist und du sonst nichts zum Leben hast.« Sie lächelte leise. »Natürlich würdest du immer bei mir in der Suppenküche einen Teller bekommen.« Gleich furchte sie wieder die Stirn. »Aber was ist, wenn sich das Blatt wieder wendet? Die Chancen für die Partei steigen? Wirfst du dann hier wieder alles hin, verschwindest und schreibst mir vielleicht mal einen Brief?«

Friedrich rieb sich die Nase, strich sich den Bart. »Vielleicht habe ich es ja verdient. Aber du redest schon wie meine Schwester Marie.«

»Marie?« Nun seufzte Mary zufrieden. »Also hat sie Wort gehalten und unser kleines Geheimnis vor dir bewahrt.«

»Einen Augenblick.« Friedrich hob die Hand. »Ich begreife nichts mehr.«

»Lass dir von mir helfen, Liebster.« Mary strich ihm mit der Fingerkuppe über die Lippen. »Marie und ich sind schon lange gute Freundinnen. Und Freundinnen helfen sich gegenseitig in der Not.« Sie schob ihn sanft zur Haustür. »Bitte, Frederick, lass mich wieder an dich glauben. Bitte!«

# 77

Manchester, Kontor Ermen & Engels
12. Februar 1851

Blau, rot, grün und schwarz, mit den Spitzen nach oben steckten die Stifte im Lochholz links von Friedrich, rechter Hand hatte er neben Brieföffner und Stempelkarussell auch Feder und Tintenfass griffbereit angeordnet. Vor ihm lag aufgeschlagen das große Rechnungsbuch. Außer seinem Schreibtisch gab es zwei schlichte Stühle und einen kleinen Tisch, für mehr Einrichtung war kein Platz in seiner Behausung. Das Braun der Holzwände erdrückte, und hob er den Blick zum Fenster, sah er die schmutzig grauen Wände des Nachbarhauses.

Gleich beim Eintritt in die Firma hatte ihn Direktor Peter Ermen in die hinterste Ecke des großen Kontors verbannt. »Dort haben Sie Ihr eigenes Reich. Dort können Sie ungestört Einsicht in unsere Geschäftsberichte nehmen. Ganz so wie es Ihr Herr Vater wünscht.« Er hatte mit dem langen Stiel seiner Pfeife auf Friedrichs Brust gezielt, sein Lächeln war falsch, hinterhältig. »Im Vertrauen, sollte Ihnen die Kontorarbeit zu öde werden, dürfen Sie natürlich, wann auch immer, Ihren Studien in der Bibliothek nachgehen.« Die Lippen hatten sich noch verbreitert und den spitzen Bart wippen lassen. »Ich erinnere mich zu gut an Ihren ersten Aufenthalt hier bei Ermen & Engels. Da haben wir Sie kaum hinter dem Schreibtisch angetroffen. Und auch jetzt bin ich bereit, ein Auge zuzudrücken.«

Das war vor bald drei Monaten, dachte Friedrich und schmunzelte, wie ach so tief habe ich den großen Peter Ermen enttäuscht: keinen Tag gefehlt, jede Woche die Bücher geprüft. Und siehe da, längst bin ich hier nicht mehr ungestört, wenigstens zweimal am Morgen und dreimal am Nachmittag kommt er vorbei, fragt scheinheilig, ob mir Unterlagen fehlen, dabei schaut er mir über die Schulter auf die Zahlen, die ich mir gerade notiert habe. Der dumme Teufel merkt nicht, dass ich, sobald er hereinkommt, sofort ein anderes vorbereitetes Blatt mit banalen Berechnungen hinlege. Friedrich stopfte sich die Pfeife. Bisher habe ich keinen Fehler in den Büchern entdeckt, leider. Verdächtig ist nur, dass Ermen inzwischen herumläuft wie ein Fuchs, dem sein Schwanz im Eisen hängen geblieben ist. Etwas muss hier falsch sein, ich spüre es. Friedrich hielt die Flamme des Streichholzes über den Tabakkopf und nahm einige Züge. Vielleicht komme ich heute einen Schritt weiter.

Wie jeden Mittwoch würde ihn Marys Bruder hier aufsuchen. Tom wollte von ihm unbedingt in die Geheimnisse der Buchführung eingeweiht werden. Der Junge war schlau und geschickt, er sollte ihm heute einen Gefallen erweisen. »So von Geschäftsmann zu Geschäftsmann«, ahmte Friedrich den Tonfall nach. Er zog ein leeres Blatt aus der Schublade. Die Nachricht an Karl durfte er bei aller Spurensuche nicht vergessen. Der Freund wartete dringend auf neues Geld. Rasch tunkte er die Feder ein.

> »Lieber Marx, ich finde eben deinen Brief und benutze gleich die heutige Post, Dir anzuzeigen, dass ich es Ende dieser Woche möglich machen werde, Dir die 1 Pfund und 10 Shilling für Landolphe zu schicken, damit diese leidige Geschichte endlich aus der Welt kommt …«

Die Tür hinter ihm knarrte, sofort legte Friedrich das Löschblatt auf den Briefbogen und blätterte die nächste Seite des Rechnungsbuches darüber.

»Hier bringe ich die Erlösung aus der Zahlenfron.« Direktor Ermen lachte trocken über seinen Scherz und trieb Tom mit kurzen

Stößen gegen die Schulter vor sich her. »Der junge irische Herr zeigt wirklich Mut. Soeben hat er beinah das Gebäude erstürmt.« Im letzten Moment wäre er vom neuen Wachmann am Rockkragen festgehalten worden. Auf die Frage, zu wem er denn so eilig wolle, hätte dieser dreiste Lümmel geantwortet: zum Kaufherrn Engels, das ist der Chef dieses Ladens. Ermen schnaubte den Atem durch die Nase. »Bisher kannte der Wächter nur mich als seinen Brotherrn, deshalb ließ er mich zur Sicherheit rufen.«

Unvermittelt schlug er mit der flachen Hand auf den Schreibtisch. »Hier gibt es nur einen Direktor. Und das ist weder mein Bruder Gottfried …«, jetzt traf der Blick Friedrich, »… noch Sie, der Sohn meines Partners, den ich hier nur mit größter Nachsicht dulde.« Wieder beherrscht griff er mit zwei Fingern nach Toms Ohr und drehte es langsam. »Nun zu dir. Ich weiß, du willst Kaufmann werden. Aber wenn du mein Haus auch weiterhin betreten willst, dann wartest du höflich und bescheiden, bis du hereingebeten wirst. Hast du mich verstanden?«

Tom verzog schmerzhaft das Gesicht, wehrte sich aber nicht. »Ja, Herr. Ich merke es mir.«

Nun gab ihm Ermen einen Klaps auf die Wange. »Bescheidenheit ist die Zierde eines Kaufmanns. Nimm das als Lektion von mir, dem Direktor dieses Unternehmens. Und nun überlasse ich dich deinem Lehrer.« Er bedachte beide mit einem dünnen Lächeln und ging.

Sobald die Tür hinter ihm zufiel, schlug sich Friedrich gegen die Stirn und dachte, diesem aufgeblasenen Frosch werde ich bald die Luft rauslassen. Er blickte den Jungen an. »Ärgere dich nicht. Er ist nun mal der Chef.«

»Aber, Mister, Sie doch auch.« Tom lüftete den Zylinder und verbeugte sich übertrieben. »Es heißt doch Ermen & Engels.«

»Mein Vater ist sein Partner. Ich prüfe hier nur die Bücher.« Friedrich klopfte die Pfeife im Aschenbecher aus. »Nun Schluss damit, an die Arbeit!«

Als der Junge das Heft zückte, winkte er ab. »Heute werden wir nicht rechnen. Ich benötige deine Hilfe.« Gleich war Tom bereit. »Sagen Sie nur, was, und schon wird's erledigt.«

»Wir machen einen Rundgang durch die Lagerhallen.« Friedrich steckte Papier und Bleistift in die Manteltasche. »Und auf dem Weg erzählst du mir von deiner Schwester.«

Mary ließ ihm Grüße ausrichten. »Was noch?«, überlegte Tom laut. »Ach ja …« Letzten Donnerstag sei zu viel Salz in einen der beiden Kochkessel gelangt. »Da haben wir Wasser nachgeschüttet. Dadurch wurde die Suppe immer dünner.« Er kicherte bei der Erinnerung. »Was für eine Aufregung.« Erst hätten die Schwester und Frau Harney beschlossen, den Männern die dünne und den Frauen und Kindern die dickere Suppe zu geben. Weil es die Mütter mit ihren Kleinen nötiger hätten. Aber dann wären doch Bedenken gekommen. »Wegen der Gerechtigkeit. Also haben wir so lange die Suppen zusammengeschüttet, bis sie in beiden Kesseln halb dünn war.«

»Ein kluger Schachzug«, bestätigte Friedrich. Er hatte sich mehr über Mary gewünscht, mochte aber nicht nachfragen, um den Bruder nicht in Schwierigkeiten zu bringen.

Vor der Lagerhalle hielt er Tom zurück. »Dort drinnen wird unser Garn deponiert. Verschiedene Sorten auf unterschiedlichen Holzspulen. Ich zeige dir gleich das neue Diamantgarn. Wir verkaufen es schon, obwohl der Name noch geheim ist. Daher wird jede Rolle außer der fortlaufenden Nummer nur mit einem gelben D gekennzeichnet. Ich will wissen, wie viele davon zurzeit hier gespeichert werden.«

»Und ich soll bloß zählen?«

Friedrich nickte. »Wir dürfen die Packer nicht stören. Außerdem muss es schnell und unauffällig vor sich gehen. Deshalb teilen wir uns die Aufgabe.«

»Verstanden.«

»Dann los!« Sie betraten die hohe Halle. Friedrich winkte einigen Arbeitern zu, rasch fand er den Lagerplatz für das Diamantgarn, und dann stand er mit Tom zusammen, als unterhielten sie sich, dabei zählte jeder am anderen vorbei die aufgereihten großen Garnrollen.

»Fertig?«

Tom nickte. »War einfach.«

»Dann geh schon raus und warte vor dem Tor.« Friedrich schlenderte auf zwei Arbeiter zu, die einen Wagen hochbeladen mit Garnrollen zogen. Sie grüßten, er grüßte ebenso freundlich zurück und erkundigte sich, wohin die Ware geliefert würde.

»Liverpool, Herr. Heute Mittag mit der Victoria.«

Er hob die Hand, ging weiter, nach wenigen Schritten fragte er über die Schulter ganz beiläufig: »Ist auch schon vom D-Garn was dabei?«

Zwei Karrenladungen hätten sie zum Schiff gebracht, war die Auskunft.

Draußen zog Friedrich den Jungen, ohne stehen zu bleiben, mit sich. »Runter zum Hafen. Wir müssen uns beeilen.«

Erst als sie nach einigen Straßenecken außer Sichtweite des Firmengeländes waren, blieb Friedrich stehen. »Wie viele Rollen waren es bei dir? Weißt du deine Zahl noch?«

»Hey, Mister«, empörte sich Tom. »Ein Geschäftsmann vergisst keine Zahlen.«

»Ach, entschuldige.« Friedrich drehte den Jungen um. »Bücke dich und halt still.« Er legte ihm das Papier auf den Rücken und addierte Toms und das eigene Zählergebnis. Das heutige Datum wollte er für seine Prüfung zum Stichtag nehmen, um der Vollständigkeit willen, musste er noch wissen, wie viele Rollen mit dem gelben D während des Vormittags auf der Victoria verstaut worden waren. »Ich selbst kann nicht an Bord. Das würde nur unnötige Fragerei auslösen. Könntest du, Partner …?«

»Partner?« Tom sah zu ihm auf. »O Mister, das wäre was …« Er winkte ab. »Schon gut. Ich bin noch zu jung, zu unerfahren.« Kurz klatschte er in die Hände. »Aber mich kennt hier jeder Kapitän, auch der von der Victoria. Weil ich dem Heizer helfe, die Kohlen für den Dampfkessel zu schippen, dafür bekomme ich dann einen Sack für unsren Suppenkessel.«

»Guter Junge.« Am Anfang des Kanals deutete Friedrich zu den flachen Lastkähnen hinüber. »Unser Schiff ist das dritte. Denke an das gelbe D. Nur davon will ich die Stückzahl. Ich warte hier.« Er sah Tom nach, wie er sich zielstrebig durch das Gewühl an Arbeitern, Matrosen und Händlern durchschlängelte. Beim Anblick der Frauen, die mit ihren Bauchläden herumgingen, laut schreiend die Waren anpriesen, kam ihm Mary in den Sinn. Nur einmal in der Woche sehen, das ist mir einfach zu wenig. Beim nächsten Mal verlange ich mehr Zeit für uns. Gleich seufzte er, ich weiß, verlangen kann ich nichts, drum bitten muss ich.

Tom tauchte wieder auf, von Weitem schwenkte er kurz seinen Zylinder, nahe genug rief er: »War einfach, Mister.«

Zwanzig große Holzspulen mit dem neuen Garn hätte die Victoria geladen. »Das D war nicht zu übersehen.« Während Friedrich auf seinem Rücken die Zahl notierte, kratzte sich Tom im Nacken. »Und komisch war es doch.«

»Was meinst du?«

»Na ja, die Nummern waren so komisch.«

Friedrich hob das Blatt an. Er solle sich aufrichten. »Worüber hast du dich gewundert?«

»Mit Zahlen kenne ich mich aus …«

»Das weiß ich. Nun rede schon.«

»Es sind dieselben Nummern drauf.«

Sofort spürte Friedrich den Puls schneller schlagen. »Erkläre es mir.«

Vorhin in der Lagerhalle hätte er seine Seite gezählt, und ganz vorn hätten die D-Spulen mit der Nummerierung 78, 79, 80 gestanden. »Und jetzt komme ich auf die Victoria, und was sehe ich? Da stehen die D-Spulen schön nebeneinander. Ich hätte mir nichts gedacht, wenn nicht auch die 78, 79, 80 dabei wären.« Er rümpfte die Nase. »So schnell können die doch gar nicht von der Lagerhalle aufs Schiff gebracht worden sein.«

»Da stimme ich dir zu.« Friedrich lachte grimmig. »Und zwar aus tiefstem Herzen.« Er zückte ein Geldstück. »Danke. Gute Arbeit, Partner. Der Shilling ist nicht für die Suppenküche gedacht, sondern ganz allein für dich. Über ihn musst du kein Buch führen.«

»Bei dem Verdienst …« Tom rieb das Geldstück am Ärmel. »Wenn Sie wollen, Mister. Ich könnte gleich noch was zählen.«

»Heute nicht, aber ganz sicher wiederholen wir diese Lehrstunde. Und nun ab mit dir. Grüße deine Schwester von mir.«

Friedrich blieb noch und beobachtete das Treiben auf dem Pier. Als die Victoria ablegte, schwarze Qualmwolken aus dem Schornstein stiegen und sie Fahrt in Richtung Westen aufnahm, pfiff er zufrieden vor sich hin.

# 78

Manchester, Umgebung
20. April 1851, Ostersonntag

Der Kutscher vorn auf dem Bock trug einen grünen Zweig im Hutband, den beiden Schimmeln hatte er zu Ehren des Osterfestes das silberbeschlagene Geschirr angelegt und ihnen die Schweife zu langen Zöpfen geflochten. Er ließ die Tiere Schritt gehen.

Was für ein Morgen! Friedrich lehnte neben Marx in der offenen Kutsche und reckte, dehnte die Arme. »Riechst du es?«

»Was meinst du damit?«

»Je höher wir aus dem Qualmkessel Manchester hinaufsteigen, umso besser wird die Luft.« Karl blickte von der Zeitung auf, nahm die Zigarre aus dem Mund, er sog den Atem kurz durch die Nase. »Du könntest recht haben. Die Gefahr eines Schocks für unsere Gesundheit steigert sich von Meile zu Meile.« Mit Schmunzeln über den eigenen Scherz beugte er sich über den Artikel und rauchte weiter.

Wie mag es ihm gehen? Nachdenklich beobachtete Friedrich den Freund von der Seite. In jedem Fall besser als bei seiner Ankunft. Donnerstagabend hab ich ihn vom Bahnhof abgeholt, da war er blass, verschwitzt, rotäugig, die Hände zitterten. Wir sind dann zunächst in die Kneipe. Nach drei Bieren hatte er wenigstens wieder etwas Farbe im Gesicht. Die Pensionswirtin in der Great Ducie Street wollte nur wissen, wie lange mein Logiergast bliebe, und rechnet mir für die kurze Zeit einen Shilling an. Diese gierige Hexe.

Gestern und vorgestern sind wir in der Stadt herumgewandert, haben ohne Pause von früh bis spät diskutiert, über den Arbeiterverein, mit großem Genuss über unsere Feinde, zwischendurch auch über seine neuen Erkenntnisse in der Ökonomie oder den Fortschritt meiner Militärstudien. Vor allem aber haben wir gut gegessen und viel, sehr viel getrunken. In den nur zwei Tagen ist Karl wieder etwas aufgeblüht. Und doch …?

Aus London hatte er geschrieben: »Ich muss unbedingt für ein paar Tage hier raus. Ich muss dich unbedingt besuchen.« Ein Hilferuf. So hatte Friedrich das Schreiben gedeutet und sofort reagiert. »Komme über Ostern nach Manchester. Sei mein Gast!« Um die Familie in London während Karls Abwesenheit nicht gänzlich verelenden zu lassen, hatte er ihm in zwei Briefen je eine halbe Fünfpfundnote geschickt. Die Zuwendung war von beiden Freunden als Alibi angesehen worden. »So müssen wir uns keine Gedanken machen, wenn wir es uns so richtig gut gehen lassen.«

Die Ausfahrt heute hinauf in die Hügellandschaft sollte der Höhepunkt des Besuches werden. Friedrich tätschelte die lederne Sitzbank. »Der Landauer ist der Firmenwagen von Ermen & Engels.«

»Wie sagt Jenny? Du wirst noch ein richtiger Cotton-Lord. Fährst bald sechsspännig.«

Friedrich ließ sich nicht ärgern. »Nutznießer bin ich, das ist wahr.« Seit Direktor Ermen wusste, dass sein Partner Engels senior im Juni der Firma einen Geschäftsbesuch abstatten wollte, behandelte er den Sohn wie ein rohes Ei. Ahnte er etwas vom Ergebnis der Nachforschungen? War es das schlechte Gewissen? Friedrich profitierte gerne von Ermens Unsicherheit. Nicht einmal eine Bitte, allein die Andeutung genügte, und schon stand ihm der Landauer nebst Kutscher für den Ostertag zur Verfügung. »Wir haben beide etwas davon. Im Korb liegen Wein, Brot und Wurst. Die Sonne und der blaue Himmel kommen noch als Bonus dazu.«

Als hätte Friedrich das Stichwort gegeben, schwang unten aus dem Dunst von Manchester Glockengeläut herauf. »Auch dieser Genuss war natürlich eingeplant.« Vergnügt spielte er den großen Gönner. »Wie du hörst und siehst, habe ich keine Mühen gescheut.«

Von der Leichtigkeit angesteckt nahm Karl einen Schluck aus der Rotweinflasche. »An solch einem Tag darf Goethe nicht fehlen. Der Kerl hat ebenso gern getrunken wie wir. Und ich meine den Dichter wie auch seinen Heinrich, diesen Faust.« Mit großer Geste beschrieb er mit der Flasche einen Schwenk über die hügelige Landschaft und deklamierte:

»Vom Eise befreit sind Strom und Bäche
Durch des Frühlings holden, belebenden Blick,
Im Tale grünet Hoffnungsglück.
Der alte Winter in seiner Schwäche
Zog sich in raue Berge zurück.«

Jäh brach er ab, seine Miene verdüsterte sich. »Dieser Faust mit seinem Gretchen ... Ach, was rede ich drum rum?« Er klaubte die Becher aus dem Korb, den einen reichte er Friedrich und schenkte beiden ein. »Trinken wir, danach muss ich mit dir reden.« Friedrich nahm nur einen Schluck, sah fragend zu, wie er den Becher, ohne abzusetzen, leerte.

Karl verrieb die Tropfenreste im Bart. »Lasse mich vorne anfangen. Du weißt, dass unser Föxchen letzten November gestorben ist, wohl am Husten und weil er so schwach war. Die wahre Schuld aber gebe ich dieser verfluchten Gesamtscheiße, in der ich stecke.«

»Deine Situation hat sich doch inzwischen etwas gebessert.«

»Nur auf den ersten Blick.« Karl berichtete von der Niederkunft seiner Frau am 28. März. »Leider ist sie von einem Mädchen entbunden worden und nicht von einem Jungen. Was noch schlimmer ist, sie ist seitdem sehr angegriffen und liegt schwer krank darnieder.«

»Die fünf Pfund von mir reichen doch auch für den Besuch des Doktors.«

Karl winkte ab. »So ist es. Sogar für neue Medizin.« Jäh perlte ihm Schweiß auf der Stirn. »Jenny wird schon wieder ...« Umständlich zündete er den Zigarrenstumpf erneut an. »Da ist aber noch unsere Helene.«

»Richtig.« Bei seinem Londoner Kurzbesuch im März hatte Friedrich die Schwangerschaft der tüchtigen Haushälterin bemerkt und sich vorsichtig nach dem glücklichen Vater erkundigt. Helene hatte ihn wortlos aus der Küche getrieben, auch von Karl und Jenny war nur zu hören: »Lenchen schweigt.«

Friedrich sah den Freund schmunzelnd an. »Und? Hat sie ihr Schweigen gebrochen? Wisst ihr inzwischen, wer der Vater ist?«

»Du.«

Vor Schreck schwappte Friedrich der Wein aus dem Becher. Ehe er sich fasste, milderte Karl ab. »Das war zwar nur ein halber Scherz, dafür aber ein bitterer. Allein Lenchen und ich kennen die Wahrheit.«

Friedrich lachte auf, er entsann sich an die versteckten Zärtlichkeiten zwischen den beiden, auch daran, dass sie, wenn Jenny längst schlief, noch Schach spielten. »Also bist du der Zucht...?«

»Nicht so laut.« Karl wies nach vorn zum Fuhrmann auf dem Bock. »Sonst weiß es morgen deine ganze Firma.« Er rutschte näher. »Das Problem ist noch größer, viel größer. Jenny will wissen, wer der Vater ist. Du weißt, sie ist krank und schwach.«

»Meinst du, sie ahnt es nicht einmal?«

»Ich glaube nicht. Und wenn ich es ihr sage, wird sie völlig zusammenbrechen. Diese Schande könnte sie niemals verwinden. Außerdem wäre mein eigener Ruf ruiniert. Stell dir vor, wie Willich, Schapper und Konsorten über mich hergeifern würden.«

»Also muss die arme Helene ins Wasser gehen? Willst du etwa darauf hinaus?«

»Wofür hältst du mich?« Karl schenkte erneut die Becher voll. Er behielt beide in den Händen. »Das Kind wird im Juni kommen. Ein Vater muss her, und zwar rasch. Ich habe mit Lenchen hin und her überlegt.« Er sah den Freund halb bittend, halb fordernd an. »Und wir sind auf den einzig möglichen Kandidaten gekommen.«

»Etwa mich?« Friedrich griff ihm den Becher aus der Hand und schüttete sich den Inhalt in den Rachen.

»Du bist die Rettung in unserem ganzen Dilemma.« Karl sagte es in einem abschließenden Ton, als wäre damit die Lösung einer langen Rechenkette gefunden.

Friedrich wurde heiß, er spürte den Brustkasten, die Hitze stieg in den Hals. »Verflucht«, stieß er aus, setzte mühsam unterdrückt hinzu: »Du kommst mir mit Goethe. Also gut. Dann weißt du auch, wie es im Stück weitergeht. Und da bin ich mit Faust einer Meinung: Das also, das ist des Pudels Kern.«

»Übertreibe nicht.« Karl fingerte hektisch in seinem Bart. »Hier sitzt nicht Mephisto, sondern ein Freund, der dich um einen Gefallen bittet.«

»Gefallen?«, äffte ihn Friedrich zornbebend nach. »Weißt du, was du von mir verlangst? Nein, darüber hast du nicht einen deiner ach so wertvollen Gedanken verschwendet.«

Um Zeit zu gewinnen, trank Karl. Als er den Becher absetzte, schlug er vor: »Können wir nicht in Ruhe wie vernünftige Männer darüber sprechen?«

»Hier geht es um mehr als nur Vernunft«, fauchte Friedrich, pfiff dem Kutscher, er solle anhalten. Kaum stand der Landauer, sprang er, ohne erst den Verschlag zu öffnen, mit einem Satz auf die Straße. Er stürmte in die Wiese, den Hügel hinauf, Laufen löste die Umklammerung, erst nahe der gelb blühenden Ginsterbüsche hielt er atemlos an.

Und was ist mit meinem Ruf? Du egoistischer Teufel? Wie laut werden unsere Feinde über mich lachen? Er stemmte die Hände in die Hüften, starrte zur Straße hinunter. Wenn dich einer aus dem Komitee so sehen würde: Da sitzt du im feinen Landauer, schlürfst Wein und lässt dir den verdammten Schädel von der Sonne aufwärmen. Wäre das nicht auch ein Fressen für Willich und Genossen? Überhaupt, allein dass du Jenny immer noch gerne mit Baronesse betitelst, ist schon fragwürdig genug. Das Einzige, was dich mit den Armen verbindet, ist deine Armut, sonst nichts, außer dass sie Grundlage einiger unserer Theorien sind. Friedrich hob einen vertrockneten Ast auf, zerbrach ihn über dem Knie und schleuderte beide Enden den Hang hinunter. »Verfluchter Kerl. Du nimmst dir dein Vergnügen, und ich soll die Folgen ausbaden.«

Langsam ging er zurück. Arme Helene. Du gutes Mädchen mit dem schönen Hintern, wie konntest du nur auf diesen verschwitzten Bock reinfallen? Friedrich winkte ab. Egal, jetzt ist es ohnehin zu spät. Aber ohne Kindsvater wird Jenny dich nicht im Haus halten wollen. Und sollte Karl sich bekennen, wird sie dich und das Kind wegjagen, und womöglich lässt sie der Schande wegen die ganze Familie auseinanderbrechen.

Friedrich rieb sich heftig die Schläfen. »Ja, ja. Das also muss des Pudels Kern sein.« Er dachte an Klein Jenny und ihre Geschwister, an die Mutter, an Helene. »Wenn nicht gleich so viele darunter leiden sollen, bin ich in der Tat das kleinere Übel.«

Karl sah ihm entgegen, kaute noch an einem Wurststück und spülte es rasch mit Rotwein hinunter. »Vor Aufregung war mir übel, da musste ich rasch den Magen beruhigen.«

Wortlos nahm Friedrich auf der Bank ihm gegenüber Platz. Er wählte sich eine Zigarre aus dem ledernen Etui, gleich riss Karl ein Streichholz an und gab ihm eilfertig wie ein Diener Feuer. Friedrich sagte nichts, schnippte nur dem Kutscher, auf dessen leises Schnalzen hin zogen die Pferde an.

Bald hielt Karl das Schweigen nicht länger aus. »Darf ich den hohen Herrn fragen …?«

»Mir ist im Moment nicht nach Scherzen zumute«, wies ihn Friedrich zurecht und begann: »Auch ich habe überlegt und bin leider zum selben Ergebnis …«

»Du machst es.« In jähem Überschwang erhob sich Karl halb, ehe Friedrich begriff, küsste er ihn auf beide Wangen. »Mein einziger, mein wahrer Freund.« Mit einem Aufseufzer, der in erleichtertes Lachen mündete, ließ er sich zurückfallen. »Der Tag sei gepriesen.«

Also warst du dir doch nicht so sicher, dachte Friedrich, das versöhnt mich ein wenig. »Du kannst also Jenny von meinem Fehltritt unterrichten.«

»Das werde ich. Sie wird dir keinen Augenblick böse sein. Schon allein, weil durch dich für uns jede öffentliche Schande gebannt ist. Die Einzelheiten klären wir erst, wenn das Kind da ist.« Karl richtete sich auf, nahm jetzt zur Unterstreichung auch den Zeigefinger zu Hilfe. »Von vornherein aber steht für Jenny fest, dass der Säugling nicht bei uns bleiben kann.« Sie wäre schon zu schwach für die gerade geborene Tochter, deshalb hätten sie Franziska einer Pflegemutter anvertraut. »Du verstehst doch, gleich nach der Geburt muss Helene ihr Kind weggeben, sonst kann sie nicht bleiben, allein schon, weil wir räumlich zu beengt sind.«

»Darüber muss ich mir nicht den Kopf zerbrechen. Oder?« Friedrich furchte die Stirn. »Worauf willst du hinaus?«

Nun streckte Karl auch den Mittelfinger. »Zwei Punkte gibt es sofort zu beachten. Der wichtigste ist: nur Helene, du und ich. Wir allein wissen um mich als den wahren Vater. Und so muss es zukünftig auch bleiben. Gib mir dein Ehrenwort, dass du dieses Geheimnis auf ewig für dich behalten wirst.« Er streckte die Hand, und Friedrich schlug ein. »Verlasse dich darauf.«

»Der zweite Punkt ist rein pekuniärer Art.« Karl besah sich die linke Handfläche. »Da du nun der Kindsvater bist, und ich versichere dir, dass dieser Fakt allein dem engsten Freundeskreis mitgeteilt wird, so ergibt sich für dich«, er öffnete die rechte Handfläche, »die Pflicht der Unterhaltszahlung. Die Pflegeeltern werden das Kind nicht ohne regelmäßige Vergütung aufziehen.«

Friedrich bemühte ein bitteres Lächeln. »Mein teurer, ach so teurer Freund.« Halb wandte er sich um, bat den Kutscher, schneller zu fahren, der ließ die lange Peitschenschnur leicht über den Kruppen der Schimmel kreisen, und sie fielen in Trab.

# 79

Manchester, Walton Street
Juni 1851

Friedrich Engels senior tupfte sich mit der Serviette die Mundwinkel ab. »Gut, wirklich gut hat es geschmeckt.« Er sah zwischen den beiden Kerzen den Sohn an. »Die Ente war knusprig, dazu der Salat ... einfach köstlich.«

»Nicht mein Verdienst«, wehrte Friedrich bescheiden ab. »Aber ich freue mich, wenn du zufrieden bist.«

Der Vater hob die Brauen, scherzhaft drohte er mit dem Finger. »Was hast du vor, Junge? Seit ich angekommen bin, liest du mir jeden Wunsch von den Augen ab, bist auf Schritt und Tritt mein Begleiter. Du wartest sogar geduldig auf mich, auch wenn sich die Verhandlungen mit Peter Ermen in die Länge ziehen.«

»Ich habe mich für unsere Firma entschieden.« Friedrich lächelte leicht. »Du bist mein oberster Dienstherr, dessen Fähigkeiten und Geschick ich achte. Und umso mehr achte, seit ich dich in den letzten Tagen begleiten durfte.«

»Wenn doch deine Mutter dich hier sehen könnte.« Der Senior wies auf die schweren dunkelgrünen Vorhänge, den Stuck an der Decke, die Truhen und Schränke aus Mahagoni, in denen sich das Licht der Lampen und Kerzen spiegelte. »Du hast dich dieser sehr gediegenen Umgebung angepasst. Der Aufwand lohnt sich. Um bei unsren Geschäftspartnern zu repräsentieren, ist solch eine Wohnung gerade gut genug.«

Es pochte, gleich öffnete sich die Tür, und die Köchin fragte, ob sie abtragen dürfe. Friedrich winkte sie näher. »Nur zu. Und danke, Miss Rosa. Es hat meinem Vater geschmeckt. Mir natürlich auch.«

Sie knickste und stellte Schüsseln, Teller und Besteck auf das silberne Tablett. »Kann ich sonst noch etwas bringen?«

»Für heute wäre das alles. Wir sehen uns morgen.«

Ehe sie ging, steckte ihr Engels senior zwei Pence zu. »Eine kleine Anerkennung.«

Miss Rosa knickste erneut, dieses Mal mit einem Lächeln, und huschte samt Tablett hinaus.

Der Vater sah ihr nach. »Tüchtige Person.«

»Ich engagiere sie regelmäßig, wenn ich Gäste zu bewirten habe.«

»Schon ganz der Kaufherr.«

Wenn du wüsstest, dachte Friedrich, wenn du auch nur ahntest, was ich in der Woche vor deiner Ankunft in Bewegung gesetzt habe. »Ehe ich dir gleich in der Bibliothek von meinen Ermittlungen berichte ... Was darf ich dir anbieten? Möchtest du Port, Brandy oder Whisky? Oder Rotwein? Ich habe einen exzellenten Tropfen bei meinem Weinhändler nahe der Börse ergattert.«

»Gott sei gepriesen, Sohn.« Der Vater rundete die Augen, die Stimme zitterte leicht. »Nie hätte ich geglaubt, dich je so sprechen zu hören. Fast bin versucht, deiner Mutter nach London zu schreiben.« Die Gattin weilte dort bei den Blanks, um Marie mit ihrem gerade geborenen vierten Kind zu unterstützen. »Meine treue Elise würde ganz sicher an dem eigenen Sohn ebenso viel Freude haben wie an dem Enkelsohn. Nach all den Jahren des Kummers sollte dich deine Mutter so erleben. Wie sehr du dich zu deinem Vorteil gewandelt hast.«

Da sei Gott vor. Friedrich drückte sich die Fingernägel der Linken in die Handfläche der Rechten. Nur zehn Tage, das sind drei mehr, als du für dein Bleiben angekündigt hast, für länger habe ich diese Bourgeoisewohnung nicht angemietet. Inklusive Wäsche, Getränke und der Bewirtung durch Miss Rosa komme ich diesen Monat über die rote Linie meiner finanziellen Möglichkeiten. Deshalb muss Karl auf die Unterstützung warten, und der Hexe in meiner Pension bin ich noch die Miete schuldig. »Ich denke, ein Säugling ist für Mama wahrlich wichtiger. Außerdem sollten wir sie vor dem Ärgernis in der Firma bewahren.«

»Wie rücksichtsvoll von dir. Du hast recht. Bei ihrem nächsten Englandbesuch aber solltet ihr euch unbedingt treffen.«

»Ein Getränk?« Friedrich löste den Schmerz in der Handfläche. »Hast du dich entschieden? Rotwein?«

»Ein Bier, wenn du entschuldigst.« Der Senior erhob sich. »Weißt du, wir aus dem Tal der Wupper trinken ganz gern mal etwas Ehrliches.« Nun lachte er. »Und so ein Bier ist sicher sogar gottgefällig.«

Sei auf der Hut. Jede Glaubensäußerung kann zu bösen Verstimmungen führen. »Darüber möchte ich jetzt nicht nachdenken.« Vorsichtig lächelte Friedrich, wartete mit dem Einschenken, bis der Vater im Sessel neben dem ovalen niedrigen Tisch Platz genommen hatte. Sie prosteten sich zu.

Unerwartet hart setzte Engels senior den Krug ab. »Zum Geschäft.« Die Gesichtshaut straffte sich, der Blick wurde hart. »Wie du weißt, habe ich mich in den vergangenen Tagen gründlich in der Firma und in der Spinnerei umgetan.« Peter Ermen, auch sein Bruder Gottfried hätten ihm die Anschaffungen, die Reparaturen angegeben, bei den Banken wären ihm die Konten dargelegt worden. »Ich habe in den Büchern geblättert ...« Er hob die Hände. »Nichts. Es sind dieselben Bücher, die du geprüft hast. Du schriebst mir von Unregelmäßigkeiten. Ich habe keine entdecken können. Die Bilanzen sind ausgeglichen.«

»Und genau dort verbirgt sich das Übel, der Betrug. Ja, Vater, wir sollten nicht von Unregelmäßigkeiten sprechen, sondern von hinterhältigem Betrug seit vielen Jahren.«

»Du fährst ein schweres Geschütz auf.«

»Nehmen wir nur mal das neue Garn als Beispiel. Inzwischen ist der Name ja patentiert. Also das Diamantgarn wird von zwei Maschinen produziert ...« Friedrich nahm Blatt und Bleistift, zeichnete, während er sprach, den Weg des Betruges auf. Niemand überprüfe die am Tag erreichte Menge. Erst wenn die Spulen die Lagerhalle erreichten, würden sie nummeriert und in den Büchern erfasst. Vorher aber könne je nach Belieben von der Produktion abgezweigt werden. »Das Garn wird verkauft, und der Erlös fließt in die große schwarze Tasche der Ermenbrüder.«

Engels senior griff nach dem Bier und trank in langsamen Schlucken. Er betrachtete den Krug, seine Hand fasste den Henkel fester, die Knöchel wurden weiß. »Kein Wunder, dass die Bücher stimmen.«

»Dies ist nur ein kleines Beispiel. Wenn die Ermens es schon mit dem Garn so handhaben. Wie wirkt sich das erst im großen Stil aus? Sie fälschen die Kosten für Reparaturen, neue Maschinen, die du zur Hälfte bezahlen musst. Und Vater …« Friedrich geriet in Fahrt. Mit Schwung zeichnete er ein T, listete links Soll und rechts Haben. »Egal, was wirklich angeschafft, bezahlt oder verdient wird. Die Bilanz wird immer stimmen, solange der Betrüger selbst die Zahlen einträgt.«

Mit einem Aufstöhnen stieß der Betrogene den Krug in die Mitte der polierten Tischplatte. »Damit ist jetzt Schluss.«

»Willst du Anzeige erstatten?«

»Und mit einem Prozess gleich die ganze Firma im Irwell versenken? Nein, Junge, die mir in Manchester bisher entgangenen Gewinne werde ich nicht erstreiten können.« Er senkte die Stimme, als fürchte er, belauscht zu werden. »Im Vertrauen, Sohn. Der Verlust treibt mich nicht in den Ruin.« Die Fabriken in Barmen und Engelskirchen mit einbezogen habe er sein Vermögen seit 1837 mehr als verdoppelt. »Hier und jetzt geht es um die Zukunft von Ermen & Engels. Und da werde ich einen Stellvertreter vor Ort einsetzen, ihn mit Befugnissen ausstatten, damit er meine Interessen vertritt und auch durchsetzt.« Seine Hand legte sich auf den Arm des Sohnes. »Du hast alle Fähigkeiten, die nötig sind.«

Friedrich atmete tief ein und schwieg. Das ist der Lohn für monatelange Schufterei im Büro. So weit wollte ich mit dem Alten kommen. Nun zeige keine Freude, sie verdirbt deinen Preis. »In aller Nüchternheit betrachtet, glaube ich, dass solch ein verantwortungsvoller Posten meine Kräfte übersteigt.«

»Das weiß ich besser.« Engels senior tätschelte Friedrich mehrmals auf die Schulter. »Du bist von meinem Schlag. In uns rollt Kaufmannsblut, Junge.«

Erst ließ sich Friedrich aufmuntern, bald aber furchte er wieder die Stirn. »Der Gedanke ist doch nicht so gut, weil zu teuer. Ich koste mehr, als ich dir einbringe.«

»Sei nicht so bescheiden. Ermen & Engels wollen die Handelsbeziehungen ausweiten. Du beherrschst mehrere Sprachen …«

»Da wäre mein monatliches Gehalt.«

»Welches ich von Jahr zu Jahr aufstocken werde.«

Schnell die nächste Karte. Friedrich setzte hinzu: »Das Geld für Aufwand und Repräsentation reicht jetzt schon nicht. Bisher gabst du mir stattliche 100 Pfund fürs Jahr.«

»Ich verdopple.« Gleichmütig nickte der Vater. »Du erhältst ab sofort 200.«

Gewonnen? So einfach habe ich mir den Sieg nicht vorgestellt. Friedrich lehnte sich zurück, schloss die Augen, um den Jubel zu verbergen. Die teure Wohnung miete ich nur, wenn es nötig ist. Bleibe ich in der Pension, so kann ich Karl unterstützen, habe Geld für die Unterhaltskosten meines Nichtkindes. Und Mary? Verdiene ich jetzt dein Vertrauen? Oder? Er stand auf, schritt zum Bücherregal, betrachtete die ledergebundenen Bände und kehrte wieder zurück. »Du weißt, meine Studien sind mir sehr wichtig. Wie lange wirst du mich in der Firma nötig haben?«

»Wenigstens für drei Jahre.« Der Senior schmunzelte. »Bis dahin wirst du das Handelskontor als Leiter übernommen haben und dir selbst die Verträge ausstellen. Und so, wie ich dich vor mir sehe, wirst du alle Spielregeln des gesellschaftlichen Lebens aufs Beste beherrschen und befolgen.«

Täusche dich nicht, dachte Friedrich und sagte: »Ich bin einverstanden, Vater.« Er streckte die Hand hin, zog sie aber gleich wieder zurück. »Was nutzen all unsere Pläne, wenn Direktor Ermen nicht einwilligt?«

»Das lass nur meine Sorge sein. Gleich morgen früh wird mein ehrenwerter Partner mich von einer neuen Seite kennenlernen.« Er griff nach der Hand des Sohnes. »Wir sind im Wort.« Er hielt die Hand fest, in den Augenwinkeln standen Tränen. »Mein Sohn. Gott hat dich mir wiedergeschenkt, dafür will ich ihn preisen.«

Am nächsten Morgen stand die Tür zum Schlafzimmer des Vaters offen, sein Bett war leer, die Decken sorgsam zurückgeschlagen. Am gedeckten Tisch stellte Friedrich fest, dass der Vater schon allein das Frühstück eingenommen hatte. In der Küche bestätigte Miss Rosa, der feine grauhaarige Herr sei vor mehr als einer Stunde aufgebrochen. »Ich solle ausrichten, dass er Sie im Kontor treffen will.«

Der Wachmann am Haupteingang nahm Haltung an, grüßte militärisch, Friedrich erwiderte mit kurzem Tippen an den Zylinderrand. Im großen Bürosaal war es ungewohnt still. Die Kontoristen standen tief über die Bücher gebeugt an ihren Pulten, kaum einer hob den Kopf, als er vorbeiging. Das eilfertige Kratzen der Schreibfedern erhöhte noch die Spannung. Hier liegt etwas in der Luft. Friedrich bemühte sich, ernst zu bleiben. Und es scheint nichts Gutes zu sein, damit verschwand er in seinem Büroverschlag in der hintersten Ecke. Ehe er sich das Kassenbuch vornahm, wollte er Karl einen Zwischenbericht über den Besuch des Vaters geben. Er legte sich Papier und Stift zurecht. Weiter kam er nicht.

Schritte im Saal, harte, schnelle Schritte näherten sich seinem Büro, die Tür wurde aufgestoßen. Die Partner Ermen und Engels traten ein. »Mein Sohn, der ehrenwerte Direktor der Firma und meine Wenigkeit wollen, nein, müssen dich stören und deine Arbeit für einen wichtigen Akt unterbrechen.« Friedrich erhob sich. Wie aschfahl das Gesicht von Peter Ermen ist. Dafür glühen Wangen und Nase des Vaters. Sein Blick streifte die Dokumententasche unter dem Arm des Direktors. Das kann Sieg oder Niederlage bedeuten. Ermen räusperte sich vernehmlich. »Herr Friedrich Engels, aufgrund Ihrer unermüdlichen Tätigkeit in den zurückliegenden Monaten zum Wohle unseres Handelskontors möchte ich Ihnen nach einvernehmlicher ...«, die Stimme stockte leicht, »einvernehmlicher Rücksprache mit meinem Partner Friedrich Engels senior ... Also, deshalb möchte ich Ihnen eine Beförderung anbieten.«

»Von wegen Beförderung anbieten.« Der Vater hob gebieterisch die Hand. »So nicht, geschätzter Ermen.« Er wandte sich an den Sohn. »Hier wird nichts angeboten, niemand einfach nur befördert, sondern hier wird eine neue Stelle geschaffen, und du wirst diesen Posten übernehmen.« Ein scharfer Blick zum Partner. »Stimmt es?« Ermen nickte, ein unkontrolliertes Zucken befiel die blasse rechte Wange. Der Senior klatschte kurz in die Hände. »Nun denn, kurz und bündig. Friedrich, du bist ab sofort der Assistent der Geschäftsleitung, mit Befugnis, zu jeder Zeit Einsicht in die Bücher zu nehmen. Gleichzeitig bist du mein Stellvertreter, mit dem alle Entscheidungen des Unternehmens besprochen werden müssen. Außerdem werden dir aufgrund deiner Sprachkenntnisse die Korrespondenz und der persönliche Kontakt mit unsren ausländischen Handelspartnern anvertraut.« Wieder ein Blick zu Peter Ermen. »Und? Habe ich etwas vergessen?«

»Ich glaube, das ist ... ist alles.«

Ein ungeduldiges Fingerschnippen. »Dann kommen wir zur Unterschrift.«

Friedrich staunte. Wenn der Alte in Schwung kommt, dann aber richtig. Den werten Herrn Direktor hat er mit ein paar Sätzen zum Schuljungen degradiert. Ich kann mir langsam vorstellen, wie er heute Morgen über ihn hergefallen ist. Ermen entnahm der Mappe den schon ausgefüllten Kontrakt und unterschrieb zuerst, ohne noch länger zu überlegen, setzte Friedrich seinen Namen dazu, und als Letzter bestätigte der Vater den Anstellungsvertrag. Er steckte die Feder zurück. »Vollbracht. Meinen Glückwunsch, Junge.« Ein Strahlen glitt über sein Gesicht, versöhnlich wandte er sich an Partner Ermen. »Das Alte begraben wir. Nun sehen wir vertrauensvoll in die Zukunft.« Ein Augenzwinkern für Friedrich. »Nicht wahr, mein Herr Stellvertreter?«

»Wir werden alle eine neue Brille brauchen«, stimmte ihm Friedrich zu.

Engels senior tippte dem verstummten Direktor an die Brust. »Neue Tugenden werden in Manchester einziehen.« Leise verfiel er in einen Sprechgesang:

»Üb immer Treu und Redlichkeit,
Bis an dein kühles Grab.

Nun, mein bester Peter, erinnerst du dich?« Und weiter rezitierte er:

»Und weiche keinen Fingerbreit
Von Gottes Wegen ab.
Dann wirst du wie auf grünen Au'n
Durchs Pilgerleben gehn ...«

»Nein!«, rief Friedrich unterdrückt. Firma oder nicht, bei dieser verfluchten Scheiße dreht sich mir der Magen um, er hielt sich die Ohren zu und stellte sich ans Fenster.

Völlig verwundert sah der Senior zu ihm hin, der Vers lief ihm weiter über die Lippen:

»Dann kannst du, sonder Furcht und Graun« und versickerte:
»Dem Tod ins Auge sehn.«

Er ging zwei Schritte in Richtung Fenster. »Aber Friedrich, was ist dir?«

»Niemals, Vater. Ein Loblied auf diese verhassten Preußen ertrage ich nicht. Sie unterdrücken die Freiheit, verüben die schlimmsten Verbrechen im Namen der Tugend.« Vater und Sohn sahen sich an, keiner senkte den Blick. Mit einem Mal brach Engels senior das Duell ab, es gelang ihm sogar ein Lächeln. »Jetzt weiß ich, was ich vergessen habe.« Er winkte Peter Ermen und wies auf den Schreibtisch, die beiden Stühle, die dunklen Bretterwände. »Dieses Loch hier ist unwürdig für den Assistenten der Geschäftsführung. Ich verlange ein geräumiges Büro für ihn, mit freier Sicht aus dem Fenster auf etwas Grün oder die Straße.«

»Das lässt sich einrichten.«

Der Vater näherte sich wieder dem Sohn. »Ist es dir recht?«

Als Friedrich nickte, setzte er hinzu: »Dann, in Gottes Namen, soll es so auch gut sein.«

# 80

Manchester, Klein-Irland
29. Juni 1851

Friedrich wartete vor den kleinen Geschäften ganz unten auf der linken Seite der Deansgate. Gerne hätte er Mary auch an ihrem kleinen Haus abgeholt, jedoch bei Tag und erst recht am Sonntag wäre dies zu auffällig für Nachbarn, Spione und andere Neugierige gewesen. »In Kaufmannskreisen kannst du auf Dauer nur bestehen, wenn dein Ruf fleckenlos ist«, hatte der Vater ihm beim Abschied mit erhobenem Zeigefinger als Lehre dagelassen.

Ginge es nach mir, Friedrich schlenderte eine Straßenecke weiter in ihre Richtung, ich würde Mary sogar vor ihrem Haus am helllichten Tag ein Ständchen bringen. Sei nicht albern, ermahnte er sich, und doch, solche Aufregung wie heute habe ich lange nicht mehr verspürt.

»Ich muss dir unbedingt vom Besuch meines Vaters berichten«, so hatte es Tom der Schwester ausrichten sollen. Mary war einverstanden, und um seiner und auch ihrer gesellschaftlichen Zwänge willen hatte sie diesen unauffälligen Treffpunkt gewählt.

Da bog Mary in die Deansgate ein.

Er atmete, als könne er so den Anblick tiefer noch in sich aufnehmen. O verflucht, ich verzehre mich nach dieser Frau. Das kastanienrote Haar, nur von einem grünen Band gehalten, wellte sich bis über die Schultern, die rote Bluse tief geknöpft, bei jedem Schritt schwang sie den irisch grünen Rock, und zum Farbspiel passend trug sie schwarz-rote Schuhe. Erst als sie fast heran war, erinnerte er sich an diese Stiefeletten. »Mary, wie schön. Den ganzen Morgen über habe ich mich auf dich gefreut. Und auf unseren Spaziergang, obwohl es noch heller Tag ist.«

Für gewöhnlich trafen sie sich einmal die Woche abends nach ihrer Arbeit. Sie blickte ihn prüfend an. »Das hat mich erstaunt. Heute ist die Suppenküche geschlossen. Also sehe ich dich mal im Sonnenlicht.« Ihr Lächeln kräuselte die Sommersprossen auf den Wangen. »Mal am Sonntagnachmittag mit dir ein paar Schritte zu gehen, das gefiel mir.« Sie strich kurz über seinen Arm. »Besonders, weil Tom so wichtig tat und unbedingt verlangte, dass wir uns heute treffen.«

Sie ahnt nichts. Du musst behutsam vorgehen. »Diese Stiefelchen kommen mir bekannt vor.«

»Wirklich?« Gleich raffte Mary mit Schwung die Rockfalten und streckte einen Fuß. »Ich trage sie nur ganz selten. Aber ich liebe dieses Paar wie am ersten Tag.« Sie lachte über sich selbst. »Weißt du noch, wo ich die Stiefeletten getragen habe? In Dover, damals, als wir mit dem Schiff übersetzten.« Ihre Augen leuchteten für ihn. »Und ich dachte, du hättest sie längst vergessen.«

Friedrich schüttelte den Kopf. »Und ich glaubte, du hättest sie längst versetzt.«

»Dummer Kerl. Du kennst mich immer noch nicht.«

»Längst nicht genug. Du bist für mich immer wieder eine Überraschung.«

»So soll es sein«, lachte sie, wollte erst seine Hand nehmen, knuffte ihn aber stattdessen am Arm. »Wohin wollen wir?«

Das Ziel hatte er vorher ganz bewusst ausgewählt, sagte aber, als sei es nur ein Gedankenzufall: »Runter zum Hafenkanal? Da ist die Luft besser.«

»Du meinst, bis ganz vorn zur Einmündung in den Irwell?« Sie drohte ihm mit dem Finger. »Was hast du vor? Da waren wir schon mal.«

Soll ich jetzt schon? Besser, du wartest noch, befahl er sich und spielte weiter mit: »Neugierig?«

»Wo denkst du hin?« Sie winkte ihm. »Nun komm, wir nehmen die Abkürzung durch Klein-Irland. Dann sind wir schneller da.«

Er zögerte, mit Rücksicht auf ihrer beider Schuhwerk sei der Gang durch den Matsch und Modder keine gute Idee.

»Es hat lange nicht mehr geregnet. Lass dich einfach von mir führen.«

Sie überquerten die Deansgate und bogen wenig später ins Irenviertel ein. Kein Schuh versank im Morast, kein Kotgestank stieg in die Nase. Die Gasse war gepflastert, an beiden Seiten verlief sogar eine Rinne für den Abfluss. Friedrich rieb sich ungläubig die Stirn. Statt der Katen, Buden und halb verfallenen Wohnställe reihten sich rechts und links steingebaute, schmale Häuschen aneinander. Die Wäsche hing nach wie vor von Fenster zu Fenster über die Straße. Auch saßen Frauen mit ihren Kleinkindern in der offenen Haustür, einige winkten Mary zu. Sonst aber erinnerte wenig daran, dass sie sich auf einer Gasse mitten in Klein-Irland befanden. Friedrich schloss dichter zu Mary auf. »Was ist denn hier geschehen?«

»Da staunst du?« Sie blickte ihn über die Schulter an. »Das verdanken wir dem Besuch der Queen in diesem Jahr.« Mary lachte bitter. Die Stadt wollte sich vor der Königin präsentieren. So nach dem Motto: Bei uns in Manchester gibt es kein Elendsviertel. »Also wurde abgerissen, gesäubert. Und die Bauleute rückten an.«

»Was für ein Glück …« Erst nach einem Räuspern setzte er hinzu: »Nur schlecht für mein Buch.« Als sie ihn damals vor acht Jahren durch Klein-Irland geführt hatte, da lebten die Menschen hier in tiefstem Elend. Diese Eindrücke hatte er festgehalten. »Wenn ich jetzt die Lebenssituation der Menschen hier sehe, dann …« Er seufzte. »Tja, dann ist mein Buch alt und überholt.«

Mary verneinte mit dem Zeigefinger. »Sei unbesorgt, verehrter Schriftsteller. Was du hier siehst, soll vorgezeigt werden. Biegst du in irgendeine der Winkelgassen ab, dann steckst du nach ein paar Schritten im Morast und Elend wie eh und je. Dann stimmt dein Buch wieder.«

Am Kanalhafen herrschte Sonntagsruhe, die Lastschiffe lagen

vertäut am Kai. Der Golden Anchor hatte schon geöffnet. Beide Türflügel standen weit offen. Gelächter der frühen Zecher drang nach draußen.

Friedrich überlegte noch, ob er sie nach den Orangen fragen sollte, als sie schon sagte: »Ja, du Held. Ich würde dich auch heute noch vor meinen engstirnigen, jähzornigen Landsleuten retten.«

»Großer Gott! Wenn du damals nicht gewesen wärst ...«

Mary ging rascher. Hoch über der Einmündung des Kanals in den Irwell, am Beginn des Wegdreiecks, setzte sie sich auf einen Poller, richtete die Rockfalten, stellte die Stiefelchen nebeneinander, so sah sie ihm mit einem Anflug von Scherz entgegen: »Ist es dir so recht?«

Friedrich blieb ernst. »Sicher, wenn es dir bequem genug ist.« Er verschränkte die Hände. »Du weißt noch, wie und warum du mich im Dezember weggeschickt hast?«

»O ja.« Die Heiterkeit der letzten Stunde versickerte. »Mir war der Glaube an dich verloren gegangen. Und ich wünschte und wünsche mir, dass du ihn mir wiederbringst.«

»Seitdem habe ich an nichts anderes gedacht. Daran habe ich seit Monaten gearbeitet. Ich wollte dir beweisen, dass ich hier in Manchester bleiben will und nicht beim Anzeichen einer nächsten Revolution wieder verschwinde.«

»Ist das so? Wie willst du ...?«

»Bitte, hab Geduld.« Er trat bis an den Rand des Kais, mit einem Mal kam ihm sein Erfolg, den er als Beweis anbringen wollte, so wenig vor. Es nutzt nichts, mehr habe ich nicht. Friedrich drehte sich wieder zu ihr um. »Tom hat dir gesagt, dass mein Vater hier war.« Sie nickte. »Das wusste ich schon von Marie. Sie hat es mir in einem Brief geschrieben. Deine Mutter kam zu ihr nach London und der strenge Vater zu dir in die Firma.«

»Er war nicht streng zu mir, im Gegenteil.« Friedrich fühlte, wie die Hoffnung in ihm pulste. In schnellen Schritten war er bei ihr, nahm sie an beiden Händen. »Mary, Vater hat mir einen wichtigen Posten in der Geschäftsleitung übertragen, mit Aussicht, das Handelskontor eines Tages ganz zu übernehmen. Und ich, ich habe den Vertrag unterschrieben und mich damit fest an die Firma gebunden.« Er zog sie vom Poller hoch. »Genügt dir das, Liebste, um wieder an mich zu glauben?«

Ihr Blick wurde weich, sanft streichelte sie seine Wange. »O mein Frederick. Dass du mich liebst, daran habe ich nie gezweifelt.«

»Und glauben? Sag bitte Ja.« Er war voller Not. »Warte, warte!« Er trat zurück. »Ich habe schon einen Plan für uns.« Es sei nicht mehr so wie damals in Brüssel, wo er keine Mittel mehr hatte, um für sie zu sorgen. »Dass ich dich wegschickte, bereue ich heute noch.«

»Das solltest du auch«, stimmte ihm Mary zu. »Dabei hätte ich für uns in jeder Fabrik gearbeitet.«

»Vorbei.« Er drückte leicht den Finger auf die Lippen. »Das ist vorbei. Denn jetzt verdiene ich genug, um für dich zu sorgen, dir sogar ein größeres Haus zu mieten.«

»Ach, Frederick, du bist ein Schwärmer.«

»Nein, nein. Ich habe es mir genau durchgerechnet.« Weil er in seiner Pension vorläufig noch wohnen wolle, die vornehme Wohnung nur bei Bedarf anmieten würde, bliebe genug vom Aufwandsgeld übrig. »Davon zahle ich nur noch etwas für Karl Marx und seine Familie. Und den Unterhalt für den Jungen …«

»Unterhalt? Von welchem Jungen?«

»Helenes Kind. Sie hat vor einer Woche entbunden.«

»Das … das wusste ich nicht.« Mary sprach langsam, ihr Gesicht war blass geworden. »Und wieso musst ausgerechnet du den Unterhalt zahlen?«

Zu spät sah er das Unheil in ihren Augen. »Weil ich der Vater bin.«

»Frederick.« Sie zeigte mit dem gestreckten Finger auf ihn, suchte nach Worten, Tränen liefen ihr über die Wangen. »Du und Helene, ihr habt …? Ausgerechnet Helene, die Einzige, die gut zu mir in Brüssel war, sie hat dich …? Nein, niemals. Du warst es.« Sie ging auf ihn zu, hämmerte mit den Fäusten verzweifelt gegen seine Brust. »Schuft, Lügner!« Dann sank sie zurück auf den Poller und weinte.

Friedrich presste ratlos die Hände vor den Mund. Mein Versprechen an Karl? Was habe ich ihr jetzt damit angetan? Niemals! Das kann mein Ehrenwort nicht wert sein. Er kniete sich zu ihr, wagte, eine Hand auf die Schulter zu legen, gleich schlug Mary sie beiseite. »Und gezeugt im letzten Jahr. Mir schreibst du, dass du dich in London erst zurechtfinden musst, und du machst Helene ein Kind.«

»Es ist nicht so.«

Mary erstarrte, langsam hob sie den Kopf. »Kommt jetzt die nächste Lüge?«

»Nein. Jetzt werde ich die Wahrheit sagen, obwohl ich geschworen habe, bis in alle Ewigkeit zu der Lüge zu stehen.«

Sie strich sich die Haarsträhnen aus dem Gesicht, rieb mit dem Ärmel die Tränen weg. »Nur zu. Schlimmer kann es jetzt nicht mehr werden.«

»Karl war im April hier …« Überhastet berichtete Friedrich vom Besuch des Freundes. »Ich wunderte mich schon, warum er so schlecht aussah und oft auch interesselos war. Bis zum Ostersonntag. Während der Fahrt kamen wir auf Helene und deren Schwangerschaft. Da wurde er lebendig …« Friedrich wartete, hoffte den Verrat nicht aussprechen zu müssen, hoffte, sie würde jetzt von selbst darauf kommen, da Mary ihn nur anschaute, erhob er sich von den Knien. »Ich erkundigte mich nach dem Vater. Und er gestand mir freimütig, dass allein er und Helene wüssten, wer das Kind gezeugt hätte.«

»Soll das heißen …?« Abrupt erhob sich Mary. »Du willst mir sagen, dass Karl …?«

Als Friedrich nickte, ging sie nach vorn bis zur Wegspitze, blickte eine Weile ins Wasser und kehrte entschlossen zurück. Sie baute sich vor ihm auf, verschränkte die Arme. »Und wie, bitte sehr, bist du zu der zweifelhaften Ehre der Vaterschaft gekommen?«

»Helene hat immer nur dazu geschwiegen. Doch Jenny drängte, sie wollte es unbedingt wissen.« Friedrich zählte auf, wer alles durch die Wahrheit hätte leiden müssen. »Und als ich mir das vor Augen führte, da willigte ich in Karls Vorschlag ein. Ich musste ihm mein

Ehrenwort geben, niemals und vor niemandem das Geheimnis zu lüften.« Er lächelte bitter. »Also sollte ich darüber schweigen bis ins Grab.«

»Und so lange auch den Vater für den Jungen hergeben?« Mary schlug sich die flache Hand gegen die Stirn. »Heilige Mutter, ihr beide, was seid ihr nur für Männer?«

»Freunde.« Friedrich seufzte schwer. »Und wie ich jetzt feststellen muss, Freunde in allen Lebenslagen. Aber ...« Er sah sie offen an. »Vorhin ist mir so klar geworden, dass es einen Menschen gibt, der wichtiger für mich ist.«

Ihr Blick taute langsam auf. Leise setzte er hinzu: »Um diesen Menschen nicht zu verlieren, brach ich mein heiliges Versprechen.«

Sie trat auf ihn zu, so nah, dass er ihre Wärme spüren, atmen konnte. »Du hast mich nicht verloren, Frederick. Und jetzt, da ich um meinen Platz in dir weiß ...« Jäh trat sie einige Schritte zurück. »O nein, so nicht. Deine Geschichte ist gut, und zu gern nehme ich sie an. Aber woher weiß ich, dass sie stimmt? Wenn wir in London sind, werden dich alle als den Vater eines Bastards ansehen. Und ich muss diese Schmach wortlos mittragen.« Sie schüttelte ihr Haar, kämmte es mit den Fingern nach hinten. »Und ich werde sie ertragen. Dafür aber möchte ich wenigstens sicher sein, dass du es nicht bist.«

»Beim nächsten Besuch ...« Friedrich hob die Faust. »Wenn Karl wieder in Manchester ist, dann muss er in deinem Beisein die Vaterschaft erneut eingestehen.«

»Wird er das?«

»Er wird. Davon hängt viel zu viel für ihn ab.« Nun versuchte er ein Lächeln. »Dann werden wir zu viert sein, die das Geheimnis auf ewig bewahren müssen.« Sie kam zurück, näher noch. Friedrich wagte sich nicht zu rühren, der Mund war ausgetrocknet. »Wenn du mir glaubst ... ich mein, das mit dem Haus und was ich sonst noch so gesagt habe, dann ...? Ich mein, du verstehst, dass ich frage?«

Sie lehnte den Kopf an seine Brust, seufzte und drückte die Nase fest in den Hemdstoff. In Friedrich setzte Jubel ein, er schloss die Arme um sie, spürte ihren Körper. So blieben sie. Schließlich löste sich Mary. »Ja, Liebster.« Mit sanftem Lächeln nahm sie seine Hand. »Ich bin einverstanden. Jedoch unter einer Bedingung …«